EM DEFESA DO DESPORTO

MUTAÇÕES E VALORES EM CONFLITO

EM DEFESA DO DESPORTO
MUTAÇÕES E VALORES EM CONFLITO

*Coordenação
de*
JORGE OLÍMPIO BENTO
JOSÉ MANUEL CONSTANTINO

EM DEFESA DO DESPORTO
MUTAÇÕES E VALORES EM CONFLITO

COORDENADORES
JORGE OLÍMPIO BENTO
JOSÉ MANUEL CONSTANTINO

EDITOR
EDIÇÕES ALMEDINA, SA
Avenida Fernão de Magalhães, n.º 584, 5.º Andar
3000-174 Coimbra
Tel: 239 851 904
Fax: 239 851 901
www.almedina.net
editora@almedina.net

PRÉ-IMPRESSÃO • IMPRESSÃO • ACABAMENTO
G.C. GRÁFICA DE COIMBRA, LDA.
Palheira – Assafarge
3001-453 Coimbra
producao@graficadecoimbra.pt

Maio, 2007

DEPÓSITO LEGAL
259289/07

Os dados e as opiniões inseridos na presente publicação
são da exclusiva responsabilidade do(s) seu(s) autor(es).

Toda a reprodução desta obra, por fotocópia ou outro qualquer processo,
sem prévia autorização escrita do Editor,
é ilícita e passível de procedimento judicial contra o infractor.

Prefácio

José Vicente Moura [*]

«O corpo contém, tanto como o cérebro, a história da vida.»
Edna O'Brien

Há coisas que nos satisfazem e nos estimulam. Não acontecem todos os dias mas, felizmente, acontecem. Por expressão ideológica, de correntes de opinião, resistência às adversidades, por reacção às incongruências, por respeito à verdade, em tributo à inteligência.

Resultam de reacções naturais e legítimas à propensão de equiscência dos poderes por interesses oportunísticos.

Eco de políticas dessincronizadas e lógicas dúbias, de visões deficitárias, este desporto de hoje avança sincopadamente, mas inevitavelmente progride, como a história comprova, sarando engulhos, desmistificando os apóstolos da desgraça, os que não vão a jogo, que se perpetuam nas cátedras vitalícias da pseudo-pedagogia lucrativa. Só que todos sabem que há uma enorme distância entre aqueles que, frustradamente, só criticam desconstrutivamente e os que realizam.

De tanto ímpeto reformista, o desporto continua porque as instituições associativas persistem, enquanto o Estado descontinuado, parte e reparte, perde o sentido de se auto-avaliar, entender, racionalizar e de dialogar.

---

[*] Presidente do Comité Olímpico de Portugal

Por tudo isto o Movimento Olímpico – o mesmo é dizer o associativismo desportivo – desconfia, por que tem opinião e sente-se o arquétipo dos valores que tornaram possível a evolução, com o trabalho e a dedicação de muitos.

O associativismo está por demais interessado e pronto a comprometer-se nos desafios do presente e do futuro, assim tenha espaço e condições. É essa a sua idiossincrasia e a sua mentalidade.

Os estados modernos devem apoiar o objectivo de generalização da actividade física sem reservas. Já a aposta em determinadas "modalidades estratégicas", talvez? Mas nunca por razões meramente economicistas.

O sucesso do desporto e de todos os seus sucedâneos, que fazem desta actividade um dos sectores sociais preponderantes no século XXI, não passa por priorizar *à la carte*, em detrimento do desporto de alta competição e da preparação e representação olímpicas de Portugal.

No desporto, como em muitas coisas na vida, há uma subsidiariedade e complementaridade intrínsecas, inter e intra sectoriais. É uma equação complexa cuja resolução implica conhecimento.

O desporto olímpico é, porventura, uma das faces omnipresentes da mediatizada e globalizada sociedade contemporânea, onde confluem valores universais e se materializam laços privilegiados de relacionamento entre os indivíduos, os povos e as culturas. As organizações interestaduais, os responsáveis políticos e o mercado já há muito o perceberam.

Este fenómeno, hiper economicista, com todos os defeitos associados, não deixa de ser determinante para um mundo melhor, numa época assolada pela conflitualidade e pela intolerância.

É assim que o Comité Olímpico de Portugal, não declinando responsabilidades como lhe compete, assumindo sem complexos a sua representatividade, consciente do capital de notoriedade acumulado ao longo de cerca de um século, se orgulha de acolher a iniciativa de dar ao prelo mais um conjunto de asserções de proficientes autores interessados e ou directamente responsáveis pelo desporto que somos, sem preocupação de popularidade ou conforto, rejeitando tibiezas semânticas para amaciar a verdade.

Prefácio

Ainda que não nos revejamos em todas as teses concatenadas, e mesmo as contraditemos amiúde, com o devido respeito pela estatura pessoal e científica dos porta-vozes, não é prefaciando ou mesmo à laia de *post sricptum* que se justifica qualquer exegese. O importante é reflectir, relançar o debate e disseminar informação.

É esse precisamente o desiderato que buscamos, pelo que as reflexões teóricas, as leituras e consequências empíricas deixamos ao critério dos múltiplos e multifacetados agentes que enquadram o desporto e as actividades e áreas do conhecimento relacionadas, pois eis aqui suficientes diagnósticos e propostas a merecer interrogação.

Sendo paradoxalmente um sinal de preocupação e de vitalidade face aos bloqueios com que o desporto se defronta no terreno, há que afirmar que os autores aqui reunidos representam prismas e visões plurais, acabando por verdadeiramente representar parte impressiva das "novas fronteiras" do desporto.

Afirmemo-lo sem pudor: é um livro a que o desporto não pode ficar indiferente. Os autores não se limitam a acrescentar um tijolo ao muro do conhecimento. Eles derrubam-no e estabelecem uma nova fasquia quanto aos moldes modernos de o entender.

"Em defesa do desporto – mutações e valores em conflito", edição sob coordenação de Jorge Olímpio Bento e de José Manuel Constantino, é uma colectânea de textos que assume fracturas, que é digna de atenção e quiçá de polémica.

Convocamos, pois, responsáveis e analistas para o balanço pertinente e a partilha de ideias que se impõe, exercício para o qual não pode haver lugar a acríticos. É imperativo não fazer cedências à moda e ter a coragem de ir além dela.

A principal interrogação permanece: qual é afinal o paradigma de organização e de desenvolvimento desportivo que não vislumbramos e de que carecemos, que balize o nosso tempo?

A todos os que têm a ousadia e a competência de se demonstrar, em época dum novo quadro normativo que privilegia o recentralismo político no desporto, os agradecimentos e a homenagem do Comité Olímpico de Portugal.

Em defesa do desporto

Jorge Olímpio Bento [*]

1. Apresentação de motivos

As presentes considerações surgem como reacção a um refinado ataque ao desporto, perpetrado por quem tem com ele uma relação ditada por reservas, equívocos, complexos e preconceitos mentais, casados em comunhão de bens com uma confrangedora indigência cultural e filosófica. O dito ataque está a acontecer em duas frentes, perfeitamente sintonizadas uma com a outra: nas orientações perfilhadas por algumas entidades académicas e no plano da lei. Numa e noutra frente confluem correntes de proveniências diversas, umas ingénuas e confusas e outras bem espertas e oportunistas. Revestidas do verniz de um hipócrita e falso humanismo, elas mergulham na onda neoliberal, reflectem, alimentam e engrossam o caudal da sua pretensão de neutralidade ideológica e axiológica; negam e retiram ao desporto dimensões constituintes do seu património e legado de princípios e valores.

No primeiro caso trata-se da proliferação da tendência – oriunda do espaço americano e com ramificações tardias noutros quadrantes – de promover a 'actividade física' a categoria e referência centrais, não apenas no tocante à criação de cursos de pós-graduação, como também no estabelecimento e desenvolvimento de programas de acção e de linhas de pesquisa.

---

[*] Doutorado em Ciências do Desporto pela Universidade de Greifswald. Professor Catedrático da Faculdade de Desporto – Universidade do Porto

No segundo caso trata-se da designação da nova Lei de Bases que visa regular doravante o sector em Portugal. Inspirada na tendência atrás referida, ela introduziu e chamou a primeiro plano a expressão 'actividade física', desconsiderando e relegando o desporto para um lugar secundário.[1]

É contra esta tentativa de aplicar um garrote em torno do desporto que urge desencadear um movimento que faça frente aos equívocos, que os ponha ao léu e traga à colação a extraordinária valia da actividade desportiva. Eis uma responsabilidade e uma obrigação indeclináveis para todos quantos amam o desporto, entendem e apreciam a sua incumbência cultural ao serviço do processo de civilização dos humanos e da respectiva sociedade.

2. Da falácia da 'actividade física'

O pretexto para este renovado ataque ao desporto é fornecido pelos dados de numerosos estudos, bem como pelas preocupações da *OMS – Organização Mundial de Saúde*. Ambos apontam a inactividade física e a obesidade como as duas grandes ameaças à saúde pública no século XXI. A partir daí a 'actividade física', sem clarificar o seu tipo e a sua forma, é erigida em panaceia para combater a doença e para garantir a saúde; ela passa a ser recomendada e receitada para a generalidade da população, enquanto o desporto é reduzido à sua versão profissional e comercial e perspectivado como prática de uma elite, com toda a aversão, condenação e rejeição que isto suscita.

Conhece-se bem o zelo fervoroso e ideológico que anima, em regra, os arautos da dicotomia 'povo – elite'. Assim a 'actividade física' é a actividade que deve ser postulada e consumida por ser saudável, sã, genuína e depurada dos excessos do desporto. Este deve consequentemente ser abandonado, por ter em cima de si os

---

[1] *LBAFD – Lei de Bases da Actividade Física e do Desporto*, aprovada pela Assembleia da República em 28.11.2006.

desvios, estigmas e opróbrios que cobrem, aos olhos dos populistas, todos quantos não se conformam à norma por baixo, à pequenez e insignificância, ao apoucamento e à mediania e gostam de triunfar e vencer, de almejar a superação e a excelência.

Mais, para os apologistas da 'actividade física' e para que se consiga o efeito 'saúde' basta que o indivíduo ande, se mexa e agite, que consuma minutos e calorias, que diga letras e sílabas, sem necessidade de compor palavras e frases e, muito menos, textos com sentido e significado; basta-lhe ser instintivo, natural e primitivo, não sendo necessário que melhore o seu vocabulário e reportório motores, que aprenda e aprimore gestos e actos codificados, com técnica e estética, que atinja competência desportiva, que tenha um corpo ágil e hábil, culto e civilizado, que desenvolva relações com os outros e com eles construa o seu auto-conceito e a sua auto-estima.

A falácia vai mais longe: para ter saúde e ser 'activo' o indivíduo não carece de enfrentar os 'horrores' e incómodos, a 'opressão' e obrigações da competição desportiva, de suportar os odores e olhares, as fintas, forças e resistências, a superioridade e humilhações infligidas pelos adversários; nem precisa de ouvir e aceitar os conselhos e reparos, as críticas e recriminações dos colegas. Não, esse fardo é dispensável, chega um qualquer empenho muscular e dispêndio energético. Como se vê, o conceito pluridimensional de 'saúde" conta pouco, sendo mesmo atirado para debaixo do tapete!

Há outras 'razões' de fundo que servem de fonte de inspiração para os conselheiros da 'actividade física'. O desmesurado enaltecimento da recreação e lazer e a insana desvalorização do trabalho – tão em voga nos dias de hoje em muitos quadrantes intelectuais – conjugam-se também para encomendar o funeral apressado do desporto. Eis aqui uma outra faceta do delírio mental! E porquê? Porque é no desporto que mais refulgem princípios caros ao trabalho (rigor, seriedade, empenho, afinco, exigências, objectivos, regras, disciplina, compromissos etc.), sem que isso leve à anulação ou subjugação dos valores e dimensões associadas ao lúdico e prazeroso. Pelo contrário, o desporto é a demonstração exuberante e cabal do quanto é possível humanizar e sublimar o labor esforçado e suado, por constituir uma síntese extraordinária e ímpar de coisas que apenas são opostas e contraditórias na aparência, nomeadamente trabalho e jogo, dor e felicidade, exigência e diversão, obrigação e liberdade, natureza e cultura, ter e ser etc.

Em suma, no modismo e americanismo da 'actividade física' escondem-se, embora deixem um grosso, reluzente e comprido rabo de fora, tanto o apelo ao regresso à 'pureza' original e selvagem como a recusa do progresso, da cultura, da tecnologia e da civilização. Rousseau, se fosse vivo, por certo não faria melhor!

A defesa do desporto não é, pois, ditada por uma oposição ou questão de natureza linguística; nem, muito menos, por uma embirração ou preferência terminológica. Trata-se, sim, de uma importante diferença conceptual e esta, por sua vez, contém em si essenciais diferenças filosóficas e ideológicas, que não podem ser ignoradas e escamoteadas. Não, não é ingénuo ou indiferente que a *LBAFD* (Lei de Bases) introduza na sua designação a 'actividade física' e que coloque esta à frente do desporto.

Ademais a utilização, no contexto aqui em apreço, da expressão 'actividade física' é absolutamente estapafúrdia. É provável que com ela se queira enfatizar a relação das formas básicas da exercitação desportiva com a saúde, assim como chamar a atenção para outra maneira, diferente da tradicional, de olhar o desporto; porém isso não autoriza semelhante aberração. 'Actividade física' é, nesta perspectiva, uma expressão imprópria e equivocada, chegada tardiamente e a más horas, porquanto ela engloba tudo o que exige dispêndio de energia.[2] Nisto cabem tanto actividades laborais (cavar, lavrar, jardinar, podar, assentar tijolos, pintar muros etc.), como movimentos do quotidiano e actos desportivos (andar, correr, saltar, nadar, jogar etc.), como ainda acções destinadas à satisfação de elementares necessidades sexuais e biológicas (fornicar, urinar, defecar e outros termos cuja inclusão nesta lista a educação não consente) etc. Ora

---

[2] 'Actividade física' é definida por CASPERSEN, POWELL & CHRISTENSON (*Symposium: Public health aspects of physical activity and exercise*, 1985, p.126), especialistas de renome mundial, "como qualquer movimento produzido pelos músculos esqueléticos que resulta em dispêndio energético para além do metabolismo de repouso". Somente isto e nada mais; tudo e nada ao mesmo tempo. Fica assim claro quão inapropriado é o uso daquela expressão numa lei destinada a regular o sistema desportivo.

não parece, nem é crível que os autores de orientações académicas e de documentos legais pretendam envolver-se, elaborar e impor normativos, prescrições e sentenças em toda esta vasta panóplia de actividades.

'Actividade física' é, portanto, um conceito vago, difuso e transversal, sem qualquer relação de exclusividade ou de intimidade preferencial com o desporto, tomado este tanto em sentido lato como em sentido restrito; isto é, não se coaduna de modo claro com o vasto campo de exercitação desportiva, lúdica e corporal. É tudo e nada, logo é impreciso e inadequado para o fim em vista e não vai além de um pretensiosismo bacoco. Assim, por detrás da imprecisão e do acrescento não distraído nem ingénuo da nova designação, moram estigmas e complexos académicos que revelam mau relacionamento com o desporto, uma compreensão deficiente do que este representa, do sentido cultural, social, educativo e humano que ele encerra.

O país não carece de 'actividade física'; precisa sim de fomentar a actividade desportiva, de aumentar e melhorar a prática do desporto, em toda a sua multiplicidade. É isto que o movimento associativo (com o COP à cabeça) e as instituições que cuidam séria e responsavelmente da educação e do desporto do nosso país devem afirmar. Para que não volte o tempo em que perdíamos por muitos e já era uma alegria quando perdíamos por poucos. Não se lembram do que sucedia, p. ex., no andebol, basquetebol e voleibol? Éramos os bombos certos da festa, zurzidos de forma implacável e sem apelo nem agravo. Não são preferíveis a melhoria que hoje exibimos, as vitórias que vamos conseguindo? Não sabe melhor ganhar do que perder?!

Na mesma linha de raciocínio, os cidadãos não carecem de um corpo e de um estilo de vida moldados pela 'actividade física'; precisam sim de acrescentar ao corpo do trabalho (seja ele predominantemente manual e 'físico' ou mental e intelectual) e à vida quotidiana outras dimensões e corpos enriquecedores da existência; para adentrarem a porta da humanidade, precisam de ser senhores de muitos corpos e de muitas vidas num só corpo e numa só vida. O corpo 'desportivo' e o estilo correspondente da vida fazem parte desse ideário.

3. Acerca da lei da 'actividade física'

Uma lei deve espelhar, com precisão e limpidez, os conceitos que balizam o respectivo campo de intervenção. Não é o que acontece com a *LBAFD*, ou seja, a lei dita da 'actividade física'. Ela prefere dar largas aos devaneios dos seus autores e à sua indefensável pretensão de quererem subverter a realidade. É assim que se desviam da sua missão e se deixam seduzir pela tentação de querer moldar e configurar o desporto como quintal seu, à medida da descomunal ganância da sua visão curta e redutora.

Como é sabido, a linguagem, seja oral, seja escrita, traduz a forma, a qualidade, a clareza, o rigor, a lógica e correcção do pensamento, do raciocínio e das ideias. Ora o texto legal revela isso em alto grau, só que pela negativa. Reconheça-se, no entanto, que vai uma grande distância entre o texto que foi posto inicialmente a circular e aquele que veio a ser aprovado como lei. O texto final foi expurgado de uma *"Exposição de Motivos"*, apresentada logo à cabeça da *LBAFD*, que não passava de uma arrazoado esfalfante e redundante, inútil e incapaz de dar uma definição precisa e coerente da putativa 'actividade física'.

O texto original assemelhava-se a um tecido adiposo, espesso e empanturrado de formulações falsas e contraditórias. Para ilustrar esta acusação deitemos a mão a alguns exemplos sobejamente esclarecedores das dificuldades e do modo como os autores do texto o enredavam na falta de razão lógica.

No artigo 3.º – *"Princípio da ética desportiva"* – as incoerências e contradições eram perceptíveis logo no título; mas sobressaíam quando se postulava a "defesa da ética na actividade física" e se atribuía ao Estado a função de "adoptar as medidas tendentes a prevenir e a punir as manifestações antidesportivas". Por um lado, não se conhece nenhuma ética da actividade física; há éticas do trabalho, do desporto etc. Por outro lado, seria de toda a coerência que os legisladores punissem na 'actividade física' manifestações anti-actividade física e não antidesportivas. O ridículo matava mesmo!

O artigo 6.º dedicava-se à *"Promoção da actividade física"*, sem especificar do que se tratava, apontando a necessidade de "criar espaços públicos para a prática da actividade física" e de conciliar a "prática da actividade física com a vida pessoal, familiar e profissional". Qual é a actividade física em causa? Que espaços públicos são esses? Como conciliar essa actividade indefinida com a vida profissional de muitas pessoas cuja componente principal é precisamente de matriz física?[3]

As agruras conceptuais adensavam-se à medida que se entrava no texto. Assim o artigo 8.º versava a *"Política de infra-estruturas e equipamentos desportivos"*. Era este o título que presidia a um corpo de seis números, que ficava prejudicado pela salgalhada inócua e inodora das 'actividades físicas'.

Mais adiante, no artigo 29.º, surgia a *"Prática desportiva por pessoas portadoras de deficiência"*, incluindo nela a "prática da actividade física e do desporto". Igualmente o artigo 31.º, sob o título de *"Desporto na Natureza"*, referia a "actividade física e desportiva praticada fora de infra-estruturas desportivas..."

O mesmo tipo de contradições e atropelos da lógica emergia no artigo 33.º, ao designar por *"Associações promotoras do desporto"* as que "têm por objecto a promoção e organização de actividades físicas e desportivas". De igual teor eram os artigos 38.º e 42.º. No primeiro eram chamados *"agentes desportivos"* aqueles que promovem e apoiam o "desenvolvimento da prática da actividade física e do desporto...". No segundo eram vistas como *"entidades prestadoras de serviços desportivos"* as "entidades que proporcionam actividades físicas ou desportistas aos praticantes..."

Eis aqui bem expressas a primazia e a abrangência do desporto em relação à 'actividade física', descontando que não se apresenta uma definição e conceito desta, o que seria de todo impossível, porquanto não existe uma actividade com esse nome. Há, sim, actividades com finalidades e formas pouco ou nada sintonizadas umas com as outras que, para além de outras dimensões, têm uma expressão mais ou menos física; o desporto é uma delas e é aquela que devia estar no centro das intenções e medidas expressas no corpo da lei.

---

[3] Este reparo aplica-se integralmente à versão final da *LBAFD*, porquanto reproduz o mesmo artigo e texto.

Enfim, os autores do texto legal reconheciam, sem o confessar, que as suas intenções eram perfeitamente compagináveis com o actual e plural conceito de desporto. Eram eles que confirmavam que é confusa e ilógica e não acrescenta nada a inclusão da 'actividade física'; esta não passa de uma excrescência diletante e perturbadora, que ajouja a lei com um carrego escusado e lhe dificulta portanto os passos e o destino.

Ressalve-se, em abono da verdade, que o gritante descalabro do texto inicial foi, felizmente, corrigido devido a diversas tomadas de posição, que vieram em franco benefício da lei.[4] Todavia o *pecado original e essencial* mantém-se no texto final e torna-se de todo indesculpável. Com efeito apenas um artigo – o sexto – é inteiramente dedicado à 'actividade física'; nos restantes 52 artigos a dita expressão é usada dezasseis vezes e meramente de passagem. E no entanto a designação final da lei persiste não somente em incluir tal expressão, como em antepô-la e privilegiá-la em detrimento do desporto. Uma aberração e um anacronismo absolutamente inaceitáveis e incompreensíveis!

Há outros vícios menores, totalmente insustentáveis. O texto começa muito mal, ao abrir com uma falsidade logo no artigo 1.º – *Objecto* -, uma vez que a lei nem de perto, nem de longe "define as bases das políticas de desenvolvimento da actividade física...". Não define, nem poderia definir, por se tratar de um empreendimento demasiado extenso, complexo e múltiplo que se subtrai ao carácter normativo de uma lei. Por sua vez o número 2 do artigo 2.º – *Princípios da universalidade e da igualdade* – afirma que a "actividade física e o desporto devem contribuir para a promoção de uma situação equilibrada e não discriminatória entre homens e mulheres". O desporto certamente. Mas... como é que a 'actividade física' pode servir a finalidade que lhe é atribuída?

---

[4] Contudo um assessor da Secretaria de Estado da Juventude e do Desporto, que se diz autor da lei, serviu-se de um *blogue* para insultar quem apresentava críticas ao texto, quando este foi divulgado e submetido à discussão e apreciação públicas. Eis algo bem esclarecedor do teor democrático e da solidez conceptual e jurídica dos responsáveis pela lei da 'actividade física'!

Acrescente-se que no artigo 6.º – *Promoção da actividade física* – esta é elevada à categoria de "instrumento essencial para a melhoria da condição física, da qualidade de vida e da saúde dos cidadãos". O pretensiosismo e o exagero são manifestos e não resistem a uma análise criteriosa.

Outro postulado ilusório aflora no artigo 4.º – *Princípios da coesão e da continuidade territorial* –, quando se perspectiva o "desenvolvimento da actividade física e do desporto (...) com vista a combater as assimetrias regionais e a contribuir para a inserção social e a coesão nacional". Mais uma vez, o desporto pode certamente assumir este papel. Mas... haverá alguém que, no seu juízo escorreito, possa colocar essa carga em cima dos ombros da indefinida 'actividade física'?

Semelhantemente não se adivinha quais sejam os "espaços públicos aptos para a actividade física", que o artigo 6.º promete criar a partir da adopção de programas também indefinidos. Na mesma linha de raciocínio, interessante para se identificar o teor de lógica e coerência do texto é a promessa, contida no artigo 8.º – *Política de infra-estruturas e equipamentos desportivos* –, de criar "um parque desportivo diversificado e de qualidade, em coerência (?!) com uma estratégia de promoção da actividade física e desportiva, nos seus vários níveis e para todos os escalões e grupos da população". Não seria possível encontrar melhor ajuda para mostrar o desnorte conceptual e reforçar a tese da completa dispensabilidade e manifesta inadequação da inclusão da 'actividade física' na designação da lei.

Uma boa medida está contida no artigo 10.º, onde se anuncia o apoio à "realização de estudos e trabalhos de investigação sobre os indicadores da prática desportiva e os diferentes factores de desenvolvimento da actividade física e do desporto". Todavia, sem precisar a 'actividade física' em causa, como estimar quais são os factores do seu desenvolvimento merecedores de investigação?!

A teimosia infundada e a contradição escusada manifestam-se ainda na designação do Capítulo IV – *Actividade física e prática desportiva*. Por um lado, o articulado não legitima um título tão estapafúrdio e delirante, no concernente à 'actividade física'. Por outro lado, no artigo 31.º – *Desporto na Natureza* – é aninhada novamente a dita 'actividade', repetindo-se semelhante despautério no artigo 33.º – *Associações promotoras de desporto*, tal como no artigo 43.º – *Obrigações das entidades prestadoras de serviços desportivos*.

Em suma, a versão final é, de longe, muito melhor e bem mais animadora do que a inicial. Porém mantém-se agarrada a absurdos, contradições e teimosias que atraem sobre ela olhares de desconfiança e suspeição e até de alguma chacota. Por isso mesmo a lei da 'actividade física' corre o risco de não ser tanto apreciada pelos muitos e inegáveis méritos e aspectos positivos e inovadores que intenta carrear para o sistema desportivo e de ser muito mais questionada pelo ónus de dar guarida a derivações, fantasias, ingenuidades e lucubrações desconexas, despropositadas e equivocadas.

É louvável a intenção de verter na nova Lei de Bases uma visão alargada da activação desportivo-corporal das pessoas. E que ela incorpore preocupações relativas aos prejuízos que a inactividade física acarreta para a saúde. É um avanço e deve ser saudada a vontade política de ordenar e balizar este campo. Mas não havia necessidade de deitar mão à 'actividade física'. Bastava ter em conta o conceito do desporto vigente nos nossos dias e nessa conformidade apontar vias e referências para a renovação e estruturação condizentes do sistema desportivo. A opção foi por um 'modernismo modernaço': uma perna foi para a frente e a outra ficou para trás, numa posição caricata.

A argumentação (?!) aduzida na *LBAFD* é escassa e inconsistente. E não serve de nada, querer valer-se de orientações perfilhadas em instituições académicas d'aquém e d'além fronteiras. Uma coisa não tem nada a ver com a outra. O facto de alguns ou muitos ou poucos académicos se entregarem a liberdades, criatividades ou deleites intelectuais e a desvios da sua responsabilidade social não pode constituir fonte de inspiração e legitimação para a designação de uma lei destinada ao sistema desportivo.

Há algumas décadas, várias instituições de formação nesta área, ao serem integradas no ensino superior e universitário, entregaram--se a inventar designações radicais, mas aberrantes, cuidando que assim se apresentariam em público com uma melhor roupagem académica e com maior fulgurância científica e intelectual. Como se tivessem vergonha de pertencer a um domínio concreto da actividade

Em defesa do desporto 19

humana e quisessem encobrir isso a todo o custo! Diga-se que esta fuga não foi apenas praticada entre nós, porquanto o desvario não tem pátria e tresloucados há-os em toda a parte. Até porque o ridículo nem sempre mata.

Ao invés deste desvario, fizemos e fazemos questão de reforçar e avivar a ligação ao campo desportivo e de orientar e alargar para o objecto plural e complexo do desporto a faina da formação, estudo, reflexão e investigação. É esta linha de pertença que agora se reafirma com o orgulho e a consciência de cumprirmos o dever de ajudar a esclarecer e enaltecer o valor do desporto e a conferir-lhe um estatuto de maioridade intelectual, cultural e académica. Esta entrega e tarefa sentem-se plenamente recompensadas, já que as autoridades europeias assumiram o 'desporto' como o conceito superior e abrangente da variedade de práticas que vão emergindo nesta área.

Bem sei que há mentalidades que resistem a esta evolução e persistem teimosa e fanaticamente em querer designar a área de outra maneira. Parece ser também esse o intuito que leva os autores da *LBAFD* a advogar e importar inovações e 'progressismos' existentes lá fora, independentemente de estarem mal fundados.[5] Pelo mesmo andar e num gesto de compreensível coerência, a lei devia consagrar que o *IDP – Instituto do Desporto de Portugal* passasse a designar-se *IAFDP – Instituto da Actividade Física e Desporto de Portugal*, sofrendo a Secretaria de Estado e o Ministério da tutela igual mudança!

A lei podia e devia ajudar a reformar o modo de olhar o desporto, a revelar a multiplicidade dos seus aspectos, a afirmar a sua valia pedagógica, cultural e social, antropológica e axiológica. Mas, em vez disso, opta por desvalorizá-lo e amputar-lhe algo de essencial, apondo-lhe uma muleta de todo dispensável. Deste modo reduz e empobrece o alcance de muitas e saudáveis promessas e medidas nela anunciadas. Encerra um erro estratégico e atraiçoa um progresso

---

[5] Estranha-se que os fazedores da lei não tenham citado e importado o exemplo do Irão, que é manifestamente uma sociedade aberta, avançada, inovadora, secular e modelar! Lá a área é designada de 'educação física', expressão que também figura nos organismos iranianos de tutela do desporto.

desportivo que substituiu a tradição do fado e destino da derrota certa pela alegria e felicidade das vitórias frequentes. Favorece o regresso à apagada e vil tristeza. E perfilha, por opção ou por engano, equívocos e estigmas muito mal disfarçados de não poucos e levianos pensadores da educação: viva aversão à competição e ao rendimento e sucesso desportivos; depreciação e diabolização dos vencedores e incentivo à multiplicação e beatificação dos perdedores.

Mais ainda. Para além de ridículo, é extremamente grave que textos legais se deixem enredar na tentativa, descabida de lucidez e bom senso, de dirimir pleitos epistemológicos que a realidade, a abordagem filosófica e a inteligência decidiram, há muito, a favor de quem não se fecha num academismo serôdio, obscurantista e retrógrado. Acresce que não é com predisposições deste jaez que se pode elaborar um normativo legal, capaz de influenciar positivamente o desporto ou outro qualquer sector. O absurdo como fonte de raciocínio e inspiração conduz fatalmente a um absurdo maior como meta de conclusão.

Entendamo-nos. A designação em causa não é uma questão menor; ela vai por certo perturbar a recepção e inquinar a discussão em torno da *LBAFD*. Nomes não são adereços sem importância ou ao acaso; possuem valor facial e cotação de mercado. São escolhas que elegem e indicam referências, isto é, são marcos que balizam o caminho, condicionam e conjuram o destino. Ora deseja-se que a nova lei tenha um bom futuro e aponte um itinerário correcto; isso pressupõe que tenha um nome bom e bem cotado. Por consequência, sendo mau o último, como poderá ser bom o primeiro?!

4. Conceito actual de desporto

Como se sabe, o desporto moderno surgiu como uma emanação e expressão fidedignas dos princípios da sociedade industrial. Entre eles conta-se, como referência cimeira e estruturante, o princípio do alto rendimento.

À medida que a sociedade evoluiu da indústria para os serviços e outros valores entraram a determinar a sua configuração dita pós--moderna ou pós-industrial, também o desporto se transformou, cin-

Em defesa do desporto 21

dindo-se numa pluralidade de motivos e finalidades, de sujeitos e praticantes, de modelos e cenários. Se antes era uma actividade quase exclusivamente orientada e estruturada para o alto rendimento e a competição organizada, para a afirmação dos estereótipos da juventude forte e saudável, da virilidade e masculinidade, o desporto passou progressivamente a ser uma prática aberta a todas as pessoas e idades e a todos os estados de condição física e sócio-cultural. Expandiu-se e conquistou novas terras, ou seja, à vocação original de excelência e de alto rendimento adicionou a instrumentalização ao serviço das mais distintas finalidades: saúde, recreação e lazer, aptidão e estética corporal, reabilitação e inclusão etc.

Deste modo o desporto alicerça-se hoje num entendimento plural; constitui um fenómeno polissémico e manifesta-se numa realidade polimorfa. Ele é o conceito mais lato, representativo, congregador, sintetizador e unificador de dimensões filosóficas e culturais, biológicas e físicas, técnicas e tácticas, espirituais, afectivas e psicológicas, antropológicas e sociológicas etc., inerentes às práticas de aprendizagem, exercitação, recriação, reabilitação, treino e competição no âmbito motor e corporal. O acto desportivo encerra tudo isso sem o esgotar.[6] Assim no 'desporto' mora um sentido abrangente e maior e não redutor e menor como aquele que está contido noutras expressões, tais como 'educação física', 'actividade física', 'motricidade', 'movimento humano' ou outras afins, que obviamente estão nele incluídas.

Mais ainda, não se deve olvidar que o variado uso desportivo do corpo pode servir diversas e até contraditórias finalidades, em consonância com a vigência, a dinâmica e a mutabilidade das noções e conceitos culturais e dos problemas e necessidades sociais. É nesta conformidade que a expansão de uma consciência geral do corpo e a crescente descoberta deste, observadas nas últimas décadas, constituem motivo para o aumento da oferta e da procura de

---

[6] Quem tiver dúvidas acerca disto basta atentar nos praticantes desportivos de alto nível. Quantas dimensões é preciso congregar, desenvolver e harmonizar para, por exemplo, alcançar gestos e rendimentos de excelência no voleibol ou no basquetebol ou no futebol?!

tecnologias corporais, de experiências e práticas desportivas muito diferenciadas, sintonizadas com a evolução dos conceitos de qualidade de vida, saúde e doença, entre outros. Essas tecnologias e práticas, ao enfatizarem o corpo e os seus aspectos parciais – tais como: a imagem e o aspecto ou 'figura', a 'forma' e a capacidade de rendimento ou 'condição física' – reclamam a atenção para ele, para os seus sintomas, alterações, afectações e reacções; assumem a função de transmissão e formação de uma consciência de saúde com contornos melhor definidos, em íntima relação com a tentativa de renovação do sentido da vida.[7] É nestas linhas gerais que repousa o conceito de 'desporto para todos' (*sport for all*), surgido na década de 70 do século passado, precisamente para assinalar e reafirmar enfática e expressamente o amplo espectro de finalidades que o desporto é chamado a servir, bem como as modificações de estrutura e organização impostas pelo alargamento da sua missão tradicional. Como corolário desta mudança, ao ser para todos e plural, o desporto torna-se, em simultâneo, singular e individual, para corresponder aos motivos, aspirações e necessidades de quem o pratica.

5. Desporto, conjuntura corporal e valores

As condições de vida, tanto por boas como por más razões, impõem-nos uma *conjuntura corporal*, ou seja, uma renovação das atenções dedicadas ao corpo e ao seu carácter instrumental. Façamos um esboço desta conjuntura em traços largos.

À medida que a civilização desenvolve a ciência e cria tecnologia, torna-se possível substituir o gado humano por máquinas. E quanto mais estas se aperfeiçoam e difundem, mais diminui obviamente a componente física e motora das distintas actividades laborais e mesmo das acções quotidianas. Concomitantemente aumenta a

---

[7] O corpo e a ideia de o fazer, melhorar e modelar estão na moda, tal como escrever nele, perfurá-lo e adorná-lo com os mais estranhos adereços e tatuagens. Transfigura-se através dos sinais que o atravessam e das formas que reveste. Os corpos que desejam ser outros são cada vez mais corpos e expressam outra identidade; neles o virtual passa a ser real.

dimensão mental e intelectual, redundando naturalmente em inactividade física e na desconsideração do corpo, na maior parte das tarefas do dia-a-dia. A tal ponto que a inactividade atinge já cerca de 85% da população mundial e certamente aumentará com a transformação das circunstâncias em muitas regiões do globo que ainda vivem em regime agrário e até feudal.

Daqui resultam consequências iniludíveis para os estilos e formas de vida, para a saúde (tal como alerta a OMS), para a civilização, para a condição humana e para a identidade das pessoas e até da nossa espécie. Não custa perspectivar e antever mudanças nestes parâmetros, em similitude com o sucedido em tempos anteriores. Tal como noutras dimensões, também nestas o futuro é resultante daquilo que acontece no presente.

Esta é uma evolução evidente e objectiva, que apresenta motivos óbvios tanto para justificado contentamento como para reflexões ponderosas. No tocante ao corpo, ele coloca-se – de novo e como sempre! – no centro dos olhares, seja por força do acréscimo de preocupações com a estética e a imagem, seja por motivos relacionados com a saúde, seja devido a um pensamento filosófico que exalta e eleva a vida à categoria de grandeza suprema e convida por isso a estilos de configuração activa da mesma. Sendo mais preciso, no pensamento filosófico ocidental e no respectivo contexto sócio--cultural tem ganho cada vez maior ressonância e nitidez, nas últimas décadas, uma *tendência biófila*, que confere à vida um estatuto de quase imortalidade e por isso mesmo nos incita a fazermos dela um projecto de cultura e arte, a renová-la a ela e a nós mesmos todos os dias, como se houvéssemos de viver eternamente. Também por via disto o desporto conhece dias de grande modificação, expansão e procura como campo de cultivo e afirmação da corporalidade e condição humanas, como factor de reparação e compensação para as sequelas e danos que as atingem, ocasionados por alterações emergentes no panorama civilizacional.

Como as palavras ditas ou escritas, como a ciência e a tecnologia, como a literatura e as mais distintas formas de cultura e arte, o desporto é uma prótese para uma infinidade de insuficiências e deficiências que nos limitam e apoucam. É uma réstia de esperança! Para o corpo que temos e somos, "sem cuja satisfação – lembra

Fernando Savater – não há bem-estar nem bem viver que resistam".[8] O mesmo é dizer que a condição corporal cumpre uma função instrumental; 'condiciona', presta serviços e constitui pressuposto para a qualificação das restantes dimensões ou 'condições' da pessoa.

Por conseguinte, o cenário desportivo é hoje um palco de afirmação multicolor e exuberante da corporalidade e de expressão do domínio do ser humano sobre o corpo, um laboratório onde se procura saber e experimentar aquilo de que o corpo é capaz, as suas potencialidades e limites. Um espaço de demonstração e consagração do corpo plural: lúdico, ágil, harmonioso e desajeitado, pesado e lerdo, dramático e trágico, transcendente e heróico, grotesco e brutal, belo e estético, harmonioso e sublime. Do corpo que corre, salta, age, luta e voa, na tentativa de nos elevar e glorificar.

Filiado no mito prometeico e na matriz judaico-cristã da nossa civilização e cultura, o desporto é um campo de desempenhos transbiológicos, situados para além dos imperativos do quotidiano, do pragmático, do necessário e do utilitário. Não precisamos dele para o simples viver. Ele não nasce a rogo ou mando da biologia e fisiologia dos nossos órgãos vitais, nem da mecânica das articulações; tira partido disso, respeita as regras que isso impõe e deve contribuir para o seu aprimoramento, para alargar os seus limites e melhor conhecermos a nossa condição física e vital. Obviamente isso é importante, todavia não reside aí a sua origem, nem aponta nesse sentido a sua finalidade suprema. Ele tem razões que se prendem com a causa da humanização, espiritualização e divinização do homem e das potencialidades e capacidades do seu corpo, com a elevação da existência para patamares de realização superior, à luz de postulados e exigências de natureza simbólica, filosófica e axiológica, imanentes à ordem cultural em que nascemos, crescemos e aprendemos o sentido da vida e revestimos a nudez natural com roupagem humana. Por outras palavras, o desporto é um campo de demonstração da extraordinária competência do homem e do seu corpo, correspondendo ao mandamento de que o Homem se alcança, cumpre e tem que alcançar e cumprir através de tudo quanto o

---

[8] SAVATER, Fernando (1991): *Ética para um jovem*. Editorial Presença, Lisboa.

perfaz, logo também através de prestações e feitos corporais. Como tudo o que é humano, o corpo não escapa, portanto, ao destino de superação e transcendência.

É, pois, inquestionável que o desporto é um dos instrumentos de fabricação do Homem, de criação de seu corpo e, por via deste, da sua alma. Com efeito, no desporto, à configuração dos ossos, músculos e articulações liga-se a arquitectura interior da consciência e da vontade. Os exercícios desportivos apenas são físicos na aparência; na sua essência são sempre decisões e expressões volitivas, actos da vontade. Cada um joga como é e quer ser, no corpo e na alma, porquanto é mais fácil aos actos do que às palavras romperem os constrangimentos e trazerem à superfície aquilo que mora na escuridão dos sentimentos.

Olhemos um pouco mais longe. Muito embora muitas vezes pareça que estão divorciados, a mente e o corpo andam sempre juntos na nossa vida, mesmo que pouco sintonizados na acção. No entanto o desporto proporciona situações em que eles ficam num estado de total e inigualável imbricação, intimidade e cumplicidade. No desporto, enquanto manifestação de humanidade, o diálogo entre a mente e o corpo é de tal ordem que um não consegue subjugar o outro. Para marcar um golo nem o corpo basta, nem o espírito chega; ambos são necessários em igual medida, em pé de igualdade e em perfeita harmonia. No desporto ambos se misturam para revelar e celebrar a maravilha exaltante da humana competência.[9]

---

[9] MICHEL SERRES (*Os Cinco sentidos – Filosofia dos corpos misturados*, Bertrand Brasil, Rio de Janeiro, 2001) afirma que "a alma mora no ponto onde o eu se decide". A consciência (e ela também) mora "nas singularidades contingentes, onde o corpo a tangencia". Assim "os ginastas educam sua alma para se moverem ou se enrolarem em torno dela. (...) A barra fixa, o salto mortal, as argolas, o exercício no solo, o trampolim, os mergulhos valem por exercícios de metafísica experimental, como a passagem pela pequena vigia onde o corpo sai à procura da sua alma, onde ambos brincam, como os amantes, de se perderem e se acharem, às vezes de se separarem, para depois se juntarem, no risco e no prazer. Em certos jogos coletivos, os jogadores perderam sua alma porque confiaram todos a um objeto comum, a bola: organizam-se, equilibram-se, enrolam-se em torno dela que vira coletiva". O mesmo é dizer que "o corpo, localmente, joga bola com a alma" e que "a ginástica inaugura e condiciona a metafísica".

Além disso no desporto acrescentamos muitos corpos ao corpo do trabalho: o corpo do jogo, do excesso, do riso, da ousadia, do sonho, da emoção, do encanto, da ilusão, da utopia etc. O homem torna-se assim senhor de um corpo plural, de muitos corpos num só corpo.

Por mais que a cegueira atinja alguns intelectuais, o desporto é um interlúdio corporal, é a celebração do corpo, é a elaboração e registo intencionais de uma biografia e de um curriculum vitae do corpo; é a festa do gosto carnal de nos sentirmos humanos. O corpo do desporto é o homem concreto de Freud, cuja liberdade é feita de corporalidade, de carne espessa, visível e sensível, com escuridão de vísceras e caminhos de sangue enxergados com a palma das mãos, com os poros da pele, com a planta dos pés.

Enfim, no desporto – quer seja praticado em terra, na água, no ar, no espaço, ao sol, ao vento, à chuva, ao frio ou no gelo, quer seja preferencialmente rendimento ou recreação, espectáculo ou formação, saúde ou condição, acto ou imaginação – o corpo é colorido, vivo, intenso e quente. Como corpo e como assunto!

Sim, o desporto cuida do corpo, ajuda o homem a libertar-se dos ditames de um corpo inculto, inábil, grotesco e bruto, a ultrapassar a resistência animal e a torná-lo corpo belo, ético, ágil, espiritual e moral; o desporto alarga e promove o corpo instrumental e o *protocorpo* biológico e motor a corpo cultural, portador de sentidos e símbolos para estruturar o viver.[10] É deste modo que ele ajuda

---

[10] MERLEAU-PONTY (*Fenomenologie de la Perception*. Gallimard, Paris, 1964), entre outros pensadores existencialistas, ergue-se contra a tradição intelectualista, nega a consciência como pura espontaneidade desencarnada e soberana no tocante à doação de significados e afirma a sua encarnação num corpo cognoscitivo e reflexivo, dotado de interioridade e sentido e capaz de se relacionar com as coisas como corpos sensíveis que são. Ou seja, retira o corpo da zona da coisificação e institui-o em sede de símbolos e significados, porque o corpo é não num mundo natural, mas sim num universo eminentemente cultural e axiológico. Ele é um construto sócio-cultural que está para além do *protocorpo* natural e biológico. E assim incorpora o sentido estruturante da existência humana e da qualidade de vida imanente. Por outras palavras, nós somos o nosso corpo, este é a medida e expressão do nosso ser; as duas qualidades estão interrelacionadas.

Também CARLOS DRUMMOND DE ANDRADE (*FAREWELL*. Record, Rio de Janeiro, 1996) navega nas mesmas águas com esta exclamação: *Salve, meu corpo, minha estrutura de viver / e de cumprir os ritos do existir!*

igualmente a fazer a alma, a construir aquilo (sentimentos, princípios, sonhos, ideais, valores, noções, padrões, regras, referências, grandezas, exigências, metas, horizontes) que temos por dentro, aquilo que preenche os vazios existentes na nossa interioridade.

Dito de outra maneira, o desporto é o artefacto cultural por excelência, criado pela nossa civilização, para corresponder ao desejo de instituir o corpo como instrumento de socialização em princípios e valores que elevam e qualificam a pessoa e a vida. Ei-lo, pois, arvorado em factor importante de implantação da desejada e apreciada condição humana e social!

Por isso, enquanto não renunciarmos ao modelo de Homem que tem guiado a civilização, desde os seus primórdios até aos nossos dias, o desporto continuará a representar um trabalho porfiado no aprimoramento corporal das pessoas. Interferindo, por via deste, no ser uno e total.

Ou seja, o sedentarismo, a inactividade física e as suas sequelas combatem-se não com um qualquer *activismo higienista* que se esgota em si mesmo, mas sim com uma actividade chamada 'desporto' que, por ter matriz cultural, agrega uma panóplia de valores. De resto uma actividade, se for desprovida de valores, não tem qualquer sentido e estofo educativos.

O desporto instala em conceitos e preceitos, princípios e ideais, deveres e obrigações, ilusões e utopias. Implica metas e compromissos, hábitos e rotinas de trabalho para lá chegar. Coloca barreiras, desafios e dificuldades e convida a nossa natureza a não se dar por satisfeita com o seu estatuto, a suplantar-se e a obter carta de alforria, procurando alcandorar-se a níveis para os quais não se apresenta

---

Esta função do corpo é bem evidenciada pelos obesos. Num tempo em que a conjuntura corporal é sobremaneira marcada pela estética e pelo culto da imagem, não lhes é fácil resistir aos olhares dos outros. Contrariando o senso comum de que os gordos são pessoas bem dispostas, alegres, felizes e despreocupadas com a sua imagem e os julgamentos alheios, regista-se neles uma progressiva perda de humor e de auto-estima, cresce neles um profundo descontentamento e um sentimento de inferioridade e de falta de confiança em si e nos outros. A doença torna-se a nova identidade e a única companhia; escondem-se e fogem do contacto com as pessoas, desistindo até de levar por diante tratamentos de controle do peso. Como resultado surgem o desencanto e a decepção em relação à vida.

28   *Em defesa do desporto*

como particularmente predestinada. Nele aprendemos que não podemos descansar e que o mérito e o sucesso sérios e honrados custam dedicação porfiada e suada, uma vez que o talento é raro, porquanto, ao contrário do que consta no registo bíblico, Deus não criou o homem conforme à Sua imagem e semelhança; somente quando se distrai, em dia de aniversário, é que faz uma criatura à Sua medida. O desporto é uma opção pela dificuldade, em face da tentação da facilidade. Socializa no trabalho em grupo e em equipa e leva a partilhar anseios e projectos com os demais. Civiliza a conduta corporal, ética e moral em relação a nós e aos outros. E é também com o seu concurso, estímulo e ideário que, parafraseando Richard Bach (autor do hino à liberdade humana intitulado *Fernão Capelo Gaivota*), "podemos sair da ignorância, podemos ser criaturas perfeitas, inteligentes e hábeis. Podemos ser livres! Podemos aprender a voar!" E é isto mesmo que eu vou tentar.

Se nos dermos a comparações para o medir e avaliar, só aumentam as razões para nele acreditar; a todas as depreciações ele consegue ganhar. 'Actividade física' é accionismo natural; desporto é acto cultural. Ela é imanência da nossa condição; ele é prótese criada pela civilização. Ela é ditada pelo peso da excrescência; ele provém da noção de insuficiência. Desporto é algo mais e além; ela é algo menos e aquém. Nele moram a consciência da falta de forças e capacidades e a vontade da sua criação e exaltação; ela cinge à conformação, limitação e resignação. Ele aponta a lonjura e o cume da elevação; ela contenta-se com o umbigo e em olhar o chão. Nele enfrenta-se o vento e as marés; nela gasta-se o tempo e os pés. Ele quer fazer do corpo uma encarnação do espírito e inteligência; ela satisfaz-se em queimar gordura e aligeirar a indolência. Ele é marco civilizacional; ela é moda ocasional.

Ele ocupa-se da formação do carácter e do quanto este obriga; ela cuida da forma das pernas e do volume da barriga. Ele é beleza, paixão e encantamento; ela é penitência, obrigação e sofrimento. Ela é remédio e necessidade; ele é opção e exercício da liberdade. Ela pode diminuir a obesidade; ele gera riso e habilidade. Ele assume o risco com optimismo; ela segue a regra do conformismo. Ele visa o tecto ilimitado e infinito; ela o gesto contido e restrito. Ele é comunicação, partilha e comunhão; ela cumpre-se no isolamento e solidão.

Ele é impulso, orgasmo, êxtase e ousadia; ela é medicamento, bula de calorias e sensaboria. Ele é euforia e sublimação da vida; ela é expiação da culpa assumida. Ela é comum ao animal; ele é próprio do ser cultural.

6. Desporto, felicidade, sabedoria e acção

"Muitas pessoas apoiam-se em duas pernas, outras na cabeça", afirma Georg Baselitz. No desporto temos que nos apoiar em ambos os suportes, para o percebermos e realizarmos e estarmos à altura da nossa missão. Servimos a causa da educação e formação do Homem. Somos artífices da civilização, tentando fazer do *corpo* uma *anatomia do nosso destino*. Visamos mais vida e mais tempo belo e feliz, sabendo que o corpo é sede e local da nossa permanência temporal no mundo. É nele que somos lançados para cumprir o destino da ética e estética, da arte e beleza, da excelência e felicidade, mesmo não sabendo ao certo onde é que esta mora.

O pensamento filosófico, na antiguidade como no presente, viu e vê na ilusão o alimento preferido da felicidade. Tudo quanto é fonte de ilusão e encantamento leva a modalidades superiores de configuração da vida e portanto abeira da felicidade ou, no mínimo, oferece momentos e oportunidades de concretização desta utopia, não ignorando que ela é inatingível em plenitude e permanência, mas constitui um impossível absolutamente necessário e imprescindível. Não podemos, pois, deixar de ver o desporto como um campo de sementeira fértil e de colheita abundante de ilusões e, por via destas, de vivência de situações únicas e renováveis de felicidade. Sobretudo não podemos deixar de estar nele com esse intuito e firme propósito.

Afinal o desporto é uma coisa muito linda e séria, uma bandeira de felicidade. Melhor, é para além de uma coisa; é do domínio simbólico e instrumental, ético e estético. No halo e na frontaria do aparente materializam-se a grandeza e a significação da transcendência que encerra. Prefigura e concretiza um método, uma via, uma forma de gestão e uma versão pedagógica, axiológica e cultural da existência e do sentido da vida que o nosso contexto civilizacional celebra e referencia como sendo superior. Encerra e ensina uma pedagogia e filosofia da vida àqueles que não são pedagogos nem filósofos. Socializa em sentimentos e procedimentos que qualificam a pessoa e o seu trajecto existencial. É da ordem da cultura, da política, da cidadania. Ou seja, pertence às 'coisas' elevadas que não são enxergadas por vistas baixas e rasteiras.

Nesta nossa era de crescente *afisicidade*, de *ética indolor* e de *crepúsculo do dever* – tão bem assinaladas por Hannah Arendt[11] e Lipovetsky[12] – agudiza-se a necessidade de cultivar qualidades, princípios e atitudes que, sendo centrais na condição de rendimento desportivo e corporal, são marcas fundamentais do carácter e do modelo de pessoa que tanto enaltecemos e valorizamos. A partir do momento em que os humanos, por terem comido a saborosa maçã ou por terem aberto a Caixa de Pandora e terem assim espalhado no mundo os ventos e sementes da desgraça, foram expulsos do paraíso e se viram condenados a comer o pão ganho com o suor do seu rosto, a civilização e a cultura ocidentais instituíram um modelo de Homem e de vida, inteira e fidedignamente configurado no desporto e nas exigências e ideais que ele comporta. Isto é, o desporto simboliza e mostra que a gesta da vida se cumpre não com gestos grandiosos, mas com a paciência de treinar todos os dias. Como disse António Sérgio (1929), "se não realizarmos este treino diário, perdemos a forma, perdemos a pujança, ficamos incapazes de ganhar a prova".[13]

Mais ainda, ele é uma norma sem tecto, ao serviço da busca da excelência. Nele ouve-se a voz de um deus desconhecido que mora dentro de nós e se expressa nos nossos desejos, ânsias e aspirações de transcendência. Por isso ele reinventa-nos a toda a hora como Sísifos determinados a mudar o curso do destino. E diz-nos que a vitória de hoje pode dificultar a vitória de amanhã.

---

[11] ARENDT, Hannah (2001): *A Condição Humana*. Relógio D'Água Editores, Lisboa.

[12] LIPOVETSKY, Gilles (1994): *O crepúsculo do dever: a ética indolor dos novos tempos democráticos*. Publicações Dom Quixote, Lisboa.

[13] NÓVOA, António (2005): *Evidentemente. Histórias da Educação*. ASA Editores, SA, Porto.

Assim, enquanto não renunciarmos ao modelo de Homem que tem guiado a civilização, desde o início até aos nossos dias, o desporto continuará a ser um apreciado investimento no progresso corporal, gestual e comportamental das pessoas. Ele desafia-nos a tomarmos a gnose e a técnica, a ética e a estética dos nossos actos como pontes para a liberdade. Porque nós somos livres não pela boca falante, mas sim pela mistura que o corpo sabe realizar com os sentidos, ou seja, pelo saber, pelo querer e fazer consequentes e não pelo crer e dizer negligentes. Somos livres pela palavra convincente e pela acção correspondente. Por fazermos convergir o eixo da visão e o eixo das coisas e acções, à luz do ensinamento de Santa Teresa: "As palavras preparam as acções".

É nesse horizonte que inscrevemos a nossa profissão e obrigação, o nosso ofício e papel de professores e treinadores, de dirigentes e praticantes, de pensadores e organizadores do desporto. Nele laboramos num espaço de fronteira entre a mente e o corpo, no ponto de encontro e da harmonia do espírito e da matéria, que são a soma e a taça da Vida. Parafraseando Freud, no desporto participamos na construção de identidades e de pessoas cujo *Ego* é sempre um *Ego corpóreo*, um *espírito incarnado,* uma *tatuagem corpórea* da alma. Ocupamo-nos da introjecção, apropriação e também projecção de ideias, mitos e símbolos através dos desempenhos desportivo-corporais. E assim procuramos anular as fronteiras entre a alma e o mundo exterior; participamos no esforço severo, incansável e sistemático de projectar a nossa natureza, nomeadamente o corpo, contra si própria, para além e acima de si mesma. Em síntese, seguimos a voz do *Superego*, que é a da internalização de conceitos e preceitos, de princípios e valores, de normas e ideais, de deveres e obrigações, de ilusões e utopias oceânicas.

Olhamos o desporto, tentando reaprender a ver o mundo (a *verdadeira filosofia*, no dizer de Merleau-Ponty). Seguimos nele em busca da sabedoria para uma civilização melhor. Como demonstrou superiormente Norbert Elias, ele é parte integrante do processo civilizatório, pela adesão voluntária a regras e pelos mecanismos de inibição e auto-controlo que requer e induz, permitindo simultaneamente o cultivo e exteriorização de emoções e sem anular o fundo de instintos e o séquito de impulsos em cima dos quais implantamos uma condição iluminada pelo clarão da razão. Ou seja, ele não passa ao lado da questão do mal-estar e infelicidade, do desconforto e descontentamento com a civilização e a cultura, já assinalados por Freud e agravados nos dias de hoje.

Sabedoria é a capacidade de delimitarmos bem as nossas tarefas e obrigações, com olhos de bom senso e humildade e com a convicção de que são as pequenas coisas que perfazem as grandes coisas. Sabedoria é manter a ignorância à distância, é a capacidade de ignorar o que não pode ser superado e de estabelecer metas e limites ao nosso alcance. No fundo ela é o alicerce da auto-confiança e a bandeira da esperança que manda seguir em frente, numa viagem que nos colocará na dianteira.

Sábio, disse Fernando Pessoa, "é quem monotoniza a existência, pois então cada pequeno incidente tem um privilégio de maravilha". É por isso que o desporto é fantástico e sublime; porque de pequenas coisas e de pequenos passos, gestos e incidentes, do pouco a pouco e do grão a grão, de gotas de suor e carradas de esforço, da maceração da carne e do comprometimento do espírito constrói pódios de exaltação e glorificação da dignidade humana.

O desporto está aí para conhecermos as intimidades entre o angélico e o diabólico, o infinito e o finito, o amor e o ódio, a sublimação e a sordidez, o cansaço e o descanso, o prazer e o sofrimento, a acção e o imobilismo, a elevação e a baixeza, o mérito e a mediocridade. É a criação a partir da falta, a necessidade feita liberdade, a gravidade feita asas, o peso feito voo, a lonjura feita proximidade, o obstáculo feito impulso, o perigo feito tentação, a dificuldade feita gosto, o receio feito aventura, o cenário colectivo feito palco individual. A dizer ao homem que ainda é uma criança com direito e necessidade de crescer, avançar e progredir.

Muitos dos seus críticos atiram-lhe à cara a acusação de ser da ordem do trivial. Realmente ele traz, sem mediações maiúsculas, um sentido limitado mas autêntico ao desfrute, à melhoria e conservação da vida; assenta na brevidade e contingência efémeras mas comovedoras, sem necessidade de ser convertido em útil e necessário e absolutizado em transcendente, por ser carregado de encanto e significado imanentes. Neste nosso mundo de felicidade rara e de inanidade abundante, no qual paradoxalmente se procura evitar qualquer razão de infelicidade e tédio, ele é uma ode de amor à vida que chegou casualmente e será perdida irremediavelmente. Uma prótese para suportar o destino inelutável. Um cântico que assume a vida irrepetível, frágil, rápida e fugidia e, não obstante isso, a canta com prazer, com esforço e até com generosidade transbordante e glória contagiante. Uma bandeira para significar que há mais vida na aventura breve, intensa e desmedida do que na travessia longa, temperada e contida.

O desporto está aí para cultivar a ética e estética da contingência, a beleza e alegria do contingente e imanente na peripécia que a vida encarna, celebrando tanto o brilho do que nos é dado como a sombra do que nos falta e inquieta. Convida-nos a optar "pelo aperfeiçoamento humildemente tentativo e resignadamente inabalável do que sempre nos parecerá de algum modo imperfeito, em vez de o recusar com desânimo culpável ou de tentar agigantá-lo até que a sua enormidade inumana nos esmague". Ao exaltar o contingente ele não impede de apontar para a excelência, entendida não como "a busca de nenhum absoluto (o excelente conseguido será tão contingente como o medíocre rebaixado), mas o afã de ir mais além e aperfeiçoar o que conseguimos (...) embora sem nunca sairmos da limitação que nos define e baliza o sentido a que podemos aspirar".[14]

Sim, ele está aí para certificar que, desde a infância desvalida até à velhice inválida, somos muito mais assinalados e enformados pela vulnerabilidade, fragilidade e indigência do que pela superabundância e segurança. Mas está simultaneamente aí para confirmar o homem como um ser de horizontes, capaz de ser e estar para além de si. Porque ele é um instrumento de recriação da esperança, isto é, da decisão de triunfarmos em todas as circunstâncias da vida. Uma demonstração cabal de que, num contexto onde sobressaem desvios de pendor negativo e destrutivo, cada um pode fazer algo de positivo por si, em benefício pessoal e alheio. Uma prova insofismável de que nós somos aquilo que fazemos de nós.

---

[14] SAVATER, Fernando (2004): *A coragem de escolher*. Publicações Dom Quixote, Lisboa.

7. Contra o relativismo cultural

O ataque e a desvalorização do desporto também podem ser vistos como parte da enxurrada do relativismo cultural. Este não cessa de ver aumentado o seu caudal a cada dia que passa.

Devido a ele estamos a assistir a uma desclassificação cultural, à abolição da hierarquia dos sentidos, princípios e valores, a um achatamento das diferenças e a uma progressão do grotesco.[15] Faz-se tábua rasa da dificuldade, daquilo que é moroso e custoso de alcançar. Rebaixa-se e desacredita-se tudo o que exige esforço, aprendizagem porfiada, paciência, sacrifício e tempo e causa incómodo. Em seu lugar promove-se o efémero, o fugaz, o episódico, o utilitário e imediato. Tudo o que é árduo, exigente e difícil vê-se postergado. O fácil é idolatrado e impõe a criação de uma esfera de vida que tende para o grau zero da estética e da identidade. Em suma, o tempo é de aniquilação da estesia, do alto e belo, de apagamento do sentido, do valor e do dever e de nivelamento do gosto, dos gestos e sentimentos por baixo.

Com base numa ideia desenvolvida na antropologia – e que nela pode ser aceitável, mas é perniciosa quando importada por outras áreas – a cultura superior passou a ser substituída por 'culturas'. E o mais espantoso é que este movimento tem como protagonistas alguns radicais que se dizem progressistas e alinhados com os mais desfavorecidos. O seu anti-elitismo leva-os a encarar como pecado grave contra a democracia e o povo a exigência de níveis de excelência, uma vez que a sua manutenção desrespeitaria aqueles que não conseguem chegar a patamares superiores. Para não beliscar a 'auto-estima', o sono e a sensibilidade dos 'meninos' preguiçosos, indolentes e burros é necessário destruir tudo quanto faça ressaltar as diferenças, os méritos e os deméritos.

Todavia estas atitudes anti-elitistas – relativamente à escola, à cultura e às restantes instituições de educação e formação das quais o desporto e as suas organizações são parte integrante – não consti-

---

[15] O livro *O Império do Grotesco*, da autoria de Muniz Sodré de Araújo Cabral e Raquel Paiva (Mauad Editora, 2002), denuncia sobremaneira as aberrações desta situação.

tuem uma resposta para a procura e as necessidades da população. Não é desta que provém o apelo para que os seus filhos não sejam instruídos, ensinados e formados de modo superior. Tais atitudes correspondem, pelo contrário, a uma ideia desenvolvida no seio da própria elite a que os ditos radicais pertencem. Por estranho que pareça, ou talvez não, trata-se de um caso de elitismo invertido, que se revê na celebração e adulação do banal, na admiração bacoca e na reverência cretina do vulgar, do ordinário, do pacóvio, do boçal e do popularucho.

Estes 'populistas culturais', 'pensadores' e 'educadores' não são o que dizem ser, isto é, não são democratas, nem têm grande apreço pelo povo. De resto cometem o erro básico de confundir povo e plebe. Identificam a segunda como sendo o primeiro, em vez de a considerarem uma caricatura e desclassificação do povo. Ignoram que a plebe é constituída pelos indivíduos sem formação que, por isso mesmo, carecem desta e do que ela comporta para poderem emergir como cidadãos. Não conhecem a diferença entre indivíduo e pessoa.

Ademais a noção que têm da pessoa comum é a de que ela é incompatível com a excelência, inapta e incapaz de se alcandorar a um nível elevado de compreensão e *performance* e não consegue apreciar as coisas superiores; de que lhe basta e é mais do que suficiente uma versão diluída e pequena dos bens culturais, científicos, tecnológicos e outros. Para eles as massas populares são intrinsecamente estúpidas e, portanto, incapazes de seguir um raciocínio complexo ou de admirar uma obra de arte ou uma qualquer peça do génio criador. É assim, com base nestes pressupostos, que constituem uma ortodoxia pedagógica, responsável por propostas 'educativas' que contribuem para fechar e aprisionar os pobres na sua condição de origem.

Para quê ensinar música erudita, de Bach, Beethoven ou Lopes Graça? Para quê aprender a tocar piano ou violino? Para quê ler e estudar os autores clássicos? Para quê ensinar e exigir a execução técnica e perfeita de gestos difíceis, complexos, belos e aprimorados? Para quê transmitir um nível subido e adequado de conhecimentos, habilidades, capacidades e competências desportivas? Sim, para quê tudo isto, se a noção de excelência deixou de ser aceitável, se a morte da personalidade culta, séria e exigente está na ordem do dia, se há uma hostilidade à difusão do saber sólido, aprofundado e consistente e se basta transmitir apenas conhecimentos rudimentares, conformes a uma vidinha minúscula, baixinha e rasteira?

O relativismo cultural caminha de mãos dadas com a *ética indolor*, exibindo e desfraldando ambos, de maneira exuberante e enfática, a bandeira dos direitos e facilitações e amarfanhando e esmagando por completo a imprescindível e dura assunção das obrigações e deveres. Daqui emerge uma didáctica estéril e vã, assente no entretenimento e na agradabilidade; como se fosse esta a via de aprendizagem de algo substancial e duradoiro e a educação se fundasse no princípio do prazer; como se o homem pudesse deixar de ser criança sem ter sido educado pela dor da dificuldade. Eis aquilo que alguns críticos designam, com inteira e justa propriedade, por *'didáctica do eduquês'*, isto é, um embuste propenso a criar um reino da facilidade e ilusão enganosas! Não admira que, devido a isso, os dados referentes à formação das crianças e dos jovens revelem diminuição e nível confrangedor nas áreas disciplinares que exigem uma forte e aturada mobilização da atenção, do esforço e da vontade.[16]

Sentar o fundo das costas, estudar, memorizar, repetir, exercitar, treinar, várias horas por dia, longos dias por semana, muitas semanas por ano, anos a fio e por toda a vida, estão fora de moda entre nós. O que está em alta é a promoção do infantilismo e da menorização dos adolescentes e jovens, o nivelamento pelo menor denominador comum. E com tudo isto crescem o desinteresse e a ignorância que são o terreno fértil onde medram a esperteza e safadeza dos oportunistas, aproveitadores e demagogos, ávidos de ter a vantagem assegurada.

Ao serem cúmplices com o relativismo cultural, os ditos e pretensos intelectuais estão, ao cabo e ao resto, a atentar contra si próprios, porquanto favorecem uma visão e funcionamento do mundo inimigos da cultura e da incumbência humanista que esta encerra. Estão a alinhar com as oligarquias, os *lobies* e corporações possiden-

---

[16] A crise da ética, hoje tão assinalada, é porventura o reflexo do eclipse, da crise e da fraqueza da vontade que se vêem um pouco em todo o lado. A ética e a vontade são íntimas uma da outra.

tes que sempre consideraram a cultura um adereço inútil e dispensável, sobretudo para os outros.

Esta epidemia mina o fundamento da cultura, da civilização e dos seus instrumentos, organizações e instituições. É de braço dado com ela que o império mediático estende os seus tentáculos, subverte princípios e valores e institui o primado da banalidade e da futilidade. Pouco podemos fazer contra este poder hegemónico, mas temos a obrigação inalienável e sagrada de nos envolvermos num combate clarividente e intransigente, disputado no campo das ideias, de modo a libertar e conquistar o coração e o espírito da opinião pública. A maneira e a determinação do envolvimento nessa luta tão crucial do nosso tempo revelarão a medida da capacidade de estarmos à altura da nossa missão, que é a de produzir reflexão meritória e ser parte activa nos debates sobre as causas contemporâneas.

O mundo e a vida são apenas entendíveis numa base que ultrapassa muito o subjectivismo e relativismo da conveniência e da circunstância. Há estruturas gerais de humanização que nos permitem ser Humanidade. Sem elas, se desistirmos de chegar lá, cairemos no abismo da perda e da regressão. É, pois, uma questão vital defendê-las e defender tudo o que faz a diferença para melhor e tem valor universal.

Perante o rolo compressor da globalização, é fulcral preservar os recursos culturais e morais que sustentam a convivência e a elevação da civilização e da vida a patamares de excelência. É imperioso preservar, no nível superior, a norma social, a cultura, a técnica e a linguagem que são, no dizer de Fernando Savater, as instituições da liberdade.[17]

Como já se disse, o desporto é *reformador* e *performador*; aquilo que constitui o seu cerne e razão de ser é o cultivo da forma humana, a aquisição de formas e *reformas* de agir e valorar, ou seja, o aprimoramento corporal, gestual e comportamental dos humanos. É desígnio do desporto servir esse projecto inacabado que, desde o início e até ao fim dos tempos, move e vai continuar a mover a

---

[17] SAVATER, Fernando (2004): *A coragem de escolher*. Publicações Dom Quixote, Lisboa.

civilização. Essa coisa – tão simples de ver e dizer na aparência, mas tão difícil de entender e concretizar na sua essência – é obra da técnica (a *areté* dos gregos); é esta que suporta a acção correcta e a arte de viver.

Sim, no projecto humano da liberdade e felicidade têm lugar central a técnica e a estética, o correcto e o perfeito, o bom e o belo, o ético e o sublime. A civilização assenta sobretudo na conquista da dignidade e estética da vida que a técnica possibilita; e não chegou ao fim. Estamos longe de ter quebrado todas as grilhetas que nos amarram ao chão inferior e tolhem a leveza dos nossos movimentos e sentimentos; carecemos de ser desacorrentados em muitas dimensões e pelos mais diversos meios e modos.

Ao dizer isto, não me quero incluído no insano número dos desmemoriados que clamam contra a técnica e a tecnologia. Quero-me longe deles e das falsificações com que atordoam os ouvidos e perturbam as consciências. A memória do passado e a autoria de uma vida de dificuldades, inscritas nas rugas da testa, nas curvas dos ossos, na mirração da carne, na austeridade e inabilidade dos gestos e na rudeza e escassez das palavras, não consentem o esquecimento e o silêncio. Não permitem que cale que foram as técnicas que nos resgataram das cavernas da sub-humanidade, que nos tiraram de um tempo inteiramente consagrado à luta trágica e dramática pela sobrevivência. Não autorizam que se deturpe o teor da civilização.

A técnica é um amparo que suporta a nossa vulnerabilidade e debilidade e amplia a nossa possibilidade de escolha e capacidade de acção, sendo por isso uma instituição da autonomia e liberdade e assim a nossa forma de vida e, logo, a empresa mais humana. É ela que precede e possibilita a criatividade e inovação. Estas são uma espécie de estado de graça, de harmonia e perfeição, um sopro de inspiração que responde a uma ordem e voz que vêm de dentro; mas só resultam quando a técnica se instala como segunda natureza. Sem ela não se escrevem poemas, não se compõem melodias, não se executam obras de arte, não se fazem golos, não se conseguem cestos e pontos, não se pode ser bom em nenhum ofício e mister. A arte, a qualidade, o ritmo, a harmonia e a perfeição implicam tecnicidade. Sem técnica não há estética de coisa alguma. E a ética fica cega e manca.

Enfim, a inabilidade é fácil; difícil é a técnica e a sua aquisição, sem ela não logramos ser verdadeiramente humanos. Nem no corpo, nem na alma. Sem técnica, os nossos gestos, actos, atitudes e condutas são prisioneiros da rudeza e grosseria dos instintos, da incultura, indolência e fealdade. Da ignorância e irresponsabilidade.

Não pode, pois, valer o mesmo ser sério ou desonesto, ter sucesso de modo limpo e ás claras ou subir na vida pela baixeza e calada da noite, falar verdade ou falar mentira, ter posturas éticas ou condutas imorais, usar uma linguagem escorreita e bela ou escrever e falar com erros e palavrões, ser letrado e ter conhecimento ou ser analfabeto e ignorante, tocar e cantar com ritmo e harmonia ou produzir sons dissonantes e agressivos, ter modos decentes e elegantes ou exibir má-criação e grosseria, realizar gestos inexpressivos, imperfeitos, disformes, pesados e cheios de sinergias onerosas ou configurar gestos leves, finos, plásticos, arredondados, dionisíacos e apolíneos.

Sim, o relativismo tem que ser combatido em todas as frentes, porque sem actividade criadora – advertiu Teixeira de Pascoaes – não há liberdade nem independência. Também ataca no desporto, Por isso este é uma plaga em que lhe faremos guerra sem quartel e cuidaremos de lhe cortar o passo e barrar o caminho, afirmando em alto e bom som que sem rendimentos elevados e *performances* excepcionais o desporto perderia a sua fulgurância cultural. Só derrotaremos o relativismo no desporto, se este continuar a ser um campo de florescimento e frutificação do génio e engenho humanos.

A visão ingénua, que inspira muitos críticos e depreciadores do desporto, da técnica e da excelência desportiva, bem como da sua aprendizagem e prossecução, revela desconhecimento absoluto da importância e função da cultura, dos seus instrumentos e instituições. Imaginam que seríamos mais autênticos e originais se não tivéssemos moldes, referências, padrões e símbolos culturais para orientar e comparar as nossas acções, atitudes, gestos e comportamentos. Ignoram que esses aparentes condicionamentos nos aliviam de dilemas sufocantes, nos facilitam e simplificam a vida, permitindo-nos assim aplicar as energias e a inventiva na edificação da individualidade e dar um relevante contributo ao meio em que somos chamados a intervir. Os grandes criadores, em todos os campos,

40 *Em defesa do desporto*

partem da apropriação, exercitação e aprimoramento das rotinas e criações encontradas; é a partir delas que expressam o seu génio e talento e produzem obras que funcionam como influência normativa dos seus contemporâneos e dos vindouros.

O ser humano – insiste Fernando Savater – não cria a partir do nada. Só a um Alguém divino é possível criar *ex nihilo*, sem actuar sobre a realidade, porque para Ele querer, decidir e conseguir são exacta e simultaneamente a mesma coisa. Os humanos criam tanto mais quanto melhor conhecerem e apropriarem os artefactos existentes, tomarem iniciativas compatíveis com eles e actuarem conjugando adequadamente o conhecimento, a imaginação e a decisão no campo do possível. Somos, em grande medida, o produto das nossas obras e também da obra criada pelos que nos antecederam.

No desporto continuaremos portanto a investir no aperfeiçoamento gestual e comportamental do homem e a combater o relativismo cultural. Continuaremos, seguindo o conselho de Fernando Savater, a levantar "o apreço por dons universalmente valiosos (habilidade, força, velocidade, elegância, jogo limpo...)", a afastar-nos do "gorduroso odor ao estábulo", que tanto incomodava Nietzsche. "E a celebrar como própria a excelência onde quer que ela ocorra e seja quem for aquele que a demonstre".[18]

8. Conclusão

Primeiro

Desfaçam-se as dúvidas, os equívocos e mal-entendidos, sejam eles produto da boa ou má-fé ou intenção, da ingenuidade, ligeireza ou distracção. A ênfase que vem sendo dada à aliança do par 'actividade física – saúde' e o crescente reclinamento na aparente macieza e doçura desse colo, como ponto central de referência para a área do desporto e ou educação física, implicam um esquecimento e abandono das dimensões culturais, sociais, educativas, axiológicas, éticas,

---

[18] SAVATER, Fernando (2000): *O meu dicionário filosófico*. Publicações Dom Quixote, Lisboa.

estéticas, motoras etc., que constituem o cerne do desporto e justificam a sua criação e prática.[19]

É certo que a inactividade constitui actualmente um problema grave em várias sociedades; nalgumas (p. ex., EUA) é mesmo de aguda inquietação e extrema gravidade, enquanto noutras ele ainda não se coloca de modo tão pertinente, por continuarem em estado de subdesenvolvimento tecnológico. Nestas, pelo contrário, impera um fardo excessivo de actividade física, própria de estádios de civilização em que os humanos são bestas de carga.

Todavia convém não olvidar que o problema não tange apenas a inactividade física ou corporal; também a inactividade mental se estende paulatinamente à maioria das pessoas. A mediatização das sociedades contribuiu decisivamente para que somente uma minoria esteja mentalmente activa, enquanto a maioria cai na zona da passividade, inactividade e dependência mentais. Eis uma mancha funesta que desacredita cada vez mais a democracia e que promete irradiar para o futuro.

Seja como for, tomemos como ponto assente que precisamos de aumentar e melhorar o índice da activação corporal e da condição física das pessoas. Mas – muita atenção! – esse diagnóstico não recomenda o recurso a uma qualquer actividade. Recomenda, sim, o envolvimento em actividades de índole cultural, ou seja, a prática de actividades criadas pela civilização para o Homem nelas se criar, de actividades que congreguem uma multiplicidade de sentidos e valores humana e socialmente relevantes.

É verdade que nos confrontamos hoje com um *ambiente obesogénico*, que não pode ser subestimado e exige que olhemos através e para além dele. O problema é de tal gravidade que há no mundo mais indivíduos com excesso de peso do que com fome. Ou seja, aquilo que uns comem a mais e lhes é inteiramente prejudicial dava e sobrava para matar a fome no mundo, se houvesse suficiente

---

[19] Entre os paladinos da 'actividade física' também se encontra gente da educação física que assim aproveita para expressar a sua relação visceral com o desporto. Essa gente não vê que a 'actividade física' dispensa o ensino e a aprendizagem; não tem matéria para isso!

42 *Em defesa do desporto*

sensibilidade e decência. Mas não há, nem se descortina que elas possam surgir.

Fazendo fé na constatação de Fernando Pessoa, de que o corpo é a pessoa de fora que dá a imagem da pessoa de dentro, vivemos num mundo anafado e afogado em obesidade e adiposidade, em gorduras, banhas e enxúndias, em desídia, relaxamento, preguiça e indolência. E isto repercute-se de maneira indelével nos sentimentos, nos desejos, nas atitudes, nas posturas, nos comportamentos, nas expressões, nos olhos, no coração e na alma. Por isso o mundo exala cada vez mais um cheiro nauseabundo, tornando-se insuportável para viver. Ora é neste mundo que crescem as crianças e jovens. É mesmo assim que os queremos educar?! É nesse mundo e ambiente relaxados que devem crescer?!

Segundo

O que hoje está em causa e corresponde a uma genuína necessidade é um aprofundamento e alargamento do desporto como área académica, científica e profissional e como um campo de actividade relevante para o enriquecimento do sentido da vida. Mas isso não aconselha nem se consegue com uma *deriva* de natureza *higienista* ou *sanitária*, por mais cândidos, aliciantes, encantatórios e refulgentes que pareçam os propósitos e intenções. Não precisamos de abandonar o objecto tradicional e central e a matriz antropológica, axiológica e pedagógica que o desporto encerra. Sob pena de perdermos autonomia e identidade e cometermos suicídio. Precisamos sim de reforçar o entendimento e a abordagem plural do desporto, procurando revelar e alcançar melhor a multiplicidade de sentidos que o perfazem e estabelecendo cada vez de forma mais rigorosa e atinente o perfil das correspondentes áreas disciplinares. Do que carecemos é de mais labor e não tanto de 'actividade física', de mais moral em acção e não tanto de medicina, de mais reflexão filosófica e não tanto de prescrições médicas.

O desporto em geral e as suas diversas disciplinas em particular são um produto da razão e sabedoria humanas e um teste da nossa forma e condição em todas as suas vertentes. É nele que melhor se vê o *homo violens* ceder, pouco a pouco, o lugar ao *Homo Performator*, com este a arrancar-se do nada dos instintos e da violência e

Em defesa do desporto   43

a revestir-se continuamente de formas novas por cima das arcaicas e gastas, para poder emergir ao sol da liberdade e virtude.

As regras, ao proibirem atitudes que atentam contra o espírito e o sentido civilizatório, cultural e educativo do jogo e acto desportivos, balizam e induzem um modo de acção ao serviço do investimento no progresso comportamental (tão necessário!) das pessoas e da sociedade. Por isso renunciar ao desporto ou afrouxar na sua promoção e na observância dos seus princípios e valores corresponde a empobrecer os cidadãos nas dimensões técnicas e motoras, éticas e estéticas, cívicas e morais e a colocá-lo ao serviço da proliferação da violência e grosseria, do egoísmo e da indiferença, da rudeza e fealdade, da baixeza e bestialidade, da selvajaria e brutalidade.[20]

Tenha-se presente, como assinala Michel Serres, que a aparência e a essência saem de uma mesma fonte e nada é tão profundo e abrangente como a cosmética que aplicamos na nossa pele ou como a forma da nossa apresentação e acção. Na superfície da nossa pele e comportamento torna-se visível a invisível mas verdadeira identidade, mostram-se a sensibilidade e a consciência, as inclinações e tendências, as orientações e sentimentos que temos e aqueles que nos faltam. Assim como é a expressão do rosto que revela o que vai no coração, também é a fachada corporal e comportamental que revela a nossa autêntica identidade e sensibilidade, o modo de pensarmos, idealizarmos e julgarmos.[21]

O mesmo é dizer que, na superfície e visibilidade das nossas atitudes, hábitos e rotinas, das nossas acções e reacções, aflora pouco a pouco, traço a traço aquilo que somos e, muitas vezes, queremos

---

[20] Por outras palavras, a renúncia ao desporto e às suas exigências ajuda a minar o pilar da emancipação dos indivíduos, constituído por três lógicas ou linhas de autonomia racional, particularmente notórias e centrais na prática desportiva, a saber: a racionalidade expressiva das artes, a racionalidade cognitiva e instrumental da ciência e da técnica e a racionalidade prática da ética e do direito.

(BOAVENTURA DOS SANTOS: *Crítica da razão indolente. Contra o desperdício da experiência.* Cortez Editores, São Paulo, 2000).

[21] SERRES, Michel (2001): *Os cinco sentidos – Filosofia dos corpos misturados*, Bertrand Brasil, Rio de Janeiro.

iludir. Enfim, a maneira de agir e reagir tira-nos a máscara do disfarce e põe a nu aquilo que realmente somos.

Prolongando o raciocínio, podemos afirmar que, mediante o desporto, de um *protocorpo* biológico e motor partimos para a criação de um corpo habitado pela alma, carregado de significados, animado e inspirado pela substância dos sonhos e ideais. Um corpo moldado, costurado, estruturado, consagrado, rectificado e sublimado pelos códigos, pela lógica funcional e pelo património cultural e civilizacional que o desporto encerra.[22]

Sendo – para o bem e para o mal! – a manifestação mais difundida e consumida de cultura do nosso tempo, o desporto é um meio poderoso de moldar corpos e almas; ou seja, é agente de um *criacionismo* que não se atém só ao corpo. Prolonga-se na criação da alma, daquela entidade que anseia, questiona, exige e valoriza, confere sentidos e sente; que nos agita, anima, impulsiona, orienta, ordena, estrutura, povoa, forra ou atafulha por dentro; que vê, examina e avalia as nossas atitudes e acções; que derrama sobre nós luz e claridade, ilumina e incendeia a nossa vontade, o coração e a razão nos caminhos, atribulações, excitações e tentações da vida. Deste modo o corpo transcendido sobe para o transcendente; torna-se *espírito incarnado*.

Como elemento da civilização o desporto funde-se com a metafísica e iguala-se a todos os instrumentos e oportunidades apostados em instalar no corpo a marca heráldica do espírito, em submeter a animalidade da nossa natureza à espiritualidade da condição humana. É um sistema de valores, uma prática cultural instituída para espiritualizar o mais possível a dimensão física, motora e biológica do homem, para a esclarecer e legitimar, dignificar e elevar. Pelos princípios e objectivos, pelos métodos, regras e conhecimentos – repete-se, de ordem espiritual – que regem a exercitação, o treino e a competição,

---

[22] Podemos ver a disciplina escolar de educação física como uma forma da relação do sistema educativo com o corpo. A sua importância (muita ou pouca) traduz a maneira como o sistema educativo olha o corpo, como o observa e valoriza enquanto oportunidade de socialização e formação. De resto é nisto que consiste a tarefa educativa primordial daquela disciplina.

o desporto vincula-se ao corpo e à alma. Logo os professores e treinadores são educadores do homem todo, por meio da corporalidade, em nome e a mando do espírito e das exigências que dele emanam.

Sim, o desporto também é criador de tudo isto que está presente em nós, seja pela abundância ou escassez, seja pela falta que nos faz. Tendo em atenção que nascemos carentes tanto de corpo como de alma, com precisão chocante de próteses para um e para a outra. Ora sendo tarefa da educação a de revestir o macaco nu com roupas e traços humanos, que coloquem em nós o selo da humanidade, ela não se confina ao corpo. Ao enrouparem o corpo, a educação, a cultura e obviamente o desporto revestem igualmente a alma. Ou seja, os instrumentos, fins e alvos da construção do corpo contêm e apontam idêntica medida de consideração e edificação da alma. Dito de outra maneira, o corpo que almejamos no desporto é aquele que reproduz, concretiza, afirma e aumenta a grandeza da sua substância, numa palavra, da sua alma.

É isso que os professores e treinadores fazem, ao configurarem no corpo de um atleta, nas suas capacidades e *performances*, ideais de estética, técnica, eficácia, comportamento e rendimento. Ao ajudarem os atletas a realizar, com o labor muscular, com o afinco da vontade e o susto e desconforto do débito do oxigénio e da agitação sanguínea, valores vitais, práticos, hedonísticos, éticos, cognitivos, estéticos e religiosos. Ao criarem, sob a forma de atleta, um espírito em carne e osso. E assim, em sendo atleta, o homem é espírito duas vezes, suplantando os seres divinos que apenas são espírito uma vez.

Na idealização, organização e prática do desporto somos, pois, todos teóricos e práticos simultaneamente. Visamos todos a construção fantástica de uma obra que se concretiza sob diversas formas e com a ajuda de várias próteses, sejam elas a palavra ou o gesto, a ideia ou o acto, a disciplina e o rigor, o labor e o sacrifício, o esforço e o suor.

Goste-se e perceba-se muito ou pouco ou nada, no desporto entra em cena uma nova expressão da transcendência, não mais pela antiga via da míngua e imolação da vida, mas pelo transbordar da taça em que ela é bebida. Não é o *Homem novo* que finalmente se vê despontar; é só a renovação incessante da liturgia sempre inconclusa de o fabricar.[23]

Por tudo isto a todos os que o subestimam e aviltam continuaremos a repetir que o desporto, as suas instituições e realizações são símbolos de causas. Só os aleijados da alma é que não dão por isso.

"Aquele que nos eventos desportivos – adverte Fernando Savater – não sabe senão denunciar a simplicidade muscular dos desafios, as baixas paixões colectivas, a ostentação da ânsia de preeminência ou as manipulações fraudulentas dos bastidores, talvez acerte neste ou naquele detalhe vergonhoso, mas perde de vista o autêntico *interesse* posto em jogo, o sentido humanizador subjacente na mais alardeada das lendas de estádio. Esses inimigos doutrinais da competição desportiva podem entender muito bem o que certos homens querem e o que fazem, mas nunca saberão a profundidade daquilo que os homens querem e porque é que o fazem".[24]

Terceiro

Não, não é a 'actividade física' em abstracto que importa recomendar! Seguir por esse caminho é perseguir um equívoco e dar um tiro nos pés. 'Actividade física' é tudo e nada ao mesmo tempo, uma mão cheia de nada e outra de coisa nenhuma. O que importa fomentar são as múltiplas formas do desporto plural e de outras criações culturais assentes no movimento humano.

Mais ainda, a saúde é um objectivo tradicional da prática desportiva. Há uma estreita associação entre as duas coisas, desde tempos imemoriais. Se se escrever a história das atenções e cuidados prestados à saúde e ao corpo através dos séculos, certamente estará presente o desporto, seja nas suas formas actuais, seja naquelas que o antecederam e estiveram na génese da sua moderna configuração. Sempre se procurou, através do comportamento ou uso desportivo

---

[23] *O homem é Homem através dos homens; só Deus é Deus através de Si mesmo* – assim reza um ditado dos Cabilas, tribo do Norte de África. Realizamos a Humanidade através dos feitos e proezas dos homens.

[24] SAVATER, Fernando (2000): *O meu dicionário filosófico*. Publicações Dom Quixote, Lisboa.

do corpo, induzir neste e nos seus órgãos e sistemas adaptações, efeitos e alterações morfo-funcionais conformes aos requisitos, conhecimentos, necessidades, normas e padrões de cada época. Isto é, por meio do desporto o corpo pode ser invadido, arado e colonizado pelas e para as mais distintas culturas.

Esta problematização do desporto e de actividades motoras afins, com enfoque na corporalidade e na saúde, é particularmente enfatizada no nosso tempo, podendo dizer-se que está na moda. É inquestionável que ela adquire reforço e acentuação com a criação da ciência moderna e, sobretudo, com a vinda da revolução industrial e das respectivas consequências. Uma e outra colocaram a problemática da corporalidade em novos moldes. Assim, por exemplo, a *Ginástica de Ling* e os outros sistemas e métodos de exercitação, que lhe sucederam, devem o seu aparecimento ao facto de o corpo e a saúde terem adquirido novos contornos e preocupações: o corpo e a sua capacidade de rendimento e saúde tornaram-se um problema numa altura de afirmação da sociedade industrial e em face dos princípios e exigências desta.

O mesmo se pode dizer em relação à relevância que as práticas desportivo-corporais, enquanto elementos de uma estratégia de saúde, alcançam nos nossos dias. Realmente, com a evolução e mudança operadas nas campanhas de promoção da saúde e qualidade de vida, passando de estratégias assentes em proibições e restrições para a apologia de medidas de acção, aquelas práticas viram-se elevadas à categoria de traves mestras dos estilos de vida activa. E do mesmo modo são vistas como fiadoras da saúde. A tal ponto que a quantidade e a qualidade de exercitação desportiva são bitolas cimeiras e constituem até a justa medida de permissão da nossa inclinação e entrega aos prazeres e à fruição da vida.

Todavia empurrar a questão da saúde maioritariamente para os braços da 'actividade física' ou do desporto, embora aparentemente confira um aumento de importância a esta área, é uma armadilha que deve ser desmontada. Também aqui se aplica o ditado popular: "Quando a esmola é grande, o pobre desconfia"!

Claro que o desporto, sobretudo nas formas menos comprometidas com a alta prestação, pode e deve contribuir para a saúde na unidade de dimensões que o conceito desta alberga. Mas, de modo algum, pode assumir e arcar com a responsabilidade inteira pela saúde individual ou colectiva. Por mais aliciante e presuntivo que seja o brilho de semelhante apelo e convite, isso é uma casca de banana que ele não deve pisar, para que não lhe suceda o mesmo que, nas últimas décadas, aconteceu e continua a acontecer à escola pública.

A missão fenomenal do desporto é outra. E outra é a sua importância. Ambas são da ordem da cultura, tomada esta na acepção de uma criação do homem para nela ele se criar. O desporto é uma arte, um artefacto, uma invenção, para ajudar a fazer o Homem conforme a uma condição social, cultural e moral, datada e situada, reflectida e redimensionada a todo o momento. Tem a ver com a liberdade e esta – como ensinou Sartre[25] – é da ordem cultural, é irredutível à ordem natural e implica – como acentuou Merleau-Ponty[26] – o poder para transcender situações de facto e dar-lhes um sentido novo.

Quarto

Como se sabe, há alguns anos, foram muitos os 'pensadores' e 'intelectuais' do campo das ciências de educação, vitimados por um delírio inflacionista, que incumbiram a escola de missões e tarefas infinitas, vendo nela a solução para a renovação e transformação da sociedade. A escola deixou de ter uma missão específica, melhor dizendo, tornou-se uma *'sopeira'* ou *'diarista'*, uma criada para todo o serviço, uma instituição investida de todas as missões possíveis e imagináveis. Viu-se sobrecarregada por todas as razões, mas sem razão alguma; apontada como um local de remedeio de todos os problemas, traumas e frustrações. A ela cabia consertar o desconcerto da sociedade. Era ela que devia ser responsabilizada pelos graves males que nos assolam. Ela e os professores.

Falta de civismo, de rectidão, hombridade e nobreza do carácter; falta de educação; ausência de princípios e valores; fragilidade das normas de conduta; carência de hábitos de trabalho e disciplina;

---

[25] SARTRE, Jean-Paul (1960): *Critique de la raison dialectique*. Gallimard, Paris.
[26] MERLEAU-PONTY (1964): *Fenomenologie de la Perception*. Gallimard, Paris.

tudo isto e muito mais foi (e ainda é) posto na cesta dos ovos da culpa da escola e dos professores.

Há cidadãos que não sabem conduzir; não respeitam os direitos dos outros; não têm consciência da necessidade de observar regras e deveres; cospem e deitam papéis e outros dejectos para o chão; não sabem lidar correctamente com a sexualidade; são excluídos e marginalizados e participam em arrastões; têm maus hábitos alimentares; vegetam na tóxico-dependência; tudo isto e muito mais é atribuído ao falhanço e descaso da escola e dos professores.

A família está em crise, eclipsou-se e perdeu o poder de influenciar positivamente os seus filhos; muitos alunos chegam à escola num estado de total impreparação para as tarefas da aprendizagem; os modelos promovidos e premiados pela sociedade mediática não são os das grandes virtudes e atitudes morais; os cidadãos, que são dados e incensados como exemplo de sucesso, nem sempre acedem a este pelos meios mais sérios e honestos; da gente honrada e limpa não se lavra notícia, nem se lhe atribui condecorações ou louvores; pois bem, de tudo isto e de tudo quanto é gravoso foram e são a escola e os professores os grandes culpados.

Eis o ponto a que chegou a insanidade febril de muita gente pública e notável! Só que isto não altera a realidade, nem as causas e responsabilidades pela degradação da nossa vida colectiva. A escola não pode tudo, não é elástica e hoje pode pouco. A educação é um empreendimento muito amplo e público que deve, por isso, ser partilhado e assumido também por outras instâncias.

O resultado da alucinação é sobejamente conhecido. A escola relegou para segundo plano ou até mesmo devotou ao abandono total a sua tradicional e central incumbência, aquela que nenhuma outra instituição está à altura de cumprir: a da transmissão de conhecimentos e saberes, de competências, habilidades, capacidades, rotinas e hábitos, mediante o ensino sistemático e a oferta devidamente organizada e estruturada de aprendizagens fundamentais nos domínios científicos, tecnológicos e culturais que estão na base das disciplinas curriculares.

Com isso a escola desprestigiou-se, tornou-se corcunda, inoperante, esgotada e exaurida, reduziu o âmbito da sua influência e deu passos em direcção ao precipício da sua destruição, ou seja, afastou-

-se da sua genuína missão. E a sociedade ficou por renovar e transformar.

As consequências do desvario não se quedaram por aí. Os apologistas da atribuição à escola de um estendal sufocante de funções são coincidentemente responsáveis pela invenção e difusão de 'teorias' que diabolizam a autoridade, a obrigatoriedade, a disciplina, o rendimento, a concorrência, a competição, o sucesso e a vitória. Nomeadamente no capítulo da educação desportiva.[27]

Pois bem, os arautos da 'actividade física' e do seu casamento preferencial com a saúde parecem guiados e incendiados pelos mesmos faróis ideológicos. O seu fervor é tão arreigado que se tornam cegos, a ponto de não verem que a sobrecarga, quando não mata, prejudica e gera danos e deformações graves, de difícil reparação.

Quinto

Voltemo-nos portanto para o desporto e reforcemos o compromisso com os sentidos que ele disponibiliza, procurando nele algum antídoto para aliviar as dores que nos consomem. Olhemos para ele sem complexos, do mesmo modo como contemplamos qualquer dos outros domínios culturais.

"A literatura é a prova de que a vida não nos basta", assim disse Fernando Pessoa. E Nietzsche (1844-1900), afirmou o mesmo, ao formular: "A arte é uma espécie de consolo; torna suportável a existência humana, perante um mundo de crueldade e horror".

Sim, sem as diversas formas de criação e arte (literatura, pintura, escultura, música, teatro, desporto etc.), aparentemente inúteis e des-

---

[27] Quando compulsamos os programas da disciplina escolar de educação física, mesmo recorrendo à lupa mais potente, é muito difícil encontrar os termos 'desporto', 'competição', 'rendimento', 'treino' ou outros afins. A educação física parece estar dispensada das obrigações e responsabilizações que vinculam as outras disciplinas à missão da escola e esta à sociedade e ao seu universo científico, tecnológico e cultural.

Temei o homem de um só livro! – advertiu S. Tomás de Aquino, Doutor da Igreja. Ora tudo sugere ser um só o livro que inspira e aprisiona o pensamento de vários líderes reverenciados da educação física e das suas organizações. Sobre o desporto paira um anátema 'pedagógico' e 'educativo'. Que conceitos de pedagogia e de educação andam por aí à solta?!

necessárias, o 'real' não nos basta; torna-se 'irreal' e irrespirável. Porque não somos meras coisas, precisamos de algo que as coisas não têm.

O desporto tem 'coisas' que o pragmatismo quotidiano não oferece. Ele é intrinsecamente educativo, porque contém códigos, imaginários, fitos, conflitos e contradições, que suscitam apego e afeição, ponderação e emoção, paixão e razão. Por isso não precisa de muito trabalho e de fecunda imaginação para ser educativo; dá trabalho sim – e não é pouco! – torná-lo anti-educativo.

Assim o desporto não quer apenas ver aumentada a sua prática. Quer que ela seja conforme a padrões garantes de qualidade educativa. Ele é *pedagógico e educativo* quando proporciona oportunidades para colocar obstáculos, para enfrentar e experimentar dificuldades e adversidades, observando regras e lidando correctamente com os outros; quando fomenta a procura de sucesso na competição e para isso se exercita, treina e reserva um pedaço da vida; quando cada um rende o mais que pode sem sentir que isso é uma obrigação imposta do exterior; quando cada um não assume mais do que é capaz, mas simultaneamente esgota as possibilidades de se empenhar. É educativo quando não inspira vaidades vãs, mas funda uma moral do esforço e do suor, quando se afirma como uma verdadeira instituição do auto-rendimento; quando socializa crianças e jovens numa concepção e num modelo de vida assente no empenhamento e disponibilidade pessoais para a correcção permanente do erro; quando forja optimismo na dificuldade, satisfação pela vitória pessoal e admiração pelo êxito alheio.

No tocante à escola, a criação de um ambiente desportivo pode ajudá-la a recentrar-se na sua missão educativa essencial e a encontrar os caminhos da cooperação com as instituições que comungam do mesmo destino. Pode ajudar a reintroduzir a convicção de que ela é um estaleiro de trabalho porfiado, de esforço persistente, de obrigações contínuas, de tarefas incessantes, de exercícios e repetições sem fim, de suor e afinco inevitáveis. Não se trata de um local de terror e tortura, mas de uma instância de socialização numa cultura de rigor que não se compadece com o facilitismo, o relativismo, o deixa-andar, o nivelamento por baixo. A escola deve ser um estádio onde se valorizam méritos, vitórias e feitos e reconhecem fracassos, inabilidades e insuficiências. Onde se apuram os melhores e estimulam os outros a superar debilidades, embaraços e atrasos, para que não haja perdedores e todos sejam campeões na aventura da vida. Uma escola assim exalta o profissionalismo e seriedade de quem nela ensina, concita o entusiasmo e optimismo de quem nela aprende, eleva a relevância e utilidade do que nela se faz e gera o respeito e a admiração geral pelo que nela se alcança.

O desporto transporta, em si mesmo, esta cultura; fala-nos da entrega a causas e aspirações difíceis e superiores mas atraentes, da adesão voluntária a compromissos e princípios normativos, a riscos e agruras, a sacrifício e disciplina, isto é, de valores hoje assaz estranhos e decadentes. Não se faz nele o que se quer, mas quer-se aquilo que se faz. Nele é muito maior aquilo que é exigido e proibido do que aquilo que é tolerado e permitido. Cultivam-se nele mais deveres e obrigações do que direitos e permissões; isto é, os postulados e proibições, os imperativos e dificuldades sobrelevam de longe as autorizações e facilidades. Por isso nele têm olhos atentos e voz reprovadora a ética e a moral e aprendemos o seu significado e alcance. Ele é, pois, um campo da superação, do dinamismo, elevação e excelência e não um campo da vulgaridade, do laxismo, mediania e indigência.

Lugar do sonho e da criação, não é tanto um acto de expressão do que em nós abunda e sobeja. É sobretudo um acto de criação daquilo que nos falta ou está congelado dentro de nós. Por isso mesmo encena e concretiza, como nenhum outro palco de representação da vida, o sentido genuíno da cultura.

Domínio da técnica, da estética e de tecnologias corporais, ele persegue a vocação de sublimar os instintos, de quebrar as grilhetas das limitações, de dar asas ao nosso corpo, para que os sonhos, desejos e aspirações, os actos e os gestos se soltem e voem em direcção ao belo e ao alto. É feito por mãos ávidas de sublimar a força em graça e encanto. Por pernas apostadas em transpor os limites impostos à nossa natureza. Por homens e mulheres movidos pela ânsia de anulação do impossível.

Com o reportório das suas próteses compensa insuficiências e deficiências e aumenta o grau da nossa autonomia e liberdade. E ajuda-nos a compreender que a realidade verdadeira, absoluta e eterna está fora e acima de nós. Por isso é fonte de humildade e moralização do nosso percurso e passagem. Até porque nele ninguém sobe sozinho, mas apenas de mãos dadas, em atitudes cúmplices e gestos comungantes. Nele todos têm lugar; nós e os outros.

Sexto

O lema do desporto – *Citius, Altius, Fortius!* – é desafiante e acusador. Lembra-nos que o homem é e será sempre uma realização a menos, carecida de condição e técnica a mais. E por isso intima-nos a gastar a vida na procura da glória nas alturas e não a delapidá-la no chão raso da dignidade mínima. Esse lema é afinal o da vida e de todas as formas de lhe dar sentido e significado.

Não se trata apenas de perseguir o sucesso, mas de entender este como um meio de visar mais alto, de ser fiel ao compromisso com o aprimoramento dos nossos passos e caminhos, das palavras e actos, dos sentimentos e gestos, à luz de padrões culturais e sociais e no respeito e encalço da *cidadania ética.*

Deste modo o *homo viator* está na vida em trânsito para um destino superior, para cumprir uma viagem que só pode ser de elevação acima da menoridade e de aproximação às estrelas, para chegar à sua interioridade e espiritualidade e nelas se encontrar. É esta busca que o diferencia e realiza; sem ela delapida a sua natureza e fica aquém da sua condição.

O lema do desporto convida-nos a mirar e almejar a perfeição, mesmo sabendo que jamais a poderemos alcançar em plenitude. Não temos capacidades para a realizar; mas temos ideais para a sonhar e obrigações para a procurar. Porque somos carentes e semelhantemente ilimitados no plano intelectual e espiritual, moral e estético, subimos, atrás dela, pelos degraus íngremes e trabalhosos da consciência exigente e insatisfeita.

Certamente é mais fácil e ligeiro voltar as costas à descoberta daquilo que somos e devemos ser; abandonar a procura do genuíno e deleitar-se com a miragem do falso e artificial; pôr de lado o trabalho exigente e árduo de eliminar o supérfluo para atingir o belo e contentar-se com o verniz da superficialidade.

Para quê então preocupar-se com a qualidade e a excelência, se é suficiente e cómodo parecer igual a todo o mundo e este aplaude e premeia a futilidade e a frivolidade? Para quê erguer a voz contra a lassidão e contra os seus arautos e beneficiários, se isso é ir contra a corrente e assumir o risco do ridículo, de ser considerado um sonhador desmiolado? Para quê denunciar a falsidade e a baixeza, se, por mais trágico que seja, a maioria parece sentir-se bem na rasteirice da dignidade mínima?

Por muitas razões. Porque a adesão à causa da humanização assim o exige. Porque a história do mundo nos ensina que o seu curso foi sempre influenciado e remodelado por aqueles que cometem o arrojo de viver acima da vulgaridade. É a excelência que está diante e à frente de nós, como uma força que nos atrai e impulsiona para a vanguarda e para as alturas; ao passo que a mediocridade é um lastro que nos puxa para trás e para baixo, para um passado sem dor e suor, é certo, mas também sem honra e sem glória.

Sim, a excelência mora e pulsa no centro do nosso ser. Dentro de cada um de nós há um projecto de homem, muito mais autêntico, mais fascinante, perfeito e mobilizador do que a versão que, no dia a dia, conseguimos levar à cena. E por isso ele vive em nós a colocar--nos constantemente metas e desafios, a irradiar incitamentos e apelos para que não o deixemos adormecer e para que não poupemos esforço, entusiasmo, confiança e optimismo na tarefa de o levar por diante. Pede-nos que não deixemos que a vulgaridade e a leviandade, o desânimo e o demissionismo tomem conta de nós; que não deitemos mão a todas as desculpas imagináveis para os tornar aceitáveis.

O lema do desporto apela a uma nova e transbordante maneira de olhar a vida; desafia-nos a concebê-la como um projecto de arte, com as cores festivas do arco-íris e com o rendilhado da liberdade, autenticidade e verticalidade, da integridade, inteireza e harmonia do ser. Exorta-nos a fazer de cada menos um mais em cada dia da existência; a tirar os olhos do chão e a levantá-los para o céu azul, para a esperança de renascermos, de nos renovarmos e redimirmos. Para que ao amanhecer um clarão de luz nos ilumine a face e os horizontes, nos tire a escuridão do coração e da alma e mostre um corpo apolíneo a brilhar ao sol da recta intenção e do sereno contentamento.

Nós os humanos, porque somos e nos sabemos frágeis e precários, transitórios e mortais, ansiamos e procuramos conquistar e beber da taça do mundo. Os deuses, porque são eternos e omnipotentes, não precisam de realizar feitos que concitem a admiração dos seus semelhantes e projectem o seu nome para a eternidade, mas não conseguem deixar de sentir nostalgia daquela taça. Por isso Homero, na *Ilíada*, imagina-os a apostarem entre si na corrida de carros celebrada frente a Tróia, durante as exéquias de Pátroclo.

Em suma, nós os humanos praticamos a única coisa que aos deuses é vedado fazer: arriscar-se ao fracasso, ao insucesso, à incerteza, à tensão, à desilusão e à derrota. Eles só sabem e podem ganhar; nós somos predestinados a assumir o risco de perder, nascemos para cumprir o destino e fado de ganhar algumas vezes, de perder muitas outras e de ter que aprender a perder e a suportar a derrota, mas sem perder a face, a determinação e o gosto de insistir, treinar e competir, de tentar e ousar, de melhorar e progredir. Chama-se a isto vencer, viver e existir.

O atleta – assim o definiu Píndaro (521-441 a. C.) – é "aquele que se deleita com o esforço e o risco". É isto que constitui o desporto e é constituinte de nós, expressão do nosso ser.

Os valores educativos do desporto
REPRESENTAÇÕES E REALIDADES

José Manuel Constantino [*]

O desporto e as suas práticas, enquanto fenómeno social e objecto de investigação, são uma matéria de crescente complexidade requisitando diversos saberes disciplinares para a respectiva interpretação.

Aborde-se o desporto, como rendimento ou formação, na óptica do lazer ou da manutenção, os respectivos significados sociais traduzem uma pluralidade de motivos, de razões e de contextos organizacionais que desadequam qualquer perspectiva interpretativa que se baseie numa lógica unidimensional do desporto.

A emergência de um novo tipo de discurso sobre o desporto, enfatizando a sua pluralidade e multifuncionalidade, acentuou-se, sobretudo a partir de finais do século passado, mas está longe de se ter estabilizado enquanto pensamento interpretativo.

A reflexão e a construção argumentativa sobre os verdadeiros bloqueios a uma perspectiva crítica dos universos do desporto está a dar os primeiros passos ultrapassada que está a visão decantada e radical, dos que, herdeiros do freudo-marxismo, viam no desporto uma simples emanação da sociedade capitalista, atribuindo-lhe funções sociais idênticas às que, outrora, Marx atribuiu à religião (ópio do povo) ou, dos que, em nome de um *"higienismo físico"*, viam no desporto um atentado à educação física, esta sim, suposta depositária do verdadeiro sentido moral e educativo do corpo em movimento.

---

[*] Licenciado em Educação Física. Presidente do Conselho de Administração da Oeiras Viva, Gestão de equipamentos sócio-culturais e desportivos, EM

1. A defesa do desporto

O desporto precisa de ser defendido. Defendido perante os seus desvios. Defendido perante os seus opositores. Essa defesa requer um pensamento crítico e actualizado sobre as suas práticas sob pena de se acumularem intenções e objectivos que o desporto, supostamente, deveria garantir e que teima em não atingir.

Muitas das posições críticas ao desporto, particularmente incisivas por parte dos novos ascetas do higienismo, repousam no facto de os defensores do desporto permanecerem prisioneiros de perspectivas redutoras e defensivas, que aprisionam o desporto a uma lógica de sentido único, quase que pedindo licença para ocupar o seu espaço.

O espectáculo desportivo e a sua comercialização arrastando fenómenos de perturbação à sua matriz identitária e a desregulação que isso originou alteraram o equilíbrio de muitas das suas teses e interpretações e desfizeram mitos com os quais durante muitos anos conviveu.

A defesa do desporto é, também, isso. A avaliação do capital de experiência que a história do desporto acumulou e que está muito para além da epopeia dos factos, dos nomes, dos acontecimentos ou dos resultados. Um capital de experiência que é contraditório: tem aspectos positivos ao lado de negativos.

O desporto contemporâneo está a colocar-nos perante novos desafios para os quais as velhas teorias explicativas conduzem a perplexidades, a desencantos e a verdadeiros becos sem saída. O desporto modificou-se e não pode ficar prisioneiro das velhas teses interpretativas num tempo e espaço sociais que já não existem.

A maior visibilidade do desporto – questão incontroversa – levanta uma série de interrogações, coloca problemas novos e cria dinâmicas interpretativas, as quais, num número significativo de casos, estão longe de traduzir uma conhecimento com valor probatório sobre a realidade.

A autonomia relativa do sistema desportivo nas suas relações com outras esferas da actividade social, num contexto de crescente mundialização das suas práticas, torna a defesa do desporto uma tarefa indispensável de modo a que se actualize a sua identidade cultural, que é base indispensável à sua afirmação e consolidação.

2. O desporto e a mudança social

Norbert Elias afirmou em "Sport et Civilisation" que o conhecimento do desporto é a chave do conhecimento da sociedade. Em parte é verdade.

O desporto e os seus universos participam, através de uma dinâmica original, na reprodução e na transformação da realidade social. Por um lado, são um instrumento no processo de actualização das relações de dominação existentes e no reforço das desigualdades sociais, mas ao mesmo tempo, por força do seu poder simbólico, contribuem como lugar de inovação e de resistência aos modelos dominantes e aos poderes de controle. Esta relação dialéctica explica quanto é errado o entendimento de que o desporto seria apenas um reflexo da sociedade, como o é, também, o de pensar o desporto como um elemento, por si só, transformador da sociedade.

A relação é de mútua influência, nos dois sentidos, e, mais do que funcional, é de natureza tensional. O sistema desportivo é um sistema complexo, cujo desempenho depende da evolução do contexto que lhe serve de suporte. Não sabemos onde termina o sistema e começa o contexto e vice-versa.

O desporto, enquanto prática corporal socialmente construída, adquire significações e funções distintas resultantes dos diferentes actores e contextos sociais que as apropriam e as medeiam. Por isso não há um desporto no sentido unidimensional do conceito, mas vários modos de o contextualizar, de o praticar e de o vivenciar.

As teorias explicativas do desporto têm-se alterado porque "cada época cria os seus modelos e organiza os saberes de acordo com o contexto societal que lhes serve de suporte" (Caraça, 2005).

Num primeiro tempo as ciências quantitativas e experimentais (a biologia, a fisiologia, a biomecânica) e a aprendizagem motora hegemonizaram a compreensão do acto desportivo marginalizando a investigação nas áreas das ciências humanas e sociais. Mas com o decorrer do tempo, saberes disciplinares como a história, a psicologia, a filosofia e a sociologia, que começaram por ter um papel lateral na abordagem do fenómeno desportivo, vêm assumindo um lugar crescente na compreensão e interpretação do desporto, integrando o vasto campo dos saberes das diferentes ciências do desporto.

Esses saberes, condensados em várias áreas do conhecimento, são uma ferramenta essencial para desafiar o " património interpretativo " de que o desporto é depositário.

O exercício não é o de um devaneio intelectual, mas o de confrontar o desporto e as suas teses procurando interpretar o que nelas existe de ideológico ou de arbitrário. E esse exercício é o contributo necessário para trazer de volta o desporto à construção de uma prática social de onde possam emergir contributos à valorização social e à humanização das sociedades modernas. É um exercício em defesa do desporto.

As mudanças que se estão a operar nas sociedades contemporâneas, a evolução tecnológica, a emergência da sociedade da informação e do conhecimento e o papel crescente dos peritos e outros especialistas, o crescimento exponencial das organizações e entidades desportivas, a sua dimensão e dinamismo, desenvolvem-se de maneiras e formas mais complexas, mas também mais diversificadas que no passado.

O desporto na sua pluralidade não pode viver escapando a este tempo e à sombra de frases de "efeitos rápidos" e de resultados escassos. De continuar a aceitar, como demonstrado, o que não tem comprovação experimental. De manter, como sua raiz identitária, teses e interpretações que a vida desmente. Manter esta orientação é o caminho mais curto para o desacreditar e desvalorizar. O exercício crítico é o modo de refundar a sua identidade e de o reconciliar com a vida e com a sociedade.

3. O desporto e os valores

É comum dizer-se que o desporto é sinónimo de cultura, de progresso, de saúde, de educação, de fraternidade, um remédio a muitas patologias das sociedades modernas. Por vezes, vai-se mesmo mais longe e apresenta-se o desporto como *"uma escola de vida"* ou *"uma escola de virtudes"*. Dizer tão só isto, – de que um certo academismo e imobilismo intelectuais são responsáveis, – é fechar a reflexão e o debate, antes mesmo de os abrir. Por uma óbvia razão: é que os chamados valores do desporto, a sua dimensão social, são cultural e historicamente relativos, o que torna, muitas das declarações sobre o desporto, em grande medida arbitrárias e sem comprovação empírica.

O que nos dias de hoje é reconhecido como um elemento essencial à formação dos jovens – a educação através do desporto – foi em meados do século passado uma heresia. A educação física rejeitou-a, a ginástica de inspiração higienista combateu-a, muitos textos e doutrinas de suporte condenavam o que entendiam ser uma forma de aviltamento à condição física da juventude e a degeneração de uma certa *"moral"* formativa. As razões de crítica do passado, são as razões de defesa no presente.

No passado houve teses, que defenderam a legitimidade da função catártica do desporto, como forma socialmente regulada de controlar a agressividade humana. Constatamos hoje, que a violência dos comportamentos que o espectáculo desportivo suscita não é de natureza catártica, mas de tipo aditivo.

A fragilidade de uma certa narrativa desportiva, sobre os chamados valores do desporto, padece, ela própria, de um pecado original, que é o da dificuldade em definir o conceito de desporto, tão variados e variáveis têm sido os seus significados ao longo da história. Importa reflectir sobre os efeitos mascarantes de um desporto social e culturalmente asséptico, simultaneamente estranho e impermeável às condições sociais, económicas e culturais em que emerge, em que se estrutura e em que se expande.

Esse exercício é tanto mais importante, quanto a saturada comunicação mediática, nos impõe um modelo de pensamento *"único"* que neutraliza o espaço social em que as práticas desportivas se constroem, carregando o desporto de objectivos e de obrigações que manifestamente lhe escapam.

Se a evolução da motricidade do homem, a podemos ir buscar e fundamentar numa perspectiva antropológica, o aparecimento e desenvolvimento do desporto, só o podemos compreender no quadro de uma envolvente histórica, económica, sociológica e cultural.

Os valores do desporto situam-se não no plano do "corpo motor", mas do "corpo" que encerra comportamentos que, tendo na base o movimento, suscitam o aparecimento de sentidos e condutas que, justamente, reivindicam uma certa dimensão cultural, da qual decorrem consequências no plano educativo e formativo. Essa é uma das razões para se invocar a presença do desporto na escola. E é também resultante dessa dimensão cultural que decorrem consequências, que nos permitem reconhecer ao desporto, uma determinada categoria, com dimensão social.

Mas é uma dimensão que não é imanente ao próprio desporto, no sentido em que toda e qualquer prática desportiva pode reivindicar esse estatuto. Neste sentido o desporto é ambíguo. As valências que permitem reconhecer uma dimensão social ao desporto, estão nele de uma forma residual, são uma espécie de *"condições potenciais"*, que requerem um adequado aproveitamento, para que as consequências daí decorrentes, possam ser avaliadas como indutoras de factores positivos no plano social. Para que se possa afirmar que nessas condições o acto desportivo é uma manifestação de cultura, que encerra uma dimensão corporal, mas que é acompanhada de uma estética e de uma moral que lhe concedem, também, uma determinada valoração social.

Os valores do desporto são apenas os efeitos derivados de uma certa prática do desporto, não são uma sua característica própria. Neste sentido, o desporto mais do que um objectivo, é um pretexto que levanta uma dúvida. O de saber se será possível inscrevê-lo, na construção de uma sociedade humanista ou se a visão de um desporto como *"musculação moral do homem"*, no dizer de Coubertin, é uma prédica que os tempos não comprovam.

O desporto é o reflexo de uma sociedade onde o rendimento, o avanço científico e tecnológico, o desenvolvimento económico, conflituem muitas vezes com a visão prometeica do progresso e do bem-estar social. O desporto contém as contradições inerentes a outras práticas sociais e à sociedade. O desporto não é uma realidade transhistórica ou transcultural.

O desporto moderno surgiu representando simbolicamente os ideais utópicos da sociedade industrial. Assentava na crença de que perante a igualdade de oportunidades, o sucesso surgiria sempre aos melhores. O desporto recusou-se a aceitar que o jogo era uma competição entre desiguais. Afirmou o contrário: que seria um espaço de confronto e de avaliação de desempenhos corporais, onde a suposta igualdade de oportunidades entre os competidores permitiria que os melhores vencessem. E os melhores seriam sempre os mais talentosos. Só que, o discurso desportivo, esqueceu-se de explicar que os melhores não eram o resultado de uma selecção natural, mas o reflexo das condições sociais oferecidas aos praticantes para exprimirem o que neles existia sob forma potencial: o seu talento ou capacidades desportivas. A igualdade de oportunidades que a regra desportiva consubstancia, é meramente formal, não é de natureza substantiva. Aquela idealização simbólica conduziu a que, sobre ele, se construísse um modelo normativo, qual espécie de código universal, do que era o verdadeiro desporto. E ao fazê-lo, contribuiu para criar um verdadeiro *"obstáculo epistemológico"* a uma visão crítica sobre os problemas do desporto.

Um dos aspectos mais singulares do que acabamos de afirmar, está patente no lugar outrora atribuído ao chamado *"amadorismo"*, durante décadas elemento estruturante de um dos valores nucleares do desporto e particularmente do olimpismo e hoje, conceito claramente ultrapassado, transformado numa espécie de *"arcaísmo"* ideológico.

A progressiva profissionalização do desporto, a crescente dinâmica da indústria do espectáculo desportivo colocou uma pedra sobre a visão idealista do próprio desporto. Radicalizou conflitos, suscitou antagonismos de interesses. Deslocou muitas vezes o centro da decisão desportiva dos seus palcos originais. Introduziu factores de perturbação nos valores matriciais do desporto. Colocou em crise alguns dos dogmas que durante décadas marcaram a sua identidade. A cegueira ética invadiu-o, aumentando a dificuldade no controle da sua evolução.

Um dos sinais mais evidentes dessa perturbação ocorrida no interior dos discursos sobre o desporto é o incómodo causado pela crescente medicalização do rendimento desportivo. E, sobretudo, o recurso à farmacologia, como meio de o aumentar. Um fenómeno que, não sendo novo, tem como novidade a sua extensão, complexidade e sofisticação.

O discurso desportivo balanceia entre a realidade e o desejo de um desporto onde o rendimento fosse apenas o desenvolvimento das capacidades endógenas ao indivíduo. Acaba por criar uma realidade ficcionada, ora suportada pela defesa da "verdade desportiva", ora

64 *Em defesa do desporto*

agarrado a uma eventual defesa da protecção da saúde do atleta, mas que ignora todos as restantes condições em que é produzido o trabalho desportivo de alto rendimento.

Não é razoável negar o evidente. É indiscutível a crescente dependência do desporto, sobretudo o de natureza profissional, das lógicas económico-financeiras, elevando-o por isso, a um produto da indústria do espectáculo. Que, como espectáculo, supõe lógicas de organização e sustentação, que conflituam com a dimensão de um desporto como meio de educação e de formação humanas, mais ainda, como meio de promoção da saúde dos praticantes. Ninguém está em condições de garantir a compatibilização entre as exigências, interesses e expectativas da indústria do espectáculo desportivo e ideais e valores éticos. É elementar reconhecê-lo.

A excessiva comercialização do desporto constitui, porventura, uma das razões mais marcantes de um aumento da progressiva desregulação da moral desportiva, ameaçando voltar o desporto contra si mesmo, ao transgredir uma lógica, um sentido e um modelo a que aprendemos a atribuir significado moral e formativo.

Mas o muito desencanto que exista, quanto à realidade desportiva actual, a muita desintegração dos ideais e dos sentimentos que nos habituámos a ligar ao desporto, não podem deixar de continuar a exigir uma nova mensagem cultural. Atitude que se inscreve na luta por uma sociedade mais humanizada e mais solidária. O que obriga o desporto a ter as suas causas. A possuir uma pauta de princípios que sejam inegociáveis. A defender a sua identidade, não em termos de uma retórica beata, ou de um discurso desportivamente correcto ainda que vazio no seu compromisso social, mas através de uma cidadania responsável.

A questão essencial é dar sentido formativo à regulação dos comportamentos em situação competitiva, no âmbito dos que o praticam, treinam, dirigem, assistem ou comentam. E, neste particular, é indispensável recolher para o seio das práticas desportivas valores civilizacionalmente aceites: o do exercício das liberdades, o do respeito pelos outros, o da tolerância nas relações humanas, o do acatamento da regra, o da afirmação do primado do direito sobre o arbítrio. É em torno destes valores, que se pode construir, aquilo que vulgarmente é designado como o "espírito desportivo". Entendido não como um catecismo piegas, que candidamente se tolera, mas como um instrumento de aperfeiçoamento humano.

Essa construção requer uma firme e convicta atitude do "desporto", é certo, mas também de todas as instâncias socializadoras e condicionadoras dos comportamentos individuais e sociais. Os desafios que, neste domínio, se colocam ao desporto não são diferentes dos que se colocam às restantes áreas sociais. No essencial são os mesmos. E por isso uma "ética" para o desporto, é tributária de uma "ética" para a sociedade. O desporto terá de compreendê-lo, sob pena de viver em regime de verdadeira segregação. A sociedade terá igualmente de o entender sob pena de continuar a pedir ao desporto, o que ele, por si só, não está em condições de oferecer.

O alcançar desse objectivo só é viável se construirmos uma sociedade mais civilizada. E isso, só é possível através de pessoas com melhor educação social, melhor formadas. Com sociedades onde existam referências e valores. Com sistemas desportivos que promovam graus de exigência elevados no domínio dos comportamentos e das atitudes. Com uma visão reformista do próprio desporto, que compreenda que ele não dispõe de qualquer efeito mágico, que dispense o investimento individual no seu aperfeiçoamento.

Os problemas actuais do desporto são complexos. Não apenas pela heterogeneidade das actividades corporais. Mas também pela crescente dependência perante a economia, a política, os meios de comunicação. A pressão sobre o desporto é enorme, o que reduz a capacidade de actuar de forma eticamente responsável. Reconhecê-lo não diminui as nossas responsabilidades. Apenas lhe reconhece as dificuldades.

4. O desporto e a escola

Um dos lugares mais comuns, na análise da realidade desportiva de qualquer país, é o de responsabilizar a escola pelo atraso verificado na situação desportiva. Isso é particularmente evidente no rescaldo das grandes competições internacionais. É um exercício a que se dedicam políticos, dirigentes e toda a espécie de comentadores. O que si diz e como se diz, valem o que valem, ou seja, pouco. Na maior parte das vezes, quem faz essas afirmações ignora por completo a actual situação da escola pública e limita-se a repetir algo que, à falta de outros argumentos, tem o indesmentível mérito de receber acolhimento consensual. O que sempre apazigua as consciências. Curiosamente, nessas afirmações, quase sempre se fala do desporto e ignora a educação física, o que é também revelador, da confusão e da arbitrariedade, a par da ligeireza, com que o tema é tratado.

Aquelas afirmações não são, portanto, uma originalidade portuguesa. A originalidade a existir é quando se compara a situação actual, com a que vigorava no tempo da organização da juventude do Estado Novo (Mocidade Portuguesa), deixando passar a ideia que, exceptuando a questão política, o que então existia era superior ao desporto que a escola hoje proporciona. O que não é verdade. A escola pública actual é incomparavelmente superior à daquele tempo, desde logo, porque é para todos e a de outrora para uma pequena minoria.

Mas imputar à escola aquele tipo de responsabilidades é comum, seja para explicar o respectivo valor desportivo, seja para explicar o índice de sedentarismo entre os jovens. O que, à partida, aconselha à maior das cautelas, em virtude de, tudo indicar, estarmos perante um problema profundo, ligado a estilos de vida e a valores de natureza civilizacional, mais do que a uma questão estritamente escolar.

Quando alguém afirma que o essencial de uma política desportiva pública reside na escola o resultado é conhecido. É um tipo de discurso que combina a vacuidade com o desconhecimento. A escola é, de facto, um contributo inestimável e indispensável à elevação da condição física da juventude e esta, um suporte essencial à evolução do valor desportivo de um país. Mas a escola não é a receita mágica que, por si só, resolverá todos os constrangimentos de uma dada situação desportiva. É, por isso, aconselhável alguma ponderação na abordagem do tema, acompanhado de algum conhecimento e rigor, de modo a que, o que se afirma, seja sustentável e suportado pelos factos e não por simples opiniões. Esta é uma matéria onde a ignorância tem sempre as portas abertas.

O que pode ajudar a explicar esta situação: uma expectativa exagerada quanto às possibilidades da escola? A incapacidade de compreender as mutações operadas no âmbito das culturas juvenis e o papel da escola? A inadequação entre o modelo desportivo dominante e sua apreensão por parte do sistema de ensino? A dificuldade em perceber que parte dos problemas educativos não são redutíveis a problemas escolares? O desconhecimento de que o desenvolvimento desportivo é de origem multipolar e que portanto não tem origem num centro único? O não reconhecimento que o mundo mudou, o desporto é outro e escola não é mais a mesma? Um pouco de tudo isto?

É certo que, na mesma realidade europeia, há escolas e professores que trabalham com qualidade e outros que o não fazem. Em condições similares há resultados diferentes. O que parece indicar que a qualidade do trabalho do professor e o grau de exigência que coloca na profissão são, apesar de tudo, um elemento decisivo no resultado final. As condições e os contextos podem explicar alguma coisa, mas não explicam tudo. Embora, e isso é importante ser reconhecido, seja difícil pedir à escola resultados significativos sabendo que, o empenhamento motor que os alunos têm durante um ano é o equivalente a dois meses de treino num clube desportivo, praticando a modalidade que gostam. Mas não só.

A escola, em relação a várias aprendizagens sociais, perdeu atratabilidade e protagonismo. No modo como a escola aborda a educação física e o desporto esteve sempre subjacente, e ainda está, uma questão de natureza ideológica e doutrinária – que é permanentemente subestimada – e que se prende com a perspectiva com que os responsáveis educativos e os professores equacionam essa relação. Num número significativo de casos, constitui um factor adicional de bloqueio à exacta compreensão do problema.

A educação física e o desporto escolar por um lado, e o desporto federado (ou de rendimento) por outro, "mantiveram sempre um conflito, com raízes profundas na filosofia da educação nos países do Sul da Europa" (Sobral,2002) e que determinaram uma cultura e um conjunto de valores em que a escola, "tradicionalmente, olha com pouca simpatia e alguma reserva para o que se passa para além dela".

A escola argumenta, por isso, e entre outras coisas, que no desporto, a sua função não é formar "campeões", sequer "atletas" e mantém em relação à competição desportiva uma indisfarçável reserva. Que não será sempre assim, bem o sabemos. Mas que o é, em elevado número de casos, não carece sequer de demonstração. Permanece em muitos professores e em algumas escolas de formação, uma "cultura de desconfiança" em relação ao desporto formal, designadamente ao que se convencionou chamar de "desporto federado".

Nos últimos anos, a agravar ainda mais esta situação, a escola foi invadida por um conjunto de valores ideológicos – alguns louváveis – procurando que cumpra para além da sua função histórica e tradicional, a de ensinar, também objectivos de inclusão social, arrastando-a por força da contaminação das chamadas ciências da educação, para uma lógica de verdadeiro descompromisso social quanto ao carácter prático e utilitário dos saberes e competências que deve fornecer aos que a frequentam.

O desporto na escola não esteve imune a este tipo de moda. A obsessão didáctica (a que alguns já designaram como a "didáctica do betão"e outros o "eduquês") assente num conjunto de crenças e convicções de suposto valor científico fizeram a educação física e o desporto na escola perderem a sua alma. E um bom exemplo disso, é o pudor que a escola tem tido em destacar a promoção de talentos desportivos entre a população escolar, aceitando uma lógica médiocrática que a leva a condenar a competição e que, em nome dos alunos menos dotados, degrada objectivos e condições de realização aos alunos de elevado potencial desportivo. É abundante o uso de clichés para censurar quem assim não pensa: campionite, elitismo, alienação e outros termos retirados do léxico da "corrente critica" do desporto.

O entendimento que muitos educadores têm do papel da escola e da respectiva missão é também um factor adicional de bloqueio. O discurso piegas e de facilitismo de que a escola, mais do que um local de trabalho, de esforço e de superação, deve ser um espaço de ambiente agradável, não constrangedor, facilitador das aprendizagens, respeitando as "necessidades" e "personalidades" dos alunos não é um contexto organizacional muito estimulante para o desporto. Nesta "escola", de resto, o desporto será sempre "alienante" e o seu lugar ocupado pela antítese do trabalho: o lazer, o jogo, a actividade física e o prazer lúdicos.

Os valores educativos do desporto 69

A escola não pode continuar a alimentar o equívoco de que face ao desporto lhe caberia uma espécie de regeneração dos excessos e dos vícios do desporto que se pratica no seu exterior. De que seria depositária e fiel guardiã de um "desporto educativo" em contraponto a um outro, pouco digno de receber esse qualificativo. Basta assistir a algumas competições escolares e ao comportamento de alunos e de alguns professores para rapidamente constatarmos quanto equívoco é pensar desse modo.

Num outro plano é correcto pensar que qualquer medida de desenvolvimento desportivo não é possível em conflito com a escola e ao modo como esta determina e influencia o comportamento dos jovens em matéria de educação física e do desporto. Mas a alteração da situação actual não é fácil. Os esforços que existem da parte de muitos professores, designadamente de educação física, enfrentam a demissão ou a falta de empenhamento de muitos outros. O grupo profissional de educação física, constituiu-se em algumas circunstâncias, historicamente documentáveis, como o principal factor de resistência à mudança, alimentando rotinas e um conservadorismo ideológico construído em torno da defesa do "interesse educativo" de que seriam não apenas os seu principais definidores, como os seus primeiros guardiões. Uma espécie de "razão iluminada", para quem a pedagogia é uma forma de descer ao aluno e não um meio de o fazer apreender, conhecer e dominar os saberes desportivos socialmente construídos. A educação e o treino corporal e desportivo não se dão bem, com um ambiente onde as aulas têm de ser divertidas, animadas e participadas não exigindo trabalho e esforço.

A uma criança ou a um jovem que demonstrem possuir aptidões especiais para uma carreira desportiva, é difícil de aceitar que não beneficiem, se esse for o seu interesse, do necessário acompanhamento técnico e pedagógico que conduza à sua integração na disciplina desportiva para o qual se encontram mais vocacionados. "A escola não pode constituir-se – sob pena de se negar a si própria – como um local de punição a essa excelência. Pelo contrário, deve assumir-se como reveladora desse talento, fazendo dele, não apenas um motivo de orgulho, mas também de mobilização desportiva da população escolar" (Sobral,2002).

A evolução desportiva será sempre proporcional ao que for a evolução físico-motora da sua população infanto-juvenil, nisto compreendendo a sua literacia motora, o desenvolvimento das capacidades e qualidades físicas gerais, em suma, a elevação da condição física das crianças e dos jovens em idade escolar.O alargamento da prática desportiva é um imperativo constitucional que não pode dispensar o contributo da escola. O que obriga ao aperfeiçoamento dos modelos organizacionais e ao corte com rotinas e conservadorismos instalados. Ignorar, não apenas o que representa a escola, como escamotear o que é a sua responsabilidade social como espaço privilegiado no acesso dos jovens à prática do desporto, significa desperdiçar um dos factores críticos essenciais a uma política de promoção e desenvolvimento desportivo, mas também da criação de hábitos de um estilo de vida activo e saudável.

A educação física e desportiva na escola não podem continuar a ser um discurso que não tem correspondência com um efectivo investimento corporal dos alunos. Nos tempos actuais o que a escola pode fazer pelo desporto é bastante mas, apesar de tudo, menos do que o desporto pode fazer pela escola. Reinterpretar e recentrar o papel que a escola pode ter perante a educação e a formação desportivas é absolutamente indispensável perante a emergência de um novo paradigma social.

5. O desporto e a inclusão social

A contribuição do desporto para a integração e a coesão social é reconhecida como importante numa sociedade multicultural e fragmentada no plano económico, social e étnico. No entanto, esse reconhecimento é muitas vezes obtido através de uma ideia errada: o de que a prática desportiva é acompanhada *"ipso fato"* pela apropriação unívoca e normativa do seu conteúdo cultural. Ora, os comportamentos desportivos, não são transferíveis automaticamente para as actividades sociais. É ilusório supor que, a aprendizagem das regras de uma modalidade desenvolve, por si só, competências cívicas e de cidadania. Continuar a afirmar e a aceitar este absurdo só desvaloriza o desporto porque lhe atribui algo que ele não tem condições de garantir.

O valor social do desporto e o contributo que pode dar à inclusão social, resulta, por um lado, do crescimento da participação activa e passiva das populações em torno do fenómeno desportivo e, por outro, da ligação com outros domínios sociais, como a política e a economia. O desporto não sendo um fim em si mesmo, pode preencher múltiplas funções e assumir diferentes significados sociais. Pode constituir-se nos dias de hoje, como um importante meio de socialização que permite transmitir normas e valores sociais e garantir direitos de cidadania. Mas isso obriga a rejeitar as teses apologéticas que entendem o desporto como uma "escola de vida" e a aceitar que as práticas do desporto, não são integradoras por essência, pelo que, carecem de um forte investimento educativo.Do Estado, é certo, mas também da família, do clube, dos treinadores, dos dirigentes e de todos quantos organizam e enquadram a prática desportiva.

A ocorrer essa circunstância, a inclusão social – institucional, sócio-cultural e afectiva – é um objectivo a que o desporto pode dar um contributo positivo, garantindo a participação desportiva a grupos sociais marginalizados, facilitando a sua mobilidade social e com ela a respectiva integração. As acções e iniciativas dirigidas aos jovens, segmento etário que apresenta os maiores factores de risco no plano inclusivo são um aspecto determinante no domínio da coesão social.

A prática do desporto é uma das actividades que pode qualificar a vida dos jovens atendendo ao enorme potencial formativo que reúne. São milhares os clubes desportivos cuja acção se dirige particularmente à prática desportiva dos jovens. Realizam um trabalho, muitas vezes, apenas conhecido nas comunidades onde se inserem, mas cujo valor social as ultrapassa. São homens e mulheres que benevolamente organizam, dirigem e enquadram a actividade desportiva dos jovens. Com eles criam laços de afecto e de confiança que são um importante contributo ao seu desenvolvimento equilibrado. São um suplemento de vida que oferecem aos outros, mas são também uma instância reguladora da vida social. Sem a sua acção ocorreriam necessariamente desequilíbrios, comportamentos de risco e desvios sociais.

Os clubes desportivos precisam de ser atractivos para os jovens, mas só o serão se forem capazes de perceber que estamos a viver tempos difíceis. Em que os centros de interesse dos jovens se diversificaram no seu modo de organizar o tempo livre, nos espaços de sociabilidade que procuram, nos hábitos, consumos e gostos culturais. Em que ao clube de hoje, não basta ser uma espécie de clube de ontem, mas reciclado. São outros tempos. A relação dos jovens com as práticas do desporto alterou-se. Novas modalidades desportivas gozam de forte atracção sobre os jovens. Há modalidades tradicionais que perderam o poder de outrora.

Para que a vida dos clubes desportivos e o mundo associativo sejam motivantes para os jovens precisam de se apresentar como um espaço aberto, de convivialidade para ambos os sexos, de participação individual e colectiva, na organização, enquadramento e direcção das actividades, permitindo-lhes uma afirmação individual e geracional. Não precisam de copiar – quase sempre mal – o que os jovens procuram em outros espaços. Sempre que o fazem, perdem jovens e descredibilizam a sua acção. Devem continuar a ser lugares de desporto embora diferentes na estrutura de acolhimento aos jovens.

Com a progressiva perda da influência da instância socializadora primária, a família, as redes juvenis de sociabilidade buscam no grupo de amigos muita da lógica de construção das identidades. Os clubes desportivos devem captar este sinal dos tempos e canalizar este indicador social para a vida desportiva. O sucesso desportivo protagonizado por atletas de excelência, é um instrumento educativo de enorme importância, que pode funcionar tanto como modelo de referência simbólica para os jovens praticantes, como na mobilização para a prática do desporto e no modo como encaram a sua preparação desportiva. É preciso aproveitá-los.

A preocupação especial perante os jovens obrigará o clube desportivo a deslocar o centro das suas atenções menos para o resultado desportivo imediato e mais para a continuidade dos jovens na prática desportiva. A luta contra o abandono desportivo precoce, que se verifica à medida que os jovens avançam na idade, requer medidas preventivas contra o insucesso desportivo, já que aqui pode residir o motivo mais acentuado da sua exclusão. O que limitará o alcance educativo e de desenvolvimento social do próprio desporto se for praticado por menos pessoas. Encontrar um justo equilíbrio, para seleccionar sem eliminar, constitui um problema social e educativo de grande importância e de delicada e complexa solução.

A luta contra a exclusão social deve ter o desporto como aliado. No entanto, não se pode deixar instalar a ideia simplista de que o desporto pode, por si só, contrariar os efeitos de uma determinada organização social que promove a exclusão. Em certas circunstâncias, e alguma literatura da especialidade confirma-o, é mais a inclusão social que favorece a prática do desporto, que esta facilita aquela.

Num quadro social de acentuadas desigualdades sociais, a igualdade de oportunidades está fortemente condicionada e penalizada. Os próprios modelos de organização da prática desportiva podem ter efeitos negativos acentuando e promovendo a exclusão. A abordagem deste problema tem de ser vista num contexto de grande exigência organizacional tomando em consideração os modos e os contextos sociais em que ocorrem. Não levar em consideração estes condicionamentos corre o sério risco de acentuar uma visão profética e voluntarista sobre o desporto. O que terá, sempre, efeitos contrários aos pretendidos.

6. O desporto e a violência

A violência associada ao desporto é tão antiga quanto os próprios jogos e o desporto. É universal e não pertença de uma cultura, de uma época ou de um lugar concreto. Ao se estudar a história do desporto encontramos em todos os períodos comportamentos violentos dos praticantes, dos espectadores ou de ambos. Embora o nível de legitimação, grau e tipo de violência bem como o de apreciação e aceitação sociais se tenha alterado ao longo dos tempos, aquela é uma constatação incontornável.

O entendimento que temos deste problema põe em causa os fundamentos de uma certa sociologia de carácter determinista que, marcada pela influência do marxismo e das condições sócio-políticas em que surgiu o fenómeno do "hooliganismo", atribui o fenómeno da violência a um reflexo de factores de natureza sócio-económica.

Esse determinismo ajudou a criar no imaginário colectivo a ideia de que os comportamentos violentos encontravam fundamento em problemas de natureza social (desemprego, pobreza, marginalidade, etc.) e menos em factores de natureza cultural e civilizacional, neles incluindo a evolução do próprio espectáculo desportivo.

As violências ocorridas com os Jogos da Antiguidade ou posteriormente no período da Idade Média tinham motivos distintos e contextos também diferentes. Mas era violência e física. O que aos olhos de hoje nos surge como violência insuportável e insustentável, tinha então um sentido próprio no contexto de uma cultura singular. E respondia a momentos particulares, organizados especialmente para exultar e expulsar as tensões sociais.

A necessidade de manutenção da ordem, a regulação e o controle do espaço de jogo e do espaço envolvente, não são fenómenos recentes e acompanham a história do próprio desporto. O reconhecimento deste facto, que tem uma desigual distribuição pelas diferentes modalidades desportivas, não pode conduzir-nos a uma espécie de banalização do fenómeno da violência associada ao desporto. O facto de ser uma presença constante ao longo da história do desporto não anula a necessidade de procurar compreender o que existe de distinto nos comportamentos violentos do desporto contemporâneo.

A grande diferença reside em que, no plano dos espectadores, passámos de uma violência espontânea, ocasional e reaccional para uma violência premeditada, planeada e programada. Esta alteração, que começou a surgir por volta dos anos sessenta, traduziu-se numa modificação do comportamento de grupos de espectadores e esteve associada ao fenómeno do "hooliganismo".Até então, as invasões de campo ou os comportamentos violentos entre os espectadores, estavam relacionados com incidências do jogo ou rivalidades mantidas. O que se lhe segue é qualitativamente diferente, porque é uma violência que exige preparação, reflexão e coordenação. E passa a envolver como norma prévia à violência física, a violência simbólica, gestual, gráfica e comportamental.

A este tipo de violência está associada a evolução do próprio espectáculo desportivo designadamente a indústria do futebol, através do aumento da sua mediatização e da crescente juvenilização dos seus públicos. Esta alteração, "do público que vai ao futebol", a par da crescente autonomização da juventude e de um conjunto de sub-culturas juvenis alterou por completo o espaço social dos estádios e dos campos de futebol.

Os valores educativos do desporto   75

A organização dos grupos de jovens em claques, com os seus rituais, cânticos, coreografias e motivações distintas das do público tradicional criou uma nova realidade. Uma realidade que, por sua vez, adquiriu uma significativa visibilidade social através da mediatização dos eventos e desenhando uma lógica ambivalente: os comportamentos desviantes passaram a ser socialmente censurados, e ao sê-lo, abastecem e alimentam a transgressão, porque são reconhecidos como socialmente relevantes.

Um exemplo típico, da ignorância deste fenómeno, da sua génese e desenvolvimento, é a atitude insensata de algumas polícias, ao se disporem, antes de jogos de alto risco, a explicar perante todo o aparato comunicacional como estarão organizadas no terreno, os meios que possuem e a forma como coordenarão a operação. O que deveria ser discreto e reservado, e apenas do conhecimento próprio, é objecto de publicitação transformando as autoridades policiais em protagonistas do espectáculo com um estatuto similar ao de outro tipo de intervenientes. Ao fazê-lo é o melhor contributo que podem prestar a grupos organizados de adeptos elevando o seu reconhecimento como "inimigos" e inscrevendo-se na lógica própria desse grupos É isso que eles esperam e é nisso que, as autoridades policiais, candidamente colaboram, fascinados pelo estatuto que lhes é conferido pela comunicação social ao "aparecerem" a "comunicar".

Na mesma linha de actuação está o comportamento de algumas autoridades políticas e civis e de meios de comunicação social que tratam os líderes das claques, como uma espécie de parceiros sociais, respeitáveis cidadãos os quais há que ouvir, contar com eles e ajudar a participar na "grande festa do futebol". Esta vulnerabilidade social valoriza os comportamentos desviantes e legitima o estatuto destes grupos. O sociologismo de "tipo policial", a par do contributo sempre inestimável de alguns académicos, tem ajudado a legitimar comportamentos violentos, explicando-os por razões sociais, as quais, são particularmente desresponsabilizantes e deficitárias da compreensão e das singularidades que o fenómeno transporta.

Os estudos relativos aos espectáculos desportivos e às sub-culturas das modalidades são, quase, inexistentes. Mas alguns estudos, no âmbito da psicologia experimental, apontam no sentido, em que, a visualização de um espectáculo com violência tem como consequência aumentar a própria violência ao provocar uma antecipação cognitiva favorável à instigação da agressividade dos espectadores propensos a serem violentos. O que questionaria o papel das televisões na captação e repetição de imagens com comportamentos violentos.

A evolução deste problema está também condicionada pelo aparecimento de fenómenos de tipo social ligados a grupos portadores de ideologias racistas e fascistas, os quais, procuram infiltrar as claques e espalhar a violência gratuita. O reforço dos sistemas de controlo no interior dos estádios obrigou estes grupos a deslocarem as suas acções para o exterior, designadamente para os percursos de acesso ou de regresso dos locais de competição. O acontecimento desportivo para este tipo de grupos é apenas um pretexto. O objectivo é a violência independentemente das incidências e do resultado de uma competição. Casos existem em que, a violência é exercida sobre grupos análogos e que pertencem ao mesmo espectro clubista.

A organização de um espectáculo desportivo é, em algumas modalidades, uma verdadeira operação militar. Fardados, paisanos, com ou sem outros auxiliares de segurança, dispõem-se no interior e no exterior do espaço desportivo e controlam os acessos para e do local da competição. Ninguém parece saber quanto custam estas operações. Em despesas com consumíveis, em vencimentos e remunerações acessórias às forças de segurança, em combustível, em equipamentos, em refeições, em material. Alguns lugares, como as "estações de serviço", passam a ter vigilância especial e instituem-se como lugares míticos da violência gratuita organizada.

Estes são fenómenos novos e a sociedade pouco incómodo revela perante este tipo de situação. A brutalidade e boçalidade reinantes cabem no interior do socialmente aceitável. Cânticos obscenos, palavras e insultos xenófobos e racistas, gestos impróprios de gente civilizada, estão dentro daqueles limites. O paradoxo reside no facto de que um grau de maior exigência cultural, característico dos tempos presentes, ser possível em regime de coabitação com comportamentos e condutas mais próprios de anteriores estados civilizacionais.

7. O Desporto e as identidades locais

A competição entre dois clubes não é apenas uma avaliação das capacidades de rendimento desportivo entre os que competem. É, também, um modo de se confrontarem e avaliarem as entidades que os competidores representam. E, muitas vezes, quem vence não é penas o clube, mas a cidade, a região ou o país.

O desporto sempre foi um meio de expressão e de afirmação de identidades. E essa uma das razões para o facto de, muitas vezes, as dinâmicas identitárias ultrapassarem as desportivas e estas serem contaminadas por outras dinâmicas sociais.

Numa análise mais atenta deste problema é curioso verificarmos que, estes traços singulares do desporto se não diluem, mesmo quando o desporto tende a reflectir o processo de globalização e emerge no contexto de uma cultura de massas como objecto de consumo transversal. Ao invés, aproveita essa dinâmica para acentuar e reforçar a sua singularidade identitária. É ao mesmo tempo bandeira e vitrine para além do espaço territorial que o contextua.

A utilização do desporto como meio de afirmação e expressão de identidades locais ganha deste modo um novo fôlego ao ser transformado numa espécie de "linguagem universal" que se constitui, à escala global, como o melhor objecto de comunicação. Em certas circunstancias, uma vitória desportiva assume também um lugar legitimador na retórica política, servindo interesses e objectivos que estão muito para além do âmbito desportivo. O que torna a razão identitária facilmente manipulável e um caminho apetecível para todo o tipo de populismos.

A matéria tem sido objecto de vários estudos no domínio das ciências sociais.

A relação do desporto como os meios de mediação social, particularmente a televisão, reactualiza o tema. No espaço europeu, a livre circulação dos praticantes desportivos, interroga-nos também, como será possível no futuro, manter este registo identitário, quando crescentemente os praticantes tendem a não ter qualquer relação (de nacionalidade, de língua, de cultura) com as entidades desportivas que representam e com aqueles que os apoiam.

O aproveitamento do desporto como meio de afirmação local tem no nosso país contornos interessantes. Exceptuando a sua utilização como meio de pressão no confronto norte/sul, ele é sobretudo potenciado com o envolvimento do poder local no apoio e patrocínio a equipas desportivas, normalmente o futebol, com o argumento sempre presente, de que essa é uma forma de "mostrar " e "dar a conhecer" o concelho. É uma retórica argumentativa que a maioria das vezes esconde apenas a fragilidade do poder político em enfrentar os vários poderes locais instalados, entre os quais, o do caciquismo desportivo nas suas relações nem sempre transparentes com o poder político local.

O que importa, agora, não é caracterizar e desmontar este tipo de argumentos. Mas chamar a atenção de que a utilização do desporto no âmbito das lógicas identitárias é um dos fenómenos que, a não ser devidamente estudado, inviabilizará a exacta compreensão "do que está em jogo, quando se compete". Essa compreensão ajudará também a tornar perceptível muitos dos fenómenos de desregulação social de que o desporto é terreno fértil. E contribuirá para perceber se o fenómeno identitário é resultado de uma lógica singular assente na história, na geografia, na economia e na cultura ou, tão só, um aparente e frágil aproveitamento que pretende, artificialmente, criar uma identidade local.

Uma leitura, mesmo que não muito atenta, à chamada "imprensa desportiva", permito-nos verificar a presença constante de responsáveis políticos como actores do "fenómeno desportivo". Não só enquanto decisores políticos no âmbito das responsabilidades que lhes são inerentes. Mas como legitimadores ou intervenientes em processos de âmbito local, a grande maioria dos quais por arrastamento ao envolvimento do poder local no financiamento a actividades desportivas de carácter mais ou menos profissionalizado. No limite deste tipo de situações, está mesmo a acumulação simultânea de cargos no âmbito do exercício de funções públicas com o de dirigente desportivo local, tornando difícil perceber, onde acaba um e si inicia o outro, se acaso a questão tem sentido ser posta.

A identidade local de que o desporto é portador, a par da visibilidade pública e mediática que proporciona, tornam este tipo de situação cada vez mais comum e procurada, quer por dirigentes desportivos, quer por dirigentes políticos. O que são razões mais do que suficientes para reflectir sobre comportamentos que ajudam a

compreender muitos dos fenómenos de desregulação que caracterizam o desporto contemporâneo.

A manipulação do desporto e sua utilização para objectivos de
natureza política é uma situação que nada tem de incomum. A situação ocorre no domínio dos países, das regiões ou das comunidades.
É um aproveitamento matizado a diferentes níveis e características.
Mas é quase sempre a utilização dos mecanismos identitários e das
emoções que lhes estão subjacentes o cimento aglutinador dessa
manipulação. O que está visível torna-se menos relevante do que
aquilo que está escondido. Este é um risco e um perigo que só o
aumento do rigor e da transparência democráticos podem travar.

NOTA FINAL: Este trabalho é uma síntese do livro **Desporto: geometria de equívocos**
(capítulos1,2,3,7,15,20) do mesmo autor.

Espectáculo desportivo
na sociedade globalizada

António Marques[*]

Introdução

A globalização está hoje na ordem do dia, influenciando fortemente toda a vida no planeta e a agenda política dos países. E se a
economia é o seu lado mais visível, as suas consequências fazem-se
sentir em muitos outros domínios. O desporto não está à margem
deste processo de globalização. E nem poderia ser de outro modo,
porque, nas suas formas modernas, se procurou instituir e afirmar
como uma linguagem universal, um modelo cultural adoptado internacionalmente.

É cada vez mais comum ouvir-se falar em desportivização da
sociedade. Mais, o desporto é, talvez, hoje a forma mais popular de
participação cultural (9) ou, no dizer de Davies (2), o domínio mais
universal da cultura, anulando barreiras culturais como a língua, a
religião, as fronteiras geográficas, ou as manifestações de nacionalismo. Aproximando participantes e espectadores de todo o mundo
nas suas paixões, obsessões e desejo de vencer. A mobilidade de
atletas e dos adeptos e a capacidade de retransmissão das manifestações desportivas para todo o mundo são aspectos da globalização
que estão a mudar a paisagem do desporto.

A globalização corporiza uma rede de interdependências políticas, económicas e sociais que ligam os seres humanos, e inclui a

---

[*] Doutorado em Ciências do Desporto. Vice-Reitor da Universidade do Porto

emergência de uma economia global, trocas de tecnologias, redes de comunicações, migrações, uma cultura transnacional e movimentos internacionais que caracterizam o nosso tempo. Como consequência, as pessoas estão a experimentar novas relações de tempo e de espaço, com a aceleração do primeiro e a limitação do segundo. O que conduz a um maior grau de interdependência, mas também a uma maior consciência do sentido do mundo como um todo (4).

Embora se fale da globalização há pouco tempo – nos termos em que hoje se nos apresenta – a história da humanidade traz-nos registos já antigos de movimentos globalizadores.

Alguns historiadores referem as viagens comerciais de Marco Polo para o oriente como o momento impulsionador do processo globalizador. O renascimento europeu é um outro exemplo deste movimento de abertura das sociedades que influenciou fortemente o humanismo europeu na cultura, nas artes, na ciência, na tecnologia. Investigadores norte-americanos e brasileiros sustentam que a globalização terá começado, verdadeiramente, em Quinhentos com as descobertas portuguesas e com o infante D. Henrique, seu patrono e o criador da escola de Sagres. A importância desta escola tem a ver com o estímulo que concedeu ao desenvolvimento científico e tecnológico que apoiou os navegadores portugueses e que está na origem do grande impulso globalizador que nos levou para o cosmos. Para George Modelski (6), investigador da Universidade de Washington em Seattle, Portugal foi, durante o século 16, a primeira potência na humanidade a criar um poder global no sistema político mundial. Outros clamaram que governaram os quatro cantos do mundo, mas Portugal foi o primeiro país na História a criar uma estrutura político-económica de nível global. A liderança portuguesa criou um sistema global de frotas, bases, alianças e rotas de comércio, isto é, a organização de um projecto colectivo de "descobertas" e implantou uma estrutura de liderança global, que depois evoluiria com o sistema mundial britânico dos séculos 18 e 19.

O debate sobre a globalização está hoje muito focado nos planos económicos e político-ideológico. Por imposição dos grandes grupos financeiros e económicos internacionais, os governos aboliram as políticas *Keynesianas*, intensificaram o desmantelamento do sector público, desregularam a economia e deram passos para enfra-

Espectáculo desportivo na sociedade globalizada   83

quecer o trabalho organizado. Este projecto político neoliberal foi o resultado da subordinação das soberanias nacionais, no âmbito de acordos e tratados internacionais, às corporações transnacionais e aos bancos, que têm cada vez mais poder que os estados-nação sobre o controlo das economias nacionais (10).

Se a economia é hoje a frente mais visível do *élan* globalizador, suscitando legítimas preocupações entre aqueles que não aceitam que os donos do dinheiro sejam os donos do mundo, impondo, de uma forma arbitrária e ilegítima, os modelos de organização e de governo nas sociedades em que vivemos, outros aspectos da globalização não são hoje tão estigmatizados. E entre eles está o desporto. Como poucas actividades, o desporto tem explorado desde o início o potencial da globalização. E, contrariamente ao que tem acontecido em outros domínios, o desporto tem escapado incólume às ondas de protesto público associados à globalização, à excepção de algumas campanhas de activistas contra produtos comerciais (2). A compreensão da globalização no desporto remete-nos para as origens do desporto moderno.

O processo de desportivização

O desporto moderno nasceu em Inglaterra. Para Joseph Maguire, Professor de Sociologia do Desporto da Universidade de Loughborough (4), o processo de desportivização desenvolveu-se em 5 fases: numa primeira fase (séculos 17 e 18) surgiram o *cricket*, as corridas de cavalos e o boxe; numa 2.ª fase (séc. 19) o futebol, o *rugby*, o ténis e o atletismo; uma terceira fase (finais do séc. 19 e princípios do séc. 20) engloba a disseminação das formas de desporto "inglesas" na Europa continental e no império britânico e está associada à emergência de intensas formas de nacionalismo e à institucionalização da maioria dos desportos a nível internacional; uma 4.ª fase (anos 20 aos anos 60 do séc. 20) é marcada por lutas entre as nações ocidentais e não ocidentais para a afirmação no desporto; e uma 5.ª fase (desde finais da década de 1960) caracteriza-se por um crescente protagonismo de nações não-ocidentais, contestando a hegemonia ocidental no desporto. A emergência e difusão das modernas formas desportivas à escala global está, por isso, relacionada de uma forma mais vasta com o processo civilizatório (4).

A globalização do desporto

O século 20 assistiu ao desenvolvimento do desporto competitivo como um fenómeno global (7). Desde 1894, o movimento olímpico disseminou-se em todo o planeta. A sua globalização concretiza-se no facto de existirem hoje 199 comités olímpicos nacionais (1). O arranque do processo de globalização no desporto está, segundo Maguire (4), associado à 3.ª fase do processo de desportivização. Com efeito, o último quarto do séc. 19 testemunhou a disseminação do desporto, o estabelecimento de organizações desportivas internacionais, a aceitação mundial de regras de governo de desporto, a multiplicação de competições entre equipas nacionais e o estabelecimento de competições globais, como os Jogos Olímpicos e os campeonatos do mundo em muitos desportos.

Nesta fase da desportivização os "ocidentais" e em particular os ingleses, foram os "jogadores" dominantes. O Reino Unido era, então, o poder hegemónico e os seus desportos (futebol, *cricket*, atletismo) proliferaram pelo mundo, diminuindo o espaço de influência dos jogos nativos tradicionais (10). Mas não estiveram sózinhos. Os ginastas dinamarqueses e suecos, o movimento do *Turnverein* alemão, são exemplos da fase europaísta no desenvolvimento de um desporto global (1).

A luta pela hegemonia, que começou nos anos 1920, não ocorreu apenas entre o Ocidente e o resto do mundo, mas também dentro do próprio mundo ocidental. De uma forma crescente, o desporto norte-americano começou a disputar a supremacia inglesa. Nos anos 1920 e 1930 desportos como o *baseball*, basquete e volei foram difundidos nas partes do mundo onde era maior a influência americana – Europa, América do Sul e partes da Ásia-Pacífico. Após a 2.ª Grande Guerra Mundial, os USA assumiram uma hegemonia imperial, que resultou na expansão dos desportos "americanos" no mundo. O desporto tornou-se então um idioma global entre os anos 1920's e o final da década de 60. Embora ocidental na sua orienta-

Espectáculo desportivo na sociedade globalizada

ção, o desporto tem sido um dos mais poderosos instrumentos de aculturação alguma vez conhecidos na humanidade (4).

A resistência à hegemonia ocidental no desporto assumiu formas várias, como a rivalidade entre o ocidente e o bloco comunista durante o período da "guerra fria". Outras nações não ocidentais surgiram a disputar a proeminência desportiva, batendo os antigos colonizadores, especialmente os ingleses. Faziam-no, contudo, nos jogos dos antigos colonos e não nas suas próprias manifestações nativas (4). Desde os finais da década de 1960 alteraram-se os equilíbrios do poder. Em desportos como o *badminton*, o *cricket*, o futebol, o ténis de mesa e o atletismo, cresceu a influência de asiáticos, sul-americanos e africanos. O controlo das organizações desportivas internacionais e do movimento olímpico começou então a escapar, embora devagar, das mãos exclusivas do Ocidente (4).

Características do desporto global

Durante as três últimas décadas desenvolveu-se uma poderosa indústria do desporto (10). Vários aspectos caracterizam a expressão global do desporto: os movimentos internacionais de pessoas, que incluem deslocações de espectadores e de trabalhadores ligados às profissões do desporto.As migrações de atletas, treinadores e cientistas do desporto entre nações, continentes e hemisférios é um aspecto marcante do desporto no final do século 20. Um exemplo respeita aos JO de Sidney 2000: dois terços dos treinadores principais da selecção olímpica australiana foram provenientes de outros países (5). Outro exemplo é o dos futebolistas brasileiros (3): No período 1999-2000 658 jogadores brasileiros emigraram para 61 países. O primeiro país de destino foi a Alemanha com 137 atletas, seguido de Portugal com 136. Neste período, o número de jogadores que retornaram ao Brasil foi de 313. O número de jogadores na "Liga dos Campeões Europeus" foi de 41.

Outros aspectos da globalização dizem respeito (4): à dimensão tecnológica, traduzida pelo fluxo entre países de maquinaria e equipamentos produzidos por corporações transnacionais; à dimensão económica, com grandes fluxos de dinheiro a circular em todo o mundo; à dimensão dos *media,* com grande circulação de imagens e informação entre países, produzidas e distribuídas pelos jornais, revistas, rádio, filmes, televisão, video, satélite, cabo e pela *internet* – a cobertura pelos *media* dos JO de Sidney é elucidativa: os jogos foram transmitidos para 220 países, 3.9 biliões de pessoas acederam à TV em todo o mundo e os custos dos direitos de televisão foram de 1.3 biliões de dólares (3); e, finalmente, à dimensão ideológica, ligada ao fluxo de valores associados às ideologias e movimentos em favor e contra a globalização. Estas 5 dimensões podem ser detectadas no desenvolvimento do desporto do final do século 20.

A crítica da globalização do desporto

Uma crítica reporta-se à redução da influência das instituições de governo nacional do desporto em favor das internacionais. Um exemplo recorrentemente referido pelos críticos respeita ao poder da FIFA. Em 1904 este organismo tinha 7 membros, em 2005 tem já 207 países membros. A este propósito fala-se ainda de falta de transparência, de corrupção e de uma governação do desporto não comprometida socialmente, mas economicamente (3). Outras críticas dizem respeito (10): ao envolvimento crescente de oligopólios globais de telecomunicações; à utilização de uma nova divisão internacional do trabalho para produzir equipamentos desportivos, vestuários e calçado nas "super-exploradas oficinas de suor" do terceiro mundo e à exploração do trabalho infantil; aos enormes retornos financeiros gerados por organizações internacionais do desporto e pelas federações internacionais tais como o IOC, a FIFA e a IAAF, através da venda de direitos de televisão e patrocínios às companhias transnacionais; ao controlo de atletas por empresas de gestão de desporto internacionais (como o International Management Group), promovendo os eventos nos quais aqueles atletas competem e produzindo as transmissões desportivas daquelas competições, muitas vezes sem respeito pela saúde dos atletas, esgotando-os em esforços muito exigentes em competições que alimentam as receitas televisivas; à profissionalização do antigo desporto amador, de que é exemplo o Atletismo; às repercussões da globalização no desenvolvimento

Espectáculo desportivo na sociedade globalizada 87

do desporto nacional. A este respeito questiona-se o facto de as nações menos desenvolvidas não aproveitarem os seus talentos, perdendo-os para as nações mais poderosas, o que conduz ao subdesenvolvimento ou condiciona o desenvolvimento do potencial daqueles países (5). De uma outra forma, embora com o mesmo tipo de consequências, em países do primeiro mundo, como na liga inglesa de futebol, o número de jogadores profissionais que emigram é reduzido, mas o recrutamento de talentos no exterior é muito elevado. O que implica uma grande concorrência e menos oportunidades para os jogadores ingleses, tem um forte impacto na formação dos jogadores mais jovens, e resulta numa menor qualidade das selecções nacionais. Os treinadores, sob forte pressão para o sucesso, procuram nos reforços vindos do exterior resultados mais imediatos, embora em prejuízo da formação (5).

E o futuro?

Há problemas associados à globalização do desporto. Não vale a pena escamoteá-los. O desporto, na sua estrutura económica, é parte de uma economia que é global e reflecte as contradições desta. Mas, nas suas manifestações mais globais, o desporto não é só economia. O sucesso internacional no desporto contribui para reforçar a auto-estima dos países e é também a expressão do desenvolvimento dos sistemas desportivos nacionais. As performances dos atletas de alto nível – no seu esforço de contínua superação das possibilidades humanas – não são possíveis sem estruturas, sem especialização, sem profissionalização, sem competição, sem desenvolvimento científico, ajudando-nos a perceber melhor a nossa condição "humana". E só quando um determinado desporto se torna global, com a participação de atletas de todos os países, poderemos perceber quem são os indivíduos mais dotados de capacidades para o sucesso naquele desporto. Só então o verdadeiro potencial humano, em cada disciplina desportiva, poderá ser conhecido. Por exemplo, estudos mostram que a qualidade das performances no Atletismo é geograficamente influenciada. Os atletas cujas origens genéticas estão no centro-oeste da África dominam as distâncias desde os 100 aos 400 metros e o salto em comprimento, enquanto que os atletas do leste, norte e sul da África dominam as corridas mais longas, dos 5 aos 42 km. Os corredores europeus, em particular os russos, dominam cada vez mais as distâncias superiores a 80 km. Estas evidências, não isentas de controvérsisa, sugerem que nem todas as populações do mundo parecem ter as mesmas capacidades atléticas (7). Enfim, a exaltação de valores como as capacidades humanas, o *fair play* e a participação não podem ser menosprezados neste mundo tão complicado (2).

Pode, então, dizer-se que as alterações que estão a ocorrer no desporto são parte de um processo de globalização hoje dominado pelas estratégias e formas americanas, pois os USA são o poder hegemónico no sistema capitalista mundial (10). Por exemplo, o modelo desenvolvido para financiar eventos desportivos internacionais, como os JO e os Campeonatos do Mundo de Futebol ou de Atletismo, foi desenvolvido por Peter Ueberroth quando organizou em 1984 os JO de Los Angeles. Não obstante, a globalização do desporto não é uma via de sentido único. Por exemplo, o futebol acabou por entrar efectivamente no mercado desportivo americano em 1994, quando o Campeonato do Mundo foi realizado nos USA. (10).

Também nos planos político, cultural e sociológico há contradições específicas do desporto que podem desafiar alguns dos aspectos da sua globalização (10). Mas deve também procurar compreender-se porque razão o desporto se transformou numa das mais poderosas indústrias. E isso é assim porque o desporto, profissional ou amador, internacional ou comunitário, pode constituir um poderoso instrumento de promoção da saúde – os maus hábitos alimentares e a falta de actividade física são já, de acordo com a OMS, a maior ameaça à saúde pública em todo o mundo -, da paz e da ética, num mundo tão carenciado de valores (2). O desporto tem ajudado na regeneração do espaço urbano, como se tem visto em muitas cidades. O desporto pode, enfim, desempenhar um importante papel no desenvolvimento económico e na prevenção dos conflitos. Com efeito, o desporto tem sido um instrumento pioneiro e de importância decisiva nos contactos diplomáticos entre o Ocidente e o Oriente, entre sistemas políticos, entre credos religiosos e poderá ter um papel decisivo no conflito do médio-oriente (2).

Bibliografia

(1) Chamerois, N. (2002). The Globalisation of the Olympic Games – From Seoul (1988) to Sydney (2000). Doctoral Thesis, University of Franche-Comté.

(2) Davies R. (2002). Sport, Citizenship and Development – challenges and opportunities for sports sponsors. Speech at the World Sports Forum, Lausanne, 23 September, 2002.

(3) Jarvie, G. (2006) Global Sport: Myth, Reality and Issues. University of Stirling, Department of Sports.

http://www.sports.stir.ac.uk/

(4) Maguire, J. (s.d.). Global Sport: Identities, Societies and Civilizations. Loughborough University, U.K. http://www.sport.gov.gr/2/24/243/2431/24313/e243138.html

(5) Maguire, J. (s.d.). Sport and Globalisation. Sport & Development. International Platform.

http://www.sportanddev.org/en/issues/globalisation.htm

(6) Modelski, G. (2004). Entrevista. Expresso "Economia & Internacional" n.º 1667, 9 de Outubro.

(7) Noakes, TD (s.d.) Improving Athletic Performance or Promoting Health through Physical Activity. University of Cape Town. Sports Science Institute of South Africa.

http://www.jonentine.com/reviews/world_congress_MM.html

(8) Rowe, D. (2002). Football's globalisation paradox. Talk on ABC Radio National's Perspective program, broadcast on Tuesday 7 May, 2002.

http//www.apo.org.au/webboard/results.chtml?filename_num=12813.

(9) Vanreusel, B.; Scheerder, J. (2000). Société et Sport. Document synthèse de réflexion prospective. Belgique: Fondation Roi Baudouin.

(10) Wright, G. (1999). Globalisation and Sport. *Olympic Review*, October/November.

O dinheiro é meu! [28]

Fernando Tenreiro [*]

Uma iniciativa a utilizar

É importante referir que o livro tem a participação da elite de personalidades e investigadores do desporto português razão para elevar a minha prestação ao nível da responsabilidade atribuída e não poupar palavras, conceitos e profundidade, exista o fôlego para chegar longe. Caberá ao mercado avaliá-lo. O desporto, mais propriamente, a população como consumidora será a beneficiada final.

O meu lóbi é o desporto e o instrumento de trabalho a economia que, como outras ciências, ajuda a compreender o seu mercado e agir em conformidade.

Com este posicionamento e instrumento o artigo emite um desconforto forte em relação às instituições do desporto português e, em consequência, "procura partir alguma porcelana fina".

A necessidade de competitividade

Este livro surge em boa hora porque o desporto português necessita de espaços de debate sério, competente e aberto. Sérios porque os debates e os projectos desportivos devem ser como a mulher de

---

[*] Economista. Docente e Investigador na área da economia do desporto

[28] Terá dito aos seus próximos um Ministro do Desporto português, acerca de certa aplicação dos fundos públicos.

César, devem ser aquilo que se afiança serem. Competentes para responderem aos problemas concretos e resolvê-los com eficácia. Abertos para que se avance consensualmente, ultrapassando os desafios e produzindo cada vez mais e melhor desporto que todos beneficiam.

Seria popular dizer que a situação está fantástica relativamente a alguns resultados da alta competição nacional. Este sentimento, que o futebol da "Premier League" empresta às suas realizações, é uma vacuidade pela forma generalista aplicada ao desporto português.

O sucesso desportivo deve poder ser medido contra os resultados de outros sistemas desportivos europeus. Uma coisa são as vitórias individuais dos nossos atletas, treinadores e dirigentes, a outra, é a capacidade de demonstrar agregadamente que os resultados do mercado desportivo respondem ao nível de investimento e expectativas da economia e da sociedade portuguesas.

O texto parte da base do insucesso, mesmo que relativo, do desporto português em termos agregados. A razão encontra-se na incapacidade da modernização do modelo de desenvolvimento desportivo.

Desafios vários, "todos para ontem"

À luz da análise económica, porque me guio, a Lei de Bases de 2007, será um obstáculo à modernização do mercado do desporto e a sua concretização, realizada contra inúmeras evidências de erro, acrescentam preocupação e desalento.

A direcção superior do desporto português por receio do risco aceita a jurisdicionalização e sobrevive sem competitividade, subsídio-dependente do Governo e das autarquias, num mundo em franca transformação.

Um venerável professor diz que "O Estado é uma pessoa de má fé". Não só o Estado, podendo, o associativismo desportivo dá-lhe a mão interessada e sorrateira. As instituições do desporto onde ambos se sentam e fazem sentar são ineficientes e prejudicam os agentes privados que actuam no seu mercado. Os clubes e as empresas produzem desporto com qualidade inferior e a população consome menos serviços desportivos do que as suas necessidades de bem--estar e as exigências da competitividade do seu mercado de trabalho essencial, o europeu.

A economia, e as ciências sociais onde se insere, pouco podem fazer por esta parceria na resolução dos maus-tratos infringidos ao conhecimento e ao capital humano desportivo e que afectam particularmente os estratos sociais desfavorecidos de onde saem alguns dos nossos campeões.

Os jovens, apanhados aos milhares aleatoriamente pelo modelo vigente são expurgados temporária e "desportivamente" das suas origens e lançados no firmamento mediático enquanto produzirem o ouro que as opiniões públicas consomem. No fim esgotados psíquica, física, social e mediaticamente voltam ás suas origens ricos em memórias e pobres, sem vida para a formação básica escolar, profissional e social que adiaram "em nome das nações" de cada legislatura esplendorosa. O estupro é conhecido nas suas diferentes matizes dos que conseguem muito e se "safam", e dos que pouco e nada conseguem.

Havendo excepções e exemplos de excelência, da parte dos atletas e das instituições, falta a abordagem científica e estratégica e o seu suporte na elaboração dos instrumentos de política para equilibrar o deve e o haver dos benefícios gerados e corrigir as afirmações legislativamente esfusiantes.

O débito desportivo não está documentado porque o modelo desportivo nacional não labora nem acumula sistematicamente estatísticas, estudos, análises, debates, capital humano, institucional e social, bastantes para a sua transformação de grau. As ciências sociais e a economia, são a vítima primeira.

A ciência e a técnica da educação física e do desporto são também vítimas porque trabalham num mercado ineficaz e que podendo gerar resultados de excelência o faz ocasional e marginalmente e não sustentadamente como sucede na Europa de que ainda não nos aproximámos. O modelo de desenvolvimento sustentado é superior ao aleatório como a investigação científica o demonstra e os países desenvolvidos desportivamente beneficiam.

Tudo isto só é possível porque o estado do desporto interessa aos governos e ao associativismo desportivo, tal como está: quebrado, anémico, vazado de rigor e condições para o risco da sua iniciativa privada. A universidade alheia-se centrada na sua cátedra e assume posições, por vezes, arrogantes e politicamente inconsequentes. As posturas assumidas por estes corpos, governo, associativismo e universidade, tornaram-se conservadoras na defesa das maiorias alcançadas.

DESPORTO E ECONOMIA

Que se passa com a economia do Desporto?

O investimento público no desporto é cada vez menor pelos cortes anuais continuados da sua fonte principal de financiamento directo e pelo crescimento das necessidades do desenvolvimento desportivo que não são resolvidos pelo mercado privado[29]. Podem acrescentar-se a ineficiência do diagnóstico deficiente das necessidades desportivas dos cidadãos e o aumento dos custos induzidos pela ineficácia legislativa e regulamentar, como factores adicionais de empobrecimento.

Apesar disso, pessoas afiançarão que o dinheiro proveniente de fontes públicas para o desporto é suficiente e quiçá demasiado. Isto nos anos em que o país e todos os sectores da actividade económica saem de um investimento estrutural da União Europeia para outro a seguir e chega o QREN. A realidade é que o debate sobre a racionalidade económica do desporto português não se faz com base em competências, estatísticas e conhecimento objectivo da realidade desportiva portuguesa e europeia e muito menos visando o desenvolvimento desportivo, económico e social.

O associativismo desportivo não reivindica um investimento público estruturalmente avançado, mais eficaz e melhor conhecedor das necessidades dos praticantes e dos clubes e federações.

---

[29] Os crescimentos recentes devem-se a grandes eventos, ou seja, a meios que saem do orçamento público e não se dirigem directamente para a prática e o associativismo desportivo.

É necessário compreender porque a direcção do desporto português, abre mão de centenas de milhões de euros e não exige um programa prospectivo e estratégico, instituições públicas eficazes com capacidade de prestação de contas e quadros com formação universitária, graus de doutoramento e mestrado, remunerados adequadamente, face à sua maior capacidade de concepção de medidas de política desportiva eficientes.

Um programa financiado em centenas de milhões de euros contrariaria a tendência de financiar o lado da oferta desportiva para incentivar os produtores a olharem para a procura e aí irem buscar o seu financiamento em concorrência aberta e tornando-os menos dependentes do financiamento público central socialmente ineficiente. Os organismos públicos desportivos não são incentivados a prestar contas do desenvolvimento desportivo alcançado, dos níveis de rendibilidade dos campeonatos amadores e dos profissionais e da eficácia da acção legislativa e regulamentar, por si efectuado em cada período relevante.

Nada disto acontece no desporto português no início de 2007 e ao fim de dez anos a perder trinta milhões por ano, em média, o desporto continua sem horizontes e instrumentos económicos estruturais.

A expressão "o dinheiro é meu", aplicada a uma decisão sobre o orçamento público do desporto, no início dos anos noventa, é uma imagem expressiva do tipo de decisão da direcção superior do desporto. Discute a posse monetária nos, e pelos, gabinetes, não trabalha uma cultura prospectiva visando o desenvolvimento estratégico. O desporto português bem pode lamentar a sua sorte mas a razão porque não possui um programa de médio prazo de centenas de milhões de euros para resolver os seus estrangulamentos, crescer e desenvolver-se, deve-se a si próprio.

Há muitos anos chamo à atenção para a situação de mendicidade do investimento desportivo mas são evidentes as limitações de me fazer ouvir onde este tipo de decisão deve ser assumido pelo associativismo desportivo e governos.

É evidente que o dinheiro que anda por aí é muito. É tão grande como o nível de desenvolvimento equivalente à cauda da Europa. Para quê o dinheiro que faria o nível de desenvolvimento desportivo da média europeia?

Tanto no plano dos princípios, como dos currículos dos responsáveis, o desporto tem cenários pacatos, ausência de responsabilidades próprias, expectativas sebastianinas e resultados inimputáveis. A responsabilidade do desenvolvimento e o protagonismo do futuro não é assumida competitivamente, nem auditada.

Portugal é um dos países mais desenvolvidos do mundo, situando-se entre o vigésimo e o trigésimo mundialmente em inúmeros indicadores, e pode investir centenas de milhões de euros no seu desporto para o modernizar e fazer crescer. Cabe ao desporto conceber, dialogar e negociar os termos do seu programa de longo prazo com as organizações e instituições públicas para isso vocacionadas.

O papel da economia do desporto

A economia é uma individualidade que não é substituível por instrumentos alternativos, seja no desporto ou em qualquer outro sector da actividade. Quando os projectos económicos, necessários para a resolução dos problemas, são substituídos por outros projectos ou mortos à nascença, todos são prejudicados incluindo os decisores.

Investir na actividade desportiva tem os limites da racionalidade da sua economia. Se as relações entre os agentes que produzem e os que consomem são desajustados, se existe um peso excessivo de um agente que é negligente ou ignorante das consequências dos seus actos, se por via dos regulamentos ineficazes os agentes procuram soluções que os prejudicam, pegar em dinheiros existentes e investir na melhor produção desportiva tem os limites da estrutura económica subjacente, como acabei de referir.

O desporto português tem problemas económicos estruturais que não se resolvem com a habitual produção legislativa e com políticas desportivas que não alavancam a liberdade e competitividade económicas dos agentes privados desportivos.

A ciência e a técnica económicas não são substituíveis com vantagem por outras ciências desportivas dada a complementaridade intrínseca à sua existência mútua. Muito menos pelo seu assassinato.

As decisões económicas dos responsáveis desportivos têm sido ineficazes e ineficientes por ignorarem a necessidade do conhecimento económico que a prática e o benefício plenos do desporto moderno exige.

A elaboração de um programa estratégico de longo prazo é um instrumento económico fundamental para o desporto português e Portugal tem dinheiro para projectar o seu desporto para níveis superiores de benefício dos seus habitantes.

Economia para quê?

A economia trata das decisões dos indivíduos quando pressionados pela escassez de recursos e quanto à oportunidade de o assumirem.

A perspectiva económica é importante, porque ajuda a compreender como actuam os agentes privados no mercado do desporto. A economia define em que circunstâncias o desporto deve ser financiado pelo Estado e quais as componentes em que o financiamento privado é preferencial. A economia também explica quando é que os indivíduos e as organizações decidem gastar o seu dinheiro em desporto e quando não o fazem de todo, assim como, dá soluções para lidar com essas situações.

A economia do desporto tem sido realizada de forma que não potencia o interesse dos seus agentes e o desenvolvimento consensual do desporto em benefício da população portuguesa e das suas organizações.

A cópia que o desporto faz da sociedade e da economia não considera as características económicas da produção desportiva.

O mercado do desporto externaliza os benefícios gerados o que impede a acumulação interna que outros sectores alcançam. A probabilidade de internalização dos ganhos para garantir a realização de projectos de competitividade e rápido alcance de metas europeias é nula, porque o modelo institucionalmente não tem o objectivo, as metas, os instrumentos, os comportamentos adequados à concretização de um mercado desportivo capaz dessas realizações.

O conceito mais simples que a economia oferece ao desporto é o do funcionamento do seu mercado enquanto ponto de encontro de produtores e consumidores para a troca de actividades desportivas por valores que podem ser monetários ou também imateriais.

Hoje o mercado do desporto é um mercado de mercados, cada um com bens e serviços específicos, produzidos e consumidos por combinações distintas de agentes e *inputs* humanas, organizacionais e materiais.

A produção de livros, jornais e revistas e programas de televisão de desporto realiza-se em segmentos de mercado distintos e que exigem a intervenção diferenciada do Estado. A definição e respeito dos direitos de propriedade são aspectos da acção pública, assim como, se justifica o subsídio e o financiamento públicos da produção. Para compreender a importância dos direitos de propriedade desportivos, recorde-se que foram os direitos de propriedade dos jogos de futebol da primeira divisão que permitiram a formação do conglomerado económico que possui títulos como o Diário de Notícias. Noutra vertente, uma das limitações da actuação da universidade do desporto encontra-se na frágil produção científica de livros e de revistas especializados e da formação de consumidores e de mercados afins.

Em Portugal, o desporto tem sido sujeito a um capitalismo selvagem que lhe extrai os benefícios sem proveito para o desenvolvimento do seu mercado em sentido lato. É esse o caso do Estádio Nacional e das infra-estruturas desportivas os quais correspondem, respectivamente, ao património e a investimentos públicos elevados e que são colocados no exterior dos mercados desportivos.

O argumento para a externalização deste património é o da incapacidade da administração central em gerir com eficiência o investimento realizado. Estas afirmações podendo ser politicamente oportunas, não correspondem a conclusões de estudos e análises realizados por entidades competentes e por processos de consulta transparentes. Não está demonstrado que o Estado seja menos eficiente do que as empresas privadas.

Já o mesmo não se sustenta das direcções das organizações públicas e privadas. O Estádio Nacional que é propriedade do Estado, nunca teve um programa director, baseado num debate técnico e público com o associativismo, o poder local e as universidades. O parque de infra-estruturas desportivas nacionais, que consome milhares de milhões de euros não possui estudos e análises que demonstrem aos agentes desportivos quais os investimentos e os processos de trabalho eficientes e úteis às respectivas populações em cada um dos serviços consumidos.

O associativismo desportivo e a universidade, com o seu silêncio, validam os procedimentos públicos como competitivos e promotores de desenvolvimento. O seu silêncio é cúmplice e estão enganados, porque esse comportamento prejudica a sua acção e capacidade de gerar receitas.

O mercado da formação desportiva e do desporto para todos é um outro segmento incapacitado pela acção pública. Nos países europeus desenvolvidos este segmento alcança percentagens elevadas da população com médias próximas e superiores a cinquenta por cento das respectivas populações. O associativismo desportivo é o produtor principal destes serviços desportivos acompanhado a alguma distância pelo sector empresarial, com finalidade lucrativa e que está em expansão. As características da produção benévola tornam-no preferencial para a produção desportiva económica, produzida e consumida, que é, pela mesma população e de acordo com os seus interesses. As empresas dedicam-se a estratos sociais com rendimentos elevados e "maduros" quanto à sua exigência em qualidade e especificidade do serviço desportivo.

O Ouro dos Loucos[30]

Entre fazer a reforma do desporto e a opção de realizar eventos internacionais, esta tem levado a melhor. O custo de oportunidade, de incluir Portugal no carrossel dos mega-eventos desportivos, é o atraso na modernização do desporto e o empobrecimento relativo do bem-estar da população portuguesa e da riqueza das organizações privadas, clubes e empresas.

Se uma das metas da realização de eventos era o financiamento das estruturas federadas, então que se criassem programas de moder-

---

[30] BAADE, Robert, MATHESON, Victor, 2000, Bidding for the Olympics: Fool's Gold?, in Economia do Desporto, Conferência Internacional sobre Economia, CISEP, ISEG/UTL.

nização transparentes e não amalgamassem objectivos temporalmente conflituantes e se atribuíssem falsas expectativas e recursos escassos a instituições frágeis e a objectivos externalizadores de benefícios.

Para Baade e Matheson, (2000), a licitação pela organização de Jogos Olímpicos a que se candidatam as cidades mais ricas de todo o mundo, é o "ouro dos loucos" porque o seu valor económico é sobreavaliado no processo de candidatura. O valor de venda dos direitos de propriedade dos Jogos é feito em regime de monopólio pelo Comité Olímpico Internacional e os estudos económicos realizados demonstram que os benefícios raramente cobrem o investimento efectuado.

Beneficiando do monopólio as organizações desportivas internacionais forçam os países candidatos á organização dos seus campeonatos europeus e mundiais a licitarem acima do seu benefício marginal.

Portugal envolveu-se na realização de grandes eventos desportivos no início da década passada. O que seria uma forma de incentivar a prática desportiva e a alta competição nacional tornou-se a forma de financiar outros sectores como o turismo e as obras públicas através do desporto, característica que permitiu às federações construir instalações especializadas dedicadas à competição de elite e do espectáculo e gerir montantes financeiros que de outra forma não teriam a oportunidade de obter. Estes projectos permitiram igualmente aos dirigentes nacionais aceder às estruturas organizativas internacionais das suas modalidades devido à importância que essas realizações assumiam. A conquista pela realização de eventos em Portugal foi relativamente fácil já que para algumas modalidades a candidatura nacional não teve concorrência e os meios colocados à disposição da federação internacional tendo sido cumpridos dava a imagem de um país prestável no processo de negociação.

Assim, depois do sucesso desportivo do Mundial de Juniores de Futebol de 1991 o associativismo desportivo foi aliciado pelos Governos a financiar extraordinariamente as suas actividades através da realização de eventos.

O Governo e as autarquias deixavam de ter a pressão dos agentes privados desportivos para programas de desenvolvimento de médio e longo prazo e comprometiam-se com projectos pontuais de curto prazo envolvendo agentes não-desportivos como da construção civil e turismo.

De um ponto de vista pragmático, o Euro-2004 representou um feito extraordinário do desporto português e o culminar do processo iniciado na década de noventa.

O Euro 2004 foi um desafio nacional dadas as enormes tensões acumuladas desde início dos anos noventa e que necessitavam de uma reforma eficaz para além dos eventos desportivos e do campeonato europeu de futebol. Graviticamente o desporto português gira em torno do futebol, pela incapacidade das restantes modalidades de fazerem valer um modelo de desenvolvimento para todo o desporto.

A dimensão do futebol é um dos problemas que demonstram a falta de competitividade das instituições desportivas.

Podendo as restantes modalidades acumular o apertar do cinto imposto pelo estrangulamento de trezentos milhões de euros a que se sujeitou desde 1998, viveu dos balões dos montantes financeiros atribuídos aos eventos e que mantinham as federações com montantes financeiros extraordinários jogados para as modalidades que organizavam os mega-eventos retirados às restantes e a todo o bolo do financiamento público central do desporto.

Os países europeus consideram o desporto uma matéria de política de desenvolvimento nacional e nesse sentido investem criticamente na realização dos mega-eventos nomeadamente naqueles que consideram gerar maiores benefícios.

O desporto como um activo nacional estratégico

Após a queda do INDESP, as inspecções do Ministério das Finanças, (MF), e do Tribunal de Contas, (TC), concluíram que as políticas desportivas direccionadas para as federações eram ineficazes, porque não alcançavam os objectivos de política, e ineficientes porque, para funções equivalentes de outros sectores, o desporto gastava mais.

Pouco importa a estas instituições públicas, Ministério das Finanças e Tribunal de Contas, as características essenciais da produção desportiva relacionadas com a exteriorização de benefícios.

O desporto nunca demonstrou ao Estado, à economia e à sociedade que o investimento em desporto é um investimento em capital humano de altíssima qualidade e que o retorno de cada euro investido é muito elevado.

Vários elementos demonstram que o produto desportivo não tem preço. Um jovem que inicie um programa de formação desportiva adequadamente acompanhado desportiva, escolar, familiar e socialmente tendo sucesso na formação de uma segunda profissão para além da desportiva irá ser um cidadão com uma projecção técnica e profissional elevada e um modelo social ao longo de toda a sua vida.

Os recentes Jogos da Lusofonia, organizados por iniciativa privada do Comité Olímpico de Portugal, conseguiram um sucesso inesperado com a participação de grandes países como o Brasil e a China esperando-se que a Índia e o Sri Lanka venham a participar, assim como se poderá abrir a participação de países de muitas outras partes do mundo onde existem comunidades de portugueses. Ora para notar como este benefício é incomensurável para Portugal, o Reino Unido tem os Jogos da Commonwealth, a França os da Francofonia e a Espanha não conseguiu ainda realizar os seus. Mas Portugal fê-lo e isso não tem preço se conseguir manter a expectativa de uma participação mundial que os descobrimentos portugueses constituíram.

A população portuguesa e as organizações privadas necessitam que o Estado invista as centenas de milhões de euros que já recebeu de benefícios directos e indirectos da actividade desportiva.

Desde há alguns anos alertei para o aumento do défice público central ao desporto na óptica da competitividade entre sectores da actividade como a Cultura, os Negócios Estrangeiros, a Administração Interna e a Defesa, por exemplo.

A verificação de que a análise era correcta vem do Estado, através das Grandes Opções do Plano para 2007, onde reconhece que o financiamento desportivo é inferior ao desejado e que a actual estrutura de financiamento deve ser alterada. O Estado alterou legislativamente a percentagem de financiamento das verbas das apostas mútuas dando ao desporto uma percentagem fixa do montante total. Esta solução legislativa é comum ao passado do desporto português e não constitui uma medida de política económica para o desporto

Em defesa do desporto 103

que seja eficaz. O dinheiro quando vier irá esboroar-se prosseguindo os métodos da política desportiva do passado.

Políticas desportivas actuais atingem os sectores carenciados e, dado que impedem o desenvolvimento sustentado, atingem igualmente os agentes privados mais activos, as federações, clubes e empresas.

A sucessiva sub-orçamentação pública da actividade desportiva surge de três vectores: a inexistência de informação científica e técnica abundante e de canais de debate e consolidação, a deficiente formalização técnica e política dos projectos, alguns dos quais sobredimensionados socialmente, e a exigência da sua manutenção pública posterior com o impacto de projectos feitos de raiz com um custo ineficiente. Outras impedem a resposta às necessidades do mercado ao gerarem soluções inferiores desportivamente à predisposição de despesa da procura.

Sem mecanismos de internalização, os benefícios que o desporto gera, direccionam-se para actividades não-desportivas pela população, empresas e patrocinadores.

As populações carenciadas apresentam uma menor defesa perante a marginalidade e a rotura social. A insuficiente estruturação e aprofundamento das políticas sociais do Desporto são um sinal da fraca relevância da universidade no associativismo e nas políticas desportivas.

Para elas e para o futuro nacional faz todo o sentido investir estrutural e estrategicamente no desenvolvimento desportivo.

A jurisdicionalização prejudica o associativismo e as empresas

Optando pela jurisdicionalização do acto desportivo, que as leis de bases do desporto consubstanciam em Portugal, o desporto é prejudicado, pelo tempo perdido em actos administrativos, pela duplicação da mesma acção em legislaturas consecutivas e pela incapacidade de alterar institucionalmente o processo tradicional de produção de medidas de política desportiva.

A escolha do modelo da lei de bases de 1990 para modelo em 2007, por inassertividade e alheamento do associativismo desportivo, não serve os desafios económicos do Desporto da era da globalização.

Melhor seria ter deixado de lado qualquer reforma legislativa estrutural, porque os agentes desportivos actuaram, nos últimos anos, independentes do quadro legislativo parado no tempo.

As pequenas reformas permitiriam avançar desde início da legislatura com pequenos passos e tecnicamente mais fundamentados.

O mau processo legislativo tem impactos económicos negativos e é possível demonstrar os erros legislativos no desporto e o seu custo. A quantificação do custo não será realizada neste texto por inexistência de espaço e de objecto do texto.

A análise económica do direito

Poderá parecer excessivo e injusto o que refiro ao longo deste texto sobre o direito do desporto português e as decisões de política desportiva.

Antes de qualquer entusiasmo persecutório justificam-se os artigos e as palavras de distintos professores de economia e direito sobre os instrumentos de valorização do direito utilizados nomeadamente nos modelos anglo-saxónicos e a saúde do quadro legislativo nacional.

A revista "Sub-Judice, Justiça e Sociedade" tem três números dedicados à análise económica do direito, os números: 2, 33 e 34. A consulta dos seus artigos demonstra que a análise económica é um instrumentos útil á eficiência e eficácia do processo legislativo e que a sua produção nacional incorre em erros e produz fracassos que seriam evitáveis através de instrumentos como a análise económica.

Destacaria, na revista n.º 2, apenas a utilidade da análise económica referindo David Friedman que indica três tarefas distintas. A ciência económica permite a previsão dos efeitos das normas jurídicas, determina se as normas jurídicas são eficientes e prevêem que normas jurídicas devem ser produzidas.

A relevância da eficiência é determinante para um sector como o desporto grandemente gerador de externalidades, com custos específicos de transacção e cujos direitos de propriedade estão em transformação em todos os seus níveis de actividade, seguindo os ensinamentos de Coase e referidos por Vítor Martins.

Na revista n.º 33, de 2005, Nuno Garoupa e Leonor Rossi analisam o quadro legal e das instituições nacionais e afirmam genericamente:

> "Ao defendermos e exemplificarmos que o quadro institucional e legal português é globalmente medíocre do ponto de vista da competitividade, não estamos a dizer que esse mesmo quadro não tenha sólidas bases na prossecução de outros objectivos que não económicos, e muito menos propomos que o crescimento e desenvolvimento económicos devam ser os únicos critérios para desenhar instituições.
>
> Após fazermos um balanço da qualidade das instituições e enquadramento legais como motor de desenvolvimento económico, crescimento e progresso económicos no final do século XX, concluímos que as instituições portuguesas são globalmente medíocres do ponto de vista da economia portuguesa quando comparadas com as economias mas desenvolvidas do mundo capitalista, incluindo os países do Sul da Europa tradicionalmente apontados como mais semelhantes a Portugal nas origens e no desenho das instituições. Em seguida, o trabalho desenvolve-se numa vertente distinta. Olhamos para o desenho das instituições legais em Portugal ao longo do século XX, sempre feito à margem de critérios de racionalidade económica, de eficácia e eficiência, e em muitas situações sem o planeamento cuidado ou uma análise de impacto adequada"

É pouco provável que o direito do desporto tenha escapado ao processo descrito por Garoupa e Rossi e essa é a razão para esta longa citação. Os reparos que faço à eficácia e eficiência do direito do desporto, podendo ser contestados nos termos da lei, o que quer que isso signifique, podem também ser aferidos por instrumentos da economia e do direito.

Este é o objectivo deste ponto, o de demonstrar que a produção legislativa no desporto português não é um ente que paira acima de outras coisas, como o desporto e os efeitos nefastos que nele gera quando erra, e que os actos legislativos são escrutináveis e podem ser sujeitos a avaliações objectivas, juízos de valor e quantificação dos resultados produzidos, tanto positivos como os negativos.

A saga das legislaturas perdidas

As legislaturas perdem-se, por exemplo, quando as reformas são adiadas e as análises e percepção dos desafios são embotadas por comportamentos de interesse. Cada legislatura que o desporto perde é um prejuízo que atinge os benefícios que a sociedade portuguesa e os agentes desportivos deveriam receber.

A reforma institucional do desporto é um desafio económico e social que o desporto não tem conseguido responder com eficácia.

A perda das legislaturas pelo desporto deve-se à repetição de actos de política desportiva, que se constata não funcionarem, existindo a incapacidade institucional de agir sobre as falhas e de produzir melhor regulação para o mercado do desporto.

O Estado orçamenta "*as usual*" para os eventos e obras de regime, "baralha e corta" nas instituições, cede ("privatiza" como sói dizer-se) no património e na memória do desporto, mediatiza nos congressos, leis e parlamento, inaugura e range os dentes nas instalações sobredotadas para as quais dá o dinheiro em primeiro lugar.

"*As usual*" a legislatura começou com a crítica à anterior "partindo do zero", usando um método de trabalho que não permite a acumulação paciente e metódica de valor acrescentado desportivo, considerando as suas dimensões económica e a social.

O associativismo e a academia do desporto não têm interesse e força para fixar interesses e objectivos desportivos e sociais inovadores.

Na legislatura passada, tomando por feito extraordinário o Euro 2004, a manutenção dos princípios que o enformaram, valoriza o "modus operandi" da criação de projectos fantásticos que são cada mega-evento desportivo. O desporto já sabe fazer bem "Euros 2004" em todas as modalidades e o acto repete-se milagreiramente. Poucos se poderão queixar de não ter beneficiado de imediato da injecção financeira deste tipo de projectos económicos. Não existem bastantes análises sobre os resultados dos eventos. Os impactos positivos dos eventos a haver são afectados pela inexistência de regulação eficaz e competente. Vejam-se as assistências aos estádios de futebol e as afirmações actuais para voltar aos 18 equipas por campeonato.

De uma outra forma os eventos relacionam-se com a metodologia legislativa praticada. A liderança actual do desporto é a que se candidatou, venceu, organizou e fez a festa do Euro 2004 estando no poder e na sua oposição, sendo do futebol e das restantes modalidades. Não se mexe em equipa que vence, mesmo quando é incapaz de regular o mercado do desporto com eficácia e *"accountability"*.

O desporto poderia ser mais rico de resultados e disponibilidade de meios caso o processo legislativo fosse eficaz e competente.

A situação de entendimento na direcção superior do desporto foi clara no debate da proposta de Lei de Bases da Actividade Física e do Desporto na Assembleia da República. O futuro do desporto português discutiu-se na Assembleia da República com elementos *"second best"* como a proposta, o método e a participação.

O Congresso do Desporto, constituiu a audição das dificuldades do mercado do desporto e do comportamento do associativismo desportivo. Foi inconsequente porque nenhum documento foi colocado à discussão, nem registo algum foi produzido.

O desporto nunca acompanhou o que fervilhava nos restantes sectores nacionais desde o seu primeiro dia com reformas, programas de longo prazo, apostas de risco, debates específicos, contraditórios e visando a produção de consensos e a corajosa rotura com inúmeros corporativismos.

No desporto, as legislaturas desportivas desconhecem a distinção entre medidas de política de esquerda e de direita. Mais parece que a oposição não sabendo de desporto, não se envolve muito. Fala da Europa. Descansa para quando tomar o poder então fazer o que melhor lhe aprouver, alguma coisa e o seu contrário. Não foi demonstrado em debate democrático, política e tecnicamente, a bondade e o rigor da Lei de Bases do Desporto de 2004.

A hipótese das oposições saberem pouco de desporto é real quando se observam as medidas tomadas chegadas ao poder. O processo de produção da política desportiva é pouco especializado e contém erros, como o referem publicamente insuspeitas personalidades, consagradas em direito desportivo. Seria burlesco se a perda desportiva não contasse centenas de milhões de euros de custos directos e indirectos.

Este texto saindo da norma e reclamando da legislatura é oposição, fora das instituições onde se paga para se fazer a oposição dentro e fora da Assembleia da República, dentro e fora do associativismo desportivo.

A jurisdicionalização do acto desportivo

O associativismo desportivo aceita a jurisdicionalização do Desporto português como um instrumento eficaz, na perspectiva que o Estado defina a lei e deixe as organizações desportivas fazer o que entenderem com os subsídios públicos atribuídos.

A jurisdicionalização do desporto é um processo que tem custos financeiros elevados no respeitante ao orçamento público e gera prejuízos económicos muito superiores fruto da incapacidade de afirmação de organizações benévolas e trabalhando no limite das suas capacidades.

Este modelo de produção jurídica da política desportiva nacional retira iniciativa, competitividade, transparência e desincentiva o assumir do risco no desenvolvimento das actividades pelas organizações associativas desportivas.

Em geral, entre nós, a lei do desporto encarece o acto desportivo, desresponsabiliza o dirigente público e é incapaz de conceber e consensualizar comportamentos competitivos para o associativismo desportivo amador e para o profissional em cada um dos seus mercados privados.

Economicamente o efeito é o esmagamento das margens de benefícios e a extrema dificuldade de sobrevivência dos agentes desportivos menos competitivos e menos influentes à mesa do orçamento.

As leis de bases do desporto

O mercado do direito desportivo deveria ser o agente interessado na sua eficácia. O seu enriquecimento deveria ser conseguido sobre os sucessos do mercado do desporto. Está por demonstrar que o direito tal como aplicado actualmente ao mercado do desporto produza resultados positivos. É neste ponto que se observa a falta da análise económica do direito aplicado ao desporto português.

Em Portugal as leis de bases do desporto prejudicam os agentes desportivos porque visam a aceitação de um programa legislativo sem o risco de uma regulação competente elaborada e discutida atenta ao interesse social, visando o desenvolvimento desportivo e promovendo a competitividade dos agentes privados.

Tanto a de 2004 como a de 2007 apresentam erros políticos equivalentes que têm um custo económico e social para o desporto. A de 2004 querendo inovar fá-lo encerrada nos gabinetes, na recta final da legislatura, sem garantir a identificação e resposta aos desafios reais do mercado associativo desportivo. A lei em curso é radical, corta com o modelo precedente sem o defrontar tecnicamente e demonstrar a superioridade do modelo de 1990 a que retomou.

As acusações mútuas entre oficiais do direito do desporto, sendo respeitáveis, provam várias coisas de uma só: a incapacidade e a negligência políticas e jurídicas, subjacente às acusações mútuas, são um péssimo serviço ao desporto e ao país o que se arrasta há demasiados anos. A regulação do desporto é demasiado importante para ser deixada apenas nas mãos dos juristas de todas as profissões. A raiz dos males do desporto está nas estruturas institucionais que as suportam nos campos associativo, jurídico e político.

O Apito Dourado é a ponta do iceberg da ineficácia da regulação dos campeonatos profissionais em Portugal.Quando o futebol aumentou de 16 clubes para 18 clubes e depois para 20 clubes, para estabilizar nos 18 clubes, verificou-se ser necessário encontrar um instrumento de política que permitisse o equilíbrio e maximizasse a competitividade dos campeonatos profissionais. Os métodos de licenciamento dos clubes das ligas, tal como existentes na Lei de Bases do Sistema Desportivo, de 1990, e nos seus desenvolvimentos regulamentares, demonstraram a sua ineficácia e contribuíam para agravar os problemas económicos e o aparecimento da corrupção no desporto. A manutenção desses regulamentos durante mais de uma década, os défices acumulados dos clubes e campeonatos e a subsídio-dependência das federações e as suas consequências são uma responsabilidade de política desportiva pública, não dos agentes privados.

No momento em que a *Premier League* inglesa conquistou financiamentos privados que a colocam no topo do futebol profissional mundial e mexem com a oferta e a procura mundial, a ausência de uma política pública para o desporto profissional é um mau sinal da nova lei de bases, para os agentes privados.

Afirmar liminarmente que o Estado não financia o desporto profissional é um erro de princípios. Não é exactamente isso que se faz na Europa. Do ponto de vista económico a solução, jurídica e política, pretende ilibar a responsabilidade do Estado da regulação económica do desporto profissional, ao invés de conceber uma política desportiva direccionada para o mercado do desporto profissional e racionalizá-lo.

O mercado do desporto profissional é uma actividade económica moderna e cujo funcionamento eficiente está em construção na Europa e em todo o mundo. Para um mercado de desporto profissional como o português que não conseguiu encontrar o *"break-even point"* político, jurídico e económico, cortar o financiamento da política desportiva é uma afirmação inverosímil do instrumento que acaba de ser aprovado na Assembleia da República.

O apagar da substância económica nas leis de bases é a solução do *"business as usual"* português e a garantia da sua continuada ineficiência.

A hipótese da inocuidade de se fazer a lei para obter o dividendo do acto legislativo, legislar por legislar, e mostrar trabalho e paz social, também é possível. O associativismo desportivo subscreve e olha para o lado e tudo parece estar bem. Depois, não estranharão actividades como a lavagem de dinheiro, corrupção, dopagem, prostituição e tráfico de jovens, entre outras actividades que a existência de instituições ineficazes facultam em inúmeros sistemas desportivos.

É habitual referir-se a ineficácia da lei sem avançar para a sua crítica. É o caso da questão do contrato de formação dos jovens e a sua ineficácia.

No exemplo da jovem do andebol, o clube exige o ressarcimento do investimento que terá feito. A família da atleta sustenta que o clube nenhum investimento fez e retira-a do clube, em resposta a federação recusa todo o reconhecimento da actividade da jovem na modalidade.

A lei falha na definição dos parâmetros técnicos do ressarcimento do investimento do clube e nos mecanismos do seu reconhecimento.

Deveria perguntar-se se o mercado da formação desportiva funciona e quais os comportamentos e instrumentos económicos neces-

O dinheiro é meu!

sários para que a lei consiga responder à necessidade do praticante e do clube quando se encontram no mercado desportivo.

Em vez disso, a argumentação jurídica publicada nos media, demonstra a má fé da federação, o que, no mínimo, é um *"second best"*, querendo ir por aí.

A orgânica pública do desporto

A administração pública do Desporto perdeu protagonismo político durante a década passada fruto do seu insuficiente amadurecimento técnico e político. A Cultura afirmou-se como ministério e o seu orçamento cresceu a níveis que o desporto não alcançou nos últimos vinte anos. A comparação das orgânicas do Desporto e da Cultura publicadas nos decretos-lei do PRACE mostram a diferença qualitativa entre os dois sectores.

O Decreto-Lei n.º 202/2006, de 27 de Outubro, estabelece a orgânica da Presidência de Conselho de Ministros onde se insere o Instituto do Desporto de Portugal. A reforma do IDP é feita no âmbito do Programa de Reestruturação da Administração Central do Estado, PRACE, que tem o "objectivo de promover a cidadania, o desenvolvimento económico e a qualidade dos serviços públicos, com ganhos de eficiência pela simplificação, racionalização e automatização, que permitam a diminuição do número de serviços e dos recursos a eles afectos."

No artigo 22 define-se a missão do IDP "apoiar a definição, execução e avaliação da política pública do Desporto, promovendo a generalização da actividade física, bem como o apoio à prática desportiva regular e de alto rendimento, através da disponibilização de meios técnicos, humanos e financeiros."

Esta definição distingue-se da do Ministério da Cultura, no Decreto-Lei n.º 215/2006, de 27 de Outubro, onde a sua missão é "a definição e execução de uma política global e coordenada na área da cultura e domínios com ela relacionados, designadamente, na salvaguarda e valorização do património cultural, no incentivo à criação artística e à difusão cultural, na qualificação do tecido cultural e na internacionalização da cultura portuguesa."

A definição da Cultura surge ampla quando refere a "política global e coordenada", marcando a "salvaguarda e valorização do património", "incentivo à criação ... difusão cultural", "qualificação do tecido" e "internacionalização" da cultura.

A definição do Desporto estabelece a "política pública do Desporto" e falando da "generalização da actividade física" acrescenta o apoio e a disponibilização de meios, humanos e financeiros para a "prática desportiva regular e o alto rendimento".

A diferença entre a "política global e coordenada" da Cultura e a "política pública do Desporto" já distingue os horizontes de actuação a que o parco "apoio" desportivo vem acrescentar a distância de concepções e de capacidade da actuação pública nos dois departamentos públicos. O que o desporto com muito menos dinheiro fala em "apoio", a cultura abre horizontes de progressão.

Enquanto nas últimas décadas a cultura alargou o seu âmbito de actuação e aprofundou a sua especialização, o desporto parou e regrediu.

Tradicionalmente o desporto surge próximo da juventude, uma tradição francesa que Portugal seguiu.

Para a criação de um ministério de primeira grandeza justifica--se a junção da Cultura, do Desporto e da Juventude a fim de todos ganharem a visibilidade e o rigor que o actual milénio justifica.

Retirar a juventude da Presidência de Conselho de Ministros faria bem à juventude portuguesa deixando a dependência política e voltando-a para os reais interessados, a juventude portuguesa.

O PRACE pouco acrescentou, no que ao desporto diz respeito, enquanto não se conhece a estrutura técnica pública.

Abrir o desporto à cultura é uma via possível para que outros parceiros competitivos o incentivem à transformação rápida para a geração de novos benefícios sociais e económicos.

O desporto necessita de dimensão técnica, económica e social para alcançar relevância política naturalmente e a partir da competitividade nos mercados relevantes, não a partir da administração.

ÉTICA, TRANSPARÊNCIA E CONHECIMENTO AVANÇADO

A necessidade do mercado da Ética

Nos países mais desenvolvidos a ética é promovida e defendida porque é um bem valorizado económica e socialmente.

O mercado da ética do desporto português não existe.

Refere a literatura que se a corrupção é aceitável em regimes corruptos e ditatoriais gerando benefícios sociais que são negados às populações e que funcionários públicos contornam mediante o suborno que aceitam, já nos regimes democráticos ocidentais a existência de corrupção é um imposto que os agentes privados e as populações pagam e que impedem o seu desenvolvimento e bem-estar.

Compreende-se que as leis, os regulamentos e as instituições que os fazem cumprir são os mecanismos suficientes para garantir a competitividade e a racionalidade que permitem maximizar o bem-estar social. Caso os agentes privados devam pagar adicionalmente para obterem o mesmo benefício que a lei prevê então existe um custo adicional que retira rendimento ao agente privado.

O Apito Dourado, e tudo o que de pequeno se faz no desporto, equivalente ao que em maior escala se faz na sociedade portuguesa, é uma situação conhecida e nem o facto de ser menor no todo nacional lhe retira a relevância negativa.

Na verdade a dimensão mediática do desporto tem um efeito de demonstração social que noutros países tem levado a acções públicas imediatas e exemplares o que Portugal, politicamente, não consegue realizar.

Pode conceber-se que a lei e o regulamento estão errados e que a "pequena consideração" do funcionário público ou do associativismo é a reposição da justiça e do equilíbrio das forças no mercado desportivo. Aqui a hipótese do erro da lei do desporto português é real como atestam as discussões públicas entre reputados juristas de desporto.

Retorna-se à necessidade do primado da ética que os governos portugueses não têm para si nem o fazem e praticam no desporto. A ética faz parte da retórica das instituições desportivas portuguesas.

O governo espanhol tem um Código de Ética. As organizações empresariais portuguesas próximas da igreja católica são activas neste domínio. O governo espanhol e os empresários próximos da igreja católica consideram que o combate à corrupção e a defesa e aplicação dos princípios éticos geram benefícios económicos e sociais decisivos para o sucesso dos seus projectos, por isso, o promovem.

Podendo haver todas as explicações juridicamente justificáveis a frase que ficou, *"O dinheiro é meu!"*, atribuída a um ministro do desporto, é sintomática da importância dos princípios éticos na definição dos destinos do desporto e da sua fragilidade. Imbuída de objectivos de política apenas os princípios éticos que enformam as instituições do desporto poderão contribuir para que o sector obtenha o máximo para o seu desenvolvimento.

Rigor e Inovação

Historicamente existem instantâneos da realidade económica e da política desportiva nacional que ajudam a compreender o modelo em vigor.

A cultura de uma administração pública desportiva responsável e intelectualmente estimulante, e que se relacionava, respectivamente, ao que se fazia antes de setenta e quatro na ex-DGD e em Moçambique, deixou de existir depois da Lei de Bases de 1990 e do PROIDD 1991.

Antes de 1974 afirmaram-se dois modelos de comportamento público, um incluindo algum rigor observa-se nos projectos da ex-DGD em Portugal, enquanto em Moçambique outros protagonistas geravam projectos intelectualmente estimulantes. O rigor administrativo e a inovação intelectual, de antigos e novos protagonistas da segunda metade da década de setenta, andaram a par e em conflito durante os anos setenta e oitenta.

Nos anos oitenta a abertura intelectual foi a que permitiu a Portugal alcançar o que de avançado se fazia na Europa através dos contactos no Conselho da Europa. A ex-DGD de oitenta explorou sofregamente o que a Europa fazia para se modernizar em áreas do direito, sociologia, desporto para todos, arquitectura e engenharia, medicina e doping e na economia.

Este benefício, do conhecimento desportivo avançado, europeu, perdeu-se em Portugal com a dificuldade da universidade desenvolver parcerias com o associativismo e o Estado, incutindo inovação no governo das sociedades e no desenvolvimento institucional.

O dinheiro é meu!

Em 1995 nada resta das características de setenta surgindo novos protagonismos sem o tecido crítico, o capital de conhecimentos humano anteriores e sensível à consolidação dos novos valores de política entretanto gerados na sociedade portuguesa. Estes protagonistas por indução política apostam em projectos imediatos e economicistas, seja sob a forma de museus, infra-estruturas desportivas, atlas e cartas, leis de bases e eventos. Trabalham-se resultados públicos imediatos e não se concebem projectos direccionados para o capital humano e social da população. As parcerias têm o financiamento do Estado, até ao limite da capacidade deste, e sem a assumpção do risco e da competitividade entre agentes sociais activos, alavancando as energias sociais e a iniciativa e o risco privados.

Na década de noventa, o Conselho da Europa volta-se para os novos desafios do desporto de leste, tendo cumprido a oeste na década anterior, a sua função de mexer com os novos conceitos do desenvolvimento desportivo europeu. Hoje o Conselho da Europa, trabalha a par da União Europeia e com as grandes federações europeias e o Comité Olímpico Internacional, está no centro do debate pós-Relatório Arnaut e que definirá os comportamentos de *governance* do Desporto europeu para o Século XXI.

Na Europa as faculdades, que substituíram o Conselho da Europa na produção de estudos e relatórios e no aconselhamento dos respectivos governos europeus, hoje fornecem os investigadores, os estudos e os centros de debate do novo conhecimento desportivo europeu.

Ou seja, o capital trazido de antes de 1974, à direita e à esquerda, desapareceu na década de 90 sem a formação de uma nova elite reconhecida pela sociedade e capaz de dominar as variáveis políticas, económicas e sociais relevantes.

A instituição, que a DGD foi, desapareceu e a sucedânea é discutida pelas funções administrativas enquanto do ponto de vista desportivo existe a indefinição onde se deveriam afirmar certezas para os agentes privados competitivos e a promoção de vias de sucesso alternativas para os restantes.

Um dado é certo. O desporto necessita de uma administração pública competente, reconhecida pela sociedade e com capacidade de propor e estabelecer programas e parcerias de médio e longo prazo de acordo com objectivos de política desportiva que independentemente de ser de direita ou de esquerda tenha a vocação de

116   *Em defesa do desporto*

levar o desporto para os patamares de realização que a população e as organizações desportivas demonstraram ser capazes de alcançar e que não se realizou.

A contratação de empresas internacionais para aplicar modelos comuns e que colados ao desporto português ficam eivados de erros é a solução alternativa ao investimento nas áreas de estudos e programação dos organismos públicos. O preço dos técnicos com formação superior que se especializariam no mercado do desporto português beneficia as empresas que tanto estão no desporto como fora dele e que por cada consulta custam o salário de técnicos que em vez de dedicados a um projecto empresarial apressado contribuiriam para o desenvolvimento do conhecimento desportivo. Os projectos adquiridos ao exterior são necessários mas a situação comum é a contratação "por dá cá aquela palha" tal a magreza das equipas dirigentes constituídas.

As palavras de Kofi Annan referindo-se ao desenvolvimento mundial, definido nos Objectivos de Desenvolvimento do Milénio, são úteis à realidade desportiva nacional. As suas palavras falam do corte com o *"business as usual"*, da impossibilidade de obter resultados da noite para o dia e da necessidade de iniciar o trabalho com objectivos maiores de imediato.[31]

> "We will have time to reach the Millennium Development Goals – worldwide and in most, or even all, individual countries – but only if we break with business as usual.
>
> We cannot win overnight. Success will require sustained action across the entire decade between now and the deadline. It takes time to train the teachers, nurses and engineers; to build the roads, schools and hospitals; to grow the small and large businesses able to create the jobs and income needed. So we must start now. And we must more than double global development assistance over the next few years. Nothing less will help to achieve the Goals."
>
> Secretário-Geral das Nações Unidas, Kofi A. Annan

---

[31] What are the Millennium Development Goals? http://www.un.org/millenniumgoals/
The eight Millennium Development Goals (MDGs) – which range from halving extreme poverty to halting the spread of HIV/AIDS and providing universal primary education, all by the target date of 2015 – form a blueprint agreed to by all the world's countries and all the world's leading development institutions. They have galvanized unprecedented efforts to meet the needs of the world's poorest.

Dirigismo e regulação

A direcção superior do desporto deve abrir-se a processos de concepção, criação de instrumentos de política desportiva e respectiva aplicação abertos ao que de melhor se faz na Europa.

Este processo de transformação profunda deve assentar em centros de debate e consenso de política desportiva onde a sociedade civil, o associativismo desportivo, a academia e a administração pública tenham assento.

Os órgãos superiores desportivos como o Conselho Superior do Desporto e a Fundação do Desporto para falar apenas de dois órgãos públicos falidos quanto à concepção e funcionamento, necessitam de incluir técnicos e dirigentes com perfil profissional e institucional adequados às funções que integram e ser auditados por parceiros desportivos independentes, prestar contas ao desporto e à sociedade e ter currículos competitivos e escrutináveis.

As federações como criadoras de valor desportivo

As federações ao aceitarem o modelo de produção desportiva da proposta de Lei de Bases da Actividade Física e do Desporto aceitaram depender do Estado e ser por ele fiscalizado burocraticamente sem a existência de algum programa de médio e longo prazo e sem nenhum compromisso público de regulação eficaz visando a competitividade do mercado do desporto.

Ora a função das federações é a criação de valor desportivo na ausência de processos burocráticos e de actos administrativos limitadores da iniciativa e risco da acção privada.

Os subsídios servem para tornar as federações e as organizações desportivas viáveis, auto-suficientes e competitivas, nos mercados desportivos onde actuam. A regulação do Estado deve contribuir para esclarecer o associativismo e as empresas desportivas das vias do desenvolvimento e produção de valor acrescentado desportivo, económico e social.

O controlo burocrático das federações da proposta de lei de bases é um equívoco com a função de licenciamento e do ressarcimento do benefício gerado pelo desporto.

Enquanto o legislador não resolver os equívocos do seu conhecimento acerca do funcionamento eficiente do mercado do Desporto e tiver o apoio dos *stakeholders* do desporto, o sector irá conviver com os mesmos problemas e estagnar.

A direcção superior do desporto português também tem lacunas que se arrastam durante anos sem uma intervenção institucional limitadora dos comportamentos ineficazes e comprometedores. Recentemente a atribuição de um prémio de mérito à Santa Casa da Misericórdia de Lisboa por uma instituição desportiva é exemplar da incapacidade dos *stakeholders* de beneficiarem o desporto com as suas acções. Há dirigismo incompetente e sem currículo profissional e desportivo chamado a cargos de responsabilidade para o qual não tem ou que depois de nomeado demonstrou não ter capacidade e que permanece anos a fio.

Os países mais desenvolvidos resolveram a dispersão e perda de recursos económicos, que representa a existência de instituições redundantes, leia-se comité olímpico e confederação, os parceiros nacionais do desporto mantêm "inocentemente" o seu anacronismo de estimação. Afinal de quem é o dinheiro?

A direcção superior do associativismo desportivo tem um desafio magno. Por falta de competitividade institucional e aversão ao risco aceita a "mão que embala o berço".

A Universidade do Desporto

Não sendo o elemento central da produção desportiva passa por si a inteligência do conhecimento técnico e da possibilidade da excelência desportiva.

A academia deve produzir os dirigentes e os técnicos superiores do desporto. Mais do que os benefícios de sã competitividade e parceria, a dificuldade e as contradições geradas pela presença da universidade no associativismo e na administração pública mostram que o esforço e investimento a efectuar ainda são de grande monta.

A capacidade do debate de ideias com os parceiros desportivos e de compreensão das características do desenvolvimento em cada momento e de movimentos de inclusão de múltiplas áreas de competência é decisiva para o desporto português.

É insuficiente ou deficientemente desenvolvida a estrutura de financiamento à investigação aplicada e em resposta aos problemas actuais que o associativismo desportivo defronta.

Entre nós existe investigação direccionada para a criação de nichos que não suportam os desafios modernos do desenvolvimento desportivo. Esses nichos deveriam ter sido confrontados desde início com as suas limitações e o esforço dos investigadores deveriam ter sido levados para territórios geradores de competitividade e valor acrescentado desportivo, económico e social.

Nestes casos, a ideal emulação em factores superiores de desenvolvimento é hoje mais difícil e eventualmente traumático não sendo aperfeiçoados instrumentos de redução do risco e de defesa de direitos de propriedade.

A Europa produz estudos e análises e realiza debates sobre as políticas desportivas e que atravessam todos os parceiros desportivos na União Europeia transversalmente. Os exemplos encontram-se no Relatório Arnaut e Livro Branco do Desporto Europeu, como projectos de política desportiva europeia realizados por equipas pluridisciplinares incluindo investigadores políticos, sociólogos, de direito e de economia.

Independentemente do que faz a União Europeia os países mais avançados realizam os seus estudos. Esse é o exemplo dos países que nos são mais próximos França e Reino Unido.

Há insuficiência de estudos no desporto português devido à inexistência de centros qualificados de debate de políticas desportivas. A direita e a esquerda fundem-se em blocos homogéneos de opacidade que se estendem do associativismo desportivo ao Estado.

A Universidade tem de interiorizar e instrumentalizar o Desporto como um sector concretizador de opções nacionais diferenciadoras. O desporto como desígnio nacional e como capacitador de desafios exige a atenção aos *"drivers"* económicos e sociais do sector.

A sua capacidade de competir deve estruturar-se em núcleos extremamente competentes, capazes de criação de políticas consensuais, conciliadores de desafios, simplificadores de processos, criadores de redes organizacionais e físicas.

A recuperação do investimento e do capital humano e social, que se encontra "perdida" para o desporto, deve assentar no desenvolvimento em conhecimento avançado, aberto politicamente e direccionando os instrumentos e os resultados para benefício dos cidadãos e do associativismo.

O desenvolvimento actual do desporto exige a criação de núcleos de excelência como concentrados de saber fazer desporto, em ambientes dinâmicos geradores de ideias e de iniciativas empreendedoras, distintas do âmbito científico e tecnológico, devendo situar-se numa lógica de grande proximidade com centros produtores de conhecimento e identificados com o interesse do associativismo desportivo.

O estrangulamento financeiro e o risco que as federações suportam, quer na sua modernização, quer em actividades de investigação aplicada, exige o acesso a instituições fornecedoras de capital de risco e de apoio às empresas nascentes no domínio desportivo, com funções de incubação e pós-incubação no combate à falta de massa crítica e de conhecimento desportivo específico.

O Dinheiro Também É Meu!

A afirmação do título do artigo é um tratado de equívocos que se repete no desporto português legislatura após legislatura, por actos e gestos.

Por conter a palavra dinheiro é economia e releva à sua escassez quando dele se apropria. O seu alcance abrange o desporto todo e minimiza-o à primeira pessoa do singular.

O lóbi do desporto está disperso, corporativo, valoriza o particular, perde o amor-próprio e a capacidade de se projectar na economia e sociedade.

O desporto não apresenta capacidade de reivindicação económica e social e é alvo de processos de intenções na esteira de realidades como o Apito Dourado que se lhe "colam à pele".

Interiorizou a suborçamentação também nos planos ideológico e filosófico, de que se desconhecem posições de esquerda e de direita, e não se constitui como uma referência desportiva para o futuro da população portuguesa. Usa megalomanias para impressionar o político e a sua geração, intelectualmente baço, tecnicamente vazio, comprometido com o imediato, reverencial face ao instituído.

O desporto vale o investimento público de centenas de milhões de euros. O valor monetário exacto é um aspecto em aberto que só se esclarecerá com o funcionamento de instituições, regulamentos, relações e comportamentos globais, competitivos e modernos.

António Câmara, recente Prémio Pessoa, refere o seu percurso desportivo e o Presidente Cavaco Silva foi um corredor de atletismo. Cada um dirá os benefícios imateriais que interiorizaram com essas experiências. A valorização monetária desses benefícios como com a realização dos Jogos da Lusofonia em Macau tem um valor nacional incomensurável que apenas o desconhecimento tem alimentado sob a capa de um modelo de desenvolvimento de curto prazo alicerçado sobre eventos menores de diferente índole.

Na incapacidade da universidade do desporto o exigir e o realizar, com competência científica e técnica e transparência, a economia do desporto português vale uma avaliação económica internacional independente para que possa dar à população o bem-estar desportivo necessário à sua competitividade internacional.

Porque o dinheiro é dos portugueses, é que a eficiência económica deve ser o instrumento de aferição da melhor aplicação dos meios escassos que a sociedade possui para aplicar no seu desenvolvimento desportivo.

O emprego e as profissões do desporto

Cristina Almeida [*]

> «..o conhecimento cresce quando partilhado e não se deprecia com o seu uso.
>
> Enquanto que os recursos materiais decrescem à medida que são utilizados, os recursos do conhecimento aumentam com o seu uso; ideias geram novas ideias e o conhecimento partilhado permanece com o transmissor, ao mesmo tempo que enriquece o receptor»
>
> Davenport e Prusak (1998)

Numa perspectiva sociológica os conceitos em torno desta reflexão constituem o que podemos designar por "constructos", dada a dificuldade em pormenorizar os seus atributos e delimitar as suas fluidas fronteiras.

O desporto, tal como as actividades produtivas culturais (a música, a dança, o teatro, as artes plásticas, a fotografia, etc.), coloca à análise sociológica um desafio relativamente aos conceitos clássicos de "emprego" e de "profissão". Reconhece-se que se está perante uma actividade que não pode ser considerada de tempo livre/lazer (tempo de não-trabalho), mas esta insere-se, por vezes, na categoria de trabalho não remunerado, sendo frequentemente uma actividade na qual os indivíduos se realizam, mas que não constitui a sua principal fonte de rendimentos.

---

[*] Socióloga. Técnica superior do Instituto do Desporto de Portugal

Por outro lado, o clássico conceito de "desporto" que remete o carácter lúdico e recreativo para práticas de exercício físico identificadas com o jogo e a recreação, não recebendo o estatuto de desporto (práticas de competição organizada), possui actualmente uma concepção alargada agregando vários segmentos organizados em redor da produção de serviços desportivos diferenciados[32]:

• Desporto profissional (actividades de produção de espectáculo desportivo);
• Desporto associativo competitivo (actividades de formação, de treino e competição desportivas);
• Desporto de lazer (actividades de recreação, como actividades de *fitness*, equestres, náuticas, desportos de inverno, etc.);
• Desporto "social" (actividades que visam a integração de populações com dificuldades particulares).

Nas modernas sociedades de lazer, o desporto adquiriu assim uma enorme importância deixando de se restringir a um sistema fechado, formal, centrado no desporto de competição – modelo desportivo dos anos 60, surgindo paralelamente um outro modelo centrado nos usos desportivos dos tempos livres – sistema aberto, formal e informal, cujas tendências evolutivas apontam para a difusão, diferenciação e autonomização das práticas desportivas.

O novo modelo, emergente num quadro social de mudança marcado pelo desejo de afirmação individual, por uma nova e diferente relação com o corpo, com os outros e com o espaço, em particular com a natureza, traduziu-se numa nova cultura desportiva assente na tecnologização das práticas, na deslocalização dos tradicionais locais de prática e em novas aspirações e motivações para a prática.

A procura e a oferta de actividades e de serviços desportivos (mercado do desporto) registaram uma evolução que suscitou o desenvolvimento de uma significativa actividade económica e, consequentemente, o crescimento das ofertas de emprego, que paralelamente conhecem uma crescente procura de profissionalização.

---

[32] Considerando a segmentação estabelecida pelo *European Observatoire of Sport and Employment*.

O emprego e as profissões do desporto 125

A multiplicidade de actividades e de serviços desportivos actualmente existentes, com a necessária gestão e enquadramento técnico, gestão da complexidade dos equipamentos e espaços desportivos e o fabrico e venda de produtos a elas úteis, favorecem o desenvolvimento do sector e de um mercado de emprego do desporto cujo volume, na Europa, tem aumentado significativamente[33].

O Livro Branco da Comissão Europeia, *Crescimento, Competitividade e Emprego – Os desafios e as pistas para entrar no século XXI* já indicara, em 1993, o desporto como um domínio de emprego novo, constituindo um sector em desenvolvimento com enorme potencial na geração de emprego.

Sendo um tema relativamente recente, a reflexão em torno do mercado de emprego do desporto[34] enfrenta, como já referido, problemas gerais quer de conceptualização e delimitação, quer de quantificação.

Tendo em conta este cenário, num primeiro momento, reflectimos sobre a evolução dos conceitos de trabalho, emprego e profissão. Num segundo momento, precisamos e operacionalizamos estes conceitos para o sector do desporto, por intermédio do enquadramento desenvolvimento pelo *European Observatoire of Sport and Employment*, essencial à produção de estudos nesta área uma vez que possibilitam a recolha de informação uniformizada a nível da Europa. Por último, apresentamos alguns dados estatísticos do emprego no desporto provenientes de um estudo pioneiro realizado a nível nacional, em 2005, pelo Instituto do Desporto de Portugal.

---

[33] Segundo o estudo VOCASPORT (2004), os dados estatísticos recolhidos junto do conjunto dos países da UE revelam que o emprego recenseado no sector das actividades desportivas (CAE 92.6) na Europa, mobiliza cerca de um milhão de trabalhadores remunerados exercendo a actividade como profissão principal (com um crescimento de cerca de 60%, em média, em 10 anos) e cerca de dez milhões de voluntários. Um outro estudo da União Europeia (2001) coloca Portugal entre os 4 países que, entre 1995 e 1999, registaram maior taxa de crescimento anual do emprego recenseado no sector das actividades recreativas, culturais e desportivas (CAE 92).

[34] Estruturado em torno da confrontação de uma "oferta de emprego" oriunda das organizações que fornecem actividades e serviços desportivos e de uma "procura de emprego" por parte de indivíduos que dispõem de uma força de trabalho, benévola ou remunerada, disponível e interessada em investir neste mercado.

Uma breve panorâmica do contexto conceptual

Para precisarmos o conceito de emprego ou de profissão devemos ter consciência das suas ambiguidades, uma vez que se tratam de realidades simultaneamente estáveis e em permanente transformação, cuja fluidez limita e torna insatisfatória qualquer definição formal.

O conceito de trabalho assumiu, ao longo da história, formas diferentes, apresentando correspondências fortes e significativas com os grandes tipos de sociedades humanas existentes, associando-se assim a outros aspectos e dimensões da vida em sociedade, em particular a economia e a técnica. Estas não podendo ser vistas como as únicas variáveis explicativas da evolução do trabalho (visão determinística) são, contudo, importantes para a compreensão dos fenómenos sociológicos nele observáveis.

Nas sociedades pré-industriais predominaram os regimes de trabalho independente, corporativo-artesanal, de servidão, de escravatura, etc. constituindo, cada um deles, uma forma estável e um tipo consolidado de forma social de trabalho.

Na ordem jurídica das sociedades modernas é, contudo, consagrado o regime de "trabalho livre"[35] contra as formas esclavagistas, servis ou corporativas, cabendo neste conceito de "trabalho livre", para além do trabalho assalariado, as formas de trabalho independente e trabalho associado (em corporativas), subsistindo até aos nossos dias certas formas de trabalho comunitário, de trabalho familiar (ainda bem visível na agricultura e em certo comércio) e de trabalho voluntário (não remunerado) muito característico no domínio do desporto.

Com a revolução industrial dá-se o triunfo do sistema de trabalho fabril sobre todos os outros modos de produzir até então existentes, verificando-se uma transformação radical que envolveu todas as esferas da vida em sociedade, caracterizada por um processo de modernização marcado pela secularização das práticas sociais e pelo predomínio do pensamento racional, de base científica e experimental.

---

[35] Art. 4.º *Declaração Universal dos Direitos do Homem* (1948)

O emprego e as profissões do desporto 127

Nas modernas sociedades industriais a relação salarial, enquanto relação social de trabalho, torna-se então dominante, instituindo-se como forma "normal" de trabalho (assalariamento).

Perante este enquadramento, os estudos e estatísticas consideraram como trabalho apenas a actividade assalariada, excluindo um bom número de actividades, como o trabalho voluntário.

Neste modelo dominante de relação social de trabalho, os conceitos de trabalho e emprego acabaram por se confundir, tendo como consequência a produção de insuficientes análises do mercado de trabalho.

A primazia da organização industrial e a difusão crescente do trabalho assalariado estão na origem da generalização do conceito de emprego, como forma mais típica de relação laboral, num quadro social que impôs a empresa moderna, enquanto sistema específico que transforma a actividade humana em trabalho remunerado.

A generalização de certas formas de emprego instituiu inegavelmente um conjunto de estatutos socioprofissionais distintos que vieram desestabilizar as escalas de prestígio inerentes ao trabalho indiferenciado, ou ao trabalho não remunerado.

Deste modo, foi o emprego, mais que o trabalho, que passou a deter uma posição central na vida social, sendo, do ponto de vista do discurso oficial, o conceito usado para designar a actividade laboriosa dos diferentes grupos. Os sistemas de classificação estatística, em virtude de se orientarem por fins económicos, optaram, também eles, pela lógica do emprego.

A evolução do mercado de trabalho segue, contudo, no sentido de uma maior diversidade de formas de emprego, de estatutos e de modos de remuneração, percebendo-se que está em desenvolvimento um alargamento do conceito, implicando necessariamente uma revisão dos papéis sociais a ele associados, como dos espaços e tempos privilegiados do seu exercício.

A análise do mercado de trabalho deve assim evoluir no sentido de ter em conta a diversidade de situações encontradas e de produzir modelos originais que captem esta dinâmica de transformação.

O conceito de profissão adquiriu entre nós um sentido muito amplo de "ocupação" ou "emprego". Contudo, nos países anglo-saxónicos, o termo é aplicado, num sentido restrito, para designar as profissões liberais como "médico", "advogado" ou "engenheiro", sendo que os atributos destas se transformaram em requisitos para todas as actividades que têm como objectivo constituírem-se como profissões.

Mas, recuando no tempo por meio de uma síntese histórica feita por Jacques Le Goff[36], podemos perceber como antes do crescimento das universidades, a profissão era considerada como uma arte e abrangia todos os que dependiam das corporações.

Na Idade Média, a partir do séc. XI, e de maneira plenamente instituída no séc. XV, era de ouro das corporações, existia uma distinção entre aqueles que tinham direito ao "corpo", isto é, que podiam fazer parte de uma corporação reconhecida e aqueles que não tinham esse direito – jornaleiros, força de trabalho.

Deste modo, as artes liberais e as artes mecânicas, os artistas e os artesãos, os intelectuais e os manuais dependiam de um mesmo tipo de organização corporativa, assumindo a forma de "ofícios jurados" em "cidades juradas" onde se "professava uma arte".

O termo profissão derivava assim desta "profissão de fé" alcançada em cerimónias rituais de introdução nas corporações, em que o juramento comportava, segundo formas muito variadas, três compromissos: observar as regras, guardar os segredos e honrar e respeitar os jurados, controladores eleitos e reconhecidos pelo poder real.

Só com o crescimento e a consolidação das universidades é que as artes liberais e as artes mecânicas começaram a dissociar-se dando lugar a uma oposição entre *profissões* dependentes das "sétimas artes liberais" que se ensinavam nas universidades e cujas produções pertenciam mais ao "espírito do que à mão" e *ofícios* dependentes das artes mecânicas, onde as "mãos trabalham mais do que a cabeça" e que se desvalorizam na sociedade do Antigo Regime.

Podemos assim associar a oposição entre profissões e ofícios a um conjunto de distinções socialmente estruturantes e classificadoras, que se reproduziram ao longo dos séculos, como cabeça/mão, intelectual/manual, etc.

---

[36] LE GOFF, *Jacques (1977), Pour un autre moyen âge – Temps, travail et culture*, Paris, Gallimard

Na segunda metade do séc. XIX, as análises e reflexões dos primeiros sociólogos relativas a actividades e associações profissionais inscrevem-se na continuidade da prática comunitária dos ofícios, não no sentido de desenvolver, como tantos outros pensadores conservadores da sua época, uma denúncia nostálgica do individualismo ou dos conflitos sociais, mas para enraizar as relações do homem ao seu trabalho, numa perspectiva comunitária e tentar definir as condições de uma organização económica socialmente viável.

Spencer[37] via mesmo na elaboração e desenvolvimento das profissões a marca essencial de uma sociedade civilizada e, sobretudo, Max Weber[38] considerava que a profissionalização (*verberuflichtung*) constituía um dos processos essenciais da modernização, isto é, da passagem de uma "socialização principalmente comunitária" onde o estatuto é a herança, a uma "socialização primeiramente societária" onde o estatuto social depende das tarefas efectuadas e dos critérios racionais de competência e de especialização.

A oposição entre as transmissões hereditárias de estatuto e de ofícios (*ascription*) e a livre escolha individual das formações e das profissões (*achievement)* é uma das justificações mais clássicas da diferença entre ofício e profissão e um dos argumentos mais frequentes da superioridade das "profissões" na sociologia dominante anglo-saxónica.

No início do Séc. XX, de acordo com a corrente anglo-saxónica e na base de uma definição tornada clássica[39], a grande distinção que veio a consagrar-se foi entre os termos "ocupação", entendido como o desempenho permanente por um indivíduo de uma qualquer função socialmente reconhecida e "profissão", remetendo para um conjunto mais delimitado e característico que só compreenderia certas ocupações.

---

[37] SPENCER, Herbert (1882-1898), *The Principles of Sociology,* Vol. I, II, III, London, Williams and Norgate

[38] WEBER, Max (1947), *The theory of social and economic organization,* New York, Free Press

[39] "Uma profissão emerge quando um número definido de pessoas começa a praticar uma técnica definida fundada sobre uma formação especializada, dando resposta a necessidades sociais". RODRIGUES, Maria de Lourdes, *Sociologia das Profissões,* Oeiras, Celta, 1997, p. 8

De acordo com esta corrente, os critérios geralmente aceites para demarcar as profissões da maioria das actividades e ocupações correspondem a:

* Uma formação escolar prolongada e exigente;
* Uma especialização aprofundada do conhecimento e o domínio técnico da sua aplicabilidade prática;
* A noção de um serviço prestado à colectividade;
* A faculdade de julgamento individual e a correspondente responsabilização;
* Um acesso restrito e controlado ao exercício da profissão;
* Um controlo colegial dos profissionais sobre esse acesso e as condições do seu exercício;
* Um reconhecimento oficial, público, da profissão.

A profissão é assim definida como um grupo social específico, organizado e reconhecido, ocupando uma posição elevada, fundada sobre uma formação longa. O acento é colocado sobre o reconhecimento de uma competência (saber legitimado), sendo incluídos nas profissões todos os especialistas altamente qualificados e assalariados a quem é reconhecido um saber legítimo.

Ligado a este conceito de profissão, aparece igualmente o conceito de profissionalização entendido como um processo pelo qual uma ocupação organizada, normalmente alicerçada na ideia da posse de uma determinada competência, na preocupação com a qualidade do seu trabalho e com os benefícios que dela decorrem para a sociedade, obtém o direito exclusivo de desenvolver um determinado tipo de trabalho, de controlar a formação necessária para lhe aceder, controlando ainda o direito de determinar e avaliar a forma como o trabalho é desempenhado.

No entanto, vários autores foram reagindo contra esta tipificação, tomada de empréstimo às profissões liberais, por a mesma ser demasiado estática e por esquecer as transformações que nas mesmas ocorreram, nomeadamente, a sua integração em organizações burocráticas, nas quais os profissionais perderam grande parte da sua autonomia.

Por outro lado, novas profissões afirmaram-se em paralelo a estas profissões liberais, mas sem que correspondam à totalidade dos critérios referidos. Por exemplo, os jornalistas, os profissionais do

O emprego e as profissões do desporto

espectáculo (entre estes os do desporto) não possuem normalmente estudos especializados equiparáveis aos dos médicos e advogados, nem beneficiam do mesmo reconhecimento legal por parte do Estado, mas terão contudo uma autonomia e responsabilidade individual no desempenho da sua actividade a eles equiparáveis, e níveis de prestígio (e mesmo remuneratórios) e de reconhecimento público provavelmente superiores.

A análise das profissões deve assim evoluir no sentido de as tratar menos como a identificação das que respondem a um determinado leque de atributos, mas, sobretudo, de descobrir o processo pelo qual uma ocupação atinge o estatuto profissional – a profissionalização de certas funções e actividades.

Nesta perspectiva, a análise deve elucidar os movimentos e trajectórias das diversas actividades individuais, a permanente reformulação do quadro das ocupações e das profissões, bem como a forma como elas concorrem e confrontam entre si.

Matriz conceptual do *European Observatoire of Sport and Employment*

O desporto, enquanto actividade em grande desenvolvimento, cujo processo de profissionalização é muito recente e que assenta em organizações profissionais pouco estruturadas, é um sector pouco conhecido e sobre o qual somente existem informações muito parciais.

Grande parte das organizações desportivas insere-se no designado terceiro sector[40], sendo na sua maioria pequenas estruturas que escapam aos inquéritos nacionais sobre a estrutura dos empregos, ou movimentos de mão-de-obra.

Sendo um sector muito baseado no trabalho voluntário e em que os empregos cobrem estatutos e situações heterogéneas, estando os assalariados permanentes e a tempo inteiro longe de representar a

---

[40] O terceiro sector é um componente do modelo social europeu, situado com fronteiras pouco precisas, entre o sector privado e o sector público. Neste sector económico e social estão representadas as associações, as fundações, as cooperativas, etc., organizações cujas características assentam essencialmente na formalidade da sua constituição – estatutária, e no facto de serem organizações não lucrativas, autónomas, dirigidas por voluntários e recorrendo em grande parte ao trabalho de voluntários.

maioria, prevalecem outras formas de trabalho consideradas trabalho não convencional, precário ou atípico, como o trabalho temporário/ /sazonal, o trabalho independente, o trabalho a tempo parcial e a pluriactividade, aspectos que dificultam o conhecimento.

A identificação ou isolamento, no seio de um conjunto económico e social, de um sector de actividade específico como o desporto, coloca diversos tipos de problemas: uns, comuns a todas as definições de um dado sector e que se prendem com os limites do domínio considerado; outros, relativos aos quadros habitualmente considerados para descrever as actividades económicas, em particular, o facto de privilegiarem a natureza das actividades[41]; e, por último, os problemas da afectação das unidades económicas ou sociais no sector considerado.

As actividades desportivas, de acordo com a Classificação das Actividades Económicas (CAE Rev. 2.1), situam-se na nebulosa das "Outras actividades de serviços colectivos, sociais e pessoais" (Secção O, Divisão 92 – Actividades Recreativas, Culturais e Desportivas, Grupo 926 – Actividades desportivas), na qual se estima seja uma das suas principais fontes potenciais de emprego, mas, de facto, é um domínio que penetra igualmente um certo número de outros sectores (indústria, construção, comércio, saúde, educação, etc.).

A proposta do *European Observatoire of Sport and Employment* para a delimitação do sector, parte da identificação das actividades económicas do desporto em dois sub-conjuntos[42]:

- um núcleo duro correspondente às *actividades do desporto* (actividades de supervisão e enquadramento técnico, de ges-

---

[41] Se tomamos como referência a *actividade económica*, ignora-se o emprego que não se situa nos domínios das actividades identificadas como Desporto; se partimos da *natureza do emprego*, é necessário procurar em todas as empresas e sectores de actividade, quer sejam desporto ou não, o emprego do desporto.

[42] O *European Observatoire of Sport and Employment* desenvolveu um sistema de classificação satélite para a área do Desporto através de classificações internacionais já existentes, nomeadamente a NACE (para as actividades económicas) e a ISCO (para as profissões). As classificações desenvolvidas – NEARS (Actividades do Desporto e Relacionadas com o Desporto) e NEORS (Profissões do Desporto e Relacionadas com o Desporto)- são instrumentos essenciais no desenvolvimento de estudos no Sector do Desporto, dado que representam, numa perspectiva operacional as actividades do sector e possibilitam a comparação a nível europeu.

O emprego e as profissões do desporto

tão de infra-estruturas ou equipamentos, de organização e promoção dos quatro subsistemas – desporto profissional, desporto associativo competitivo, desporto de lazer e desporto social);

- e um núcleo muito mais numeroso, disperso e heterogéneo correspondente às *actividades relacionadas com o desporto* com ramificações na indústria, comércio, transportes, turismo, etc., designadamente (as mais significativos em termos de volume de actividades): a construção de infra-estruturas desportivas, o fabrico de equipamentos e artigos desportivos e a respectiva distribuição, o sector de educação e formação (educação física no ensino básico e secundário e formação de futuros profissionais no ensino superior), os meios de comunicação social especializados, a administração pública central e local e o sector da saúde.

A seguinte imagem visa esquematizar as actividades económicas geradas pelo sector do desporto:

FIGURA 1
Actividades geradas pelo sector do desporto

Fonte: CE/DG Educação e Cultura, *Vocasport – La formation et l'enseignement professionnels dans le domaine du sport dans les pays de l'Union européenne: situation, tendances et perspectives*, 2004, p. 16

Do mesmo modo, a NEORS[43] desenvolvida pelo *European Observatoire of Sport and Employment* parte da identificação profissões do desporto nos seguintes sub-conjuntos:

- Profissões do Desporto
  - Atletas profissionais
  - Árbitros e Juízes
  - Animadores
  - Instrutores
  - Treinadores

- Profissões relacionadas com o Desporto (Dirigentes e gestores desportivos; Professores de educação física e desporto escolar; Jornalistas desportivos; Agentes desportivos; Profissionais da saúde, Pessoal administrativo, Pessoal dos serviços e vendedores; Operários).

Características do emprego no desporto em Portugal

Tendo por base a metodologia estabelecida pelo *European Observatoire of Sport and Employment*, o Instituto do Desporto de Portugal em parceria com uma equipa de investigadores do INDEG/ISCTE realizou, em 2005, um estudo de âmbito nacional que permite traçar o quadro da situação do emprego no sector do Desporto, quer nas suas actividades nucleares (características), quer na fileira que corresponde às actividades relacionadas com o Desporto (conexas e não específicas).

A população-alvo definida abrangeu o conjunto de instituições e empresas públicas e privadas com actividade classificada como desporto, ou relacionada com desporto (de acordo com a NEARS[44]), sendo a base de sondagem constituída por uma listagem de 132.000 organizações de onde se extraiu a amostra.

Para a definição da amostra foi desenhado um processo misto, com uma vertente aleatória e outra não aleatória e uma dimensão

---

[43] European Classification of Sport Occupations and Sport Related Occupations
[44] European Classification of Sport Activities and Sport Related Activities

O emprego e as profissões do desporto

amostral de 1400 organizações que, definida desta forma, assume um grau de confiança > 95% e uma margem de erro de ±2%. A amostra foi repartida pelos seguintes três segmentos:

QUADRO 1

Dimensão amostral por segmentos e sectores de actividade económica

Sectores de Actividade do Segmento 1 (**Actividades características - Desporto**)	Amostra
92610 - Gestão de instalações desportivas	35
92620 - Outras actividades desportivas	125
91331 - Associações culturais e recreativas	63
91333 - Outras actividades associativas, n.e	45
93042 - Manutenção Física, n.e.	32
TOTAL	**300**
Sectores de Actividade do Segmento 2 (**Actividades conexas**)	Amostra
Empresas especializadas na construção de instalações desportivas	135
Fabricantes bens e equipamentos e empresas de distribuição e comércio dos mesmos	145
Meios audiovisuais	60
Actividades desportivas das autoridades públicas	50
Sector da educação e da Formação	160
Sector da Saúde	90
TOTAL	**640**
Sectores de Actividade do Segmento 3 (**Actividades não específicas**)	Dimensão amostra
Total de 59 CAEs analisados	460
TOTAL	**460**

Fonte: IDP, *Emprego no desporto. Estudo prospectivo*, Lisboa, IDP, 2006 (no prelo)

O processo de recolha de informação decorreu, entre Março e Julho de 2005, através de inquérito por questionário adaptado às situações específicas (Q1 – pessoas colectivas classificadas como **Desporto** e Q2 e Q3 – pessoas colectivas de direito Público ou Privado classificadas como **Relacionadas com o Desporto**), sendo utilizadas duas metodologias:

- Questionário impresso (300 presenciais e 200 auto adminis-trados)
- Questionário on-line (900), tendo sido construída uma aplica-ção informática específica e criado um endereço próprio (www.idp-empregonodesporto.com) com apoio de um *call center* e *backoffice*.

A partir da construção de um ponderador foi possível concluir que em Portugal se estima que existam 513.371 indivíduos a trabalhar no sector do desporto (Segmento 1), 388.756 indivíduos no Segmento 2 e 74.713 indivíduos no Segmento 3, valores que representam mais de 900.000 indivíduos empregados no sector das actividades desportivas e relacionadas com o desporto.

A análise do gráfico seguinte permite perceber ainda, face ao emprego total nos Segmentos 2 e 3 (relacionados com o desporto), qual o peso relativo do emprego que se dedica à actividade desportiva.

GRÁFICO 1
Peso relativo do Emprego no Desporto
no sector do Desporto (Seg. 1) e Relacionados (Seg. 2 e 3)

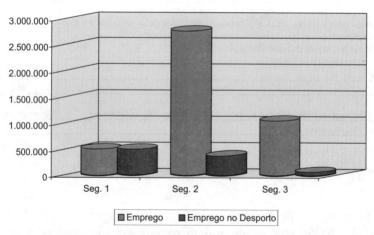

Fonte: IDP, *Emprego no desporto. Estudo prospectivo*, Lisboa, IDP, 2006 (no prelo)

Face aos valores da população activa[45] estima-se assim que 8% dos indivíduos trabalhem no sector do desporto (Segmento 1) e 7% trabalhem em actividades relacionadas com o desporto (6% no Segmento 2 e 1% no Segmento 3), o que perfaz um total de 15% de emprego no sector das actividades desportivas e relacionadas com o desporto.

---

[45] INE, Estatísticas do Emprego, 4.º Trimestre 2005

GRÁFICO 2
% de indivíduos a trabalhar no sector do Desporto (Seg. 1)
e Relacionados /Seg. 2 e 3) face à população activa

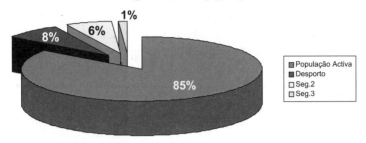

Fonte: IDP, *Emprego no desporto. Estudo prospectivo*, Lisboa, IDP, 2006 (no prelo)

A distribuição geográfica das organizações do sector do desporto (Segmento 1) e relacionados (Segmento 2 e 3) reflecte a distribuição da população residente nas regiões NUTS II (concentração nas regiões de Lisboa e Vale do Tejo e Norte), embora se conclua que o sector do desporto tenha uma presença mais expressiva na região de Lisboa e Vale do Tejo (cerca de 60% das organizações do Segmento 1), enquanto na região do Norte existe uma maior expressão das organizações dos Segmentos 2 e 3 (Relacionado), com cerca de 30%.

GRÁFICO 3
Empresas/instituições do sector do Desporto e
Relacionados, por NUTS II

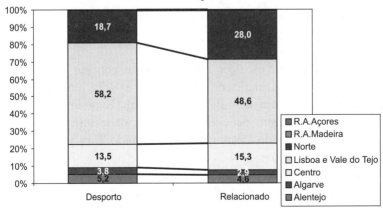

Fonte: IDP, *Emprego no desporto. Estudo prospectivo*, Lisboa, IDP, 2006 (no prelo)

A distribuição por sexo é substancialmente diferente nos dois conjuntos em análise (Desporto e Relacionado), conforme se pode verificar pela análise do gráfico seguinte. Enquanto os indivíduos a trabalhar no sector do desporto são maioritariamente do sexo masculino – cerca de 80%, nas actividades relacionadas com o Desporto (Segmentos 2 e 3) a distribuição já se apresenta mais equitativa (53% e 47%), reflectindo a distribuição por sexo da população activa a nível nacional (54% e 46%, respectivamente) e próximo dos valores europeus (49% de homens e 51% de mulheres).

GRÁFICO 4
Indivíduos a trabalhar no sector do Desporto e Relacionados, segundo o Sexo

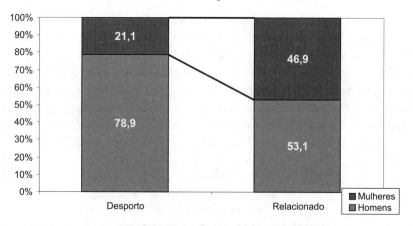

Fonte: IDP, *Emprego no desporto. Estudo prospectivo*, Lisboa, IDP, 2006 (no prelo)

A distribuição por escalões etários permite concluir que o emprego nos dois conjuntos analisados (Desporto e Relacionado) é jovem quando comparado com a realidade nacional. Enquanto na população activa a percentagem de indivíduos com idade inferior a 35 anos é de 37%, no sector do desporto e relacionado esta percentagem é muito superior (cerca de 50%).

Conforme se pode constatar da análise do gráfico seguinte esta tendência é ainda mais acentuada no sector do desporto, isto é, cerca de 60% dos indivíduos a trabalhar neste sector têm menos de 35 anos.

GRÁFICO 5
Indivíduos a trabalhar no sector do Desporto
e Relacionados, por Escalões Etários

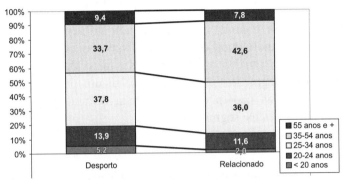

Fonte: IDP, *Emprego no desporto. Estudo prospectivo*, Lisboa, IDP, 2006 (no prelo)

Relativamente ao nível de ensino dos indivíduos que trabalham nos dois conjuntos analisados verifica-se um grande peso relativo do ensino superior, quando comparado com os valores da realidade nacional. A percentagem da população empregada em Portugal que completou o ensino superior situa-se nos 13%, enquanto no sector do desporto e relacionado esta percentagem ronda os 37-38%.

GRÁFICO 6
Indivíduos a trabalhar no sector do Desporto e
Relacionados, segundo os Níveis de Ensino

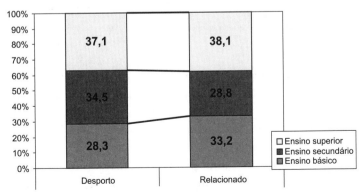

Fonte: IDP, *Emprego no desporto. Estudo prospectivo*, Lisboa, IDP, 2006 (no prelo)

O nível de ensino reflecte-se nos níveis de qualificações dos indivíduos. A análise do gráfico seguinte revela níveis de qualificações, nos estratos mais qualificados, muito superiores aos da realidade nacional.

Esta tendência é ainda mais acentuada no sector do desporto, no qual 40% dos indivíduos que aí trabalham são profissionais qualificados e 17% são quadros superiores. Nas actividades relacionadas com o desporto (Segmentos 2 e 3) verifica-se um peso relativo superior dos profissionais não qualificados (cerca de um terço dos indivíduos a trabalhar nestes segmentos).

GRÁFICO 7
Indivíduos a trabalhar no sector do Desporto
e Relacionados, por Níveis de Qualificação

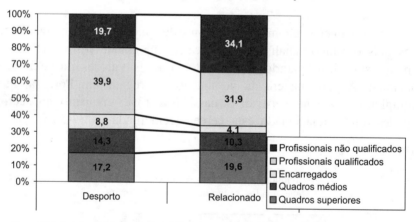

Fonte: IDP, *Emprego no desporto. Estudo prospectivo*, Lisboa, IDP, 2006 (no prelo)

Para terminar analisa-se a distribuição segundo o tipo de relação laboral que denota de forma muito clara uma especificidade do sector do desporto, dada pela elevada percentagem de indivíduos que trabalham de forma não remunerada (47% de voluntários).

Verifica-se ainda que, no sector do desporto, a percentagem de indivíduos com vínculos laborais mais estáveis, formalizados em contratos de trabalho sem termo, é de apenas 10%, enquanto nas actividades relacionadas com o desporto esta percentagem é de 65%

(valor que é, contudo, ainda muito inferior à realidade nacional, onde este tipo de vínculo representa 80% da população empregada por conta de outrem).

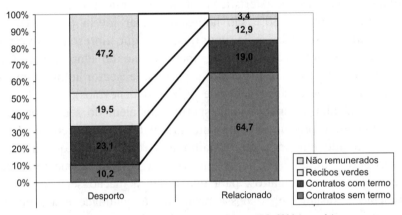

GRÁFICO 8
Indivíduos a trabalhar no sector do Desporto e Relacionados, segundo o Tipo de Contrato

Fonte: IDP, *Emprego no desporto. Estudo prospectivo*, Lisboa, IDP, 2006 (no prelo)

Conclusões

O desporto, tradicionalmente olhado pela sua importância social, enquanto actividade humana que assenta em valores sociais, educativos e culturais essenciais, constituindo-se como um factor de inserção, de participação na vida social, de tolerância, de aceitação das diferenças e de respeito pelas regras, é aqui perspectivado numa dimensão adicional – a do mercado de trabalho.

Contudo, conforme se percebeu ao longo desta reflexão, o desporto, enquanto mercado de trabalho (estruturado em torno da confrontação de uma "oferta" oriunda das organizações que fornecem actividades e serviços desportivos e de uma "procura" por parte de indivíduos que dispõem de uma força de trabalho disponível e interessada em investir neste mercado), é um sector muito atípico, onde a ambivalência e a indeterminação são predominantes e que assenta muitas vezes «sobre os compromissos entre "paixão" e "profissão"» (Vocasport, 2004: p. 96).

A investigação que aqui apresentamos[46], procurando ultrapassar algumas dificuldades de delimitação e quantificação do emprego no desporto a nível nacional, por meio dos instrumentos desenvolvidos pelo *European Observatoire of Sport and Employment*, permitiu perspectivar a sua dimensão (cerca de 500.000 indivíduos), mas também algumas das suas características: sector em que predomina o sexo masculino (cerca de 80% são homens); sector jovem (cerca de 60% tem idades inferiores a 35 anos); sector que apresenta níveis de ensino e de qualificação muito superiores ao do emprego nacional (cerca de 40% possui o ensino superior); e sector muito marcado pelo trabalho voluntário (cerca de 50% são benévolos).

O trabalho voluntário no desporto para além do seu valor social inestimável, representa igualmente um valor económico incalculável, traduzido em horas de trabalho não remunerado, que deve ser valorizado e dignificado, tendo em vista a criação de melhores condições para os voluntários, para que a sua actuação seja continuada, eficiente e sustentável, e possa promover a qualidade e a segurança da prática desportiva.

O desporto, como todas as actividades de "Serviços colectivos, sociais e pessoais", muito relacionadas com o bem-estar das pessoas e das populações, é um sector que assenta numa relação muito directa com a qualidade dos seus recursos humanos, quer estes intervenham a título benévolo ou profissional, sendo estes um factor chave de desenvolvimento do sector.

Deste ponto de vista importa ter em conta, como condição de desenvolvimento, a indispensável formação e qualificação destes recursos que, de acordo com o estudo Vocasport, "apresenta frequentemente uma oposição entre formações de terreno pouco formalizadas e de um nível relativamente fraco e formações académicas de nível elevado mas que nem sempre correspondem às necessidades do mercado de trabalho." (VOCASPORT, 2004: 10)

---

[46] Inovadora e pioneira em Portugal, e mesmo na Europa, uma vez que recorre a fontes primárias.

Igualmente importa ter em conta que os padrões dominantes no domínio do emprego ou das profissões estão em permanente transformação, parecendo existir uma realidade crescente, em que a criação de emprego não é mais da exclusiva responsabilidade das organizações empregadoras, havendo a colocação de uma tónica mais acentuada no incremento da iniciativa dos indivíduos e do empreendedorismo.

Em síntese, neste trabalho procurou-se dar conta dos problemas existentes na abordagem ao emprego e profissões do desporto, apresentou-se alguns dados disponíveis para uma caracterização da situação em Portugal, reconhecendo o importante significado do trabalho voluntário, mas também de algumas características encontradas (jovens e qualificados) para o desenvolvimento do sector, e procurou-se chamar a atenção para a necessidade de construir instrumentos suficientemente flexíveis para restituir analiticamente realidades onde a ambivalência e a indeterminação são predominantes.

Referências Bibliográficas

LE GOFF, Jacques (1977), *Pour un autre moyen âge – Temps, travail et culture*, Paris, Gallimard

CE (1993), *Crescimento, competitividade, emprego – Os desafios e as pistas para entrar no século XXI – Livro Branco*, COM(93) 700

CE (2004), *Vocasport – La formation et l'enseignement professionnels dans le domaine du sport dans les pays de l'Union européenne: situation, tendances et perspectives*: http://ec.europa.eu/sport/documents/lotvocasport.pdf

CE (2001), *Exploitation and development of the job potential in the cultural sector*: http://ec.europa.eu/employment_social/publications/2001/ke4001488_en.pdf

CE (2006), *L'Economie de la Culture en Europe* : http://ec.europa.eu/culture/eac/sources_info/studies/economy_fr.html

ABBOTT, Andrew (1989), "The New Occupational Structure", *Work and Occupations*, Vol. 16, n° 3, pp. 273-291

ABBOTT, Andrew (1991), "The order of professionalization: an empirical analysis", *Work and Occupations*, 18 (4)

ABBOTT, Andrew (1988), *The System of Professions: An Essay on the Division of Expert Labor*, Chicago, University of Chicago Press

ARAÚJO, Helena (1985), "Profissionalismo e ensino", *Cadernos de Ciências Sociais*, 19 (3)

144 *Em defesa do desporto*

AUGUSTIN, Jean-Pierre (2003), *Le sport et ses métiers – nouvelles pratiques et enjeux d'une professionnalisation*, Paris, La Découverte

BECKER, Howard, et al (1968), *Institutions and the person: Essays in honor of Everett Hughes*, Chicago, Aldine Publishing Company, 1968.

BELL, Daniel (1976), *Vers la société Post-Industrielle*, Paris, Laffont, 1976.

BLOT, Sophie, GAMELIN, Carole (2001), *Les Métiers du Sport*, s/l, Studyrama Editions, Collection GUIDES J – Métiers

BOURDIEU, Pierre, BOLTANSKI, Luc (1975), «Le titre et le poste: rapports entre le système de production et le système de reproduction», *Actes de la Recherche en Sciences Sociales*, 2

BOURDIEU, Pierre (1979), *La Distinction. Critique Sociale du Jugement*, Paris, Minuit.

CAMY, Jean, LE ROUX, Nathalie (2002), *L'emploi sportif en France: situation et tendances*, s/l, AFRAPS-RUNOPES

CARR-SAUNDERS, A.M., WILSON, P.A. (1933), *The professions*, London, Oxford University Press.

CLARK, Collin (1983), *The Conditions of Economic Progress*, London, Taylor & Francis.

CLAYES, Urbain (1984), "A evolução do conceito de desporto e o fenómeno da participação/não participação", *Desporto e Sociedade – Antologia de textos*, N.º 3

Declaração Universal dos Direitos do Homem

ELIAS, Norbert (1992), *A busca da excitação*, Lisboa, Difel.

FREIRE, João (1993), *Sociologia do Trabalho: uma introdução*, Porto, Edições Afrontamento

FRIEDSON, Eliot (org.), *The professions and their prospects*, Londres, Sage Publications, 1971.

FRIEDSON, Eliot (1986), *Professional Powers. A Study of the Institutionalization of formal Knowledge*, Chicago, University of Chicago Press.

FRIEDSON, Eliot (1994), *Professionalism Reborn. Theory, Prophecy and Policy*, Cambridge, Polity Press.

HUGHES, Everett C. (1958), *Men and their work*, Connecticut, Greenwood Press.

HUGHES, Everett C. (1971), *The Sociological Eye: Selected Papers*, Chicago & Nova Iorque, Aldine, Atherton.

IDP (2006), *Emprego no desporto. Estudo prospectivo*, Lisboa, IDP (no prelo).

IEFP/DSAC (2001), *Classificação Nacional das Profissões – versão 1994*, Lisboa, IEFP.

INE (2006), *A Conta Satélite do Turismo para Portugal (2000-2002)*, Lisboa, INE: http://www.ine.pt/novidades/semin/cstp/pdf/doc2.pdf

LARSON, Magali Sarfatti (1977), *The Rise of Professionalism. A Sociological Analysis*, Berkeley, University of California Press

LE GOFF, Jacques (1977), Pour un autre moyen age – Temps, travail et culture, Paris, Gallimard

O emprego e as profissões do desporto

LE ROUX, Nathalie, CAMY, Jean (1997), *Nomenclature Européen des Activités économiques Sportives et en Relation avec le Sport*, Barcelona, REISS/EOSE

LE ROUX, Nathalie, CAMY, Jean (1997), *Nomenclature Européen des Professions du Sport et en Relation avec le Sport*, Barcelona, REISS/EOSE

LE ROUX, Nathalie, CHANTELAT, Pascal, CAMY, Jean (1999)*, Sport et emploi en Europe – Rapport final,* CE-DGX, REISS/EOSE

LUCAS, Yvette, DUBAR, Claude (1994), *Genèse et dynamique des groupes professionnels*, Lille, Press Universitaire de Lille

MARIVOET, Salomé (1998), *Aspectos sociológicos do desporto*, Lisboa, Livros Horizonte.

MAURICE, Marc (1985), "O Determinismo tecnológico na sociologia do trabalho (1955--1980): uma alteração de paradigma?" *in Sociologia do Trabalho*, Lisboa, A Regra do Jogo.

MOULIN, Raymonde (1983), "De l'artisan au professionnel : l'artiste », *Sociologie du Travail*, nº4

MS/DRDJS Rhône-Alpes (2002), *Les métiers du sport – Quels métiers, quels emplois demain dans les activités sportives et socio-sportives en Rhône-Alpes*, Rhône-Alpes

NÓVOA, António (1987), *Le temps des professeurs : analyse sócio-historique de la profession enseignant au Portugal (XVIII et XX siècle)*, Lisboa, INIC

PARSONS, Talcott (1968), "Professions", in *International Encyclopedia of Social Sciences*, vol. 12, pp. 536-547.

RODRIGUES, Maria de Lurdes (1997), *Sociologia das Profissões*, Oeiras, Celta

ROLLE, Pierre (1978), *Introdução à Sociologia do Trabalho*, Lisboa, A Regra do Jogo

WEBER, Max (1947), *The theory of social and economic organization*, New York, Free Press

SPENCER, Herbert (1882-1898), *The Principles of Sociology,* Vol. I, II, III, London, Williams and Norgate

Genética e Desporto

UM OLHAR BREVE EM TORNO DE UM ASSUNTO DESAFIADOR

José Maia[*]

1. Introdução

O mundo vivo está repleto de variedade e complexidade. O universo do *homo sapiens* é destes factos uma evidência irrefutável. Aprender a olhar, descrever e interpretar tanta variação que ocorre no seio da nossa espécie é um fascínio inesgotável. Esta admiração diante do espectáculo biológico é igualada por um dos nossos maiores produtos culturais que arrebata paixões, está espalhado por todo o planeta, e não deixa de nos surpreender em cada momento pela perfusão das suas características sempre renovadas, prenhes de excelência. Claro que estamos a falar do **DESPORTO**, plural de conteúdo e alcance, diverso nos seus sentidos, sempre encantador.

Os Jogos Olímpicos oferecem uma oportunidade única para se estudar os maiores atletas num dado momento histórico. A tarefa mais elementar que qualquer investigador realiza quando tem diante dele alguns dos melhores produtos da raça da humanidade em termos desportivos, é estudá-los a fundo nas suas mais variadas características, a partir do conhecimento mais actual, e em função daquilo que é permitido ética e legalmente, sempre de acordo com atletas, respectivos treinadores e responsáveis pelas delegações. Não admira

---

[*] Doutorado em Antropologia do Desporto. Professor Catedrático da Faculdade do Desporto da Universidade do Porto

148 *Em defesa do desporto*

pois, que haja textos bem interessantes destas aventuras e que foram relatadas por Borms e Hebbelinck (1984) desde os Jogos de Amsterdão em 1928 até aos Jogos de Montreal em 1976. O fascínio pelo mistério da excelência desportiva do *homo olimpicus* levou os investigadores a interrogar, também, os seus genes. Seria este *alter homo*, um fruto apetecido de uma combinação única dos genes que herdou dos seus progenitores? O único documento disponível acerca de informação genética extensa de atletas é o de Garay, Levine e Carter (1974) relativo aos Jogos Olímpicos realizados na cidade do México em 1968. Não obstante a relevância desta pesquisa, não só em termos históricos mas também no domínio do conhecimento científico da época, a maior parte da informação é essencialmente descritiva. Quase sempre localizada em aspectos muito externos da morfologia dos atletas. A pesquisa realizada no México, apesar da sua ousadia, é extremamente limitada ao conhecimento genético da época, sendo centrada quase que exclusivamente em variações alélicas[47] de genes cuja relevância em termos de desempenho atlético era desconhecida (Bouchard e Malina, 1984).

Quando um estudante de Biologia Humana, Antropologia Física ou Ciências do Desporto lança o seu olhar sobre uma qualquer característica humana observável e quantificável (i.e., um fenótipo[48] ou traço quantitativo) a evidência maior da sua representação é para a **VARIAÇÃO**. Ao contrário do que acontece nos domínios da Física ou da Química em que os resultados de uma qualquer experiência possuem uma interpretação inequívoca, no território do Desporto, i.e., no "mundo real" da sua expressão, raras vezes temos a interpretação, a única possível para o fenómeno em estudo. Assim é a sina da pesquisa da variação em desporto – uma abertura total às múlti-

---

[47] Cada um dos dois variantes do mesmo gene que ocupam o mesmo lugar físico, ou *locus*, num dado par de cromossoma homólogos; exercem a mesma função mas determinam características diferentes

[48] Um fenótipo é um traço mensurável, uma quantidade presente num dado espaço observacional de uma característica que pode ser expressa de forma contínua ou discreta. Um fenótipo é um sinal claro de aspectos comportamentais dos sujeitos em estudo, de particularidades ou regularidades da sua Biologia, ou um sinal bem mais complexo de natureza bio-comportamental

plas formas da sua descrição, quantificação e interpretação. Por exemplo, a Figura 1 apresenta a distribuição dos valores estaturais de crianças e jovens atletas dos 6 aos 19 anos de idade. No gráfico da esquerda temos as alturas de cerca de 7.000 sujeitos representados em função da sua idade. No gráfico da direita temos os mesmos dados, só que desta vez foram construídas curvas centílicas (i.e. da distribuição da posição relativa de diferentes valores de estatura para as mesmas idades). O ponto que aqui gostaríamos de salientar é o da variação estatural para crianças e jovens que têm a mesma idade cronológica, sendo que a diferença pode situar-se entre os 20 e os 30 cm.

FIGURA 1
Distribuição dos valores de altura dos 6 aos 19 anos (Gráfico da esquerda) e correspondente distribuição centílica dos mesmos valores estaturais (Gráfico da direita)

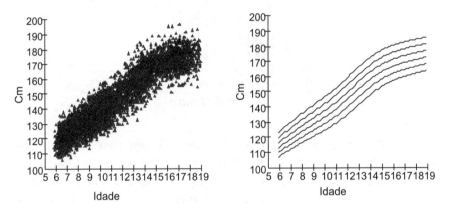

Na Figura 2 temos uma outra forma de representar a noção de variação. Trezentos e oito atletas adultos dos dois sexos foram submetidos a um teste máximo em cicloergómetro para determinar o valor do seu consumo máximo de oxigénio. A representação salienta uma enorme variação, sendo que os seus limites se situam entre 31.5 e 82.9 ml O_2/kilo/minuto. A média destes valores é de 54.4 e o seu desvio padrão é de 9.1 ml O_2/kg/min.

FIGURA 2

Distribuição dos valores relativos do consumo máximo de oxigénio de atletas adultos dos dois sexos

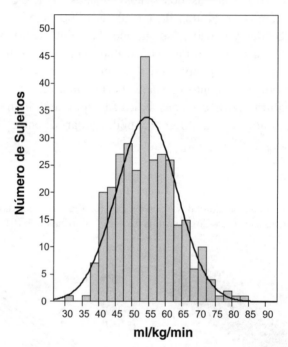

A ideia nuclear que gostaríamos de salientar nestes dois exemplos é a da presença de forte **VARIAÇÃO INTERINDIVIDUAL** quando a nossa atenção se dirige para um fenótipo qualquer (seja ele oriundo do íntimo de uma qualquer célula, à forma mais elementar de expressão dos fenótipos mais externos da morfologia humana como sejam a altura ou o peso).

Quantificar esta variação é extremamente fácil, uma vez que o cálculo da variância é imediato. O problema maior é o da atribuição de significado ao seu valor, sendo que dois actores se erguem para assumir o principal papel interpretativo – o ambiente e a biologia. Interpretar com a clareza devida os resultados de informação repetida no tempo relativa à resposta ao treino e competição de atletas é um pouco mais difícil. E se a estrutura do estudo for de natureza experimental, aumenta-se a complexidade, mas ganha-se em conteúdo

Genética e Desporto 151

informativo se a amostra for constituída por gémeos e/ou famílias nucleares. Mais desafiador será o estudo se deslocarmos o nosso olhar para técnicas de manipulação genética a partir das possibilidades da engenharia genética[49].

O texto que a seguir apresentaremos procurará, de uma forma muito breve, simples e acessível, abordar alguns assuntos actuais, não somente em defesa do DESPORTO, mas revelando o **"ATAQUE" CONTÍNUO DO DESPORTO**, em prol daquilo que também nos torna humanos – a grandeza do esforço, a beleza da superação, a maravilha da cooperação, e a transcendência. Nada mais do que a intimidade da palavra grega ARETÉ.

A nossa viagem terá 4 paragens: a primeira trata da prática desportiva com base em estudos descritivos de famílias nucleares e de gémeos; a segunda lida com a questão sempre fascinante da resposta ao treino e dos factores que explicam a enorme variação nos resultados encontrados; a terceira aborda estudos com genes candidatos que se pensa terem um forte poder explicativo nas diferenças interindividuais do desempenho atlético, e a quarta tratará, de modo muito breve, de aspectos relativos à manipulação genética e ao admirável mundo novo que daí sairá. Contudo, antes de iniciarmos a nossa viagem, convém que os leitores tenham uma breve noção das diferentes etapas da pesquisa da Genética do Desporto (ver Maia et al., 1999; 2001; 2002; um texto esclarecedor sobre esta matéria é o de Bouchard, Malina e Pérusse, 1997).

Numa qualquer população, a enorme variabilidade presente na prática do desporto é influenciada por uma multiplicidade de factores ilustrados na Figura 3. A investigação em Genética do Desporto estuda estes factores com base em delineamentos de pesquisa centrados em animais (estudos de selecção ou de supressão de efeitos de

---

[49] Engenharia Genética e Modificação Genética são termos para o processo de manipulação dos *genes* num *organismo*, geralmente fora do processo normal *reprodutivo* deste. Envolvem frequentemente o isolamento, a manipulação e a introdução do DNA num chamado "corpo de prova", geralmente para exprimir um *gene*. O objectivo é introduzir novas características num ser vivo para aumentar a sua utilidade, tal como aumentando a área de uma espécie de *cultivo*, introduzindo uma nova característica, ou produzindo uma nova *proteína* ou *enzima*

genes candidatos), e em humanos (estudos em gémeos e em famílias extensas).

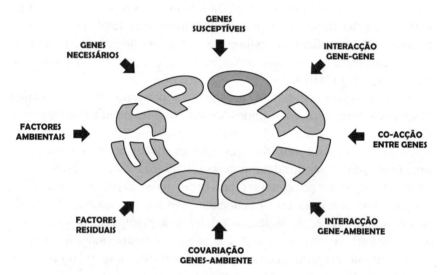

FIGURA 3
Multiplicidade de factores responsáveis pela variação
na prática do desporto a nível populacional

A investigação da Genética do Desporto é feita com base no modelo animal (normalmente ratos) e com humanos. Nas amostras de humanos, a primeira tarefa é determinar a presença de agregação ou semelhança familiar num dado fenótipo (por exemplo: peso, consumo máximo de O_2, percentagem de fibras musculares do tipo I, quantidade de massa isenta de gordura, etc). Normalmente a estatística mais adequada para estimar o grau de semelhança fenotípica é o coeficiente de correlação (uma estatística descritiva para determinar a associação entre membros de famílias num fenótipo qualquer). Os cálculos são feitos entre diferentes tipos de familiares (por exemplo: pai-filho, mãe-filha, irmã-irmão, tio-sobrinha, avô-neta, etc). Se as correlações forem significativamente maiores do que zero, numa segunda etapa calcula-se uma estatística designada por heritabilidade (h^2), que expressa o quanto da variação na característica em causa é devida a factores genéticos. Esta estimativa é sempre corrigida para a presença de um conjunto diversificado de covariáveis[50] de natureza diversa.

Depois de verificado que a variação da característica em causa é governada, também, por factores de natureza genética recorre-se, numa terceira etapa, a uma mistura de técnicas laboratoriais e estatísticas (estudos de *linkage*, ou ligação factorial) para tentar localizar regiões em diferentes cromossomas que se pensa conter genes (candidatos) responsáveis pela semelhança verificada entre famílias. Um dos últimos passos nesta "caça de genes", é o recurso a estudos de associação (normalmente de casos, os portadores de uma dada característica, em contraste com os controlos, sujeitos que não possuem a característica em causa). Testa-se o valor de um gene candidato (mais concretamente dos alelos e genótipos possíveis) que se pensa condicionarem os resultados obtidos no fenótipo em estudo. Mais adiante ilustraremos estas etapas com diferentes exemplos.

Vamos então à primeira etapa da nossa viagem.

2. Prática desportiva: estudos descritivos em famílias nucleares e em gémeos

A prática do desporto no sentido mais plural é um direito inalienável do ser humano. Nele revê uma parte da sua vida, construindo uma teia de cumplicidades e desafios que ajudam a crescer e a desenvolver a sua humanidade. O desporto é parte integrante do sistema de ensino oficial, a que se associa uma rede vastíssima de organizações que promovem a sua prática com níveis distintos de exigências competitivas. Contudo, nem toda a população pratica desporto, e nem todos os que o fazem expressam níveis elevados de excelência. Porquê esta diferença? Diferentes territórios das Ciências do Desporto têm uma palavra a dizer sobre esta questão. E têm palavras fortes, relevantes e esclarecedoras. Mas não têm a totalidade da resposta. Também não a tenho. Pelo contrário, procurarei ajudar

---

[50] Por covariável entende-se uma variável que pode condicionar, reduzindo ou amplificando, os valores de heritabilidade. Exemplos de covariáveis neste tipo de estudos são, por exemplo, a idade, o sexo, o estatuto sócio-económico, e respectivas interacções.

o leitor a navegar num mar pouco visitado, muitas vezes fustigado por um "velho do Restelo" visceralmente ligado a uma interpretação sócio-psicológica da noção de *tabula rasa*" (sobre esta matéria ver o tratamento fascinante no texto de Stevan Rose, 2002).

Uma forma bem interessante de olhar para a questão das diferenças interindividuais na prática desportiva ao longo da vida é a seguinte: pais e filhos vivem num dado contexto histórico em função do "espírito do tempo" próprio da sua época no que ao corpo e ao desporto dizem respeito. Partilham duas heranças – uma biológica e outra cultural. O desporto comunga das duas. Ora uma das primeiras formas de estudar aspectos da prática desportiva de excelência é analisar padrões provenientes de genealogias de atletas de elite. Esta é uma estratégia comum em genética médica para analisar heredogramas[51] relativamente à presença de uma doença (normalmente uma doença rara fruto de uma alteração num único gene). Decorre daqui que a contribuição dos estudos de características complexas de natureza multifactorial, de que a prática desportiva é um exemplo iluminador, reclama informação centrada em estudos com famílias. Trata--se, pois, de pesar a importância relativa de genes susceptíveis e de ambiente partilhado no esclarecimento do fenómeno da agregação familiar (Petersen, 2000). Um caso merecedor de relato de aspectos de um heredograma é o do grande nadador australiano Ian Thorpe que provinha de uma genealogia extensa de desportistas. Bem mais perto de nós é o caso da tri-atleta Vanessa Fernandes cujo pai foi um ciclista de renome; ou ainda, por exemplo, os casos de futebolistas altamente promissores como são o Miguel Veloso, o João Moutinho ou o Marco Caneira cujos progenitores foram futebolistas credenciados. Um exemplo de heredograma está na Figura 4. Trata-se de uma família de ginastas de nível muito elevado. Os dois irmãos da 2.ª geração eram ginastas olímpicos, bem como a esposa de um deles. Um dos filhos (3.ª geração) foi ginasta de elite, enquanto o segundo foi um campeão júnior de atletismo.

---

[51] Registos gráficos dos membros de uma família, das suas relações de parentesco e da informação importante sobre a doença ou característica em estudo

Figura 4
Genealogia de atletas de elite ao longo de 3 gerações (modificado de Kovar, 1980)

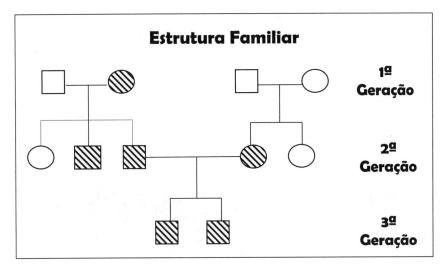

Uma das pesquisas mais extensas realizada em Portugal acerca da agregação familiar nos hábitos de prática desportiva. A preocupação localizou-se na dissecção dos efeitos genéticos e ambientais. Este estudo foi realizada por Sapage, Maia e Goring (2006), inquirindo 1450 famílias nucleares (com dois filhos cujas idades se situavam entre os 10 e os 18 anos) do Norte do país. Esta amostra contém, pois, 5800 sujeitos. Foram estudados diferentes aspectos da prática desportiva com base num questionário internacionalmente reconhecido (Baecke, Burema e Frijters, 1982). Na Figura 5 temos representações dos níveis de prática desportiva numa amostra aleatória de 34 das 1450 famílias. É evidente um incremento nos valores das medianas (sinalizadas com +) da prática desportiva entre famílias, o que deixa transparecer que aspectos culturais e genéticos comuns às famílias explicam estas diferenças, uma vez que há mais variação entre famílias do que intra famílias.

FIGURA 5
Distribuição dos diagramas de extremos e quartis das famílias no seu índice de prática desportiva (amostra aleatória de 34 famílias). Chamamos a atenção dos leitores para o facto de cada "coluna" representar a "distribuição" dos valores de cada uma das 34 famílias

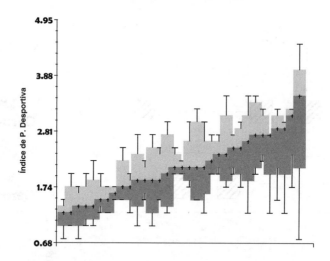

No Quadro 1 temos os valores de correlação entre diferentes membros da família. Espera-se que todos os valores sejam positivos. O valor máximo possível é 1. Os resultados são baixos a moderados (variando entre 0.120 e 0.531), sugerindo agregação familiar na prática desportiva, reforçando as expectativas oriundas da Figura anterior.

QUADRO 1
Correlações (±erro-padão) entre familiares para o índice de prática desportiva (IPD)

	Pai- -filho	Mãe- -filho	Pai- -filha	Mãe- -filha	Irmão- -irmão	Irmã- -irmão	Irmã- -Irmã	Pai- -mãe
IPD	0.184 (0.028)	0.120 (0.028)	0.149 (0.028)	0.176 (0.029)	0.437 (0.041)	0.458 (0.029)	0.531 (0.037)	0.303 (0.024)

No questionário, as questões relativas à prática desportiva estavam divididas em diferentes patamares. O primeiro era uma simples questão de resposta binária: praticas desporto? Sim ou não.

O segundo referia-se a uma estimativa do *score* desportivo que considerava não só estimativas do dispêndio energético da modalidade desportiva, mas também informação relativa à frequência semanal de prática e duração anual. Os principais resultados das estimativas de heritabilidade (medida dos efeitos genéticos num fenótipo) obtidos a partir da fragmentação da amostra por diferentes intervalos de idade estão no Quadro 2.

QUADRO 2

Estimativas de heritabilidade para os fenótipos
prática desportiva (PD) e *score* desportivo

Fenótipos	Heritabilidade $(h^2 \pm \text{erro-padrão})$	Covariáveis (R^2)	Valor de prova (p)	Curtose residual
Até aos 12 anos				
PD	0.505 ± 0.120	0.182	<0.0001	
Score desportivo	0.989 ± 0.124	0.032	<0.0001	-0.406
Dos 13 aos 16 anos				
PD	0.467 ± 0.063	0.217	<0.0001	
Score desportivo	0.532 ± 0.097	0.112	<0.0001	0.211
$\geq$ 17 anos				
PD	0.668 ± 0.09	0.187	<0.0001	
Score desportivo	0.404 ± 0.136	0.099	0.001	1.109
Todas as idades				
PD	0.583 ± 0.043	0.193	<0.0001	
Score desportivo	0.550 ± 0.059	0.086	<0.0001	0.789

Os resultados obtidos nas famílias nucleares não parecem deixar lugar para dúvidas, uma vez que as estimativas de heritabilidade se situam entre 40.4% e os 98.9%, mesmo depois de ajustamentos para o sexo, idade, idade x sexo e idade[2]. A variância explicada por estas covariáveis é bem distinta e reduzida – desde cerca de 3.2% até 21.7%.

No Quadro 3 temos um sumário da informação mais relevante em estudos com gémeos sobre diferentes aspectos da prática desportiva. Não obstante a variação nas estimativas de heritabilidade, é bem forte a sugestão que os factores genéticos são responsáveis por uma fatia substancial da variação interindividual na prática do desporto.

QUADRO 3

Sumário das principais pesquisas com delineamentos gemelares acerca dos efeitos genéticos nas diferentes manifestações da prática desportiva

Autores/**fenótipo**/estudo	País	Amostra	Resultados
Boomsma et al. (1989) **Participação desportiva** Semelhança parental e gemelar nos hábitos de participação desportiva, e na frequência cardíaca	Holanda	90 pares de gémeos (44 MZ e 46 DZ) dos 14 aos 20 anos, dois sexos e progenitores	PD♂: h^2=0.77 PD♀: h^2=0.35
Koopmans et al. (1994) **Participação desportiva** Tabagismo e participação desportiva	Holanda	1578 pares (578 MZ e 1000 DZ), dos 13 aos 22 anos eprogenitores	h^2=0.48 para ambos os sexos
Beunen e Thomis (1999) **Prática desportiva** Factores genéticos da participação desportiva e actividade física diária	Bélgica	91 pares de gémeos (36 MZ e 55 DZ) com 15 anos de idade	PD♂: h^2=0.83 PD♀: h^2=0.44
Maia et al. (1999) **Prática desportiva** Aspectos genéticos da prática desportiva. Um estudo em gémeos	Portugal	104 pares de gémeos (40 MZ, idade=17.30±5.82; 64 DZ,idade=17.68±8.1)	PD♂: h^2=0.82 PD♀: h^2=0.00
Maia et al. (2002) **Índice de participação desportiva e actividade física no tempo de lazer** Factores genéticos nos níveis de actividade física. Um estudo em gémeos	Portugal	411 pares (203 MZ e 208 DZ) de ambos os sexos, dos 12 aos 25 anos	PD♂: h^2=0.68 PD♀: h^2=0.40 ActFTl♂: h^2=0.63 ActFTl♀: h^2=0.32
Stubbe et al. (2005) **Participação desportiva** Participação desportiva durante a adolescência: do envolvimento aos genes	Holanda	2628 pares de gémeos (820 MZ e 1808 DZ) dos 13 aos 20 anos de idade	PD; h^2=0.00 a 0.85

Estamos diante de resultados de magnitude bem elevada, em termos de estimativas genéticas populacionais, e que veiculam a ideia da adesão ao desporto e a variação da sua intensidade serem governados, também, e de modo significativo, por factores de ordem genética.

No passado, o geneticista italiano Giullio Gedda cunhou a expressão **isodesportivização** para designar o fenómeno da prática de desporto em famílias nucleares. Este autor sublinhava, no tempo em que pesquisou atletas de nível elevado, a ideia que a prática de desporto de alto nível "corria em famílias". É evidente que apesar de haver uma forte predisposição genética para a prática do desporto, não deve ocorrer um argumento algo elitista ou eugenista em torno dos resultados obtidos. Os genes não actuam num "espaço" vazio (Khoury et al, 1993; Lynch & Walsh, 1998; Ridley, 2003; Thomas, 1993), ou indeterminado. Precisam de um ambiente favorável para a sua expressão e "casamento" com os mais diversos factores do envolvimento para permitir, a cada sujeito, a possibilidade de expressão das suas potencialidades (Bouchard et al., 1997; Plomin et al., 2003). Mas para que não haja equívocos, convém realçar que se todos temos o direito à prática desportiva, não devemos esquecer que diante do treino e da competição haverá uma forte variação de resposta, em que os "melhores apetrechados" são os que mais facilmente salientam as suas capacidades e atributos. Ora uma parte substancial destes é de origem genética (Bouchard et al., 1997). Estamos chegados à segunda etapa da nossa viagem.

3. Estudos de resposta ao treino

Quando dirigimos o nosso olhar para um qualquer aspecto da mudança que ocorre numa qualquer característica humana, a tónica dominante é, uma vez mais, a variação. Por exemplo, na Figura 6 temos os valores de mudanças ocorridas ao longo de um ano, em crianças e jovens, nas provas de impulsão horizontal (força explosiva dos membros inferiores) e preensão (força dinâmica dos músculos da mão). A nota mais importante dos gráficos é a presença de enorme variação (quer nos ganhos quer nas reduções de desempenho). Que factores explicarão tal variação?

FIGURA 6

Variação nos valores da mudança nas provas de impulsão horizontal (gráfico da esquerda) de raparigas e na prova de preensão (gráfico da direita) de rapazes

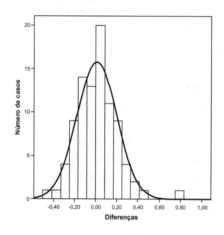
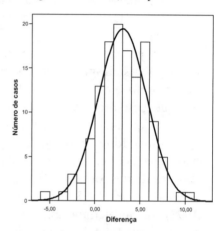

Este outro exemplo (Figura 7) reflecte as mudanças verificadas na produção de força máxima em 20 pares de gémeos MZ[52] depois de submetidos a um programa para aumentar a sua capacidade de produção de força (ver detalhes desta pesquisa em Thomis et al., 1997). Também aqui a variação é um facto indesmentível, uma vez que os membros de cada par não ganharam o mesmo valor. Do mesmo modo ressalta a presença de grande variação entre pares de gémeos.

---

[52] Os gémeos podem ser: monozigóticos (MZ) também designados de idênticos, provenientes de um único ovo ou zigoto, partilhando os mesmos genes idênticos por descendência num qualquer locus ou local físico de um qualquer cromossoma; ou dizigóticos (DZ) também designados por fraternos, provenientes de dois ovos; partilham, em média, 50% dos genes idênticos por descendência.

FIGURA 7

Resposta ao treino de Força muscular de 20 pares de gémeos
MZ (G1=gémeo 1; G2=gémeo 2).

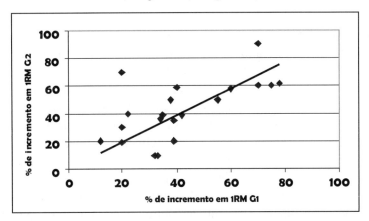

Um outro exemplo bem ilustrativo é o da Figura 8, onde estão representadas as trajectórias do desempenho da impulsão vertical de 12 atletas de voleibol do sexo masculino que foram monitorizados ao longo de 5 meses de treino.

FIGURA 8

Trajectórias do desempenho da impulsão vertical de 12 atletas.
Na ordenada os resultados estão em cm.

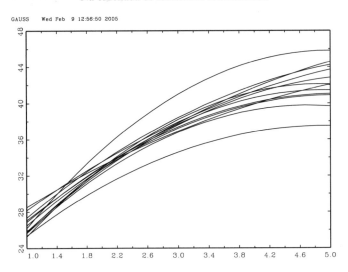

Decorre destes exemplos que quando se pensa na resposta ao treino e à competição de atletas em idades pediátricas ou de adultos jovens, a nota mais importante é a da variação. Contudo, é importante salientar que não se dispõe de informação extensa e adequadamente colhida em atletas nas condições reais do seu processo de treino para se ajuizar do significado da sua resposta. A única forma de se ter uma ideia da sua treinabilidade e eventuais limites exige delineamentos cuidados realizados em contextos laboratoriais com animais e/ou com humanos (normalmente gémeos e famílias nucleares).

Um dos assuntos de maior destaque neste tipo de pesquisa é o que aborda a interacção genes x envolvimento. Por interacção entende-se o efeito multiplicativo de dois factores, ou mais propriamente, um tipo de heterogeneidade de efeito numa escala multiplicativa, uma vez que se situa para além do simples efeito aditivo dos factores envolvidos (ver Figura 9). Dito de outro modo, lidamos aqui com o problema da diferença de sensibilidade ao treino (i.e., ao exercício intenso) estar sob controlo genético.

3.1. Estudos em animais

Há estudos extremamente interessantes com recurso ao modelo animal, sobretudo com delineamentos de selecção a partir de uma população parental (ou de origem) a maior parte das vezes altamente heterogénea. Desta, e depois de uma prova inicial (normalmente de consumo máximo de O_2), seleccionam-se os animais em função dos seus resultados conforme Figura 9.

FIGURA 9

Esquema básico do processo de selecção e acasalamento preferencial, cruzando de modo exclusivo os animais que se situam nos extremos da distribuição.

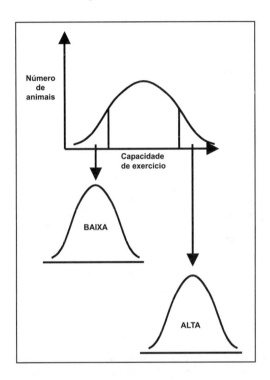

Os animais de baixo desempenho são acasalados preferencialmente entre si (*inbred strains*), produzindo uma linhagem com um diferencial negativo de resposta à selecção, salientando uma redução substancial do seu desempenho. Os animais de performance inicial elevada, também se acasalam entre si de modo altamente preferencial, produzindo uma linhagem de resposta elevada, e positiva, à selecção em cada geração, conforme é bem evidente das Figuras 10 e 11 que a seguir se apresentam.

FIGURA 10

Resposta à selecção em termos de distância percorrida após 3 gerações de acasalamento prefencial (Britton e Koch, 1998). O 1 corresponde à população original. O 4 à terceira geração de selecção. Entre os extremos desta última geração a diferença entre as médias é de 70%. A linha marcada com pequenos triângulos corresponde à linhagem de alta resposta ao treino.

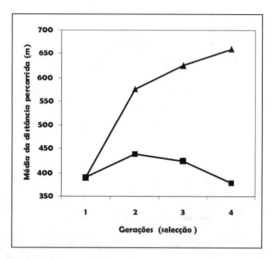

FIGURA 11

Distância percorrida (em metros) até à exaustão (Koch e Britton, 2001). A distância entre os extremos da 6.ª geração é de 171%. A linha marcada com pequenos triângulos corresponde à linhagem de alta resposta ao treino. A linha marcada com quadrados corresponde aos animais de baixa resposta

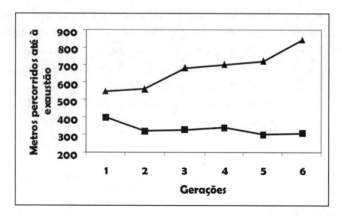

Destes resultados decorrem, entre outras, as seguintes conclusões:

- A resposta à selecção foi um sucesso (na linhagem de desempenho mais elevado), dado ter concentrado genes ao longo das gerações que estão associados à maior capacidade aeróbia, bem como à função cardíaca. Do mesmo modo, os animais de elevada resposta tiveram, sempre, valores mais baixos de peso corporal. A componente genética desta correlação fenotípica é produzida por um efeito designado de pleiotropia – propriedade de um alelo e seus produtos afectarem simultaneamente dois ou mais fenótipos.
- O ambiente (neste caso o treino) possui um grande efeito modificador na expressão dos fenótipos estudados nas duas linhagens, favorecendo a da resposta mais elevada. Isto significa que o treino adequado implica uma resposta do mesmo calibre em animais com um genótipo sensível a tais estímulos. Pelo contrário, na presença de genótipos menos favoráveis, por mais extenso ou intenso que seja o treino, a resposta será sempre reduzida. Do mesmo modo, animais com um genótipo altamente favorável para desempenhos elevados podem ver a sua performance muito reduzida se os estímulos de treino forem baixos, aquém das suas potencialidades.

A tarefa seguinte, depois da evidência de que a resposta ao treino é em grande parte de origem genética face à forte selecção para a característica em causa (consumo máximo de O_2), é tentar identificar regiões cromossómicas que albergam genes (designados na literatura da especialidade por QTL´s[53]) que são responsáveis pelo enorme diferencial de selecção. Esta tarefa é efectuada a partir de estudos de *linkage*[54], de que o trabalho de Ways et al. (2002) é

---

[53] QTL, *Quantitative Trait Locus* (*locus* de traço quantitativa) é um gene responsável por uma parte da explicação da variância total da característica em estudo.

[54] Por estudo de *linkage* entende-se, genericamente, uma estratégia utilizada em Genética para identificar, com base na co-segregação de genes e marcadores, regiões cromossómicas que se pensa ter uma ligação com a variação nos valores do fenótipo em estudo.

um excelente exemplo, ao identificar regiões dos cromossomas 16 e 3 como candidatas a possuírem genes que se pensa serem responsáveis pela variação encontrada nas linhagens distintas de ratos para o consumo máximo de O_2.

3.2. Estudos em humanos – gémeos

Enquanto os efeitos genéticos aditivos podem ser detectados com base no estudo da análise das diferenças interindividuais num dado fenótipo com recurso às técnicas da Epidemiologia Genética, a interacção exige um protocolo experimental em que se testam sujeitos portadores de diferentes genótipos. Os estudos em humanos disponíveis para se pesquisar aspectos da resposta ao treino de resistência aeróbia e anaeróbia, ou a produção de força muscular foram produzidos, essencialmente, pela equipa do Prof. Claude Bouchard. Destacaremos somente um estudo relativo ao desempenho aeróbio:

— Dez pares de gémeos MZ foram submetidos a um treino estandardizado realizado num laboratório durante 20 semanas, cujo propósito era verificar se alterações no consumo máximo de oxigénio dependiam dos genótipos dos sujeitos. Os principais resultados das mudanças produzidas pelo treino nos membros de cada par e entre pares estão ilustrados na Figura 12. Há cerca de oito vezes mais variação entre pares de gémeos do que intrapar, o que significa que genótipos distintos respondem de modo diferenciado (diversidade de sensibilidade) aos mesmos estímulos de treino. É um exemplo claro da interacção genótipo-ambiente.

FIGURA 12

Ganhos no consumo máximo de O_2 nos membros de cada par
(G1=gémeo 1; G2=gémeo 2) e entre pares (redesenhado de Prud´homme et al., 1984).

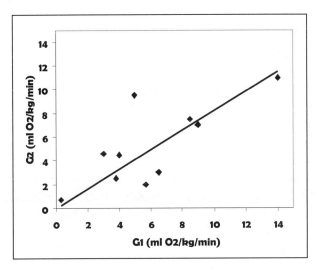

Uma outra linha de pesquisa do maior interesse, em termos do entendimento da resposta ao treino condicionada por factores genéticos, foi desenvolvida por Thomis (1997) na sua dissertação de doutoramento acerca da treinabilidade da força muscular em gémeos MZ e DZ. Um dos aspectos de grande destaque foi, precisamente, o da interacção genótipo x ambiente; tratava-se, neste caso, de identificar a possibilidade de pares de gémeos MZ e DZ reagirem de modo distinto às mesmas condições ambientais (que neste caso era um programa de treino de força dos músculos flexores do cotovelo durante 10 semanas).

Os resultados foram analisados de dois modos: (1) de acordo com o modelo de Análise de variância a dois factores sugerido por Bouchard, Pérusse e Leblanc (1990) somente com gémeos MZ, e (2) recorrendo a modelos de estruturas de covariância para dados sequenciados através de modelos genéticos bivariados utilizando gémeos MZ e DZ. Os resultados de 1RM[55] e força produzida de

---

[55] 1RM corresponde a uma repetição máxima numa prova de força muscular

168   *Em defesa do desporto*

modo concêntrico e excêntrico a diferentes velocidades angulares mostraram: (1) efeitos positivos e significativos do treino; (2) evidência de interacção significativa somente para 1RM e força isométrica; (3) cerca de 20% da variação nos ganhos do pós-treino foi explicada por novos factores genéticos, independentemente dos factores que governavam a variação no início do treino.

3.3. Estudos em humanos – famílias nucleares

Uma das maiores pesquisas no domínio da Genética aplicada ao Desporto é o HERITAGE FAMILY STUDY (Bouchard et al., 1994). Aproximadamente 650 sujeitos provenientes de 60 famílias de origem caucasiana, e 40 famílias de origem afro-americana, todas com uma estrutura nuclear de duas gerações foram submetidas a um protocolo de treino durante 20 semanas, concentrando 5 centros de pesquisa distribuídos pelos EUA e Canadá (um destes centros localizado em St. Louis, USA, e dirigido pelo Prof. DC Rao centraliza toda a informação e é responsável pela análise dos dados). Deste mega projecto de pesquisa (mais detalhes podem ser encontrados em Bouchard et al., 1994), cujo financiamento ultrapassa os 10 milhões de dólares, já saíram mais de 150 trabalhos publicados em revistas do maior impacto internacional, tratando dos mais diversificados aspectos da Genética e das suas implicações em termos de performance e saúde. O maior desafio que a equipa do Prof. Claude Bouchard enfrentou, e continua a enfrentar, é precisamente o da identificação dos genes responsáveis pela variação no desempenho motor e de variáveis correlatas do estado de saúde, as proteínas que codificam, os mecanismos que estão sob a sua responsabilidade e o modo como condicionam o funcionamento de órgãos e sistemas. Enfim, um dos grandes projectos de atribuição de um significado maior à forma e função em condições de repouso e de exercício com uma extensão clara à elucidação das respostas dos atletas às exigências do treino e da competição.

O exemplo que traremos aos leitores foi publicado em 1999 e refere-se a um estudo de agregação familiar no consumo máximo de O_2 e da resposta ao treino (Bouchard et al., 1999). Quatrocentos e oitenta indivíduos de 98 famílias com duas gerações (236 homens, 245 mulheres), cujas idades variavam entre os 17 e os 65 anos

Genética e Desporto 169

foram avaliadas no seu consumo máximo de O_2 antes e depois de 20 semanas de treino. Os resultados, ímpares na literatura da especialidade, salientam, pelo menos, 4 aspectos que consideramos essenciais:

- A elevada variação interindividual na resposta ao treino. Há indivíduos com silêncio de resposta (o treino não teve qualquer efeito), outros de baixa resposta, e outros ainda de resposta elevada, i.e., um sub-grupo altamente sensível ao treino (ganhos entre 700 e 1000 ml/min).
- A diferença marcante entre famílias, o que significa a presença de linhagens familiares de resposta elevada, e outras de baixa resposta ao treino (há 2.5 vezes mais variação entre famílias do que intra-famílias), sendo que 39% da variação total é devido ao efeito familiar.
- O efeito genético associado ao treino, depois de ajustado para a idade e sexo dos participantes na pesquisa, é de 47%, sendo que o efeito genético materno é de 28%.
- Contudo, permanece por explorar, um pouco mais nas "profundezas" do genoma, alguns dos "principais autores" responsáveis pela variação substancial no consumo máximo de O_2 em repouso e as alterações induzidas pelo exercício, uma vez que a correlação entre os dois fenótipos é irrelevante.

Num outro estudo da mesma equipa (Bouchard et al., 2000) foi efectuado um *genomewide scan* (um varrimento completo ao genoma) para identificar regiões cromossómicas potenciais que conteriam genes responsáveis pela variabilidade de resposta ao programa de 20 semanas de treino que envolveu as famílias participantes deste projecto. Desta vez utilizaram-se somente as famílias (n = 99) de origem caucasiana. Os investigadores recorreram a um estudo de *linkage*, i.e., a determinação da relação entre a segregação de marcadores genéticos e os genes que se encontram na sua vizinhança e que não sofreram recombinação no processo meiótico[56]. Foram utilizados 289

---

[56] Nos organismos de *reprodução sexuada* a formação de seus *gametas*, ocorre por meio desse tipo de divisão celular. Quando ocorre *fecundação*, pela fusão de dois desses gametas, ressurge uma *célula diplóide*, que passará por numerosas *mitoses* comuns até formar um novo indivíduo, cujas *células* serão, também, *diplóides.*

marcadores genéticos de localização bem conhecida ao longo dos 23 pares de cromossomas homólogos. Após procedimentos complexos de análise estatística e genética, foram identificadas várias regiões que contêm genes (designados de candidatos) que ajudarão a explicar a variação nos ganhos de consumo máximo de O_2. As regiões situam-se nos braços pequenos dos cromossomas 1, 2, 6 e 11, e no braço longo do cromossoma 4. Com base no projecto do genoma humano e depois da sua sequenciação, são bem conhecidos os lugares físicos (i.e., os *loci*, plural de *locus*) que os genes ocupam. É pois muito fácil saber que genes ocupam as regiões identificadas. A tarefa seguinte (que não a última), é seleccionar um gene candidato e estudar aspectos da sua expressão em estudos de associação com um fenótipo, como o consumo máximo de O_2.

Em suma, o que este tipo de pesquisa com animais e com humanos salienta é que uma parte substancial da resposta ao treino é condicionada por factores genéticos de localização putativa em cromossomas identificados sobretudo em pesquisas com famílias nucleares. A tarefa que está à nossa espera, e esta será a nossa nova paragem, é saber quais são esses genes, os seus produtos (proteínas estruturais e de regulação) bem como o seu efeito diferenciado no funcionamento de órgãos e sistemas associados à produção elevada de trabalho de modo altamente eficiente. Deste território da nossa viagem só visitaremos um lugar bem minúsculo, mas altamente esclarecedor da enormidade do espaço a conquistar.

4. Estudos com genes candidatos

Genericamente, a investigação com genes candidatos decorre, essencialmente, do uso de duas abordagens:

– A primeira, a partir de resultados relevantes de *linkage*. Depois de determinada uma região cromossómica candidata, identificam-se os genes que aí "moram". Esta tarefa é bem simples porque é actualmente conhecido o mapa físico do genoma humano. Claro que na região cromossómica o número de genes candidatos pode ser elevado – de algumas dezenas a centenas, eventualmente milhares. Há pois que percorrer a bibliografia disponível e escolher genes cujos efeitos tenham sido previamente estudados e que se associem a aspectos do fenótipo em estudo.

– A segunda abordagem, não centrada em resultados de *linkage*, mas sim de um *educated guess* baseado no conhecimento de aspectos da cascata metabólica e da fisiologia do fenótipo. Decorre daqui o uso de um gene, que se designa de candidato, depois de se ter estudado previamente algumas das alterações bioquímicas ou fisiológicas que se pensa serem desencadeadas por produtos oriundos de variantes desse gene.

Mais adiante retomaremos este tipo de abordagem para ilustrar o exemplo surpreendente do gene ACE. Mas primeiro, centremos a nossa atenção em informação importante. A prestigiada revista *Medicine and Science in Sport and Exercise* começou a publicar anualmente, a partir de 2002, o avanço do conhecimento do Mapa Genético Humano de fenótipos relacionados com a performance e a saúde. Esta tarefa coube à equipa liderada pelo Prof. Claude Bouchard (ver o texto mais actual de Rankinen et al., 2006). Enquanto que em 2001 o mapa continha somente 29 genes candidatos, em 2006 a melhor estimativa é para 165 genes autossómicos[57], 5 genes situados no cromossoma sexual X, e 17 genes mitocôndriais (Rankinen et al., 2006). A escolha destes genes baseou-se, exclusivamente, em resultados positivos (convém esclarecer que nem sempre os resultados dos estudos são positivos).

Este *vintage* publicado em 2006 refere-se, genericamente, à pesquisa de e com genes associados a duas grandes classes de fenótipos: performance e saúde, de que destacamos os seguintes relacionados com a performance: resistência cardio-respiratória, atletas de elite, força muscular, outras características do músculo esqueléticos e intolerância ao exercício. Os principais resultados estão agrupados, essencialmente, por fenótipos distintos, e dentro de cada um com

---

[57] Um autossoma ou cromossoma somático é um *cromossoma* não-sexual que determina características físicas. São diferentes dos *heterocromossomas,* ou cromossomas sexuais.

172   *Em defesa do desporto*

base em estudos de *linkage*, caso-controlo, designadamente estudos de associação.

Enquanto que já foi brevemente explicado o que é um estudo de *linkage*, importa mencionar, sumariamente, o que é um estudo de associação (detalhes desta estratégia podem ser consultados nos excelentes manuais de Bouchard, Malina e Pérusse, 1997; Thomas, 2004; Rao e Province, 2001; ou no texto de Tabor et al., 2002). Num estudo de associação de caso-controlo com um gene candidato (este gene é aqui designado de gene susceptível, enquanto que se designa por gene necessário num estudo de *linkage*) usam-se normalmente sujeitos não aparentados (embora haja delineamentos com trios ou famílias). Normalmente os casos são os indivíduos que possuem uma determinada característica, enquanto que os controlos a não possuem. A partir da informação do gene candidato, determinam-se as frequências[58] dos seus alelos nos sujeitos, esperando que os casos tenham uma maior frequência do que a esperada por mero acaso relativamente aos controlos num dado alelo.

Para ilustrar aspectos desta estratégia, brevemente referida no início deste ponto, vamos recorrer a um gene candidato que fez, e ainda faz "correr tinta" relativamente à sua "importância" – o gene ACE[59] (*Angiotensin Converting Enzime*).

Em 1998, uma equipa de investigadores ingleses (Montgomerry et al., 1998) publicou um texto breve na prestigiadíssima revista *Nature* onde avançava com evidência que o gene ACE[60], sobretudo o seu alelo I estaria associado à performance física elevada. O estudo foi inicialmente efectuado com 25 montanhistas, e depois com 123 recrutas do exército. Estes últimos foram submetidos a um programa de 10 semanas de treino físico genérico. Este foi o primeiro estudo que produziu mais "ruído" mediático, identificando um gene da per-

---

[58] Uma outra abordagem possível é comparar os valores fenotípicos médios de indivíduos de diferentes genótipos num *locus* designado de marcador. Neste caso pode recorre-se, simplesmente, à análise de variância paramétrica ou não paramétrica em função da violação ou não do pressuposto da normalidade da distribuição do fenótipo.

[59] O gene ACE está associado ao sistema da renina-angiotensina que é extremamente importante no controlo do sistema circulatório e do músculo esquelético

[60] Este gene tem dois alelos conhecidos: o alelo I e o alelo D, o que produz três genótipos – o genótipo II, o genótipo ID e o genótipo DD.

formance física. Em 2002, elementos da mesma equipa, (Williams et al., 2002), também na *Nature*, testaram a importância do mesmo alelo (alelo I) em 58 recrutas do exército, cujos genótipos eram II (homozigóticos para o alelo I) e DD (homozigóticos para o alelo D). Foram submetidos a um programa de treino predominantemente aeróbio num cicloergómetro durante 11 semanas. Os resultados mostraram que a eficiência muscular estava significativamente mais elevada nos sujeitos com genótipo II do que nos de genótipo DD.

O texto de 1998 provocou um enorme furor entre investigadores, e os estudos de replicação que se seguiram foram extremamente discrepantes, sendo que a maioria, com amostras bem mais elevadas e com protocolos de treino mais controlados, não replicaram os resultados avançados pelos investigadores ingleses.

Em contraposição aos investigadores ingleses, a equipa do Prof. Claude Bouchard (Rankinen et al., 2000) não encontrou qualquer associação entre o alelo I ou o genótipo II e a performance elevada. Uma amostra de 192 atletas (**os casos**) cujo valor de consumo máximo de O_2 era igual ou superior a 75 $mlO_2/kg/min$ (75.0-92.9 $mlO_2/kg/min$) foi contrastado com 189 sujeitos sedentários (**os controlos**) cujo valor de consumo médio era 36.4 (23.1-50.0 $mlO_2/kg/min$).

A distribuição dos sujeitos em função da frequência alélica e genotípica está no Quadro 4.

QUADRO 4

Frequências alélicas e genotípicas do gene polimórfico ACE (Rankinen et al., 2000).

		Genótipos			Alelos	
	n	II	ID	DD	I	D
Atletas	192	51 (26.5%)	89 (46.4%)	52 (27.1%)	191 (49.7%)	193 (50.3%)
Controlos	189	37 (19.6%)	90 (47.6%)	62 (32.8%)	164 (43.4%)	214 (56.6%)

Os resultados do teste de qui-quadrado não são estatisticamente significativos para as frequências alélicas e genotípicas de casos e controlos. Mesmo quando foram considerados somente os atletas com base numa divisão do seu valor de consumo máximo (75-80;

80-83; e"83) não se encontrou qualquer associação com a frequência genotípica. Isto quer dizer que neste estudo, um dos mais importantes com o gene ACE, e cujos casos possuíam inequivocamente, uma performance superior, não foi encontrada qualquer associação com a presença distinta de um dos alelos ou um genótipo particular. Parece ter-se desfeito uma grande promessa associada ao gene ACE.

Vamos, finalmente, à última paragem, que será muito breve.

5. "Manipulação genética" e o admirável mundo novo

"Falemos" de dois assuntos. O primeiro do gene da Miostatina, o segundo da dopagem genética. Vamos ao primeiro. As fotografias da Figura 12 referem-se a dois bois Belgian Blue e Piedmontese. Possuem mutações no gene da miostatina. É por demais evidente a presença de uma elevadíssima massa muscular.

FIGURA 13
Dois touros belgas com mutações no gene da miostatina.

Este quadro é também evidente em ratos (designados de *Mighty Mouse*) e porcos com idênticas mutações no mesmo gene.

Há cerca de 7 anos foi identificada uma criança na Alemanha que mostrava um desenvolvimento muscular inabitual (ver Figura 13). O caso (primeiro referenciado em humanos) é famoso e foi relatado no *New England Journal of Medicine* (Schuelke et al., 2004), onde é mostrado que as duas cópias mutadas do gene da miostatina implicavam que esta não fosse produzida. A sua acção é regular e controlar o crescimento do músculo e a quantidade de massa muscular. A inactivação da produção de miostatina induz um forte crescimento muscular.

FIGURA 14
Criança alemã com mutações nos dois alelos do gene da miostatina. Idade =7 meses (verificar o forte desenvolvimento muscular).

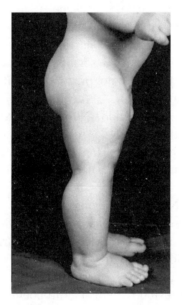

É importante salientar que a mutação genética desta criança "corre na sua família", uma vez que herdou as duas cópias dos seus progenitores (1 da mãe que era uma atleta profissional e outra do pai, que não foi identificado). O avô desta criança era muito forte, e o mesmo foi dito do seu bisavô.

Convém salientar, mais uma vez, que este é um caso raro. Uma tese de doutoramento recente realizada na Universidade Católica de Lovaina (Bélgica) e defendida por Huygens (2004), tratava do papel da miostatina no desenvolvimento muscular humano, bem como da possível identificação de outros genes associados ao incremento de massa muscular. Os resultados, animadores, não são tão promissores quanto os da criança alemã, não obstante os sujeitos do estudo de Huygens serem culturistas e outros atletas cujas provas reclamam uma grande produção de força muscular, a que se associou um grupo de controlo de não atletas.

Contudo, convém chamar a atenção para a enorme potencialidade do gene e da sua inactivação (por técnicas de *knock-out*, ou porque se herdou duas cópias mutadas) para combater a terrível doença da distrofia muscular de Duchene. Claro que também é muito tentador o seu uso por atletas em actos ilícitos de dopagem genética. Os riscos da sua utilização para tais fins são desconhecidos. Convém relembrar que a criança alemã é seguida constantemente, porque não se conhecem os efeitos a longo prazo das mutações, sobretudo ao nível do músculo cardíaco.

E agora vamos ao segundo. Num texto excelente, e profundamente iluminador, publicado na revista *International Journal of Sports Medicine*, Haisma e de Hon (2006) discorrem sobre a dopagem genética, do seu uso potencial a partir do conhecimento oriundo da terapia genética em diferentes doenças. O alerta está dado. As possibilidades do DNA recombinante estão aí, com base em informação de sucesso de tratamento de cerca de 3.000 casos de doentes, a que se associa o admirável fascínio pela Farmacogenética. Estas conquistas implicarão um novo olhar para os métodos ergogénicos lícitos e ilícitos de aumentar a performance desportiva. Alguns dos alvos centram-se em estudos com a eritropoetina, o factor insulínico do crescimento do tipo I, o factor de crescimento vascular do endotélio, a miostatina e as endorfinas.

Por enquanto, os genes candidatos apresentados pelo mapa de 2006 de Rankinen e colaboradores, não passam disso mesmo. São genes candidatos. Do mesmo modo não se sabe o que acontecerá, a médio e longo prazo, na saúde e vida de atletas que tentem recorrer a técnicas de transferência de genes, supressão do efeito de genes, ou da sua sobre-expressão (sobre esta matéria ver o texto altamente interessante de Kimmelman, 2005). O conhecimento está aí, e a vigilância dos centros nacionais e internacionais de dopagem, a que se associam centros de investigação avançada em Genética molecular está a aumentar (Verma, 2004). As palavras de Haisma e de Hon (2006) são bem elucidativas:

> The Sporting world will sooner or later be faced with the phenomena of gene dopping to improve athletic performance (pag. 265)...
>
> Many genes are readily available which may potentially have an effect on athletic performance. These genes are evaluated in clinical trials for the treatment of illnesses (pag. 265)....
>
> At this moment, a combination of developing detection methods based on gene arrays or proteomics and a clear education program on the associated risks seems to be the most promising preventive method to counteract the possible application of gene doping (pag. 265).

Um resumo brevíssimo deste já longo texto. Juntemos alguma "ironia":

Marion Jones e Tim Montgomery, campeões incontestados do atletismo tiveram um filho. O mesmo aconteceu a Steffi Graf e André Agassi, que como bem sabemos foram expoentes máximos do ténis. Será que estas crianças serão futuros campeões? As *chances*, do ponto de vista genético e ambiental, estão do seu lado. Será que de um campeão do pentatlo casado com uma campeã do "pentatlo" sairá um filho campeão do decatlo? Estejamos atentos às notícias, e ao admirável mundo novo das técnicas de terapia genética e da potencialidade da sua aplicação ao Desporto de alto rendimento. Quanto nos espera nos próximos 20 a 30 anos face à revolução tecnológica que ocorre no mundo da genómica e proteómica?

Também não sei se aqui se aplica a famosa expressão do eminente fisiologista sueco, o Prof. Astrand, que parece ter dito o seguinte: se queres ser campeão escolhe os teus pais. Claro que nenhuma criança escolhe os pais. Contudo, o que ele queria dizer parece estar bem próximo dos nossos exemplos anteriores.

Finalmente, gostaria de deixar aos leitores um pequeno texto retirado de um dos livros do brilhante biólogo O. E. Wilson, que é, necessariamente, um maravilhoso ingrediente para ser lentamente saboreado e muito bem digerido:

> Since each individual produced by the sexual process contains a unique set of genes, very excepcional combinations of genes are unlikely

to appear twice even within the same family. So if genius is to any extent hereditary, it winks on and off through the gene pool in a way that would be difficult to measure or predict. Like Sisyphus rolling his boulder up to the top of the hill only to have it tumble down again, the human gene pool creates hereditary genius in many ways in many places only to have it come apart in the next generation, em On Human Nature, 1978.

Agradecimentos: aos meus colegas Rui Garganta e André Seabra pela leitura atenta do texto e sugestões. A pesquisa bibliográfia e a realização deste trabalho só foram possíveis graças ao projecto de pesquisa POCI/DES/62499/2004 financiado pela FCT.

7. Bibliografia

BAECKE JAH, BUREMA J, FRIJTERS JE (1982). A short questionnaire for measurement of habitual physical activity in epidemiological studies. American Journal of Clinical Nutrition. 36:936-942.

BEUNEN G, THOMIS M (1999). Genetic determinants of sports participation and daily physical activity. International Journal of Obesity. 3:1-9.

BOOMSMA D, VAN DER BREE M, ORLEBEKE J (1989). Resemblance of parents and twins in sports participation and heart rate. Behavioural Genetics. 19:123-141.

BORMS J, HEBBELINCK M (1984). Review of studies on olympic athletes. In Carter JEL (ed), Physical Structure of Olympic Athletes. Part II: Kinanthropometry of Olympic Athletes. Basel: Karger. Pp. 7-27.

BOUCHARD C, AN P, RICE T, SKINNER JS, WILMORE JH et al. (1999). Familial aggregation of VO_2max response to exercise training: results from the HERITAGE family study. Journal of Applied Physiology. 87:1003-1008.

BOUCHARD C, LEON AS, RAO DC, SKINNER, WILMORE JH et al. (1994). The heritage family study. Aims, design, and measurement protocol. Medicine and Science in Sports and Exercise. Vol.27, N.º5:721-729.

BOUCHARD C, MALINA RM (1984). Genetics of olympic athletes: a discussion of methods and issues. In Carter JEL (ed), Physical Structure of Olympic Athletes. Part II: Kinanthropometry of Olympic Athletes. Basel: Karger. Pp. 28-38.

BOUCHARD C, MALINA RM, PERUSSE L (1997). Genetics of fitness and physical performance. Champaign: Human Kinetics.

BOUCHARD C, PÉRUSSE L, LEBLANC C (1990). Using MZ twins in experimental research to test for the presence of a genotype-environment interaction effect. Acta Genetica Medica Gemellogica. 39:85-89.

BOUCHARD C, RANKINEN T, CHAGNON YC, RICE T, PÉRUSSE L et al (2000). Genomic scan for maximal oxygen uptake and its response to training in the HERITAGE family study. Journal of Applied Physiology. 88:551-559.

BRAY MS (2000). Genomics, genes, and environmental interaction: the role of exercise. Journal of Applied Physiology. 88:788-792.

BRITTON SL, KOCK LG (2001). Animal genetic models for complex traits of physical capacity. Exercise and Sport Sciences Reviews. Vol. 29, N.º 1:7-14.

DEGARAY AL, LEVINE L, CARTER JEL (1984). Genetics and anthropological studies of olympic athletes. New York. Academic Press.

HAISMA HJ, DE HON O (2006). Gene doping. International Journal of Sports Medicine. 27:257-266.

HUYGENS W (2004). Myostatin pathway genes for human muscularity. The Leuven genes for muscular strength study. Tese de doutoramento. Leuven: Faculty of Physical Education and Physiotherapy. Katholieke Universiteit Leuven.

KHOURY MJ, BEATY TH, COHEN BH (1993). Fundamentals of genetic epidemiology. Oxford: Oxford University Press.

KIMMELMAN J (2005). Recent developments in gene transfer: risk and ethics. British Medical Journal. Vol.330, 8 January:79-82.

KOCK LG, BRITTON SL (2001). Artificial selection for intrinsic aerobic endurance running capacity in rats. Physiological Genomics. 5:45-52.

KOCK LG, MEREDITH TA, FRAKER TD, METTING PJ, BRITTON SL (1998). Heritabillity of treadmill running endurance in rats. American Journal of Physiology (Regulatory Integrative and Comparative Physiology 44): R1455-R1460.

KOOPMANS J, VAN DOONEN L. BOOMSMA D (1994). Smoking and sports participation. Genetic Factors in Coronary Heart Disease. Dordrecht: Kluwer Academic.

KOVAR R (1980). Human variation in motor abilities and its genetic analysis. Prague: Charles University.

LYNCH M, WALSH B (1998). Genetics and analysis of quantitative traits. Sunderland: Sinauer Associates, Inc, Publishers.

MAIA JAR, LOOS R, BEUNEN G, THOMIS M, VLIETINCK R, MORAIS FP, LOPES VP (1999). Aspectos genéticos da prática desportiva: um estudo em gémeos. Revista Paulista de Educação Física. 13(2):160-176.

MAIA JAR, LOPES VP, MORAIS FP (2001). Actividade física e aptidão física associada à saúde. Um estudo de epidemiologia genética em gémeos e suas famílias realizado no arquipélago dos Açores. Porto. FCDEF-UP e DREFD.

MAIA JAR, THOMIS M, BEUNEN G (2002). Genetic factors in physical activity. A twin study. American Journal of Preventive Medicine. 23(S):87-91.

MAIA, J, LOOS R, BEUNEN G, THOMIS M, VLIETINCK R et al. (1999). Aspectos genéticos da prática desportiva. Revista Paulista de Educação Física. 13(2): 160-176.

MONTGOMERY HE, MARSHALL R, HEMINGWAY H, MYERSON S, CLARKSON P et al. (1998). Human gene for physical performance. Nature. Vol. 393, 21 May:221-222.

PETERSEN GM (2000). Familial aggregation: sorting susceptibility from shared environment. Journal of the National Cancer Institute. Vol 92, N.°14:1114-1115.

PLOMIN R, DEFRIES JC, CRAIG IW, McGUFFIN P (2003). Behavioral genetics in the post genomic era. Washington: American Psychological Association.

PRUD´HOMME D, BOUCHARD C, LEBLANC C, LANDRY F et al (1984). Sensitivity of maximal aerobic power to training is genotype-dependent. Medicine and Science in Sports and Exercise. Vol 16:489-493.

RANKINEN T, BRAY MS, HAGBERG JM, PÉRUSSE L, ROTH SM, et al. (2006). The human gene map for performance and health-related fitness phenotypes. The 2005 update. Medicine and Science in Sports and Exercise. Vol. 38, N.°11:1863-1888.

RANKINEN T, WOLFARTH B, SIMONEAU J-A, MAIER-LENZ D, RAURAMAA R et al. (2000). No association between the angiotensin-converting enzyme ID polymorphism and elite endurance athletes status. Journal of Applied Physiology. 88:1571-1575.

RAO DC, PROVINCE MA (eds), (2001). Genetic dissection of complex traits. New York. Academic Press.

RIDLEY M (2003). Nature via nurture: New York. Harper Collins.

SAPAGE ILL, MAIA JAR, GORING H (2006). Factores genéticos e ambientais nos níveis de actividades físico-desportivas. Um estudo em famílias nucleares. Relatório de um projecto de investigação. Lisboa: PAFID-IDP.

SCHUELKE M, WAGNER KR, STOLZ LE, HUBNER C, et al. (2004). Myostatin mutation associated with gross muscle hyperthrophy in a child. New England Journal of Medicine. Vol. 350, N.°26:2682-2688.

STUBBE J, BOOSMSMA D, DE GEUS E (2005). Sports participation during adolescence: a shift from environment to genes. Medicine and Science in Sports and Exercise. .

SWALLOW JG, GARLAND T, CARTER PA, ZHAN W-Z, SIECK GC (1998). Effects of voluntary activity and genetic selection on aerobic capacity in house mice (Mus domesticus). Journal of Applied Physiology. 84:69-76.

TABOR HK, RISCH NJ, MYERS RM (2002). Candidate-gene approaches or studying complex traits: practical considerations. Nature Genentics. Vol3, May:1-7.

THOMAS DC (2004). Statistical methods in genetic epidemiology. Oxford: Oxford University Press.

THOMIS M (1997). The power of individual genetic factor scores in predicting the sensitivity to environmental stress. Tese de doutoramento. Katholieke Universiteit Leuven. Leuven: Bélgica.

VERMA IM (2004). Doping, gene transfer and sport. Molecular Therapy. Vol. 10, N.°3:405.

WAYS JA, CICILA GT, GARRETT MR, KOCK LG (2002). A genome scan for loci associated with aerobic running capacity in rats. Genomics. Vol.80, N.°1:13-20.

WILLIAMS AG, RAYSON MP, JUBB M, WORLD M, WOODS DR et al. (2000). The ACE gene and muscle performance. Nature. Vol. 403, 10 Frebruary:614.

PINKER S (2002). Tábula rasa. A negação contemporânea da natureza humana. S. Paulo: Companhia das Letras.

Um desporto crescentemente mediatizado

Vítor Serpa [*]

«Temos o dever de pressentir o novo»

(Ortega Y Gasset)

A imprensa desportiva, ou, para sermos mais rigorosos, a imprensa do desporto tem, em Portugal, uma história secular. Nasceu de forma natural, ainda sem as referências de um obsessivo sucesso económico, que orienta e determina a acção das empresas editoriais de hoje. Nasceu pela razão essencial da crescente curiosidade e interesse dos portugueses no desporto de competição, mesmo quando ainda longe do profissionalismo dos actuais tempos. Talvez por isso, imprensa desportiva e clubes cresceram juntos, como irmãos. Tornaram-se, ambos, fenómenos sociológicos particularmente interessantes, a partir da segunda metade do século XX, altura em que cada um cumpriu o desígnio da sua natureza, emancipando-se.

Os pioneiros do jornalismo desportivo não eram, sequer, homens da área jornalística. Apenas, e só, homens do desporto, que não resistiram a celebrar a sua dimensão cultural com o empenho na criação de títulos do desporto, então destinados não só à informação, mas, muito especialmente, à promoção das mais diversas modalidades desportivas.

---

[*] Jornalista. Director do jornal "A BOLA".

Na génese da criação dos jornais desportivos, o conceito de formação, divulgação e cultura sobrepunha-se ao objecto comercial e até mesmo a intervenção, no jornalismo, dos homens do futebol tornava-se, de facto, interactiva, de tão indiferenciada.

No Congresso do Futebol, que assinalava os 50 anos da modalidade em Portugal, a revista Stadium, na edição publicada a 2 de Novembro de 1938, dava conta, em tom de grande exaltação, da excelente organização do jornal O Século, responsável pelo evento. E sobre os jornalistas que se apresentaram em público referia que o Congresso começara precisamente *«com a tese de Ricardo Ornelas relativo ao ensino e divulgação das leis do jogo; elaborada com o cuidado e clareza de estilo que o nosso prezado colega põe nos seus trabalhos, e valorizada com as primeiras leis inglesas.»*

E prosseguia o articulista da Stadium: *«Cândido de Oliveira, na «formação de jogadores» fez obra de grande brilhantismo, que é certamente das mais oportunas de todo o Congresso. A sua exposição oral atingiu também apreciável realce. Conquistou um belo triunfo, frisou pontos de vista que devem ter larga repercussão no futuro».*

No mesmo Congresso estaria ainda o jornalista Norberto de Araújo, altamente elogiado pela revista, por ter sabido dominar completamente o auditório *«pela vibração exterior com que se pronunciou sobre o futebol, como sugestão de arte»* e o jornalista Mário de Oliveira, que falou sobre *«a organização nacional do futebol e as suas competições nacionais».*Era assim o universo comum e inseparável dos homens da imprensa desportiva e do futebol. Tal como era assim o universo da imprensa desportiva e do desporto em todas as suas áreas. O mesmo mundo e a mesmíssima gente.

O nascimento de A BOLA e da Marca

Muitos títulos da imprensa desportiva foram ficando pelo caminho. A maioria, demasiado dependente dos seus criadores, com eles sucumbiu pela lei natural da vida.

Dos actuais títulos desportivos, A BOLA é o mais antigo. Nasceu em 1945, criada, acima de tudo, pela vontade inabalável de

Cândido de Oliveira. O Tarrafal tornara-o ainda mais firme. Recusara, em oposição ao regime que o prendera e exilara, um lugar na função pública. Optou, em definitivo, pelo futebol, e por isso também criou A BOLA, apoiado por Ribeiro dos Reis, figura de grande prestígio na arbitragem nacional e internacional, com lugar de destaque, primeiro, na UEFA e, mais tarde, na FIFA, e Vicente de Melo, médico e dirigente desportivo, homem com desafogo económico e disponibilidade financeira para o projecto.

Interessante assinalar que, ao surgir no ano marcado pelo final da Segunda Guerra mundial, A BOLA nasceu condicionada pelo novo tempo europeu e, por isso, assumiu logo no seu primeiro editorial a mais íntima convicção de que se trataria de um projecto de afirmação do desporto e da liberdade.

Viviam-se, então, anos de esperança pela vitória aliada, e os títulos que surgiam nessa altura, expressavam, em Portugal, país triste e condicionado por uma ditadura corporativa, o irrecusável sonho de uma abertura social e política, capaz de relançar o país para uma modernidade tardia.

O facto de A BOLA ter surgido três anos depois do lançamento da Marca, em Madrid, terá ajudado a justificar toda a diferença entre os dois grandes projectos editoriais desportivos na Península Ibérica.

A BOLA reflectia o sonho democrático do pós guerra, esperançoso e livre; a Marca vincava ainda a rigidez e a intolerância dos regimes fechados sobre si próprios.

Na primeira página de A BOLA, onde Peyroteo assinava o principal artigo de opinião sobre futebol, podia ler-se no editorial significativamente denominado de pontapé de saída:

«A Bola aparece como jornal livre, sério e honesto; nas intenções e nos processos, a dizer do bem e a dizer o mal, na crítica, na doutrina, na propaganda desportiva.

E logo depois: *«A Bola é – e procurará ser sempre – tribuna livre para todos quanto se interessam, lutam e consagram ao desporto. Mas, está bem de ver, a mais ampla liberdade de expressão tem de ser informada das próprias virtudes desportivas: correcção e lealdade no jogo; na crítica, no aplauso, na censura, na intenção, no objectivo.*

No jornalismo como no desporto, o fair-play como regra permanente».

Pouco mais de dois anos antes, em Novembro de 1942, a Marca apresentava-se a Espanha com a fotografia do general Franco a dominar a primeira página e um texto panfletário, onde se podia ler: «*A nossa saudação a Francisco Franco, Caudilho de Espanha e Chefe Nacional da Falange. Com a obediência, o amor e a fé que o seu nome desperta, queremos tutelar o trabalho que hoje começamos.*

Nossa saudação ao capitão de Espanha, pai da Pátria resgatada, primeiro espanhol, a oferta sincera e modesta do nosso esforço à sua espada e glória, ao mando providente com que cada dia vela pela honra, a razão e o prestígio da Pátria.»

E no final: «*Marca, diário gráfico ao serviço do desporto espanhol, renova ao Caudilho a sua adesão e fé inquebrantáveis e a sua honra em oferecer-lhe esta nova missão que hoje iniciamos; e, ao fazê-lo, reitera o mais fervoroso testemunho de gratidão, de esperança e de fé. Porque a ele devemos a ressurreição e a nobre causa do nosso desporto, o nosso alento presente e o nosso magnífico futuro. Marca – porta-voz do desporto e dos desportistas espanhóis – brinda ao Caudilho o seu trabalho, braço ao alto, lança o ar madrugador e limpo da nossa eterna legenda: Arriba Espanha!*»

A natureza da diferença política não expressaria, se não ao nível destes incendiários textos ideológicos de glorificação do regime, no caso da Marca, ou de pequenos mas sublimes sinais de oposição ao salazarismo, no caso de A BOLA, divergências substanciais no critério editorial desportivo. Os homens do desporto impunham, também nos jornais, uma identificação comum com princípios de formação, de ética desportiva, de promoção paciente e integrada do espectáculo do desporto.

A ausência de pressão na perspectiva da concorrência comercial dos projectos editoriais sobre desporto tornava, aliás, esses projectos parceiros decisivos no crescimento das mais diversas actividades desportivas, em especial, do futebol.

Os anos sessenta, de boa memória para o futebol português, vão criando, em lume brando, uma nova necessidade do jornalismo especializado do desporto, ao mesmo tempo que soltam a perspectiva do sucesso no negócio das empresas jornalísticas. Ao homem desportivo, lúcido e didáctico, educador e ético, de cultura pluridesportiva, que não se diferencia e quase sempre se junta na acção ao dirigente, ao praticante, ao árbitro, sucede o prometido jornalista profissional da área do desporto, agora com intervenção não apenas nos jornais, mas também nas rádios e na iniciada RTP, mas ainda mal aceite pelos seus pares nos jornais generalistas, atirado para o gueto dos equiparados e por isso nem sequer considerado sindicalmente.

Nasce, assim, a luta de afirmação dos homens que fizeram a grandeza do jornalismo do desporto em Portugal. Foram eles que se impuseram e que conquistaram, por méritos próprios, pela prova da sua competência e da sua imensa dignidade profissional, um estatuto, senão de igualdade, que o desporto sempre teve de enfrentar os mais tradicionais preconceitos em todas as suas áreas de intervenção, pelo menos de algum reconhecimento.

A verdade, é que, anos passados, alguns desses homens que fizeram crescer e consagrar o jornalismo do desporto em Portugal pertencem, hoje, de pleno direito, à história do jornalismo português. Não apenas do jornalismo desportivo, mas desse jornalismo global e mítico que assinala, em cada dia, a história viva de um país.

Foram eles que cumpriram a dura tarefa de atravessar a fase de transição para o jornalismo profissional nos títulos desportivos. Convivi e aprendi com alguns deles, talvez os maiores. Dos seus ensinamentos, sempre respeitei o mais importante de todos. Nenhum mestre, quando é realmente grande, aspira a que o seu discípulo seja dele uma simples cópia. É na diferença das personalidades, na capacidade de fazer evoluir sensibilidades e conhecimentos, e, sobretudo, de pensar por si próprio e de entender o mundo e as suas gentes em cada tempo, que se pode garantir o futuro do jornalismo. Em Portugal e no Mundo.

A nova ordem

A rápida evolução das tecnologias, que surge, de forma mais nítida na última década do século XX, veio revolucionar totalmente o sector da comunicação. Além de uma transformação radical nos hábitos e até nos conceitos dos jornalistas, as novas tecnologias trouxeram um brutal aumento de oferta de informação a todo e qualquer momento, e, com ela, uma desregulada concorrência que se tornou ainda mais voraz após a criação dos grandes grupos media. Toda esta transformação, demasiado rápida para a preparação técnica e psicológica dos jornalistas, trouxe ao mundo da imprensa uma noção preocupante de perigo constante e, por isso, de aposta essencial na luta pela sobrevivência. Nunca, como neste início do século XXI, a imprensa esteve tão ameaçada. Tanto mais que as empresas de comunicação, na corrida louca pelas audiências, promoveram o jornalismo *light,* trocando o hábito de ler, pelo hábito de ver jornais. Por isso, alguns se descaracterizaram, perderam referências essenciais, esqueceram o sentido exacto da sua própria diferenciação e passaram a ter, como qualquer outra empresa, sem entender a sua especificidade, meras referências económicas, em que assentam a natureza fundamental do negócio.

São, por isso, cada vez mais difíceis os desafios que se colocam aos jornalistas, apanhados neste turbilhão de constante inovação tecnológica, novos conceitos empresariais na indústria dos media, mercantilização dos conteúdos e uma informação caótica, que, longe de tornar os cidadãos mais informados, os torna verdadeiramente confusos e indefesos perante a força do caudal dessa informação descontextualizada e, por isso, selvagem.

O jornalista, escritor, e professor universitário, Fernando Correia, refere no seu livro «*Jornalismo, grupos económicos e democracia*» que os jornalistas vivem, hoje, uma «*perigosa perversidade*». E justifica: «*muitos jornalistas começam a interiorizar como valores jornalísticos aquilo que são apenas valores comerciais e a considerar «bom jornalismo» o jornalismo que vende bem*».

Nada de mais real. Mas Fernando Correia torna-se ainda mais incisivo e duro na sua análise do jornalismo actual, quando nos diz «*A prioridade dada à luta pelas audiências e pelas tiragens, tendo em vista a conquista de anunciantes, acentua graves distorções no tratamento da actualidade e na utilização dos critérios noticiosos. A concepção da informação como uma mercadoria que é preciso vender depressa e bem, leva ao predomínio, não só do sensacional mas também do curto, rápido e simples, do superficial e facilmente digerível, reflectindo a tendência para a supremacia dos valores comerciais sobre os valores jornalísticos*».

Não pode haver dúvidas. Os jornalistas serão, hoje, também eles vítimas da indústria de comunicação de massas e da política da industrialização da informação. Mas, também por isso, os jornalistas têm de estar mais e melhor preparados. Aqueles que se especializaram, ou procuram especializar na área desportiva, não fogem a essa regra.

A resposta só pode estar, pois, no investimento na formação e no conhecimento, o que, no entanto, não parece ser devidamente estimulado pelo nosso precário sistema universitário, afinal, quase sempre concordante com o modelo social vigente.

O ensino do jornalismo, ou das ciências da comunicação, em Portugal, salvo raras e honrosas excepções, oferece-nos uma multidão desolada e desconsolada de jovens impreparados para a função jornalística. Todos aqueles que têm responsabilidades editoriais, seja na área da direcção, seja nas editorias de um jornal, de uma estação de rádio ou de um canal de televisão sabem que os jovens estagiários que nos chegam, com mais ou menos ambição, com maior ou menor aptidão, com maior ou menor destreza, com maior ou menor vocação começam por fazer estagiar a sua imensa surpresa por descobrirem que, afinal, o universo dos media se apresenta numa realidade totalmente imprevista. Estão impreparados para o mercado de trabalho e são apanhados na teia de estruturas pouco sólidas, em défice de quadros e onde a luta por um novo lugar assume, por vezes, aspectos de enorme desumanidade. A grande maioria dos candidatos a jornalistas acaba por se sentir usada, muitas e muitas vezes explorada e, pior de tudo, sem janelas que se abram para um futuro profissional promissor e digno.

A imposição empresarial de redacções deficitárias nas suas necessidades humanas, a que se juntam conceitos de globalidade de empresa, as famosas sinergias de que tanto falam os nossos *tecnoliberais*, não nos dão tempo, nem espaço, para ensinar, nem para avaliar devidamente as capacidades dos candidatos.

Perdidos num mundo selvagem onde proliferam as novas fábricas de produção sistemática de conteúdos jornalísticos, os jovens candidatos aprendem a ganhar estômago para aguentarem as piruetas que lhe são exigidas, à medida que perdem o sentimento da paixão e a dimensão do sonho.

188   *Em defesa do desporto*

Tudo isto se pode tornar catastrófico a médio prazo, sabendo, no entanto, que o verdadeiro centro da decisão não está na empresa, nem sequer no jornalismo.

Devemos entender que a ninguém deverá ser permitido ilibar-se a si próprio, mas é bem verdade que cada um tem as suas responsabilidades e as maiores parecem pertencer a um ensino paralisado e paralisante, incapaz de compreender que a universidade não pode guiar-se por um tempo diferente do tempo do país, e a um poder político que tarda em cumprir a promessa decisiva de se empenhar séria e tenazmente na batalha das competências, contra os compadrios, os amiguismos e todos os clientelismos que entorpeçam, hoje, os portugueses, deixando-os conformados, indolentes e, pior de tudo, estúpidos.

O jornalismo desportivo na sociedade global

Julgo que todos nós vamos tendo a noção de que cada vez menos conduzimos as nossas vidas. E mesmo aqueles que são mais teimosos e recusam a passividade habitual no cidadão arrumado e conformado dos dias de hoje, sabem que nem sempre têm escolha de estrada.

A sociedade global tanto causa a anulação da influência da personalidade individual na sociedade, com a drástica diminuição de espaço para a existência marginal à comunidade acrítica e vazia dos novos tempos, como provoca um dramático envelhecimento das culturas nacionais e regionais que, antes, caracterizavam a saudável diferença do homem universal; como abate, sem dó nem piedade, as especificidades próprias dos mais diversos sectores da vida em sociedade.

O desporto, essa simplicidade tão complexa, e que tanto se ajusta, afinal, à riqueza diversa do Homem, também não pôde mais resistir. O seu crescimento, na área da indústria do espectáculo, tornou-o interdependente de um tecido social globalizante que, acima dos valores da ética, da verdade, da justiça, ou da virtude, impõe a sua natureza económica e a imagem de sucesso, como mãe de todas as virtudes.

Na sua relação óbvia com o homem moderno, o desporto evoluiu com ele e com ele se transformou, numa dimensão de universalidade que lhe rouba, manifestamente, espaço de autonomia, ao mesmo tempo que lhe concede uma integração plena na realidade quotidiana dos cidadãos.

Não me parece, por isso, lúcido abrir uma frente de resistência ao entendimento do mundo actual, nem tão pouco solucionar angústias existenciais num isolamento transformista dos conceitos que, de facto, imperam nas auto proclamadas democracias modernas.

Há, pois, que partir do entendimento do mundo de hoje para se entender o desporto de hoje e o jornalismo desportivo de hoje. Com espírito crítico, com sentido de inquietação e de mudança, mas com o realismo necessário para adequarmos o pensamento à acção.

Fundamental é percebermos que no mundo global em que vivemos, nesta parte de uma história em que seremos, sempre, pequenos protagonistas, quando não, mesmo, simples figurantes, a influência da televisão é, de facto, absolutamente decisiva. Tanto mais que as concorrências passaram, também elas, a serem globais e, por isso, a escolha editorial passou a ser fortemente influenciada por critérios que já não conhecem fronteiras.

Em Portugal, com o surgimento dos canais desportivos de televisão (nacionais e internacionais), com o assinalável incremento da informação desportiva na rádio e com o aparecimento de três jornais desportivos diários, tornou-se inevitável um tempo de perturbação e de indefinição editorial.

A luta directa pela hegemonia nos mercados tornou-se feroz. Num país onde há uma monocultura desportiva, por défice de educação, a batalha das audiências passou a centrar-se, quase exclusivamente, no campo do suposto interesse dos adeptos dos três principais clubes de futebol. Disso mesmo se ocupa a grande parte da informação desportiva. Mas também das grandes estrelas do futebol português nos maiores clubes do mundo, que garantem uma imagem de sucesso e que oferece imediata garantia de uma informação facilmente vendável e, por isso, uma boa oportunidade de negócio.

O Real Madrid, o Barcelona, o Inter de Milão, o Chelsea ou o Manchester United juntam-se, assim, aos principais objectos de comunicação desportiva, em Portugal. Será um facto historicamente novo, mas longe de ser único e com tendência de crescimento em todo o mundo.

O que resta é pouco e, por vezes, desvalorizado. Pior que isso, futebolizado. O acompanhamento jornalístico das impropriamente chamadas modalidades, sobretudo, as colectivas, como o basquetebol, o andebol, o hóquei em patins, até mesmo o voleibol, está viciado pelo mau hábito do estilo de acompanhamento noticioso dos clubes e dos jogos de futebol.

Mas há ainda um fenómeno novo, que começa a revelar-se, embora, ainda, sem particular definição. Trata-se de uma nova hierarquização das diferentes modalidades desportivas, quer pelos seus níveis de aceitação no público, quer pela capacidade de influenciarem a captação de publicidade.

De há alguns anos a esta parte, em Portugal, nota-se uma lenta agonia de algumas modalidades, como o hóquei em patins, que perdeu expressão internacional, tal como se pode constatar uma certa irregularidade no interesse dos media sobre o atletismo ou o ciclismo, num indisfarçável nervosismo da espera por campeões que se tornem francamente populares (o que não acontece com todos os campeões) e, ainda, o crescente interesse por modalidades, antes chamadas de elite, como o ténis (mais o internacional que o nacional, pelo valor mediático das grandes figuras do ténis mundial) e o golfe (que, por vezes, traz benefícios adjacentes, de carácter económico).

A questão, talvez decisiva, será a de se perceber até que ponto os critérios editoriais ainda poderão vir a ser influenciados pelas modalidades desportivas com menos impacto público.

Pois bem. Essa pode tornar-se uma questão central no desenvolvimento desportivo. E não sendo de prever que alguma vez possa regressar o tempo em que o jornalismo, mesmo o desportivo, regresse a um estado primário de relação íntima com os interesses do desporto, fazendo deles os seus próprios interesses, há que admitir que cabe aos novos dirigentes desportivos, aos técnicos e, sobretudo, aos atletas encontrar fórmulas de comunicação, ou de relacionamento com os media, capazes de alterar, de forma radical, o habitual conceito de que todos passam bem sem mediatização, todos podem crescer saudavelmente, apesar do desconhecimento geral dos cidadãos.

Admito que a poucos dirigentes desportivos, ou protagonistas de qualquer modalidade menos mediatizada, lhes apeteça uma aproximação com uma indústria de informação que habitualmente consideram insensível ao esforço, a acção voluntária, à gigantesca luta por uma evolução condicionada pelo estado geral do país. Mas não encontro melhor solução do que assumirmos a realidade e entendermos, todos, o mundo em que verdadeiramente vivemos, começando, desde logo, por reconhecer que o mundo do desporto, tal como o mundo dos media, não pode permanecer imune às influências sociais.

Novos conceitos para a comunicação do desporto

Ramón Calderón, presidente do Real Madrid, convocou, recentemente, à capital espanhola os directores dos principais jornais desportivos da Europa. A sua preocupação com os novos conceitos para a comunicação do seu clube, levara-o a ouvir o que pensavam meia dúzia de líderes dos mais importantes títulos desportivos europeus. Para Calderón, era absolutamente claro que as grandes estrelas, como Raul, Beckham ou Cannavaro deviam ser aproveitadas pelo Real Madrid como embaixadores do clube, aumentando, assim, a capacidade de comunicação com o mundo.

Aquele que foi considerado o maior clube do século XX era, afinal, o primeiro a despertar para uma nova ordem na sua política de comunicação com o mundo. Além de ter um canal de televisão próprio e diversas iniciativas editoriais, o Real Madrid enfrentava, de forma aberta, a crescente necessidade de uma mediatização orientada, capaz de melhorar a imagem do clube, não apenas em Espanha, mas no mundo inteiro. O fenómeno de globalização tinha dado ao Real uma implantação universal, com especial relevância em países como a China e a África do Sul, fora, portanto, do continente europeu. Por isso, aos jogadores do Real Madrid, por muito bons que sejam e por muito sucesso que tenham na vida desportiva, não bastará jogar bem futebol e ganhar jogos e títulos. Passa a ser essencial adoptar uma nova filosofia de comunicação. Ramón Calderón discutiu com os directores dos jornais desportivos europeus aquilo que considera ser um novo tempo nas relações entre os grandes clubes europeus e os media, defendendo as respectivas autonomias, mas trabalhando num caminho que ele próprio chamou de «proximidade sem promiscuidade». Seria, assim, o Real Madrid a dar o primeiro passo e o seu presidente ali estava, em pleno Santiago Bernabéu, a comunicar-nos que os próximos contratos profissionais dos jogadores do seu clube terão cláusulas que tornarão obrigatórias acções de formação dos futebolistas profissionais para melhor saberem enfrentar os jornalistas, quer na televisão, quer na rádio, quer na imprensa, ao mesmo tempo que serão fomentados os contactos com os jornalistas.

Onde foi o presidente do Real Madrid descobrir a necessidade de uma autêntica revolução na política de comunicação do clube? Às experiências que alguns jogadores de basquetebol do seu clube trouxeram dos Estados Unidos e desse fenómeno singular que é a NBA.

Quando perguntámos a Calderón, porque razão não impunha essa mesma política às actuais estrelas do clube, ouvimos uma resposta, no mínimo, curiosa: *«porque os actuais não têm cultura desportiva para entenderem esta necessidade dos novos tempos. A maioria pensa apenas que a imprensa tem mais a ganhar nos contactos com eles, do que eles a ganhar nos contactos com a imprensa. Esquecem o fundamental. O que está em causa não são os seus interesses, mas, sim, os interesses da entidade que os contrata e que lhes paga. E cada vez é mais óbvio que o seu trabalho não se resume a jogar bem futebol.»*

Não estará, pois, unicamente em causa um novo conceito de comunicabilidade das competições, mas sim, e isso é o essencial, um novo conceito preparação dos dirigentes, dos técnicos e, principalmente, dos atletas com o objectivo de conquistar espaço mediático, saber servir-se dele e usar essa nova relação com o mundo media, como factor decisivo de desenvolvimento e de oferta dirigida de conhecimento.

Alguns atletas norte americanos que se tornaram especialmente conhecidos por feitos em grandes competições, quer em competições profissionais nos Estados Unidos, quer em competições internacionais, com incidência nos Jogos Olímpicos, frequentaram e frequentam cursos de formação na área da comunicação. Não apenas para estarem preparados a enfrentar a pesada indústria dos media,

Um desporto crescentemente mediatizado

com todo o seu exército de jornalistas das mais variadas especialidades (algumas, aliás, próximas das perigosas minas e armadilhas), mas, muito especialmente, para, mais tarde, no período pós competição, estarem preparados para participarem activamente como conferencistas em Universidades e escolas, ou tornando-se comentadores de rádio, televisão e imprensa, enfim, encontrando uma porta aberta à continuidade da sua vida desportiva, numa actividade tão mobilizadora do interesse desportivo quanto rentável.

A ideia, equivocamente pura, de que todo o atleta deve, por amor à Pátria, desempenhar o seu papel catalizador de uma forma avulsa, amadora e, de preferência, à borla, é, obviamente, uma ideia sem sentido da realidade nos tempos que correm. Pelo contrário, o entendimento de que o serviço público que um ex-campeão poderá continuar a prestar deve ser devidamente retribuído, tal como é retribuído o serviço público de um deputado ou de um ministro, parece-nos absolutamente inatacável e mais digno do que a política do subsídio governamental, que se parece mais com uma forma de caridade que não dignifica quem dá, nem quem recebe.

Mas não basta o conceito de uma nova ordem na relação entre o desporto e os media. Há que criar, o mais breve possível, um patamar de discussão profissional entre jornalistas e clubes, jornalistas e entidades desportivas diversas, jornalistas e agentes desportivos. Vive-se, actualmente, um tempo de autismo indesejável e sem saída. Há que dizê-lo, com toda a frontalidade, independentemente da análise mais estruturada sobre a questão da culpa, o jornalismo desportivo e, com ele, os seus jornalistas, também perderam, entretanto, margem de credibilidade e de confiança, o que se pode tornar dramático, não apenas para o jornalismo, mas para a natureza da necessária afirmação social do desporto deste novo tempo.

A recuperação da confiança na relação com os chamados agentes desportivos, dirigentes, técnicos, jogadores, deve, pois, ser encarada, como o desafio mais imediato e até mais urgente dos jornalistas desportivos.

Não adianta, assim, atribuir apenas à efectiva ausência de políticas de comunicação, até por parte dos clubes profissionais, em particular no futebol, a razão de todos os males da separação e do enraizamento de um sentimento de reserva para com os jornalistas.

Há que assumir responsabilidades e criar condições para um tempo novo em que haja regras consensuais, que permitam que a qualidade se destaque sobre a mediocridade, o empreendimento se destaque sobre a indolência e a integridade profissional se destaque sobre a pantomina sensacionalista de alguns órgãos de comunicação de massas.

É preciso criar espaços de encontro e de exclusivismo que permita não saturar o público com afirmações bacocas e vulgares, que faça recuperar a lucidez e a importância criadora do jornalismo e que faça sobressair e fazer melhorar a capacidade de comunicação dos ídolos com o seu público.

É preciso ter a coragem, por parte das entidades responsáveis, de reformular conceitos, sobretudo aqueles que ainda vivem na imagem de um mundo irreal e de um desporto que a história de um século mudou.

Por isso, se me perguntarem, que esperança pode ter neste mundo novo, as modalidades desportivas que mais se afastam do interesse das audiências televisivas, direi que toda a esperança deste mundo será sempre legítima, desde que caiba no coração de um poeta, mas dificilmente caberá no coração dos membros do Conselho de Administração dos canais televisivos. E isso, acreditem, tudo condiciona em matéria de notoriedade mediática. Porém, não deverá condicionar o âmbito do recatado desempenho de uma militância desportiva, desde que não acalente o sonho impossível de ganhar a compreensão e a boa vontade dos media para se dar a conhecer ao mundo.

Estarei, então, a propor uma luta concorrencial entre as várias modalidades desportivas pela conquista daquele que era suposto ser um direito inalienável da igualdade de oportunidades no desporto? Julgo que, ainda que de forma tímida, já vai sendo isso que se passa. E nem o próprio Comité Olímpico Internacional, como se sabe, foge a essa constatação digna de Orwel e que, no fundo, nos diz que todas as modalidades desportivas são iguais, mas algumas são, manifestamente, mais iguais do que outras.

Começa a tornar-se, cada vez mais notória uma hierarquização das modalidades desportivas, como que uma cotação em bolsa de importância de espectadores/audiência. Ainda, e sempre, as televisões a marcarem os ritmos e a seguirem, fielmente, os conceitos coerentes com a sua dependência económica.

Será, então, inevitável, a médio, longo prazo, a morte das modalidades desportivas, filhas de um deus menor do desporto mundial? E estarão elas condenadas ao inapelável degredo da informação?

Só as sociedades modernas e a sua evolução nos poderão dar as respostas precisas, que se situam para além dos valores éticos e morais. Parece-nos, no entanto, que é demasiado dramático pensar-se que o desinteresse mediático, mesmo que persistente, leve a uma morte física e definitiva, pelo menos enquanto esse interesse não esmorecer nos seus adeptos. Levará, isso sim, a uma ausência de conhecimento das mais amplas maiorias, o que nas sociedades mais responsáveis, mais evoluídas e, também, mais numerosas, leva à normal criação de projectos editoriais especializados, que permitem a continuidade de uma informação de segmento. O problema maior coloca-se em países como Portugal, onde a população é reduzida, onde se lê pouco e se lê mal, o que obriga a que projectos marginais se tornem economicamente inviáveis.

Não duvido de que a mudança de conceitos e de preconceitos na questão essencial da política de comunicação do desporto é urgente e se torna essencial a novas formas de desenvolvimento desportivo. E quem não o entender será sempre mais um obstáculo do que uma ponte para o futuro.

O Direito do Desporto perante os outros direitos

UMA CONSTELAÇÃO NORMATIVA

José Manuel Meirim [*]

Comente a seguinte frase proferida ontem por um anónimo cidadão: Eu só tenho pena dos desportistas e das organizações desportivas. Nunca vi - é verdade o que afirmo - que houvesse outra actividade social tão regulada por normas jurídicas.[61]

---

[*] Licenciado em Direito e Doutor em Ciências do Desporto. Assessor na Procuradoria-Geral da República.

[61] Enunciado colocado, para desenvolvimento, em exame de Direito do Desporto da Faculdade de Motricidade Humana. Tenho-me socorrido de outros textos de teor semelhante:

Responda à questão que se segue, colocada por um anónimo perturbado, adepto benfiquista, no passado dia 4 de Janeiro:

«Se o Direito do Desporto fosse uma porta que abrisse o edifício do Desporto, quantas chaves teríamos que utilizar?»

Comente a seguinte frase, proferida por um anónimo perturbado, após mais um mau resultado da sua equipa de preferência:

«O Direito do Desporto é como uma floresta. Não, vendo melhor é como uma árvore. Nem sei o que digo. Verdadeiramente o que se passa é que tenho dificuldade em separar a floresta das árvores. Parece mesmo que quando olho cada uma das árvores, visiono uma nova floresta.»

Comente a frase proferida esta manhã por um dirigente desportivo:

«Não me parece normal, mas a verdade é que para cada lado que me vire só vejo normas jurídicas. Bolas! E ainda dizem que o desporto é um espaço de não-direito.».

Os exemplos ou os enunciados apresentados aos estudantes são, por via de regra, na actividade docente, um bom manancial de informação para indiciar o pensamento do docente.

198   *Em defesa do desporto*

1. Suponha o leitor que a sua filha de dez anos, amante da prática do futebol, utiliza com frequência, e sem oposição dos dirigentes do clube proprietário, de que não é associada, um campo de futebol, conjuntamente com um grupo de amigos e amigas. Num dia azarado, a sua filha, pendura-se numa das balizas; esta cai e provoca-lhe lesões de alguma gravidade.

A quem pedir responsabilidade?[62]

Cogite agora que numa piscina municipal vem a ser realizado um pequeno vídeo de promoção das actividades aí desenvolvidas, a visionar, no futuro, em placares do município, colhendo-se imagens de duas dezenas de crianças no decurso da sua aula de natação.

Contudo, um grupo de pais, entendeu que tal recolha de imagens era ilegal, violando, designadamente, o direito à imagem e a lei de protecção de dados pessoais.[63]

Um seu amigo, dotado de um assinalável espírito empreendedor, decide investir na abertura de um *health club*, nas imediações do seu domicílio.

Consultando a legislação sobre o licenciamento de construção e de utilização de infra-estruturas desportivas de uso público, não recebe, contudo, resposta esclarecedora quanto aos procedimentos a seguir.

---

[62] Pela apurada percepção do que se encontrava em causa, seja-nos permitido adiantar parte do sumário que a seu respeito redigimos e se encontra publicado na *Desporto & Direito, Revista Jurídica do Desporto*, Ano IV, n.º 10, Setembro – Dezembro 2006, na sua *Crónica de jurisprudência.*

"Na hipótese, não provada, da criança ter subido para uma das balizas ou nela se pendurado, a conduta do réu/recorrente, dono do campo, não seria menos censurável, porque é possível pensar – e, consequentemente, agir em conformidade, fixando "devidamente" as balizas – que uma criança de 12 anos pode cometer a imprudência de subir ou pendurar-se numa baliza [...] ou seja, a suspensão e o balanço na barra superior de uma baliza de futebol são atitudes razoavelmente previsíveis. Que qualquer clube ou escola deve prever, para assegurar que uma baliza não caia".

[63] Veja-se, a este propósito, as normas constantes do recente Regulamento Geral das Instalações Desportivas Municipais, da Câmara Municipal de Ourém, publicado no *Diário da República*, II Série, n.º 10, de 15 de Janeiro de 2007, pp. 1188-1193.

O disposto no seu artigo 35.º, n..º 1, parece não oferecer uma resposta suficiente à questão por nós colocada ao referir-se apenas à eventual *violação dos direitos de autor.*

O Direito do Desporto perante os outros direitos 199

No entanto, alguém lhe refere um decreto-lei que estabelece o regime a que está sujeita a instalação dos estabelecimentos de comércio ou armazenagem de produtos alimentares, bem como dos estabelecimentos de comércio de produtos não alimentares e de prestação de serviços cujo funcionamento envolve riscos para a saúde e segurança das pessoas[64].

Chegado aí, o seu amigo não viu ainda totalmente satisfeitas as suas necessidades de informação jurídica.

Tais estabelecimentos constam de uma lista a aprovar por portaria conjunta dos Ministros Adjunto, da Administração Interna, da Economia, da Agricultura, do Desenvolvimento Rural e das Pescas e da Saúde[65].

Por último, relate-se ainda a história daquele praticante desportivo que veio a acusar um resultado positivo em controlo antidopagem. Sujeito à acção disciplinar da respectiva federação desportiva, veio o Conselho Jurisdicional desta a aplicar a pena disciplinar de seis meses de suspensão da actividade desportiva. Inconformado, o praticante recorreu aos tribunais, colocando em crise a legalidade dessa decisão federativa.

O tribunal competente anulou tal decisão, fundamentando-se na ofensa dos princípios da culpa e da defesa do arguido que, no caso concreto, entendeu terem sido postergados. Tais princípios, tal como foi sublinhado, constituem património comum do direito sancionatório público, encontrando-se ancorados no próprio texto constitucional português.

2. Este breve registo de situações – com facilidade o poderíamos alargar – possibilita-nos, desde logo, constatar aquilo que é obvio para o homem do desporto, mas que por vezes passa despercebido aos menos atentos à realidade desportiva, entre eles muitos

---

[64] Trata-se do Decreto-Lei n.º 370/99, de 18 de Setembro.

[65] Disso se ocupou a Portaria n.º 33/2000, de 28 de Janeiro, aí incluindo, ao lado, entre outros estabelecimentos, das clínicas veterinárias, das oficinas de manutenção e reparação de motociclos, dos hotéis e outros estabelecimentos de prestação de cuidados a animais de estimação e das lavandarias e tinturarias, os ginásios (health clubs) (sublinhámos).

200   *Em defesa do desporto*

juristas (e alguns apelidados de "especialistas em Direito do Desporto") e que dela se aproximam, na maior parte das vezes, apenas pelo trilho do desporto federado.

Com efeito, o desporto vive na diversidade e, desse modo, acaba por convocar a diversidade do Direito.

Mirar o desporto, pelo prisma jurídico, não pode, pois, limitar--se ao conhecimento e análise daquilo que, em Portugal, pelo menos na actualidade, já é uma evidência: a existência de uma vasta produção legislativa e regulamentar que tem por raiz, dir-se-ia exclusiva, qualquer faceta da actividade desportiva, vista em sentido lato.

Por outro lado, também ficamos bem aquém do cosmos normativo com *incidência desportiva* se levarmos apenas em linha de conta, ou mesmo se a aditarmos ao anterior espaço referido, as normas emanadas das organizações desportivas internacionais que, modalidade a modalidade (federações desportivas internacionais[66]), ou unidas por um mesmo sentir (Comité Olímpico Internacional), organizam e regulam as competições desportivas.

3. Concedamos mais espaço a estas afirmações.

Durante muito tempo – havendo ainda defensores dessa leitura – o Direito do Desporto era visionado como aquele conjunto de normas emanadas das organizações desportivas privadas que regulam o *mercado* das modalidades desportivas.

A pluralidade dessas normas, quanto ao objecto, é evidente: *leis do jogo*, normas estatutárias das respectivas organizações, regulamentos de competições, regulamentos de disciplina, regulamentos de arbitragem, ou noutra forma de arrumação, normas técnicas, organizativas e disciplinares.

Por outro lado, este ordenamento jurídico privado, como que não admitindo interferência de outros, designadamente das normas provenientes dos poderes públicos, *maxime* do Estado, era (e ainda o é, em muitos casos) zelosamente defendido por tais organizações.

Com a crescente atenção pública pelo fenómeno desportivo, acentuada no final da II Grande Guerra e com o reconhecimento,

---

[66] Com naturais projecções no agir normativo das suas filiadas, as federações desportivas nacionais.

O Direito do Desporto perante os outros direitos   201

mais tarde, do desporto como espectáculo e como actividade económica, ao lado daquela regulação privada surge, num número significativo de países[67], a uma cadência por vezes quase inflacionária, uma *legislação desportiva*, ou seja, normas legais e regulamentares que têm como sua causa imediata o desporto.

Daí que os autores cultores de um positivismo jurídico em que o Estado surge como a única referência ao nível da produção do Direito, começassem a sustentar que o Direito do Desporto se reconduzia, a final, pura e simplesmente, àquele conjunto de normas de proveniência pública que se ocupavam de algum aspecto dessa actividade não concedendo, deste modo, qualquer papel às normas de origem privada.

Se existem, afirma-se, é somente porque o Estado o permite.

Estas duas extremadas posições – Direito do Desporto tendo como única nascente ou as organizações desportivas ou o Estado – encontram-se notoriamente em crise, particularmente nos países em que é bem patente uma nítida intervenção pública no desporto.

Assume, pois, papel de actor principal, a pluralidade normativa, a convivência, aqui e acolá com atritos (menos, no entanto, do que seria de supor a um primeiro olhar), entre as duas fontes normativas[68].

4. Temos, assim, um Direito do Desporto plural, mas que se destina exclusivamente – ou pelo menos preferencialmente[69] – aos cidadãos e às organizações que se movem no desporto organizado e regulamentado pelas federações desportivas.

---

[67] Desde logo nos países da Europa do Sul, incluindo Portugal.

[68] Bem sintomático deste novo olhar é a noção adiantada por FREITAS DO AMARAL no seu *Manual de Introdução ao Direito*, Volume I, Coimbra, Almedina, 2004, p. 337.

[69] É possível encontrar casos em que as normas técnicas de dada modalidade acabam por influenciar a actividade desportiva bem apara além do espaço do desporto federado. Veja-se, a este propósito, o exemplo que se recolhe no artigo 12.º, n.º 3, alínea c), do Decreto-Lei n.º 317/97,de 25 de Novembro, diploma que criou o regime de instalação e funcionamento das instalações de uso público. A norma referida, respeitante a parecer a emitir pelo Instituto do Desporto de Portugal, possibilita o seu sentido desfavorável quando ocorrer *desajustamento ou incumprimento das normas técnico-desportivas, regrais e específicas, relativas às correspondentes* [das instalações desportivas]*categorias tipológicas.*

202 *Em defesa do desporto*

Ora o desporto vai muito para além dessa realidade, assim determinando o chamamento de *outros Direitos*; e, mesmo nessa estrita existência, esses *outros Direitos* estão presentes.

Por outro lado, muito do *outro Desporto* move-se de acordo com regras estatais de outra proveniência.

Significa este estado de coisas que a relação entre o Direito e o Desporto, não se confina ao denominado Direito do Desporto, pelo menos no quadro da configuração que adiantámos e que se tem por referência na maior parte das vezes em que se alude a tal conceito.

O Desporto, *todo o Desporto*, vê sobre si projectadas normas jurídicas que ordenam a vivência social de uma determinada comunidade organizada, independentemente de estarmos face a um praticante desportivo inserido numa federação desportiva, o mesmo ocorrendo com as organizações desportivas que constituem o chamado movimento associativo desportivo.

Se aqui e acolá, se estabelecem regimes especiais[70], fica sempre em aberto não só o recurso subsidiário aos regimes regra, como, em alguns e bem importantes domínios, se torna imprescindível que se jogue mão de normas que não *nasceram a pensar no desporto*, mas acima de tudo na pessoa humana, tenha ou não esta as vestes desportivas.

O Desporto, possuindo o seu «próprio Direito», ao constituir uma realidade social das mais vivas, vê-se assim objecto do Direito, sendo por este último recortado, também na horizontalidade.

De certa forma se pode afirmar que, utilizando máxima bem comum nos juristas, se não há Sociedade sem Direito, também não há Desporto sem Direito.

---

[70] Ofereçam-se como exemplos os regimes jurídicos do contrato de trabalho do praticante desportivo profissional (Lei n.º 28/98, de 26 de Junho) e das sociedades desportivas (Decreto-Lei n.º 67/97, de 3 de Abril).

O desporto como questão científica

DIALÉTICA E TRANSDISCIPLINARIDADE

Adroaldo Gaya[*]

"Vivemos num tempo atônito que ao debruçar-se sobre si próprio descobre que os seus pés são um cruzamento de sombras, sombras que vêm do passado que ora pensamos não termos ainda deixado de ser, sombra que vêm do futuro que ora pensamos já sermos ou pensamos nunca virmos a ser" (SANTOS, 1991, p.5)
Daí a ambigüidade e complexidade do tempo presente. Daí também a idéia, hoje partilhada por muitos, de estarmos numa fase de transição" (Idem, 2000, p.60)

Introdução

A expressão Ciências do Desporto é usual. Dá nome à faculdades, congressos, cursos de pós-graduação, sociedades e periódicos científicos. Mas, no entanto, o que queremos realmente anunciar quando referimo-nos a ela? Todos nós sabemos que muitos esforços tem sido realizados na tentativa de sistematizar e, como tal, justificar um espaço científico ou um campo de pesquisas para o fenômeno desporto. São muitas as tentativas. É um tema recorrente em nosso debate acadêmico. Está em quase todos os congressos. Já resultou

---

[*] Doutorado em Ciências do Desporto.Professor Titular do Departamento de Educação Física da Universidade Federal do Rio Grande do Sul

em algumas teses de doutoramento. No entanto, apesar de tantos esforços onde chegamos? Por outro lado, não é curioso que, mesmo sem um reconhecido consenso, nós continuemos a utilizar a expressão como se todos compartilhássemos de um significado comum?

Neste ensaio retorno ao tema das Ciências do Desporto. Talvez, de uma maneira mais precisa, diria que retorno ao tema das ciências aplicadas ao desporto. Ou quem sabe até, com mais cuidado, referindo-me sobre as ciências potencialmente aplicáveis ao desporto. Isto porque, circunscrevo minhas reflexões a uma proposta bem delimitada. Esclareço. Não trato de reivindicar uma nova disciplina científica. Imagino, isto sim, a possibilidade de demarcar um espaço de encontros. Um espaço de convergência entre disciplinas científicas diversas que em determinadas circunstâncias, possam emprestar seus pesquisadores, seus laboratórios, saberes e métodos, na expectativa da proposição de teorias científicas capazes de fundamentar respostas às inúmeras questões inerentes as múltiplas formas de expressão e manifestação das práticas desportivas. Refiro-me, portanto, especificamente as formas de organização e gerenciamento do conhecimento. Trato da possibilidade da configuração de um espaço de inteligência coletiva. Uma ecologia de saberes (Santos, 2006).

Enfim, a questão que proponho investigar é a seguinte. Considerando a complexidade e a diversidade de sentidos atribuídos ao desporto, tendo em conta as múltiplas abordagens disciplinares suscetíveis de traduzi-lo e interpreta-lo será viável conceber um campo coerente, consistente e logicamente justificado de pesquisas científicas capaz de eventualmente reunir disciplinas direta ou potencialmente relacionadas às manifestações do desporto?

Neste ensaio, diferentemente de outros projetos concorrentes assumo alguns pressupostos:

(1.º) Embora defenda explicitamente o conhecimento científico como uma das formas essenciais de investigação sobre determinados fenômenos inerentes ao desporto, por outro lado, não compartilho com a possibilidade de reduzir o desporto a uma disciplina científica. O desporto, tenho a convicção, é uma expressão da cultura e, portanto, sua compreensão evidentemente exige saberes mais complexos do que qualquer ciência. Saberes que se constituem entre o conhecimento científico e não científico, entre a

O Desporto como questão científica – dialética e transdisciplinaridade 205

capacidade de formulação da ciência e a capacidade de regulação da práxis. Enfim, o desporto exige saberes multímodos (Cunha e Silva, 1999).

(2.º) Insisto. Não trato de tentar justificar uma nova disciplina científica. Tampouco uma disciplina científica com pretensões de substituir a educação física[71]. Enfim, não anuncio cortes epistemológicos. Não faço sínteses para demarcar um terreno cujas as fronteiras disciplinares queiram ser intransponíveis. Não imagino um sistema fechado.

(3.º) Não imagino tampouco, a possibilidade da configuração de um discurso unificador. Do tipo a síntese das sínteses. Já, a algum tempo, deixei de acreditar na possibilidade de uma única teoria geral que seja capaz de apreender a pluralidade de sentidos, manifestações e expressões do desporto (Gaya, 2000)[72].

(4.º) Também não pretendo simplesmente argumentar em prol das ciências do desporto de uma perspectiva pluri ou multidisciplinar. Uma abordagem do tipo comissão técnica. Uma reunião de especialistas que tratam do desporto, todavia, sendo incapazes de interagir entre si. Especialistas que vêem os múltiplos fenômenos do desporto de locais diversos. Especialistas que vêem a paisagem através de diferentes janelas, de distintas perspectivas de interpretação e comunicam-se em linguagens particulares.

(5.º) Sequer, imagino suficiente uma visão interdisciplinar. Duas ou mais especialidades unindo-se a partir de um objeto único, através de uma metalinguagem ou de uma metametodologia. Reafirmo, não se trata de constituir uma nova disciplina científica.

---

[71] Até porque não se pode confundir o papel de um professor de educação física ou de um professor de desportos com o papel de um cientista que oriundo de alguma área disciplinar bem definida (fisiologia , por exemplo) investiga temas que dão suporte teórico à intervenções do professor de educação física ou professor de desportos.

[72] Esta convicção já foi explicitada num artigo de 2000. Lá afirmei minha descrença na possibilidade de que as metodologias inter, multi e a transdisciplinares pudessem suportar as exigências sobre a delimitação de uma teoria geral do desporto. Gaya, A. Sobre o Esporte para Crianças e Jovens. In. *Revista Movimento* 6(13) 2000/2., Temas Polêmicos, ps 1- 4.

(6.º) Enfim, minha hipótese pressupõe reivindicar a transdisciplinaridade como método. Trans- do latim -, movimento para além de, através de, posição ou movimento de través[73]. Minha tese sugere transcender, ir além do disciplinar, do multidisciplinar e do interdisciplinar. É assim que imagino a possibilidade de delinear um campo de pesquisas científicas para o desporto. Uma área de conhecimento capaz de subsidiar práticas de intervenção. Uma campo de investigação científica onde haja a convergência de intenções. Um *lócus* para a produção coletiva de saberes convergentes sobre o desporto. Repito, um espaço de inteligência coletiva.

Portanto, é este o sentido que atribuo neste ensaio a expressão Ciências do Desporto. Um campo de pesquisas (Cf. Reppold Filho, 2000) transdisciplinares aplicados às necessidades inerentes a descrição, interpretação, experimentação das práticas de intervenção no âmbito da pluralidade de formas, manifestações e sentidos do fenômeno desportivo.

Procedimentos de abordagem

Valho-me de uma abordagem especulativa a partir de duas áreas do conhecimento: a pedagogia (do desporto) e a epistemologia. Utilizo a pedagogia do desporto como expressão do conhecimento que me permite refletir sobre o desenvolvimento e o atual estado da arte dos saberes sobre o desporto. Assumo como dados empíricos neste ensaio um conjunto de reflexões fruto de duas experiências pedagógicas[74] distintas. A primeira enquanto professor de programas de treino físico na área da prevenção e reabilitação de cardiopatias isquêmicas nos anos 1980. A segunda enquanto orientador acadêmico de uma tese de doutorado que trata de programas de treino físico para sujeitos HIV Positivo e doentes de SIDA.

Inicialmente como professor de educação física volto aos anos 1980 para recordar como planejava e executava minhas aulas. Como lidava com meus alunos. Volto no tempo para lembrar sobre qual

O Desporto como questão científica – dialética e transdisciplinaridade   207

base de conhecimentos eu subsidiava minha prática pedagógica. Mas, da mesma forma, volto no tempo para interpretar como nossa área evoluiu nestes mais de 25 anos. Os dados provém de uma tese de Livre Docências: Programas de Aptidão Física para a Prevenção e Reabilitação de Cardiopatia Isquêmica. A Necessidade de uma Pedagogia Generalista (Gaya, 1987)[75]. Adiante, como orientador acadêmico valho-me de uma experiência recente. Um projeto de tese de doutorado. Os dados originam-se do projeto de tese de Alexandre Lazarotto[76]. O projeto trata de constituir programas de treino físicos para pacientes HIV positivo e doentes de SIDA. Valho-me do estudo de Lazarotto porque, sem dúvidas, sua tese assume a nítida intenção de reivindicar uma metodologia transdisciplinar. Refiro-me, evidentemente a construção e configuração de saberes que o autor constituiu para dar fundamentação fisiológica, bioquímica, pedagógica, filosófica, técnica e ética à sua proposta de treino físico para essa população especial. Assim, valho-me das duas experiências para comparar o quadro de conhecimentos que subsidiava a minha prática pedagógica dos anos 80 com as exigências que subsidiam a tese e a prática pedagógica de Lazarotto em 2006.

Será através da interpretação dessas experiências que sugiro o reconhecimento de um percurso histórico que manifesto a partir da idéia de uma relação dialética entre o conhecimento do especialista e o conhecimento do generalista. O conhecimento disciplinar e o conhe-

---

[73] Novo Dicionário Aurélio.

[74] Trata-se portanto de uma abordagem fenomenológica. A abordagem fenomenológica sugere a descrição do fenômeno através de um processo de reflexão sobre a própria experiência pessoal. Não impõe a priori regras e tampouco define fronteiras rígidas. Faz emergir nossa subjetividade. Intui, a partir de nossas vivências, nossa história, nossas crenças e valores. É uma atitude introspectiva (GAYA, 2006).

[75] GAYA, A. *Programas de Aptidão Física para a Prevenção e Reabilitação de Cardiopatia Isquêmica. A Necessidade de uma Pedagogia Generalista.* Rio de Janeiro: UERJ. 1987. (Tese de Livre Docência em Treinamento Esportivo)

[76] É também subsídio relevante para este estudo a tese de doutorado de Lisiane Torres que tratou da produção do conhecimento em educação física escolar no âmbito do Programa de Pós-graduação em Ciências do Movimento Humano da UFRGS. Neste estudo a autora sublinha a dissonância entre os estudos especializados em áreas disciplinares predominantes nas teses de mestrado com as exigências inerentes as práticas pedagógicas da educação física escolar.

cimento transdisciplinar. A parte e o todo[77]. Então, recorro a filosofia numa perspectiva bem circunscrita. Tento uma aproximação ao modelo de sistema dialético proposto por Cirne-Lima (1996; 2003 e 2006)[78]. Assim, proponho percorrer um trajeto de duplo sentido: (1º) Do Generalista para o Especialista e; (2º) Do Especialista para o Generalista Instruído (o princípio do terceiro incluído[79]). Vou discorrer sobre o primeiro sentido denominando-o como movimento dialético descendente (do todo para a parte) e o segundo sentido denominando-o como movimento dialético ascendente (da parte para o todo)[80]. No primeiro trajeto argumento sobre a necessidade, a pertinência e a relevância do conhecimento analítico e do especialista disciplinar. No segundo trajeto argumento sobre a necessidade e a relevância do conhecimento sintético, bem como, da necessária emergência de um novo generalista, o generalista instruído, para dar o sentido de sistema que justifique com coerência lógica e consistência empírica a reivindicação das ciências do desporto como um campo de investigação (figura 1).

---

[77] No contexto da sociologia sugiro a leitura de Boaventura de Sousa Santos que apresenta uma excelente análise dialética com movimentos similar ao que propomos em nosso ensaio. Santos para analisar a construção social da identidade e da transformação na modernidade ocidental sugere uma equação entre duas categorias por ele denominadas como Raízes e Opções. Raízes interpretada como tudo o que é profundo, permanente, único, singular, e Opções interpretada como tudo o que é variável, efêmero, substituível, possível e indeterminado a partir das raízes. Santos, B.S. *A Gramática do Tempo: Para uma Nova Cultura Política*. São Paulo, Cortez, 2006, p.54 e ss.

[78] Esta concepção de dialética prevista no modelo de Cirne-Lima aproxima-se, sob meu ponto de vista, do conceito de dialógica de Edgar Morin (2002; 2003; 2005) e, da mesma forma, do principio do terceiro incluído presente em Basarab Nicolescu (1999). Michel Serres adota esta perspectiva , principalmente em seu ensaio sobre pedagogia O Terceiro Instruído (s.d).

[79] O sentido atribuído a expressão terceiro incluído quer dar significado distinto à interpretação usual da dialética hegeliana, onde a síntese supera o movimento entre contrários – tese e a antítese- O que se pretende é um movimento onde, embora possa haver síntese esta, todavia, não exclui a relevância dos pólos contrários que continuam a exercer seu tensionamento e como tal participam efetivamente na constituição de saberes. O terceiro incluído, da forma como expresso neste ensaio, aproxima-se ao movimento que Edgar Morin denomina como Dialógica.

[80] A partir da proposta de CIRNE-LIMA . Obras citadas e principalmente em O Vôo de Minerva.

FIGURA 1
Modelo dialético entre o generalista e o especialista – O terceiro incluído

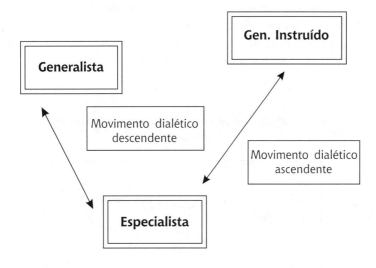

FIGURA 2
Modelo recorrente (não-dialético) entre o generalista e o especialista

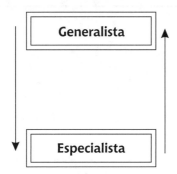

Para fazer interagir estes dois sentidos (o movimento dialético descendente e o movimento dialético ascendente), valho-me, evidentemente, além de uma metodologia de concepção dialética, de um modelo de análise configurado em rede[81]. Se a dialética, de um lado, pressupõe a exigência de um pensamento capaz de romper o circulo fechado entre os conceitos de generalista e de especialista (figura 2), o modelo em rede (figura 3), por outro lado, permite romper com o pensamento linear entre os conceitos de disciplinar, multidisciplinar, interdisciplinar e transdisciplinar[82,83].

FIGURA 3

Modelo em rede: uma interpretação não linear entre o disciplinar, multi, inter e transdisciplinar

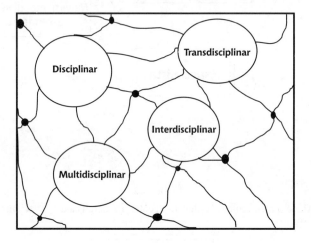

---

[81] Sugiro, sobre a discussão contemporânea das estruturas ou modelos em rede, o excelente livro Enciclopédia e Hipertexto. Eds.:. Pombo, O; Guerreiro, A.; Alexandre, A.F. Lisboa: Edições Eduardo Reis, 2006.

[82] As abordagens disciplinares, interdisciplinares e transdisciplinares, normalmente são descritas numa visão hierárquica. Do disciplinar para o inter e para o trans. Não conjugo dessa interpretação. Entendo que são fenômenos distintos que podem ou não, dependendo do contexto, atuar em forma de pirâmide (hierarquizado) ou em forma de rede (não hierarquizado). No presente ensaio adoto por coerência a segunda interpretação.

[83] Ver por exemplo: Pombo (s.d.; 2004; 2006); Domingues (2005 e 2006); Delatre (s.d. e 1981), entre outros.

Do generalista ao especialista-o movimento dialéctico descendente

Ainda como estudante de educação física, nos anos 1970 atuei como estagiário nas primeiras clínicas que em Porto Alegre tratavam do treino físico no âmbito da prevenção e reabilitação de sujeitos portadores de cardiopatias isquêmicas[84]. Experiência marcante. Assim foi, de tal modo, que já nos anos seguintes produzi meus primeiros artigos. Nos anos 1980 uma monografia de especialização, em 1985 apresentei uma dissertação de mestrado e no final do mesmo ano redigi uma tese de Livre-Docência sobre o tema "Programas de Aptidão Física para a Prevenção e Reabilitação de Cardiopatias Isquêmicas: a necessidade de uma pedagogia generalista". Voltei a esse tempo. Reli minha tese. Ali, já havia uma expectativa algo intrigante. Um *insight*. A tal necessidade de uma pedagogia generalista. Lembrei do planejamento de minhas aulas no ginásio de desportos da clínica em que lecionava. Aliás, na própria tese eu apresentara modelos de aula.

Dou-me conta que eu e todos nós, à época, éramos professores GENERALISTAS. Nossa prática era de professores GENERALISTAS (Fig 4). Minhas aulas, tal com a de meus contemporâneos, consistiam de um breve aquecimento de 3 minutos, 20 a 30 minutos de trabalho predominantemente aeróbio, 5 minutos de exercícios de flexibilidade, 12 a 15 minutos de um circuito de exercícios de resistência muscular localizada e nos 5 minutos finais exercícios de relaxamento (volta à calma). Nenhum de nós naquele tempo dividíamos, como fazem hoje as academias de ginástica, as aulas em especialidades: aula de aeróbica, de musculação, de alongamento, Pillates, de localizada, de *Jump*, ou de relaxamento.

Entretanto, devo reconhecer, o meu conhecimento e de meus colegas à época eram predominantemente técnicos. Nossos saberes científicos sobre os fundamentos dessa prática pedagógica eram ainda

---

[84] Agradeço com o profundo reconhecimento de gratidão ao Dr. Belmar Andrade por me ter proporcionado ainda nos anos 1973 a oportunidade de aprender ao seu lado a tarefa de estudar e planejar programas de treino para sujeitos portadores de fatores de riscos coronarianos.

elementares. Dominávamos os principais métodos de treino (treinamento em circuito, intervalado, contínuo); planejávamos as aulas a partir da adequada interação entre as variáveis duração, intensidade, frequência, intervalo, volume; controlávamos as cargas de treino pela frequência cardíaca, pressão arterial, escala subjetiva de esforço de Borg, conhecíamos as principais formas de lidar com os exercícios localizados (eram então chamados de exercícios calistênicos) e dávamos os primeiros passos no campo da pesquisa científica. Era bem esse o cenário dos anos 1980. Numa perspectiva claramente multidisciplinar atuávamos ao lado dos médicos cardiologistas aos quais, enfim, cabiam a supervisão dos efeitos do exercício sobre os indicadores clínicos.

Deste quadro de época julgo que os professores de educação física concluíram que era necessário saber mais. Sim, tenho a convicção de que foi a necessidade de saber mais e, cada vez, mais o que nos fez migrar da concepção predominantemente GENERALISTA. Foi a exigência para aprofundarmos nossos conhecimentos de forma a fundamentar com o necessário rigor científico nossa prática pedagógica o motivo que nos conduziu ao campo da especialização disciplinar. Sendo assim, então, paulatinamente migramos de uma concepção de formação do GENERALISTA para uma concepção de formação do ESPECIALISTA[85].

A necessidade de sabermos cada vez mais e com mais rigor fez-nos especialistas em treino aeróbico, em treino de força, em treino de flexibilidade, em técnicas de relaxamento... Levou-nos aos meandros da fisiologia, da bioquímica, da biomecânica, da psicologia (que imediatamente tratamos de adjetivar como *desportiva ou do desporto*). E neste trajeto entre o todo e a parte, transformamo-nos paulatinamente em hiper-especialistas. Já agora especialistas em: resistência aeróbia, resistência anaeróbia, força máxima, resistência mus-

---

[85] Talvez, seja importante salientar que este movimento do generalista para o especialista tenha origem, muito mais, numa necessidade dos professores em relação as exigência de fundamentar sua prática pedagógica do que um movimento acadêmico. Os cursos de formação profissional ainda mantinham a concepção de uma formação generalista, embora, reconheço, foi neste período que proliferam os cursos de especialização em diversas áreas.

cular localizada, flexibilidade, alongamento, em técnicas de meditação, relaxamento muscular progressivo.... Enfim! Cada vez e com mais intensidade íamos em busca do mais sobre o menos.

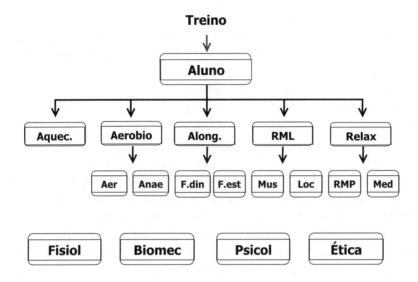

Entretanto, e dou ênfase a esta afirmação, absolutamente não julgo o caminho que vai do GENERALISTA para o ESPECIALISTA, como um equívoco. Como algo a que devemos nos arrepender amargamente. Um demônio à exorcizar. Sendo assim, estou distante de concordar com as idéias de autores como Goerge Gusdorf (1977)[86] e seus discípulos brasileiros, entre eles Hilton Japiassú (1976)[87] e Ivani Fazenda (1991)[88], que pretendem nos convencer que a especialização se constitui numa *patologia do saber*[89], ou pior ainda, como

---

[86] GUSDORF,G. A Interdisciplinaridade. *Rev. Ciências Humanas.* 1(2)13-22, jul/set, 1977. Rio de Janeiro.
[87] JAPIASSÚ, H. *Interdisciplinaridade e Patologia do Saber.* Rio de Janeiro: Imago, 1976.
[88] FAZENDA, I. C. *Interdisciplinaridade. Um projeto em parceria.* São Paulo: Loyola, 1991.
[89] Curiosamente esta perspectiva surge, ao meu ver de forma paradoxal, em MORIN no Método III (1986) e na Introdução ao Pensamento Complexo (2003).

uma *cancerização,* isto é, como um a doença que fatalmente compromete a produção do conhecimento (JANTSCH & BIANCHETTI, 2004[90]). Creio que pensar dessa forma supõe um significativo reducionismo histórico. Pressupõe um movimento linear de sentido único. E traz sérios prejuízos a compreensão e a configuração do saber. É, pretender parar o tempo. Reduzir a história a um momento impar. É interromper o permanente movimento em espiral inerente ao pensamento dialético. O movimento dialético descendente foi inevitável. O trajeto do generalista para o especialista foi necessário. Foi relevante e continua sendo. Mas, devemos reconhecer, representa apenas um dos pólos da concepção dialética sobre a história do conhecimento.

Todavia, é bem evidente, a migração do Generalista para o Especialista ocasionou a fragmentação do conhecimento. Fez emergir um obstáculo epistemológico à constituição das Ciências do Desporto enquanto uma área acadêmica. Nos impulsionou inevitavelmente para o conhecimento disciplinar. E, como sabemos, o conhecimento disciplinar tende a erguer fronteiras intransponíveis entre as diferentes disciplinas. Fronteiras que são conseqüências do isolamento de seu objeto de estudo; de metodologias mais ou menos específicas; de uma linguagem mais ou menos esotérica e de uma coletividade científica mais ou menos autônoma e isolada. Com a especialização concretiza-se o mito da Torre de Babel[91].

Tanto é que hoje, nós professores de educação física participamos de associações, de congressos e cursos diversos. São as sociedades, os congressos e os cursos de fisiologia, de biomecânica, de psicologia, de história, de pedagogia do desporto... Os periódicos científicos se multiplicam em consonância com a pluralidade de disciplinas. A disciplinaridade criou o especialista, o hiper-especialista e ergueu fronteiras bem vigiadas que não permitem a qualquer via-

---

[90] JANTSCH, A. P. & BIANCHETTI, L. *Interdisciplinaridade para além da filosofia do sujeito.* 7ª Ed. Petrópolis: Vozes, 2004, p. 16.

[91] Cf. MORIN, E. *O Método III. Conhecimento do conhecimento.* Mira-Sintra: Ed. Europa América, 1986.; MORIN, E. *A Cabeça Bem-Feita.* 5ª ed.Rio de Janeiro: Bertrand, 2001.

O Desporto como questão científica – dialética e transdisciplinaridade   215

jante desapercebido adentrar a estes espaços próprios sem o visto das autoridades (os especialistas) em seu passaporte. Ora, assim chegamos ao ponto de construirmos barreiras tão rígidas entre as disciplinas que, em muitos casos, não nos é permitido conversar sobre as diversas abordagens inerentes as ciências aplicadas ao desporto. Porém, repito! Fez-se necessário. O trajeto do todo à parte ou do generalista para o especialista foi necessário e relevante[92].

Mas, sendo assim, por outro lado, como justificar a convicção sobre a relevância do especialista, reconhecer a fragmentação do saber e simultaneamente, reivindicar o generalista sem cair em contradição? Creio que a resposta encontra-se na própria interpretação sobre a história do conhecimento humano.

Do meu ponto de vista este movimento do generalista para o especialista, deve ser interpretado num quadro teórico mais alargado. Ou seja, num sistema capaz de denotar que este movimento representa apenas uma parte do todo. É preciso interpretar este movimento do todo para a parte como um momento histórico e não como representando toda a história. E mais, é necessário perceber que a história pressupões a relação entre movimentos contrários. A história é escrita a partir do jogos entre opostos. É essencialmente dialética. No mesmo espaço onde há determinismos há contingência. Há auto-organização. Enfim, o jogo de opostos constitui o núcleo metódico duro da dialética. Portanto, se interpretarmos o movimento, do todo para a parte ou do generalista para o especialista, no âmbito de um sistema dialético, não caímos em contradição lógica ao afirmar sua relevância e simultaneamente, reivindicar o caminho rumo ao generalista instruído. Por suposto, o sistema permanece coerente.

---

[92] O problema, ao meu ver, não está na concepção de conhecimentos especializados, está, isto sim, na idéia de que o conhecimento especializado possa expressar a complexidade do real. É a ilusão de que se possa interpretar a complexidade do fenômeno desportivo a partir de uma visão disciplinar, seja essa disciplina a fisiologia, a biomecânica, a psicologia, a antropologia, a sociologia...

Do especialista ao generalista instruído-o movimento dialéctico ascendente

> *No mundo moderno, com a criação das disciplinas e especialidades, o ponto de vista é da parte. Com a expansão do conhecimento, o lema passa a ser: já que não é possível dominar o todo, a saída é dominar e exaurir a parte* (DOMINGUES, 2005, p. 20-1)[93].

Reafirmo a relevância do especialista. Vou considerar que ele detém conhecimentos que não devo prescindir. O especialista, aquele que investiga num movimento vertical rumo a profundidade do conhecimento, é necessário. Não obstante, volto a reivindicar o generalista. Entretanto, será que pretendo retornar aos anos 1980? Será que em nossos dias se torna útil um profissional que, embora detendo um conhecimento horizontal, é incapaz de resistir a falta de oxigênio à alguns centímetros de profundidade? Saber muito pouco sobre muita coisa será a característica do pesquisador em desporto? Estou plenamente convicto que não.

Assim, parece não haver dúvidas, é necessário recorrer ao caminho de volta – o movimento dialético ascendente-. Mas o movimento dialético ascendente não retorna simplesmente ao ponto de partida (o generalista). Ela pressupõe sínteses. É a lógica do terceiro incluído[94]. A dialética ascendente pretende reintegrar as partes isoladas num todo coerente. Mais que isso, supõe viabilizar a configuração de sistemas complexos. Sistemas teóricos que não se limitam a reunir as partes numa simples adição de saberes especializados. Neste movimento, nesta dialética ascendente é necessário atingir um novo patamar de compreensão sobre o conhecimento. Evidentemente, não se trata de excluir o especialista, mas sim de considerar seu conhecimento disciplinar como peça relevante e fundamental na concepção de um novo generalista. O generalista instruído.

---

[93] Domingues, I. Em Busca do Método. In. Domingues, I (org). *Conhecimento Transdisciplinar II. Aspectos metodológicos.* Belo Horizonte: Ed. UFMG, 2005, ps. 20-21.

[94] NICOLESCU, B. *O Manifesto da Transdisciplinaridade.* In. Cardoso, S. www.adm.ufba.br/capitalsocial>

O Desporto como questão científica – dialética e transdisciplinaridade   217

O generalista instruído é aquele que, tal como um *bricoleur* (LOVISOLO, 1995), é capaz de nos fazer ver uma paisagem a partir de um conjunto mais ou menos grande de pequenas peças. Aquele que nos permite visualizar na floresta a partir de árvores mais ou menos dispersas a trilha para alcançarmos nosso ponto de chegada. O generalista instruído é aquele que dá sentido às totalidades. Ele dialoga com os especialistas, penetra nos vários territórios, juntas as peças, integra-as numa totalidade complexa e constrói sua paisagem rica de novos sentidos. Provavelmente o generalista instruído se manifeste menos na figura do cientista tradicional do que na figura do filósofo ou do pedagogo. Sim! Talvez um organizador de conhecimentos, aquele que, viaja entre as várias fronteiras disciplinares das Ciências do Desporto. Nas palavras de Edgar Morin, um contrabandista de saberes[95]. Dialoga com fisiologistas, biomecânicos, psicólogos, coreógrafos, antropólogos, filósofos... de onde retira os fundamentos para organizar, por exemplo, uma bem estruturada teoria sobre o treino esportivo para crianças e jovens. O programa de treino é a paisagem que se quer vislumbrar. É o que se exige do generalista instruído. Mas, qual deve ser o caminho para concretizar esse movimento dialético ascendente? Qual o método? Minha hipótese sugere a transdisciplinaridade.

Um novo olhar sobre as ciências do desporto

Voltemos a observar nossa prática profissional. Parece demonstrado que a realidade nos fez ver com muita clareza que o mundo contemporâneo em sua imensa complexidade científica e tecnológica, não nos permite mais qualquer possibilidade de acompanhar tudo o que se produz de informação e conhecimento. Portanto, se não somos mais individualmente capazes de, sequer, acompanhar a produção de saberes de nossa especialidade, como imaginar uma metodologia capaz de organizar as diversas formas de conhecimen-

---

[95] MORIN, E. Contrabandista de Saberes. In PESSIS-PASTERNAK, G. *Do Caos à Inteligência Artificial.* 2.ª Ed. 1993, ps:83- 94.

tos e as inúmeras possibilidades de configuração disciplinar passíveis de descrever, interpretar ou orientar práticas de intervenção de um fenômeno cultural como o desporto, tão plural em suas formas e sentidos?

Como imaginar a possibilidade de se pretender, em determinadas circunstâncias e a partir de certas exigências, reunir num sistema coerente e consistente alguns conhecimentos oriundos de áreas tão diversas como, a fisiologia, biomecânica, psicologia, antropologia, sociologia, ética, história com o intuito de fundamentar teoricamente algumas práticas de intervenção no âmbito do desporto? Isto sem contabilizar a fisioterapia, medicina, nutrição, economia, administração, direito, arquitetura, engenharia, informática, comunicação, artes... que também, podem potencialmente intervir nas diversas manifestações técnicas, científicas e culturais que fazem parte e circundam os fenômenos desportivos.

Estas dificuldades, como afirmam Domingues et al. (2004, p.17), expressam sintomas de inquietude ulterior vivenciado por muitos intelectuais, artistas, técnicos e cientistas, e se manifesta no desejo de novas abordagens mais sensíveis aos chamados sistemas complexos, mais atentos aos aspectos do real. Portanto, tudo indica que a alternativa à pulverização do saber, à ultra-especialização disciplinar esta justamente na aproximação das disciplinas, de campos do conhecimento. E esta inquietude que motiva as propostas de metodologias multi, inter e transdisciplinares.

Todavia, é relevante sublinhar que as metodologias multi, inter e transdisciplinares, mantêm a disciplina como ponto de ancoragem. Nenhuma delas se diz contra, anti ou indisciplinar. Antes, buscam desenhar seu objeto nos programas de pesquisa capazes de relacionar as várias áreas do conhecimento em vista de um produto, tarefa ou objetivo específico (DOMINGUES et al. 2005, p.19). Mas, por outro lado, as metodologias multi, inter e transdisciplinares apresentam características distintas e, embora não sejam excludentes, antes pelo contrário sejam passíveis de relacionarem-se em rede, necessitam ser bem compreendidas em suas especificidades. Principalmente no contexto deste ensaio onde defendo a metodologia transdisciplinar como um movimento de *através,* ou seja, através do mono, multi e do interdisciplinar.

O Desporto como questão científica – dialética e transdisciplinaridade   219

(1.º) Sobre a multidisciplinaridade[96], parece ocorrer pouca divergência na literatura. Pode ser entendida como uma simples associação de especialistas em diversas disciplinas que concorrem para uma realização comum, mas sem que cada disciplina tenha que modificar significativamente a sua própria visão dos objetos, seus próprios métodos e linguagem. *É uma justaposição de conhecimentos* (Nicolescu, 1994, p.3)[97]. Exemplos típicos de uma organizações multidisciplinares são nossos currículos universitários. Nossos currículos acadêmicos são ricos em disciplinas. São inúmeras disciplinas e de todas as áreas. No entanto, a quem cabe a síntese nessa pluralidade de saberes? Lá reúnem-se os professores de fisiologia, biologia, psicologia, sociologia, antropologia, filosofia..., cada qual com seus conteúdos, métodos e linguagem a discorrer sobre suas especialidades muito pouco preocupados em constituir pontes que possibilitem a passagem de uma fronteira disciplinar para outra. Pior, em alguns casos, além de não conversarem e não convergirem sobre o objeto comum (por exemplo, o significado do desporto) em muitas situações encontram-se em trincheiras distintas guerreando entre si para impor suas verdades ou a relevância de seus métodos e conteúdos específicos.

Como se pode facilmente observar, esta abordagem multidisciplinar não supera as limitações inerentes a fragmentação do conhecimento. Com a multidisciplinaridade embora tenhamos vários especialistas tratando de um problema comum, cada um deles mantém-se rigorosamente entre as fronteiras de suas disciplinas. Não obstante, não deixo de reconhecer que a multidisciplinaridade representa um relativo avanço em relação ao modelo monodisciplinar. Creio que não tanto pelo que se propõe em si mesma, já que não pressupõe sínteses, mas simplesmente pela possibilidade de criar um terreno

---

[96] Considero o conceito similar ao de pluridisciplinaridade Alguns autores divergem. Consideram a diferença entre pluri e multi. Multidisciplinaridade seria a justaposição de duas ou mais disciplinas, sem relações entre elas e nenhuma coordenação. A pluridisciplinaridade já admitiria uma certa cooperação mas sem coordenação dessas relações. (CALLONI, 2006, p.65).

[97] NICOLESCU, B. *A Visão do que há Entre e Além.* Entrevista a Antónia de Sousa in. *Diário de Notícias, Caderno Cultura.* Lisboa, 3 de fevereiro de 1994, ps 2-3.

220 *Em defesa do desporto*

onde se possam lançar alguma sementes que dêem frutos híbridos, frutos que dêem um novo sabor a aventura do conhecimento. Ao reunir diversos especialista no âmbito de um mesmo objeto, resta a esperança de que possa emergir algum espaço de diálogo, o que significaria um passo importante para ultrapassar as fronteiras disciplinares.

(2.º) Sobre a interdisciplinaridade a literatura é difusa. Autores como Pierre Delatre[98]; Félix Guatarri[99], por exemplo, consideram-na como similar a transdisciplinaridade. Olga Pombo define como qualquer forma de combinação entre duas ou mais disciplinas com vistas a compreensão de um objeto a partir da confluência de pontos de vista diferentes e tendo como objetivo final a elaboração de uma síntese relativamente ao objeto comum[100]. Em Piaget a interdisciplinaridade é uma forma de chegar a transdisciplinaridade[101]. Todavia, em minha opinião a definição de interdisciplinaridade não se deve confundir com a de transdisciplinaridade. Tampouco, se deve interpreta-la necessariamente como um caminho para chegar até lá. Sou cético, também, em relação as interpretações que falam em aproximação, combinação ou fusão entre disciplinas, seja através de conteúdos ou de métodos, mas que, de fato, não explicitam sua identidade (principalmente no que a diferencia do conceito de transdisciplinar). Situo-me próximo a interpretação sugerida por Domingues (2005). Para este autor o que caracteriza a interdisciplinaridade é o compartilhamento de métodos para atender de maneira tópica e localizada um objeto de estudo, depois fundir os campos de conhecimento e gerar uma nova disciplina.

Portanto, interpreto a interdisciplinaridade como uma fase de transição. Como um método capaz de fazer emergir uma nova disciplina a partir de duas ou mais disciplinas. Entretanto, ao adotar essa

---

[98] DELATTRE. P. Investigações interdisciplinares. Objectivos e dificuldades. In. <http:/www.educ.fc.ul.pt/docentes/opmbo/mathesis> acesso em março de 2006.

[99] GUATARRI, F. Fundamentos ético-políticos da interdisciplinaridade. Rio de Janeiro: *Tempo Brasileiro*. v.5, n.98 jul/set, 1989, ps. 19-25.

[100] POMBO, O. *Interdisciplinaridade: conceito, problemas e perspectivas.* In. <http:/www.educ.fc.ul.pt/docentes/opmbo/mathesis> acesso em 06/06/ 2006.

[101] Apud OLIVEIRA, F.M. de. *Interdisciplinaridade, transdisciplinaridade e teologia.* In: <www.redemptor.com.br/ ~soter/Teologia_Flavio.htm> consulta em 16/06/2006.

O *Desporto como questão científica – dialética e transdisciplinaridade*   221

compreensão, fica implícito que a interdisciplinaridade, também ela, embora crie um novo espaço de saber, mantém este espaço demarcado por fronteiras rígidas. Enfim, com a interdisciplinaridade voltamos ao disciplinar. O interdisciplinar, do meu ponto de vista, é um meio (método) e não um fim. É uma momento em trânsito e não algum ponto de chegada.

A interdisciplinaridade, reconheço, é importante e constitui-se numa prática efetiva em nossa área de estudo. Provavelmente o exemplo mais evidente é a biomecânica. Oriunda das inter-relações entre a física e a biologia, hoje constitui-se numa disciplina plenamente organizada no que tange a seu conteúdo, sua coletividade científica, sua metodologia e sua linguagem. A biomecânica é uma nova disciplina. Uma nova especialidade. Portanto, ergueu fronteiras nítidas. Todavia, ao tornar-se uma disciplina e, como tal, a restringir--se à seu objeto de estudo, embora a indiscutível relevância de seus saberes para o desporto, perde a possibilidade de desvelar a complexidade inerente as manifestações do fenômeno esportivo.

(3.º) Sobre a hipótese transdisciplinar. Defino a transdisciplinaridade como um sistema aberto. Distinto das visões inter e multidisciplinar, o olhar transdisciplinar não resulta em uma redução de um campo disciplinar a outro, nem numa soma de metodologias ou na postulação de uma meta-metodologia, tampouco, na criação de algo absolutamente novo (uma nova disciplina ou uma nova ciência). A transdisciplinaridade é articulação de saberes (MORIN, 2002) através de ferramentas da lógica, da matemática e da informática, além da adoção de procedimentos das artes e incorporação de pressupostos da filosofia (Domingues, 2005). É efetivamente um gerenciamento de saberes. A transdisciplinaridade gera saberes, tanto abrangentes como particulares, mas configurando um sistema coerente e consistente, como tais, fortemente contextualizados segundo as situações, os objetos e escopos da pesquisa[102].

Creio, a transdisciplinaridade é a abordagem capaz de justificar um campo de pesquisa que dê sentido as formas de saber sobre o

---

[102] Conceito adaptado a partir de DOMINGUES, (2005, p.36).

[103] SERRES, M. *Os Cinco Sentidos. Filosofia dos corpos misturados 1.* Rio de Janeiro: Bertrand Brasil, 2001.

desporto. Um saber estruturado em forma de rede. Um sistema sem hierarquia pré-definida e sem espaços com fronteiras rígidas. Sem ordem pré-definida no tempo. Sim, um espaço onde os conceitos disciplinares são relativizados, tornando suas fronteiras porosas ao ponto de permitir uma miscigenação de saberes, saberes híbridos (SERRES, 2001[103]; 2003[104]). Ponto de convergências. Conhecimentos estruturados em forma de redes permitem a unidade do saber. De seu inacabamento, é certo. Mas também da sua inexorável abertura à promessa de um saber em permanente crescimento[105].

Exercício físico e HIV/SIDA.Uma experiência transdisciplinar

Alexandre Lazarotto é professor de educação física. Conclui seu doutoramento em Ciências do Movimento Humano na UFRGS e desenvolve sua tese sobre Programas de Exercícios Físicos para pacientes HIV positivo e doentes de SIDA. Fui convidado para ser seu orientador acadêmico. Aceitei o desafio. Mas, logo percebi o quanto seria longo e árduo este trajeto. Também, tomei consciência o quanto eu esta despreparado para acompanhar o percurso. Portanto, só havia uma alternativa procurar parceiros. Vários parceiros. O Lazarotto, por outro lado, desde o início já tinha essa convicção. Já havia reservado lugar para vários companheiros de viagem nesta caravana. Companheiros de várias áreas de investigação aplicada à educação física e fora dela, de nossa Universidade e de fora dela. De nossa cidade e de fora dela. Juntaram-se a caravana, já no primeiro momento um guia imprescindível, um farmacêutico-bioquímico[106]; em seguida vieram fisiologistas; pelo menos dois especialistas em bioética, imunologistas; técnicos diversos que instrumentaram o dou-torando a manipular amostras de sangue e prepara-las para as análi-

---

[104] SERRES, M. *Hominescências. O começo de uma outra humanidade*. Rio de Janeiro: Bertrand Brasil, 2003.

[105] Cf. Pombo, O. Laboratório hipertextual. <www.educ.fc.ul.pt/hyper/laboratório> consulta em 29/06/2006.

[106] Refiro-me ao Dr. PAULO IVO BITENCOURT. O principal orientador científico desse projeto.

O Desporto como questão científica – dialética e transdisciplinaridade   223

ses posteriores; professores de educação física da área de treinamento desportivo e pedagogia do esporte.

Mas porque tanta gente, se o objetivo do projeto aparentemente é tão simples? Planejar um programa de exercício físicos para sujeitos HIV Positivo e doentes de SIDA. Ocorre que trata-se de uma tese de doutorado e, como tal, não se limita exclusivamente a propor um simples programa de exercícios. É necessário que tal proposta esteja rigorosamente fundamentada em pressupostos científicos, técnicos, pedagógicos e filosóficos. Uma tese tem que produzir conhecimento teórico coerente e evidências empíricas consistentes. Não basta, conhecer os pressupostos científicos e técnicos dos programas de exercício: o tipo de exercício, sua intensidade, duração, intervalo, etc... Para chegar até aí, é preciso identificar seus efeitos bioquímicos, fisiológicos, psicológicos. É preciso compreender as exigências éticas em tratar com tal população. É preciso compreender e interagir com a ignorância e o decorrente preconceito que existe numa determinada cultura e no imaginário social sobre HIV e SIDA. É preciso dominar técnicas de manipulação sangüínea... Enfim, é necessário um conhecimento complexo. Mas como construí-lo? Eis a questão! Através da transdisciplinaridade. Eis uma resposta possível.

A transdisciplinaridade, assim como a percebemos, é geradora de um espaço de conhecimento coletivo. Não é tarefa de um único sujeito. Lazarotto não tinha como tornar-se um especialista competente em tantas disciplinas diversas. Mas, entretanto sua tarefa exigia conhecimentos oriundos dessas tantas disciplinas. Todavia, talvez nem seriam conhecimentos na plena acepção do termo, pelo menos ao nível de exigência daqueles a quem se atribui o título de especialista. Provavelmente eram determinadas informações necessárias a compreensão dos múltiplos fatores que interagem na concepção de seu programa de treino.

Bem! Operacionalmente nós tínhamos um problema a resolver: Constituir um programa de exercícios que aumente a imunidade dos sujeitos HIV positivos e doentes de SIDA. Tal questão a princípio se limitava em responder algumas questões orientadoras[107]: Que exercí-

---

[107] Entre os principais objetivos do projeto consta: Identificar a intensidade individual dos exercícios aeróbios e resistência muscular localizada para cada participante do programa.

cios[108]? Qual a intensidade[109]? Qual a duração[110]? Evidentemente questões restritas aos especialistas em treino esportivo. Mas, tão relevante quanto essas questões era a definição dos instrumentos empíricos de validação da proposta: seriam apenas análises bioquímicas[111]? E os aspectos psicológicos? E as prováveis alterações nos hábitos de vida[112]? As variáveis bioquímicas foram definidas pelos especialistas da área. Haviam evidências empíricas sobre o comportamento de certas proteínas (HSP 70, por exemplo) quando os sujeitos eram submetidos a programas de exercício físico. Mas deixaríamos de avaliar prováveis alterações no perfil psicológico. Não seria provável imaginar um aumento nos níveis de auto-imagem e auto-estima? Motivação para práticas de exercícios físicos e esportes? E prováveis efeitos sobre o perfil psicológico de um grupo de sujeitos onde a presença de um coquetel de drogas impõe muitas reações adversas? Enfim, obteríamos algum sucesso no âmbito da qualidade de vida de nossos sujeitos?

Não obstante, mesmo antes de encontrar respostas preliminares na ampla bibliografia sobre o tema, o trabalho empírico exigia outras respostas: Onde encontrar nossos sujeitos de pesquisa[113]? O que oferecer como contrapartida à sua disponibilidade em colaborar com a pesquisa? Como e onde reuni-los para as atividades[114]?

---

[108] Aeróbios, alongamentos e resistência muscular localizada

[109] 60% do VO2 Máx. para o treino aeróbico e até 25 repetições para resistência muscular localizada

[110] Tempo total da sessão 60 a 70 minutos durante 12 semanas. Aeróbio 20 minutos; alongamentos 3 momentos de 5 minutos no início da sessão, após o treino aeróbico e ao final da sessão; resistência muscular localizada 25 a 30 minutos.

[111] Descrever dos participantes HIV+, a condição clínica geral, contagem de CD4+, CD8+, carga viral, medicação e seus efeitos colaterais e doenças associadas ao HIV.

[112] Os instrumentos utilizados constam de questionários de atividade física habitual, entrevista estruturada sobre hábitos de vida, entrevistas não formais com os sujeitos praticantes do programa de exercícios sobre os efeitos em indicadores de qualidade de vida, além de ficha para coleta de dados no prontuário, ficha individual para a coleta de dados bioquímicos e hemodinâmicos, ficha individual dos exercícios de resistência muscular localizada e exercícios aeróbios.

[113] Os campo de pesquisa foi a sede do Grupo de Apoio à Prevenção da AIDS do Rio Grande do Sul

[114] As atividades foram realizadas na sala de musculação e ginástica e os testes físicos e antropométricos no Laboratório de Pesquisa do Exercício da Escola de Educação Física da Universidade federal do Rio Grande do Sul.

O Desporto como questão científica – dialética e transdisciplinaridade   225

Tantas questões evidentemente exigiriam uma metodologia suficientemente complexa. Exigiria um plano de trabalho capaz de fazer interagir um conjunto significativo de informações advindas de diversas disciplinas para construir um referencial teórico consistente à subsidiar os resultados empíricos. Assim, definiram-se as prioridades através de um cronograma flexível que permitiria a tarefa de reunir os diversos especialistas, técnicos e os próprios sujeitos da pesquisa os voluntários HIV Positivos e doentes de SIDA.

Foram inúmeras reuniões, entrevistas, conversas formais e informais. Reuniões para adquirir informações, para confirmar conjecturas, para discutir resultados que iam surgindo no trabalho de campo e que não compreendíamos muito bem seu significado. Palestras foram ministradas pelo doutorando no intuito de compartilhar achados, críticas e sugestões sobre o projeto. O convívio próximo com os sujeitos da pesquisa davam subsídios riquíssimos para a configuração pedagógica do programa de exercícios. O treinamento de monitores para auxiliar o doutorando nas sessões de treino, os diversos artigos apresentados em congressos e publicados em seus anais.

Enfim! esta sendo uma tarefa complexa a exigir uma concepção transdisciplinar onde o conhecimento não se estrutura no espaço interior de fronteiras disciplinares rígidas, mas que tampouco desconhece sua relevância. Onde não há linearidade nem no pensamento e tão pouco nas estratégias de execução do projeto. Onde os conhecimentos dos especialistas são referência indispensáveis, todavia exigindo um gestor de conhecimentos capaz de construir um edifício sólido, coerente, consistente e profundamente aplicado as necessidades do mundo da vida. Um corpo de conhecimentos constituído em rede, portanto nunca determinado ou determinista. Um conhecimento contingente, provisório, aberto e, nem por isso, menos rigoroso na exigência de sua cientificidade. É a transdisciplinaridade.

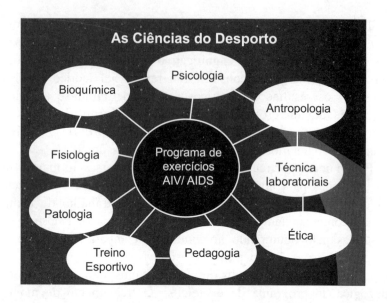

As últimas palavras

Concluo, após este longo trajeto com a convicção de que as ciências do desporto é um espaço de convergências. Um espaço de inteligência coletiva. Identifico o pesquisador em ciências do desporto como um generalista instruído. Um arquiteto do saber complexo, um pedagogo, um filósofo. Um criador de mapas e cenários. É, assim, que sem o temor de cair em contradição formal, entendo que rompem-se barreiras... As ciências do desporto atravessam as fronteiras do conhecimento disciplinar. Entre o conhecimento científico, técnico, filosófico, religioso, do senso comum. É a complexidade. Complexidade que necessita da transdisciplinaridade como método e guia seguro das ações num mundo tão polimorfo e polissêmico como o mundo do desporto.

As ciências do desporto precisam avançar:

- De uma ordem natural imutável inerente a uma visão absolutamente determinista para a emergência do indeterminismo (Heisenberg, 1999) ou determinismo probabilístico (Espagnat, apud Jorge 1994);

O Desporto como questão científica – dialética e transdisciplinaridade   227

- Da possibilidade de um conhecimento capaz de traduzir esta ordem natural em sua essência física na expressão epistemológica de um realismo físico (Jorge, 1994) para versões próximas como ao realismo científico (Popper, 1992); ao realismo representativo (Chalmer, 1999) ou fenomenológico (Bhor,1995);
- De um saber universal passível de ser apanhado através da observação ou da proposição de observações simples, característica inerente ao raciocínio indutivo, para considerar a ciência como conhecimento conjectural passível de refutações através da crítica racional. Portanto, tal passagem representa a transição de uma objetividade forte (Atlan, 1994) à possibilidade de uma objetividade inerente ao cientista (Popper 1974); à possibilidade de uma objetividade fraca (Atlan, 1994) ou intersubjetividade (Bhor, 1995; Morin, 1991

Enfim, nesta época de muitas dúvidas e tantas verdades

> *"Os pensamentos são nuvens. A periferia de uma nuvem não é mensurável com exatidão. (...) Os pensamentos são empurrados ou puxados em velocidades variáveis. (...) Os pensamentos não cessam de mudar de posição. "* (LYOTARD, 1998, p.18).

Como, já a algum tempo, sugeriu Henri Atlan, estamos entre ordem simétrica e cristal e a fumaça:

Bibliografia

ATLAN, H. *Entre o Cristal e a Fumaça. Ensaio sobre a organização do ser vivo.* Rio de Janeiro: Zahar Editor, 1992.

ATLAN, H. *Com Razão e Sem Ela.* Lisboa, Piaget, 1994.

ATLAN, H. *O Livro do Conhecimento. As Centelhas do Acaso e a Vida.* Lisboa: Instituto Piaget. s.d.

BOHR, N. *Física Atômica e Conhecimento Humano.* Rio de Janeiro: Contraponto, 1995.

CALLONI, H. *Os Sentidos da Interdisciplinaridade.* Pelotas: Seivas, 2006,

228   *Em defesa do desporto*

CHALMER, A.F. *O Que é Ciência Afinal.* São Paulo: Brasiliense, 1993

CIRNE-LIMA, C. *CD –ROOM Dialética para Todos.* Versão em multimídia de Dialética para Iniciantes. Porto Alegre: EDPUC, 1996.

CIRNE-LIMA, C; ROHDEN, L. *Dialética e Auto-organização.* São Leopoldo: Ed. Unisinos, 2003.

CIRNE-LIMA, C; HELFER, I; ROHDEN, L. (Orgs) *Dialética, Caos e Complexidade.* São Leopoldo: Unisinos, 2004.

CUNHA E SILVA, P. *O Lugar do Corpo: Elementos para uma Cartografia Fractal.* Lisboa. Institut Piaget, 1999.

DELATRE, P. Investigações interdisciplinares. Objectivos e dificuldades. In. <http:/ www.educ.fc.ul.pt/docentes/opombo/mathesis> acesso em março de 2006.

DELATRE, P. *Teoria dos Sistemas e Epistemologia.* Lisboa:A Regra do Jogo Ed., 1993

DOMINGUES I. (org) *Conhecimento Transdisciplinaridade.* Belo Horizonte: Ed. UFMG, 2004.

DOMINGUES I.(org). *Conhecimento Transdisciplinar II. Aspectos metodológicos.* Belo Horizonte: Ed. UFMG, 2005.

FAZENDA, I. *Práticas Interdisciplinares na Escola.* 7ª ed. São Paulo: Cortez, 2001.

FAZENDA, I. *Interdisciplinaridade. Um projeto em parceria.* São Paulo: Loyola, 1991.

GAYA, A. Sobre o Esporte para Crianças e Jovens. In. *Revista Movimento* 6(13) 2000/2, Temas Polêmicos, ps 1- 4.

GAYA, A. *Programas de Aptidão Física para a Prevenção e Reabilitação de Cardiopatia Isquêmica. A Necessidade de uma Pedagogia Generalista.* Rio de Janeiro: UERJ. 1987. (Tese de Livre Docência em Treinamento Esportivo)

GUATARRI, F. Fundamentos ético-políticos da interdisciplinaridade. Rio de Janeiro: *Tempo Brasileiro.* v.5, n.98 jul/set, 1989, ps. 19-25.

GUSDORF,G. A Interdisciplinaridade. *Rev. Ciências Humanas.* 1(2)13-22, jul/set, 1977. Rio de Janeiro.

HEISENBERG, W. *Física e Filosofia.* Brasília: UnB, 1958.

JANTSCH, A.P; BIANCHETTI, L. (Orgs) *Interdisciplinaridade: Para Além da Filosofia do Sujeito.* 4ª ed. Petrópolis: Vozes, 2000.

JAPIASSU, H. *A Atitude Interdisciplinar no sistema de ensino.* Rio de Janeiro: Tempo Brasileiro. v.5, n 98 jul/set, 1989, p. 83 – 93.

JORGE, M.M.A. *Da Epistemologia à Biologia.* Lisboa, Piaget, 1994.

JORGE, M.M.A. *As Ciências e Nós.* Lisboa, Piaget, 2001.

LYOTAR, J.F. *A Condição Pós-Moderna.* Rio de Janeiro: José Olimpio, 1979.

LOVISOLO, H. *Educação física como arte da mediação. Contexto e Educação,* Ijuí/ RGS, v. 29, n. jan/mar., p. 26-59, 1993.

MORIN, E. Contrabandista de Saberes. In PESSIS-PASTERNAK, G. *Do Caos à Inteligência Artificial.* 2ª Ed. 1993, ps:83- 94.

O Desporto como questão científica – dialética e transdisciplinaridade 229

MORIN, E. *O Método III. Conhecimento do conhecimento.* Mira-Sintra: Ed. Europa América, 1986.

MORIN, E. *A Cabeça Bem-Feita.* 5ª ed.Rio de Janeiro: Bertrand, 2001.

MORIN, E. *Introdução ao Pensamento Complexo.* 3ª ed. Lisboa: Piaget, 2001

MORIN, E. *O Método 5 Humanidade da Humanidade.* Porto Alegre: Sulina 2003

MORIN, E. *O Método 6. Ética.* Porto Alegre: Sulina, 2005

MORIN, E; LE MOIGNE, J.L. *A Inteligência da Complexidade.* 3ª ed. São Paulo: Peirópolis, 2000.

NICOLESCU, B. *A Visão do que há Entre e Além.* Entrevista a Antónia de Sousa in. *Diário de Notícias, Caderno Cultura.* Lisboa, 3 de fevereiro de 1994, ps 2-3.

NICOLESCU, B. *O Manifesto da Transdisciplinaridade.* In. Cardoso, S. www.adm. ufba.br/capitalsocial>

OLIVEIRA, F.M. *Interdisciplinaridade. Objetivos e Dificuldades.* In, <www.educ.fc.ul.pt/ docentes/opombo/mathesis?> acesso em março de 2006.

POPPER, K. *Conhecimento Objetivo: Uma Abordagem evolucionária.* São Paulo, USP, 1975.

POMBO, O; GUERREIRO, A.; ALEXANDRE, A.F. *Enciclopédia e Hipertexto.* Lisboa: Eduardo Reis, 2006.

REPPOLD FILHO, A. *In Search of Academic Identity: Physical Education, Sport Science and the Field of Human Movement Science Studies.* 2000. Tese: School of Education Centre for estudies in Physical Education and Sport Science. University of Leeds.

SANTOS, B. S. *Um Discurso Sobre as Ciências.* 5ª Ed., Porto: Afrontamento, 1991

SANTOS, B. S. *A Crítica da Razão Indolente: Contra o Desperdício da Experiência.* São Paulo: Cortez, 2000.

SANTOS, B.S. *A Gramática do Tempo: Para uma Nova Cultura Política.* São Paulo, Cortez, 2006.

SERRES, M. *Os Cinco Sentidos. Filosofia dos corpos misturados 1.* Rio de Janeiro: Bertrand Brasil, 2001.

SERRES, M. *Hominescências. O começo de uma outra humanidade.* Rio de Janeiro: Bertrand Brasil, 2003.

Em defesa do Desporto de Alto Rendimento

O MITO DE SÍSIFO E EU.

Teresa Marinho

Jornada de Sísifo

Sísifo foi por deuses condenado
A levar uma pedra assaz tamanha
Por um sêrro, só sendo perdoado
Quando alcançasse o cimo da montanha.

Mas por ignoto e bem terrível fado
Foi sempre inútil tôda a sua sanha.
Mil vezes veio atrás extenuado
E retomou em vão essa campanha.

Sísifo não é mito legendário
Sísifos somos neste mundo vário,
Mas vasto de amargura desmedida.

Todos temos um sonho irrealizado.
Todos temos um fim inalcançado.
A jornada de Sísifo é a vida.

Francisco Ventura

---

* Licenciada em Línguas e Literaturas Modernas. Mestranda em Gestão Desportiva.

232 *Em defesa do desporto*

A tarefa que me foi incumbida, a de *poetar* sobre este tema que me é tão querido e gratificante, exige sensibilidade, dedicação e respeito. Deslumbrou-me o facto de se terem lembrado de mim para expressar o contributo mais sincero em defesa do desporto de alto rendimento.

Durante anos vivi intensa e freneticamente o universo particular do desporto de alta competição. Foi árdua a travessia. No caminho que transcorre entre a preparação calculada, meticulosa e infindável e o momento efémero de glória e adoração, desliza uma brisa intempestiva, curiosa e desigual. Todo o esforço, energia e saber são canalizados para a consecução de um objectivo mítico, transcendente, celestial.

Apesar de toda a polémica falaciosa que actualmente se instala na reputação do desporto competitivo, revejo-me na expressão camoniana " E outro valor mais alto se alevanta" (Luís de Camões, *Os Lusíadas*, Canto I) e elevo os pensamentos para os verdadeiros valores que do desporto transpiram. Abraçar o desporto sem respeitar a sua mais inócua natureza e essência, sem perceber o seu desígnio e mensagem, sem assimilar o seu carácter exemplar e mutante, é o mesmo que ser poeta sem ter inspiração.

O desporto exerce uma função pedagógica de suma relevância na formação do homem hodierno, sendo um veículo transmissor de cultura e sabedorias ética e estética, possibilitando um aperfeiçoamento permanente e encaminhando o homem para o trilho da verdadeira excelência humana:

> *E esta febre de Além, que me consome,*
> *E este querer grandeza são seu nome*
> *Dentro em mim a vibrar.*
>
> Fernando Pessoa – Gládio

Na senda deste progresso para alcançar a sua dimensão espiritual, quiçá a sua principal condição humana, insere-se o desporto de alto rendimento, como a mais elevada provação que o homem terá de superar.

Busca do Rendimento

Logo à partida, o tema rendimento sugere uma ramificação semântica considerável. Render significa tirar o maior proveito, dar o máximo, obter resultados, almejar a vitória, ser o melhor. O desporto de alto rendimento transcende a vertente de animalidade que nos compõe, criando homens que com o transcorrer dos tempos tornar-se-ão em deuses no Olimpo. O atleta que se entrega a tamanho sacrifício e devoção não se situa na esfera meramente terrena, não se move por pensamentos enfadonhos e mesquinhos, não se deixa endrominar por falsas ilusões,

Ser atleta é ser mais alto, é ser maior
Do que os homens.

Faço minhas as sábias palavras de Florbela Espanca, modificando e adaptando à nossa realidade o vocábulo que dá vida ao poema "Ser Poeta" e que sublima as qualidades mais poéticas do homem. Assim, " Ser atleta" é ser um artificie divino, um sempiterno fluir de sacrifício e de felicidade, de dor e de alegria, de sofrimento e de fruição…

O atleta que vive e respira a alta competição diariamente é um ser privilegiado. Conviver com o esforço físico intenso e constante, experimentar sensações e estados de alma arriscados e voláteis, sentir a respiração de anjos que nos suspiram palavras de incentivo e coragem, são espasmos de uma vibração divina que só nós, poetas da mestria plástica e espiritual, conseguimos incorporar.

Em nome da excelência

"Mas hoje é preciso que o homem possua uma determinação rara para se permitir o luxo de desportos perigosos", sublinha Bertrand Russell. Aproveitemos a oportunidade que Russell nos concede com este impressionante pensamento e detenhamo-nos por breves instantes nas profundezas do oceano mais vivificante e caracterizador da existência humana: a areté. O treino traduz-se por momentos de pleno sacrifício e entrega. Cada volta à pista, cada braçada, cada pedalada, cada remate à baliza implicam uma notável densidade de sensações e significados: dor, imolação, determinação, superação, alegria e dever cumprido. O *ethos* (carácter) que deriva de tal estado de espírito considera o astro do alto rendimento e eleva-o a um estado de excelência de difícil acepção e entendimento.

O sofrimento desportivo inculca em toda a essência do homem uma condição de integridade, rectidão, pundonor, verticalidade, lhaneza, hombridade e respeito, que o mais comum dos mortais simplesmente não alcança. Não quero com isto retirar o valor e a probidade que o ser humano que não pratica desporto a um alto nível possa ter; somente ressalvo que o caminho percorrido até ao cimo da mais alta montanha pertence a um herói grego, a um super-homem, a uma estrela que cintila eternamente, quer seja dia, quer seja noite, com uma determinação inabalável, com uma energia constante, com uma alma que vibra à mínima corrente magnética, resistindo às agruras do tempo e superando as intempéries da morte.

António Caeiro (2002) preconiza a excelência como uma "perseverança corajosa", um sopro de autenticidade, um projéctil orientado para o alvo máximo do esplendor humano: a perfeição. O fardo é pesado. A tarefa divina deverá ser alcançada em solo terreno, repleto de imperfeições, obstáculos e momentos de solidão. O atleta é um solitário! É um ser que sofre, sem contemplações, o desgaste que o treino impõe. Silenciosamente, trilha um caminho que se assemelha a um Adamastor surpreendido e enfurecido, pelo confronto que existe entre o homem e o seu "eu". Na realidade, a luta mais profunda situa-se no embate acima descrito. A peleja é constante e acérrima. O grito, mesmo no silêncio, é sonoro e estridente. É a tal determinação que separa o voo da ave que quer realmente transcender a ignorância, a inércia e o desconhecido. É a tal perseverança que permite a sagaz transposição de um tempo sempre apressado e revelador de que cada minuto é um bem precioso, que não volta nunca; é a mesma que faz com que a glória, a honra e a agnórise se perpetuem pelo túnel da eternidade, sempre em busca da tão irreverente imortalidade; é a mesma que leva o homem a testar o seu próprio limite e a fazê-lo sentir que apesar da limitação que um corpo suado, dorido e esgotado reflecte, todo o universo conspira para que a alma se liberte das amarras do físico e penetre na felicidade de uma limitação ilimitada, sempre desafiada pelos meandros de uma mente votada ao absoluto, ao infinito, à excelência.

A coragem de se Ser Humano

Teixeira de Pascoaes ilustra magistralmente o espírito de um homem inconformado, rebelde e soberano: "O meu pensamento sou eu próprio; e eu sou um produto do meu trabalho, da minha dor, pois todo o esforço é dor, excesso, desejo que se intensifica para ultrapassar a sua esfera. Que é a imortalidade? A ambição de não morrer elevada ao infinito".

No fundo, a vida resume-se exactamente a um intensificar de emoções, à busca incessante da pedra filosofal, à demanda constante do Santo Graal, ao querer vivificante de uma Fénix, que ao renascer das cinzas proféticas, elege um caminho, acreditando intrepidamente no valor e na capacidade que divinamente lhe foi concedido. O atleta revê-se nesta demanda do auto conhecimento e constrói-se todos os dias, a todas as horas, a todos os minutos, em cada momento. É, indubitavelmente, esta construção de carácter e de dignidade, que o levam, tal Sísifo acorrentado, a empurrar a pedra até ao cume, sem contemplações, sem protestos, sem resistência perante o destino.

O sacrifício de se Ser Humano

Sísifo espelha a permanente luta pela perfeição. O facto de a pedra nunca alcançar o cimo da montanha, revela a tentativa sagaz do homem na persecução do desiderato que visa atingir. É penoso. É sofrido. É (im)possível. Mas o destino é mesmo assim, ignoto, e sempre atento à mais ínfima oportunidade em auxiliar o homem na busca da verdade e da linha perdida do horizonte, que Pessoa alude na tão valiosa *Mensagem*. No fundo, o empurrar eterno do rochedo personifica o permanente recomeçar de uma qualquer tarefa, seja ela física, seja ela espiritual, seja ela, em suma, verdadeiramente humana.

Se a pedra resvala monte abaixo, tal maré que desliza em movimento descendente para recuperar energias e limpar impurezas, a finalidade poderá prender-se com o carácter perfeccionista que o encargo parece denotar. A profundidade desta imagem prende-se com o singular fluir de um vibrar magnético que faz com que a consciência da personagem aceite o seu destino, transcendendo-se ao sofrimento e superiorizando-se à essência violenta da acção que terá de levar avante. Recomeçar significa aperfeiçoar, catapultar a alma para alcançar o infinito, romper com os padrões insignificantes do que é expectável, viajar por esferas que se apartam do materialismo, da rudez de sentimentos, da banalidade incoerente e imoral. Sísifo recomeça porque se vê obrigado a cumprir um destino, a respeitar um castigo, a superar um nível inferior da existência. O atleta de rendimento coloca-se no mesmo ponto de partida, assumindo-se inconcusso e temerário perante o valor que a tarefa representa. No fundo, o seu objectivo é o de Sísifo. Ambos estão votados ao empurrar eterno de um rochedo; ambos os destinos se entrecruzam algures no tempo, nem que seja lá longe no infinito. Apesar de toda a limitação que esta tarefa parece transpirar, avançamos, sem pudor, que enquanto a chama da vida iluminar o corpo e o espírito, o homem nunca alcançará o seu verdadeiro limite. Sempre que se evidencia o recomeço do atirar da pedra para o alto, mudanças são operadas nesta atitude heróica. Tudo é sujeito a aperfeiçoamento, excepto a ideia que se entranha no pensamento. O homem muda, pois sempre que pisa a pista, sente que o faz pela primeira vez, sente o medo de uma criança, o mesmo que faz com que a adrenalina flua pelo sangue e lhe forneça o alimento necessário à vida, à superação, à crença na vitória. A pedra muda, visto podermos considerar a simbologia da pedra como um factor do carácter evolutivo do homem. O seu aspecto fixo e imutável representa a firmeza e a resistência. Apesar da arduosidade da tarefa, a pedra confirma a confiança que Sísifo pode esperar do artefacto que o ajudará na consecução da mesma. A encosta muda, porque o caminho que percorremos vai sofrendo alterações. Dependendo do dia, da hora, da capacidade mental e da disposição física, o percurso pode assumir-se repleto de espinhos, ou pelo contrário, uma estrada que nos encaminha para as portas do céu. O objectivo difere, visto cada passo que percorremos ser único e maleável. Existimos para nos suplantarmos sempre! – Independentemente do esforço, da imolação, da volição.

No que concerne a este mito, sejamos sempre adeptos do recomeço, nem que para isso seja necessário dar ao vento uma parte de nós. Sejamos conscientes dos nossos limites, mas não nos limitemos a aceitar que não é possível irmos mais longe, sermos mais altos e sentirmo-nos mais fortes. A busca do conhecimento de nós próprios perpassa a máxima de Coubertin. Só quando realmente interiorizarmos a coragem suficiente para nos pormos à prova ilimitadamente, tanto corporal, como fisicamente, é que teremos a dignidade de nos considerarmos aptos para aceitar e ultrapassar qualquer provação. O segredo do *homo sportivus* actual reside no aqui e no agora, sem medos, sem entraves, sem ladeiras, sem encostas, mas com a ideia de que tudo entra no campo do possível, a partir do instante em que acreditamos no poder do nosso espírito, do poder da nossa mente e no poder divino que vive bem lá no fundo da nossa alma, mas que só os eleitos conseguem alcançar, decifrar e perceber. O alto rendimento vive de tentativas constantes, de pedras lançadas com desespero, pranto e teimosia. Mas só assim nos revemos em Sísifo, nós atletas de alta competição. A montanha, cá do fundo parece enorme, abraça-nos monstruosa e desconfiadamente, como se o nosso acto de um abuso se parecesse tratar. Mas à medida que o cume se acerca, vamos parecendo tão altivos e capazes de nos equipararmos à mesma; mais! – qual simbiose, parece que nos transformamos em montanha. Somos montanha! Vamos crescendo interiormente e adquirindo a percepção e a convicção de que também somos capazes de tocar no céu, nem que seja por um breve suspiro,

Nós, os homens
Com as mãos suadas de deuses

José Gomes Ferreira – Poeta Militante II

A construção do Ser-se Humano

Tal Sísifo, o atleta verte lágrimas em silêncio. O percurso, apesar de íngreme e tortuoso, reflecte a responsabilidade, o sacrifício e a honra. No decorrer do treino e da preparação física exigente e sacrificial, as sensações que se apuram superam o puramente físico e material. Nós, atletas de alto rendimento, não nos situamos na ordem do mundano e do banal. Os objectivos são cada dia que passa um ritual sagrado, um universo exploratório do corpo e do espírito, um alento de verdade e de justiça. A nossa verdadeira natureza e identidade espelha-se no momento mais profundo da nossa existência, o chamado teste final, a chamada chama divina: a competição.

É no fogo da competição, na linha de partida, que o conhecimento que adquirimos de nós próprios está no seu auge. O treino é um processo de aprendizagem e uma permanente descoberta do gládio que fluí no sangue e revigora o mais breve bafejo de desalento e comiseração. Para que seja possível desfrutar intensamente o sopro do momento decisivo, um longo caminho de crença, sacrifício e superação estende-se à frente. O caminho que desliza até ao patamar da eternidade não é de todo fácil. Enraizar no nosso íntimo a mesma determinação, motivação e coragem todos os dias, sem duvidar da capacidade, do querer e da vontade revela-se um fundamento de difícil acepção. Somos humanos! Nascemos humanamente inconcluídos e procuramos um aperfeiçoamento constante e decisivo. O desporto conclui-nos. No desporto, esse aperfeiçoamento é pautado muitas vezes pela desilusão, outras pelo entusiasmo. No entanto, recomeçamos sempre!...olhando o céu, combatendo a inércia do corpo, superando a descrença da alma.

E o percurso vai sendo palmilhado, sendo um dia a montanha mais pequena e alcançável, sendo outro, mais fantasmagórica e intransponível. Não obstante, as façanhas mais louváveis decretam--se em solo assolador. Albert Camus revela o carácter íngreme e escarpado do percurso percorrido por Sísifo, acreditando na felicidade que do extremo esforço advém. No fundo, deste incansável pulsar de vibração e cansaço, a ideia que levita é a de um destino a cumprir. Um destino de sobremaneira balizado por um tormento, sem olvidar o heroísmo e a constante fidelidade à luta, ao trabalho, à dor. "A própria luta para atingir os píncaros basta para encher um coração de homem", reflecte Camus na sua obra mais proeminente *O Mito de Sísifo*. É essa luta, tão solitária, tão própria, tão nobre, que faz com que por breves momentos o homem se sinta equiparado a um Deus. É um Deus! E o homem, cujo coração não bombeie a sede de aventura e a busca quimérica da liberdade, é um ser incompleto, é uma façanha por concluir. O alto rendimento não aborda amenamente o seu alvo. Não pede autorização para invadir os sentimentos mais pessoais e intransmissíveis. Não tem contemplações para com o homem que se contenta com a mais fácil das vitórias. Não! O alto rendimento apura no homem a sua verdadeira condição, aconselhando temperança e dedicação. O atleta reconhece-se em todos os momentos. Vive vertiginosamente, não aceitando a mera simpatia do esforço infundado e pouco profundo. O pináculo, que lhe serve de estímulo à realização de feitos tão grandiosos e transcendentes, não se assemelha intransponível, não se revela um massacre. Sempre que o atleta olha o cume da montanha, o céu é o horizonte. É a luta acérrima e capaz que o faz atingir os píncaros, que o torna notável. Já Sófocles afirmava nos tempos alquímicos da era grega que "há muitas coisas espantosas, mas nada há mais espantoso do que o homem". O alto rendimento impõe uma regra, uma disciplina, um acordo mútuo entre o homem e um destino superior, que não se pauta por uma peregrinação comezinha, por uma dádiva insípida e incoerente.

O sabor da conquista, o sentimento da força, a consciência da grandeza são vultos que acompanham o sempiterno espírito do astro de alto rendimento. O homem, que sente em si toda a energia e a luz da força, acredita que pode viver constantemente nas alturas, superando-se e depositando a sua crença na grandiosidade do eterno. A luta pela excelência está sempre bem viva e presente. Por tudo isto, tal como sublima Pessoa, "exijo agora de mim muita mais perfeição e elaboração cuidada"; perseguir monasticamente o cimo da montanha é a missão mais exemplar do atleta. Abstrair-se do sofrimento e direccionar o seu esforço para o divino, representa a tal evolução adorada por Antero de Quental; representa a fera, o monstro, o homem que aspira à liberdade e que não olvida que,

Pois venha o que vier, nunca será
Maior do que a minha alma

Fernando Pessoa – *Gládio*

Com o desporto

A todo o instante damos por nós no sopé da montanha. Com a pedra imóvel a nosso lado. "A crença no sentido da vida pressupõe sempre uma escala de valores, uma escolha, as nossas preferências", verbaliza Camus. A nossa compreensão do mundo e da vida é visualizada neste sentido; a tendência é reduzi-lo ao humano e marcá-lo com o nosso cunho. E o verdadeiro esforço consiste na tenacidade e no sacrifício que despendemos na tarefa a realizar. A clarividência que nasce do suor e das lágrimas salgadas que maceram a face, cravejam o corpo e elevam a alma, é um privilégio que o próprio treino concede ao atleta. O atleta experimenta sensações invisíveis sempre que o esforço se intensifica. Muitas vezes inexplicáveis e inarráveis. No fundo, nada há a explicar, sendo o esforço e a superação as narrativas; talvez narrativas do superior carácter humano.

O sentimento de impotência e desilusão é um estado a combater. Nem sempre a vontade, a disposição e o momento permitem uma eterna coragem, bravura e valentia. São muitos os dias, nos quais nos sentimos sem alento, sem esperança e sem harmonia interior. Nesses dias, mal colocamos o pé na pista, sentimos um medo irreal e terrífico que nos tenta dissuadir. Mas tal como alega MIGUEL Torga: *A minha aguerrida teimosia/ É quebrar dia a dia/ Um grilhão da corrente*. Os momentos mais difíceis são os que fazem brotar o melhor de nós. São os que fazem transcender a força que se encontra bem lá no fundo do coração. A busca constante da excelência supera todas as barreiras do possível, fazendo com que o atleta alcance o impossível. Pico della Mirandola, no seu *Discurso sobre a Dignidade do Homem*, incita à aspiração de um objectivo mais alto, mais sublime, que não se contenta com as coisas medíocres e mesquinhas e que concentra todos os seus poderes numa dignidade imaculada e numa ambição supramundana. O esforço físico supremo é um mistério. O atleta é incapaz de recuar perante a adversidade. Sempre que sente o espírito a definhar e a força a padecer, a vontade eleva-se à derrota e todo o esplendor humano ilumina-se, num raio eterno e resplandecente.

A beleza do desporto de alto rendimento reside no espaço que dista entre o homem e a sua natureza. O homem é, antropologicamente falando, uma força da natureza. Tal com o vento, a chuva, o terramoto, o sol, as marés, o homem opera em si e no mundo que o rodeia uma mudança, um triunfo, uma corrente cíclica de insucessos e transições. Nietzsche já apelava, no pensamento *Acerca da Verdade e da Mentira,* ao carácter instigador do homem e à capacidade inata que o destaca dos seres não pensantes: " Como génio construtor, o homem eleva-se deste modo muito acima da abelha: esta constrói com cera, que colhe da natureza; ele com uma bem mais delicada matéria, a dos conceitos, que ele deve fabricar a partir de si mesmo". O homem vai delegando esses conceitos, como se de uma herança se tratasse. A natureza impele-o a prosseguir, a criar, a mitificar. O recomeçar de Sísifo é perpetuado pelo esforço de todos os homens, em todas as épocas, salvaguardando o mesmo objectivo. A pedra é o testemunho perpassado ao longo dos tempos. O constante lançar glorioso da pedra simboliza um projecto inacabado, eterno e imortal. O homem, nos diferentes estágios da sua existência, lançará arrebatadoramente a pedra e deixará uma parte de si e do seu trabalho ao próximo gladiador, que se debaterá, tal leão na arena, por um troféu, por um sentido. Na realidade, através do treino e do sacrifício, o atleta vai estruturando um quadro axiológico que se move nos meandros do respeito e da nobreza de carácter. O esforço intenso é um indicador de humildade, verticalidade e responsabilidade. Por tudo isto, o atleta move-se por esferas celestiais, abandonando tudo o que é terreno, tentando almejar o infinito.

A pedra de Sísifo é o artifício que o separa da terra e do céu. Nele, Sísifo deposita toda a sua confiança e ardor. A repetição do acto que supõe o levantamento da pedra representa a condição bélica que nos sustenta. Mesmo que esta caia sempre e que nos deixe sem inspiração para escrever o poema do eterno retorno, a nossa limitação não nos deixa cair na tentação de desistir, pelo contrário, cria no nosso íntimo uma força, todavia mais selvagem, todavia mais arrebatadora. Heidegger acredita que "o carácter finito e limitado da existência humana é mais primordial que o próprio homem". Combater as nossas limitações e desafiar o nosso destino continua a ser o projecto de vida de qualquer guerreiro em busca da verdade e do conhecimento.

A especificidade do treino instiga a um despertar para a vida e a um declinar sentimentalista do comodismo que nos assola em momentos de mais fragilidade. Assim sendo, a prática e o constante recomeço são indicadores de sucesso, de auto-estima e de aperfeiçoamento moral. Só o desgaste mais profundo extrai o máximo do nosso ser. Estamos a ser postos à prova em cada sopro que expelimos. Tanto na pista, como fora dela. O êxito depende do quanto estamos dispostos a despender para que a existência seja provida de sentido.

Após a preparação meticulosa e cuidada, avizinha-se a competição. Depois de horas a fio de solidão, de vivência num esconderijo secreto e longínquo dos olhos da multidão, o momento decisivo acerca-se. A linha de partida está na mira. O cume está quase a ser alcançado. A competição é um mundo à parte. É esperada com tanta ilusão e misticismo, criando o tal nervoso miudinho que se apodera do corpo. O corpo sofre e o espírito faz a analepse de todo o caminho percorrido; a luta corpo/espírito conduz ao medo e à dúvida. A adrenalina percorre as veias e as artérias, sussurrando palavras de glória e de vitória. O perder ocupa um lugar maldito no pensamento, fazendo com que a nossa coragem se iniba, criando confusão e dispersão nos objectivos.

Ouço o tiro de partida, tal canhão a bramir. Por instantes paro no tempo. Por momentos olho a imensidão do céu. O corpo reage. Volto à realidade. Corro. Todo o empurrar da pedra não foi em vão! A escuridão a que nos votamos, a solidão que solidificamos, as estratégias que adoptamos são relembradas até ao ínfimo pormenor. A sensação que permanece é a de justiça para connosco próprios, para com as horas de treino, para com a mensagem exemplar que tentamos fazer esvoaçar no espaço da competição. Uma multidão adora-nos como se fossemos deuses, como se todo o recinto onde nos movemos fosse desenhado para um herói grego. Estamos à mercê de um espectador que não tem a mínima noção do trabalho e da dor que nos levou até à arena. Somos avaliados por uma multidão que determinará o nosso desempenho e louvará o nosso carisma. É complicado perceber que no cume da montanha situa-se a verdadeira provação. E com espectadores! Nas horas de treino, o vento foi o nosso único aliado, o nosso único confessor. Na hora da verdade, o mundo está todo lá para nos idolatrar, para aprender e para se identificar com os nossos actos, com os nossos movimentos, com as nossas vitórias. Para nós, atletas de alto rendimento, o espectáculo tornou-se uma banalidade. Não é por ele que nos damos a conhecer. O rochedo assumiu no nosso percurso tamanha importância, sendo todo o envolvente uma ilusão.

Em nome do desporto

O atleta vive a competição de um modo distinto. Apesar do record, da vitória e da medalha, o atleta pretende transcender-se e provar que toda a dedicação valeu a pena. O seu nome, imorredouro, permanecerá gravado na pedra da existência, a sua atitude exemplar viverá na eternidade. O atleta é um exemplo, fazendo transpirar valores e incitando ao melhoramento humano. O seu discurso deverá ser poético, ético e persuasivo, isto é, deverá contribuir para um ideal de excelência que deverá ser assimilado por todo o ser humano. Por tudo isto, a centelha divina que engrandece e eleva o desportista de alta competição, dá-lhe uma visão mais concisa do valor que o desporto representa no universo pessoal de cada um de nós.

O caminho até atingir o cume é composto de ladeiras, de ervas daninhas e de pedras fastidiosas; mas a determinação que revelamos no contorno dos obstáculos e o próprio obstáculo em si, permitiu o aflorar de acções e pensamentos, que de outro modo não seria possível. Eleger o caminho mais fácil nunca conduziu o homem ao céu, fê-lo sim, repensar nas prioridades e refazer o percurso:

Deus ao mar o perigo e o abismo deu
Mas nele é que espelhou o céu.

Fernando Pessoa – Mensagem

Desporto: em nome do Homem

O Desporto de Alto Rendimento busca o rendimento, na tentativa de **em nome da excelência** alcançar o Panteão da Humanidade. Todo o **sacrifício** que depositamos na **coragem de se ser humano** representa um hino ao verdadeiro carácter transcendental do Homem e da sua perpétua sagacidade. Com o desporto, a vida intensifica-se

244 *Em defesa do desporto*

e ganha um novo significado, um novo alento, uma nova realidade. Nós, eternos devotos da *paideia* desportiva, caminhamos de mãos dadas **com o desporto**, contribuindo para a **construção do ser-se humano** de um modo mais íntegro e atingindo um estágio mais probo. No fundo, e **em nome do desporto**, são idolatradas as mais belas energias axiológicas que um ser humano pode fazer transparecer. O desporto encerra esse carisma e desafia o íntimo do homem a transcender-se e a superar-se sem limites, mas com ousadia e autenticidade:

> *...tu tens a liberdade de ser tu próprio, o teu verdadeiro eu, Aqui e Agora; nada se pode interpor no teu caminho.*

Richard Bach | Fernão Capelo Gaivota

Referências Bibliográficas

BACH, R. (1983). Fernão Capelo Gaivota. Publicações Europa-América.

BENTO, J.O. (2004). Desporto discurso e substância. Porto: Campo das Letras.

CAEIRO, A. (2002). A Areté como possibilidade extrema do humano : fenomenologia da práxis em Platão e Aristóteles. Lisboa : Imprensa Nacional – Casa da Moeda.

CAMÕES, L. (1983). Os Lusíadas. Lisboa: Círculo de Leitores.

CAMUS, A. (2005). O Mito de Sísifo. Lisboa: Livros do Brasil.

ESPANCA, F. (1990). Sonetos. Biblioteca Ulisseia de Autores Portugueses.

FERREIRA, J. G. (1983). Poeta Militante II. Lisboa: Moraes Editores.

MIRANDOLA, G. P. (1989). Discurso sobre a Dignidade do Homem. Lisboa: edições 70.

NIETZSCHE, F. (1972). A Origem da tragédia. Lisboa: Guimarães Editores

PASCOAES, T. (1993) O homem universal e outros escritos. Lisboa: Assírio & Alvim.

PESSOA, F. (1978). O rosto e as máscaras. Lisboa: Edições Ática

PESSOA, F. (1986). A procura da verdade oculta: textos filosóficos e esotéricos.. Mem Martins : Europa-América.

PESSOA, F. (1989). Mensagem. Porto Alegre: Edições Caravela

QUENTAL, A. (2001) Poesia Completa. Lisboa : Dom Quixote.

RUSSELL, B. (1990). A Última Oportunidade do Homem. Guimarães Editores.

TORGA, M. (1999). Antologia Poética. Lisboa: Dom Quixote.

VENTURA, F. (1939). Jornada de Sísifo: sonetos. Lisboa: Tip. Imp. Baroeth

Futebol

PARA ALÉM DO LADO ECONÓMICO E PROFISSIONAL

Mauricio Murad[*]

"Futebol se joga no estádio?
Futebol se joga na rua,
Futebol se joga na praia,
Futebol se joga na alma."

Drummond de Andrade

1. Maior espectáculo da terra

O futebol é o desporto mais popular do planeta. Envolve directa e indirectamente bilhões de pessoas, entre praticantes amadores, atletas profissionais, adeptos e incalculáveis recursos humanos empregados em muitas ocupações e serviços, que funcionam de suporte ou meio para a consecução de suas metas.

É considerado pelos especialistas como a modalidade mais espontânea, imprevisível, simples, estável, barata e democrática para os seus praticantes, factores que podem ajudar a entender a sua imensa e diversificada popularidade.

São apenas 17 as regras do futebol. "O futebol americano rege-se por mais de 1800 regras, que, depois de compiladas, enchem um

---

[*] Doutorado em Ciências do Desporto. Professor da Universidade Estadual do Rio de Janeiro

livro de 210 páginas" (Dunning *et al.*, 1990: 25). Este desporto produz um impacto quase sem concorrentes, em distintas sociedades e regimes políticos, diferentes culturas, classes sociais e relações de gênero e, deste modo, alcança o *status* de fenómeno universal.

"O Futebol é o ideal de uma sociedade perfeita: poucas regras, claras, simples, que garantem a liberdade e a igualdade dentro do campo, com a garantia do espaço para a competência individual" (Mario Vargas Llosa, *apud* Maurício, 2002: 44).

É bom referir, que apesar de ter dimensão e simbologia muito amplas, inclusivamente por seu alcance pedagógico, o futebol não é nenhuma panacéia, para as diferentes "Questões Sociais", nos diferentes países. Não é panacéia, mas é importante, como é óbvio. Seu papel social pode ser comparado mais ou menos ao papel político da educação: nenhuma sociedade se transforma somente pela educação; nenhuma sociedade pode prescindir da educação, para se transformar em profundidade.

O desporto não resolve os problemas sociais, mas ajuda a neutralizá-los, pelo menos em parte, na medida em que auxilia na socialização (nomeadamente de crianças e adolescentes) e na prevenção de comportamentos transgressores, como a violência e a toxicodependência. Então, os desportos – o futebol, mais ainda – devem ser considerados, preferencialmente, como política pública e como pedagogia.

O futebol pode ser e tem sido um processo lúdico que ajuda a reeducar, uma vez que sua lógica está fundamentada, em tese pelo menos, na igualdade de oportunidades, no respeito às diferenças e na assimilação de regras e normas de convivência com o outro. Tanto a sua lógica explícita (ou desportiva) quanto a implícita (ou pedagógica).

A grande questão que se coloca é transformar essa força latente, em realidade manifesta, prevenindo e punindo pela força da lei, manipulações de dirigentes, omissões de árbitros, provocações de treinadores, agressividade de atletas, violência de adeptos e a impunidade, este mal que corrói as relações sociais e, ao fim e ao cabo, desagrega a ética de qualquer agrupamento humano.

Em resumo é a aplicação do princípio jurídico defendido por Rui Barbosa (1849/1923), na Conferência de Haia: "a força do Direito

Futebol – para além do lado económico e profissional   247

contra o direito da força". *Juris*, o sentido filosófico da lei, deve preceder e fundamentar *legis*, o texto legal[115].

O futebol em particular – outros esportes colectivos, também – permite uma fina sintonia entre os planos individual e grupal. Coloca em prática um dos ideais fundadores da democracia, daquilo que os gregos clássicos consideravam que era o melhor e o mais produtivo nas atividades humanas: a acção deve ser sempre colectiva, mas sem excluir o brilho da iniciativa pessoal.

E isto, faz-se necessário sublinhar, é um valor que o futebol procura dentro e fora dos campos. Dentro, pela estrutura e dinâmica próprias do jogo: futebol é esporte colectivo, conceituado assim mesmo como "futebol *association*". Das "categorias nativas", encontradas nos discursos dos jogadores, uma central e recorrente é aquela que diz que "ninguém ganha nada sozinho".

Fora, no estabelecimento dos laços de inserção e no sentimento de pertença a uma coletividade. A identidade individual é ritualisticamente socializada, na liturgia antropológica do futebol, sem se eliminar, contudo, a delicada e necessária idiossincrasia. Assim:

EU = individualidade   **SOU** = identidade   **EQUIPE** = coletividade

---

[115] Em 1851, a aula de ginástica passa a fazer parte do currículo da escola primária, do ensino fundamental no Brasil, por projeto de Rui Barbosa. É dele, também, o parecer ao Projeto sobre a Reforma do Ensino Primário e da Instrução Pública, de 1882, que preconiza a Educação Física e Desportiva para ambos os sexos, já que antes era um direito oferecido somente aos homens. Rui Barbosa é considerado o precursor do ensino da Educação Física, no Brasil e na América Latina.

"Rui Barbosa era um entusiasta dos desportos e de seu carácter educacional. Considerava-os como o lugar da prevalência do mérito e dos ideais de igualdade, na medida em que as condições igualitárias, ponto de partida de suas práticas, eram altamente estimuladoras de uma fraternidade ética. Para ele, os jovens precisavam dos desportos, para que no futuro se tornassem adultos melhores. Imagino não estar muito distante da verdade, admitir a hipótese e pensar que para Rui o desporto pode funcionar como um antídoto à sua angústia, aquela entranhada em seu pensamento mais brilhante, a meu juízo: 'de tanto ver triunfar as nulidades; de tanto ver crescer as injustiças; de tanto ver agigantar-se o poder nas mãos dos corruptos, o homem chega a desanimar-se da virtude, a rir-se da honra e a ter vergonha de ser honesto' ". Depoimento em áudio de Francisco de Assis Barbosa (1914/1991), historiador e, à época, Presidente da Casa de Rui Barbosa, no Rio de Janeiro. Fonte: Núcleo de Sociologia do Futebol, do Departamento de Ciências Sociais da UERJ, 1990.

248 Em defesa do desporto

Por um ângulo sociológico, o futebol possibilita o necessário exercício entre o indivíduo e seus contextos, suas mediações e intercâmbios. Por um ângulo psicológico, também, possibilita o mesmo e necessário exercício entre o racional e o emocional, bem como de suas mediações e intercâmbios. E igualmente por um ângulo ontológico, o futebol permite, ainda, a mesma e necessária experimentação entre o real e o simbólico.

Muitos autores, tanto da Sociologia quanto da Antropologia, bem como da Psicologia e da Lingüística, postulam que estamos num mundo onde as chamadas identidades, de tanto valor para a investigação social e cultural, atravessam um processo de desagregação, de implosão (Anderson, 1983; Guiddens, 1990 e Hall, 2000). Tendo em vista essa fragmentação, é que diversos pesquisadores e ensaístas apontam os grandes rituais colectivos, como produtores de um fascínio agregador excelente.

"O futebol, num século onde o mundo moderno fragmenta as identidades, desterritorializa as pessoas, desgeografiza (Mário de Andrade) as pessoas é justo neste terreno que surge o FUTEBOL que tem um *ethos* de unidade dentro da heterogeneidade e assim este desporto ganha essa dimensão. Num mundo assim fragmentado, as pessoas podem ter uma identidade única, pelo menos durante 90 minutos. As pessoas têm certeza que estão incluídas, vêem seu pertencimento CONCRETIZADO. E isso é tão importante atualmente, porque as pessoas estão fragmentadas. O paradoxo do sistema mundial contemporâneo não é mais ser ou não ser e sim ser E não ser" (Ribeiro, 2000: 33).

O resultado de uma partida, qualquer que seja, vitória ou derrota, não é nem uma condição permanente nem é propriedade privada de alguém, mas um dado efêmero e de todos e isto é um aprendizado democrático, de qualidade, significação e sentido éticos. Assim, o futebol pode ser compreendido como uma analogia da vida.

"Eu sei que futebol é assim mesmo, um dia a gente ganha, outro dia a gente perde, mas por que é que, quando a gente ganha, ninguém se lembra de que futebol é assim mesmo?" (Carlos Drummond de Andrade – 1902/1987, no jornal "Correio da Manhã", Rio de Janeiro, 17/7/1966 –, 2002: 83).

O pano de fundo desses preceitos pode ser encontrado naquilo que foi o projeto axiológico do "entre" socrático, fundamento inaugural de sua pedagogia, que foi pioneira e foi referência (ainda é, nos dias de hoje) na história da educação no Ocidente.

Esta ética, digamos assim, do "entre" se baseia e está de acordo com a formulação do conceito político de Sócrates, sobre a vida social, o qual preconiza que, em verdade, o poder, qualquer poder, não está com os homens, mas entre os homens.

Podemos então dizer, que embora o futebol apresente diversas contradições, como desporto e mesmo como instituição social, seus aspectos "negativos" são mais periféricos do que centrais e inferiores à sua dimensão ritualística, simbólica, coletivizadora, criativa, popular, sócio-pedagógica, em síntese.

Apesar dos diversos problemas que podemos detetar no universo do futebol, este é um desporto que qualifica as melhores possibilidades da vida humana gregária. Outros desportos colectivos também. Entretanto, parece que é mesmo no futebol que essas possibilidades se fazem mais presentes, como o facto de ser uma modalidade desportiva que pode ser praticada e bem por qualquer biotipo, libertando o homem da ditadura de uma anatomia determinada.

Significados civilizatórios, como a assimilação de regras e a mínima igualdade de oportunidade, para além de sua imponderabilidade e imprevisibilidade, são elementos constitutivos, estruturais e estruturantes no futebol. Por isso, como já foi referido, o futebol é uma prática desportiva vivenciada com fervor, por diferentes sociedades, diferentes épocas históricas, regimes políticos, classes sociais, ideologias, grupos culturais, faixas etárias, tipos físicos e relações de gênero.

Fonte incomensurável de geração de empregos directos e indirectos, o futebol mobiliza recursos gigantescos em patrocínios, publicidade, transmissão televisiva, salários, dentre outros aspectos, inclusivamente um deles, bem contemporâneo, que é o "turismo desportivo". Este, hoje, é uma atividade profissional, sector de investimentos em recursos humanos e financeiros e área de investigação académica.

"O futebol movimenta no mundo 255 bilhões de dólares. A *General Motors*, maior empresa industrial do planeta, movimenta

170 bilhões de dólares."[116] Projeção feita pela Revista alemã, *Der Spiegel,* maio de 2006, diz que "o montante FIFA" já alcança cerca de 300 bilhões de dólares.

De acordo com o *ranking* de 2003, publicado pela revista *Fortune,* o maior conglomerado de extração de riqueza, a *Exxon Mobil,* totaliza 191,6 bilhões de dólares e o principal grupo comercial do mundo, a *Wal-Mart,* 219,8 bilhões de dólares americanos.

O desporto, de um modo geral, tem representado, especialmente nas últimas décadas, um papel social, cultural, económico e educacional de ponta, correspondendo àquilo que o filósofo e historiador holandês Johann Huizinga conceituou como a dimensão do *homo ludens,* em seu trabalho, com este título, de 1938.

"A identificação platônica entre o jogo e o sagrado não desqualifica este último, reduzindo-o ao jogo, mas, pelo contrário, equivale a exaltar o primeiro, elevando-o às mais altas reflexões do espírito" (*op. cit.:* 23).

O hemisfério sociológico da atividade esportiva vai muito além dos campos, quadras, pistas, piscinas, ringues, circuitos e alcança uma qualidade pedagógica ímpar, para a cidadania como um todo e especificamente para a infância e a adolescência. Se isto é visível nos desportos em geral, o é de forma acentuada no futebol, a modalidade mais universal, mais impactante e a que mais cresce em todo o mundo.

São fartas e conhecidas as estatísticas comprobatórias, cujas fontes principais de consulta são a ONU, o COI e a FIFA. As séries históricas e os quadros comparativos estão disponíveis aos pesquisadores nas entidades referidas, bem como nas suas afiliadas regionais.

A FIFA, cuja fundação data de 21 de Maio de 1904, em Paris, historicamente é a maior entidade congregadora de nações que já existiu. Reúne mais países associados do que qualquer outra instituição de qualquer natureza já conseguiu, mais até do que a ONU, que é de 26 de Junho de 1945 e o próprio COI, de 23 de Junho de 1894. Sua força política é conhecida e reconhecida.

---

[116] Depoimento de João Havelange, gravado em áudio. Núcleo de Sociologia do Futebol, Departamento de Ciências Sociais, UERJ, 1999.

Vejamos um exemplo. Joseph Paul Goebbels, Chefe da Propaganda Nazista, Ministro do Terceiro *Reich* e um dos nomes de maior peso do *staff* hitlerista, apontou, tudo indica logo após a derrota da Alemanha para a Suécia, 1942, em seu célebre (e de triste memória) diário, que "100 mil pessoas deixaram o estádio em um estado depressivo (...) uma vitória no campo de futebol é mais importante para a população do que a conquista de uma cidade em território inimigo".[117]

Percebendo com clareza a importância do futebol, Goebbels teve a idéia, que Hitler tentou articular: a transferência da FIFA para Berlim, que seria, segundo o projeto nazista, a capital do "Reich dos mil anos". A resistência dos meios desportivos foi grande e os nazistas saíram derrotados.

O futebol, portanto, mais do que um esporte apaixonante, colectivo e de massas, é um fecundo e significativo filão de pesquisas sobre a vida cultural, social e política.

A Copa do Mundo é o maior evento de audiência televisiva já registrado: em 2002, na Coréia/Japão, 44 bilhões de audiências; na Alemanha/2006, cerca de 50 bilhões. Nenhum outro fenômeno histórico, de qualquer natureza, chegou perto destes números. É o maior acontecimento de comunicação social, da história da humanidade, maior mesmo do que os Jogos Olímpicos, que reúnem dezenas de modalidades, inclusivamente o futebol. Óbvio, estamos de acordo: isto não acontece por acaso e só acontece porque o futebol é coisa muito importante.

2. Futebol e sociedade

Enquanto objecto de pesquisa da Sociologia, o lúdico e também o desporto são considerados, hoje, imprescindíveis para o entendimento da totalidade social. O desporto que é o lúdico cultural e socialmente organizado, regulamentado e institucionalizado, com sua

---

[117] Consultar a matéria assinada pela historiadora Silvia Colombo, "Os atacantes de Hitler", Jornal "Folha de São Paulo", 15 de Agosto de 1999, p. 6.

lógica interna e externa, constitui parte integrante da dinâmica das sociedades.

Historicamente, parece não haver registos documentais que comprovem a existência de qualquer organização social, que não tenha praticado com empenho, motivação e destaque, senão alguma modalidade, ao menos os fundamentos últimos do desporto, em pelo menos uma de suas actividades de relevo.

"A história do desporto é íntima da cultura humana, pois por meio dela se compreendem épocas e povos, já que cada período histórico tem o seu esporte e a essência de cada povo nele se reflete" (Tubino, 1993: 12).

Em conseqüência, estudar as atividades desportivas é um auxílio importante para a compreensão geral das sociedades humanas, para o entendimento de nossos sistemas simbólicos. Mais ainda, quando seus impactos colectivos são muito profundos, como é o caso do futebol.

É importante reiterar, que o conjunto dos fenómenos futebolísticos não se restringe apenas às ocorrências intrínsecas ao seu universo profissional. Enquanto "fato social total" (Mauss, 1974), o futebol alcança uma significação muito mais ampla do que um jogo dentro do relvado e, por conseguinte, suas construções e simbologias transformam-se em objeto de estudo para as Ciências Sociais.

Marcel Mauss (1872/1950) traz, à luz da Antropologia, o conceito de "facto social total" no *Ensaio sobre a dádiva*, publicado em 1925, em uma coletânea intitulada *Sociologia e Antropologia*, embora "a noção esteja presente em toda a sua obra" (Lévi-Strauss, 1970: 149).

Mauss constrói a categoria, fundamentalmente, a partir dos trabalhos de Franz Boas, sobre o *Potlatch*, de Malinowski, sobre o *Kula*, dos sistemas de festas do mundo indo-europeu e conceitua "facto social total como aqueles fenômenos complexos, pelos quais o conjunto das instituições se exprime e o todo social pode ser observado" (Mauss, 1979).

Pode-se acrescentar, também, que esta categoria de "facto social total" tem sua origem em Durkheim, tio e preceptor de Mauss. Embora um pouco difusa, em Durkheim já há uma sinalização metodológica do conceito, que ainda está implícito, mas já aponta para a necessidade de análises mais amplas, mais explícitas. E foi o que fez Marcel Mauss.

Portanto, para a investigação social do futebol, bem mais importante do que um jogo de futebol são os jogos do futebol. Jogos históricos, sociais, culturais, simbólicos. Redes de sentidos articulados, territórios metalingüísticos. Temáticas relevantes e auxiliares às leituras sócio-antropológicas.

"O rito dá asas ao plano social e inventa, talvez, a sua mais profunda realidade" (DaMatta, 1978). O futebol muito especialmente, por ser um rito de grandeza assertiva, talvez a maior paixão popular do planeta, a mais difundida e disseminada.

O futebol é uma metáfora possível de estruturas existenciais básicas, uma representação da vida social. É um dos rituais de maior substância da chamada cultura popular ou, como prefiro e assim denomino, "cultura das multidões".

Emprego a expressão, para evitar o labirinto epistemológico do debate que contrapõe "popular" e "erudito" e mais ainda, porque aponta para a noção de uma cultura da massa e não somente de massa.

O futebol (os desportos em geral) abre um leque de possibilidades temáticas de pesquisa, de trabalho e de conhecimento, em torno das realidades sócio-históricas. Como objeto polissêmico e polifônico que é, oferece eloqüente expressividade sociológica e antropológica, o que permite a investigação alcançar aquilo que é fundamental para se interpretar uma coletividade, seus fundamentos, suas identidades. Suas identidades, reafirmo, não apenas suas identificações. Por outras palavras: aquilo que lhe é permanente, definidor, constitutivo e não somente o que lhe é efêmero, volátil, passageiro.

"O desporto arma-se de tanta expressão, que seu espírito deixa de ser inerente ao desportista, para transcender à sociedade" (Lyra Filho, 1952: 130).

3. Futebol: síntese da cultura

O futebol é muito mais do que um esporte profissional de alto rendimento: é a metáfora de uma sociedade. Em outras palavras, é a síntese de múltiplas determinações objetivas e subjetivas – emocionais, existenciais, culturais, sociais, históricas.

"A essência do espírito lúdico é ousar, correr riscos, suportar a incerteza e a tensão. (...). Os homens entram em competição para serem os primeiros em força ou destreza, em conhecimentos ou riqueza" (Huizinga, 1971: 59).

Lévi-Strauss alerta para o caráter simbólico dos jogos, como dos rituais, apesar de suas diferenças: a lógica do ritual separa os participantes *a priori*, entre "iniciados e não-iniciados", para reagrupá-los depois numa só entidade iniciática; por outro lado, a lógica do lúdico é inversa. De uma situação simétrica de igualdade, no princípio, a ruptura disjuntiva, própria da natureza da competição, cinde a rede original e promove uma diferenciação entre vitoriosos e derrotados (1989: 48).

E é justamente aqui, neste ponto, que ocorre o esgarçamento da rede inicial de igualdade e nisto podemos encontrar uma das dimensões explicativas da violência no futebol, no desporto, de modo geral. Em Sociologia estudamos que, dependendo das circunstâncias, a competição pode levar ao conflito, tanto na esfera das micro quanto das macro relações.

O primeiro capítulo do livro da socióloga norte-americana Janet Lever (1983: 21) estuda o paradoxo central do desporto, mostrando como a integração se processa efectivamente através da competição e até mesmo do conflito.

Apesar dessas distinções (e de outras), a universalidade tanto dos rituais quanto dos jogos pode ser explicada por esse alcance que ambos têm de ser metáforas, isto é, de representar as relações humanas, sua sociabilidade, suas contradições e conflitos.

Até porque, "um grupo absolutamente centrípeto e harmonioso, uma visão pura, não só é empiricamente irreal, como não poderia mostrar um processo de vida real. (...) a sociedade para alcançar uma determinada configuração, precisa de quantidades proporcionais de harmonia e desarmonia, de associação e competição" (Simmel, 1983: 124). E o desporto pode ser considerado a *práxis* dessa conceituação.

E o futebol, na qualidade de desporto que é, com suas características de competição, de vitória e derrota, com suas lógicas e con-

Futebol – para além do lado económico e profissional

tradições e como um evento colectivo de larga e profunda repercussão, demonstra e exercita a sociedade na qual está inserido.

Como forte elemento da vida comunitária, finca suas raízes nos modos de ser, pensar e agir, nos valores das identidades do lugar. Como instituição social, se organiza a partir dessas redes simbólicas e devido a seu alcance e representação, se transforma em síntese de uma determinada cultura e via de acesso à compreensão de seus fundamentos e de sua história.

4. Para além do futebol profissional

Este texto não se resume ao futebol profissional, embora o tenha como ponto de partida e o reconheça como a dimensão modelar e referencial desse alargado fenómeno. No entanto, o futebol como objecto de estudo não é somente aquela modalidade praticada por profissionais federados, reconhecidos por contrato legalizado e legitimados pela exposição mediática, pela fama e pela idolatria.

É, igualmente, aquele que é jogado por amadores, brincadeira de crianças e lazer de jovens e adultos, que é ritualizado pela massa de fãs e adeptos organizados, que tem sentido educativo e de sociabilidade, mas que também é mercantilista na inserção ao "mercado", usado pela política dos poderosos, corrompido por dirigentes, que serve de "bom" e "mau" exemplo.

Celebrado por artistas conhecidos e por anónimos, desejado por quase todos, com traços de violência e de generosidade, excludente e igualitário, que denuncia realidades ou as dissimula, que conscientiza ou aliena. Democrático em suas raízes e história, autoritário em sua história e nas relações de trabalho, que experimenta e acumula.

Prazer e sacrifício, amores e ódios; comemorado, brincado, reproduzido, reinventado, globalizado, localizado, usado, empresariado, rentabilizado, investigado, contraditório... humano. Um amplo, necessário e irrenunciável campo de estudo, de alta magnitude e crescente reputação.

Nosso trabalho tem como ponto de partida o futebol profissional, sua lógica, seu *ethos*. Numa abordagem antropológica (Geertz, 1989: 143) *ethos* são os aspectos morais, estéticos, costumes, hábitos e valores de uma determinada cultura. Em outras palavras é o perfil cultural de uma comunidade. Nossas reflexões partem da instituição e do enraizamento desta modalidade desportiva de alta competitividade, na história e na cultura dos povos, suas redes sociais e simbólicas de relacionamentos internos e externos.

Contudo, não nos restringimos a esta dimensão, na medida em que procuramos contextualizar o terreno desportivo específico, na territorialidade humana geral. O futebol é um objecto de pesquisa de ampla extensão e muitos significados, justamente porque não é só uma modalidade desportiva; mais que isso, é um conjunto de retratos da vida, de metáforas humanas.

Não se deve avaliar, pois, a qualidade temática do futebol, tomando-se apenas sua faceta mais conhecida, a do desporto profissional, uma vez que o universo futebolístico não se resume a ele. Também ele, como é óbvio, e como ponto de partida, mas não exclusivamente ele.

Podemos exemplificar com a política. Esta não é (não deveria ser) somente aquela feita pelo poderes instalados e pelos partidos oficiais, mas um conjunto de movimentos, de práticas e de ideologias militantes – culturais, educacionais, artísticas, comunitárias, sindicais. No espaço e no contra-espaço ideológico das instituições.

Como paixão popular e desporto-rei, o futebol encena um ritual colectivo de intensa densidade dramática e cultural, pleno de conexões múltiplas e reveladoras com as realidades circundantes. Pode ser ao mesmo tempo teatro e dança, esporte e guerra, *Eros* e *Thanatos*, Dionísio e Apolo, o sagrado e o profano, o cosmos e o caos, a síntese dos arquétipos de nosso inconsciente coletivo, de nossos *habitus* (Bourdieu, 1989: 59), de nossas identidades culturais.

Como rito, o futebol compreende cenários, personagens, enredos, símbolos e significados, que em conjunto formam uma metalinguagem, isto é, uma realidade social que não fala só de si, que vai mais além. É o caso do futebol e de sua relação com a realidade, que ajuda no entendimento de muitas das características sociais e culturais de uma determinada sociedade.

Na dinâmica própria das sociedades, os rituais – porque vão além deles mesmos e transbordam para outras instâncias da vida social – operam como leituras palimpsestas ou como hermenêuticas,

Futebol – para além do lado económico e profissional

isto é, enquanto instrumentos de interpretação das complexas relações e conteúdos de uma determinada realidade, de suas contradições e de seus modos históricos de dar-se a conhecer.

Em outras palavras: uma combinação de simbologias, por meio das quais podemos estudar contextos mais amplos, que ajudam a explicar o processo de formação do "carácter" de um povo. Isto mesmo: carácter em seu sentido plural, complexo e contraditório.

Numa perspectiva mais filosófica, este conceito é forjado no cotidiano de uma coletividade, a partir de suas vivências grupais, de suas experiências comunitárias, de suas referências, valores e símbolos.

E ele vai se construindo e reconstruindo, nos espaços, nos limites e nas tensões de suas festas e de seus funerais, nos múltiplos e distintos jogos da alegria e do riso e nos múltiplos e distintos jogos da tristeza e da dor.

"Os povos elaboram sua identidade através de suas paixões ou de seus recolhimentos. (...) Mesmo nas sociedades diferenciadas, porém, existem convergências que estimulam a comunidade de sentimentos e de valores que passam pela música, pela dança, pelas festas coletivas (como o Carnaval), pela leitura, pelo esporte etc. No Brasil, nada conduz à loucura como o futebol. (...) Trata-se de um mundo no qual o profano, a magia e a religião se confundem"[118].

Portanto, faz-se necessário ampliar e melhor fundamentar a análise, que mostra o futebol como fenómeno alargado da cultura e da sociedade, para não cairmos na tentação equivocada, de estreitarmos nossa percepção e operarmos uma investigação parcial, unilateral e superficial, muitas vezes repetida pela pesquisa académica e pelo ensaio jornalístico.

No que respeita ao futebol, a violência é um assunto que bem demonstra o que estamos a dizer. Adeptos são apresentados como sinónimo de vandalismo, o que resulta na representação de que o futebol é "violento em si", tão freqüente no imaginário colectivo. O questionamento e a superação desses equívocos é uma das contribuições da pesquisa científica às temáticas do futebol.

---

[118] Florestan Fernandes, um dos sociólogos mais notáveis da história das Ciências Sociais no Brasil. Jornal "Folha de São Paulo", dia 13 de Junho de 1994, p. 02, "Futebol onírico".

E no desdobramento avançado desta estratégia, que questiona as bases conceituais de tais perspectivas, é que encontramos projetos pedagógicos que provam que o futebol não só não é necessariamente violento, como tem sido muitas vezes um instrumento de paz e reeducação social.

Mas é bom esclarecer, que com todo o mérito dos esportes e por mais que estejam voltados para a cooperação, a inclusão e a paz, tudo isso não apaga o seu elemento de competição, que é constitutivo da atividade e da própria "condição humana". O grande desafio que esses projetos estão a enfrentar é evitar a agressividade desmedida e mal direcionada e neutralizar a violência.

Mahatma Gandhi, no transcorrer do processo histórico que leva à independência da Índia em 1949, face ao longo e violento domínio inglês, após encarniçadas lutas políticas e ideológicas, ao defender sua "Filosofia da Não-Violência", *Ahimsa* (cuja origem está no pensamento de Buda, 560/483 a. C.), cita inúmeros exemplos que lhe servem de base. Num deles faz uma espécie de releitura crítica da "Lei de Talião": "olho por olho, dente por dente?, pergunta. "Assim terminaremos todos cegos e desdentados."

Por outro lado, idealizar "jogos cooperativos", onde qualquer traço de competição é banido, pode ser ilusório e até mesmo enfraquecedor da experiência e de seus protagonistas, porque corre o risco de ficar muito artificial, muito descolado da realidade e, assim, "pouco civilizador", naquele sentido exposto por Norbert Elias.

É célebre e gerou muita polêmica, a diferenciação entre "agressividade benigna" e "agressividade maligna" feita pelo filósofo e psicanalista Erich Fromm, em *The anatomy of human destructiveness*, Peguin, 1977.

O autor discute a positividade necessária da primeira, no processo de construção da identidade pessoal, na defesa das culturas e das sociedades e na sobrevivência da espécie, em oposição à outra, inerente aos contextos de dominação, opressão e destruição pessoal, grupal e nacional. Este livro foi uma referência clássica, aos debates em torno dessas questões, que povoaram o final da década de 1960 e o decênio seguinte, com ecos consideráveis ainda hoje.

Ao ampliarmos nossa observação, descobrimos em todos os continentes, em quase todos os países, com as mais diversas realida-

Futebol – para além do lado económico e profissional   259

des, numerosas e crescentes experiências educacionais desportivas, com mais destaque para aquelas das populações carentes infanto-juvenis, em contextos violentos. Envolvendo a prática de diferentes modalidades, particularmente o futebol, muitas vezes o desporto assume o lugar de contraponto estratégico a situações sociais de indiscutível privação.

Seus resultados pedagógicos em geral são múltiplos, seus efeitos inquestionáveis e repercutem bem por todas as esferas sociais e em todas as direcções, até mesmo na mentalidade dos profissionais do alto rendimento, na medida em que novos grupos de atletas chegam ao profissionalismo, com um nível melhor de informação e consciencização.

Mais especificamente, ainda, merecem destaque, as suas conquistas efectivas na diminuição dos índices de violência social. Essas iniciativas estão espalhadas pelo mundo inteiro, como alguns exemplos que veremos a seguir e hoje são reconhecidas por todos os organismos internacionais responsáveis, que as valorizam e incentivam novas experiências, transformando o desporto educativo numa política pública necessária. Muitos dos experimentos, na listagem abaixo, foram observados e/ou acompanhados *in loco,* directamente[119].

Nas duas últimas décadas, os estudos ao redor dos trabalhos implementados por essas "escolas desportivas", vêm se multiplicando em inumeráveis países. Com significativo apoio institucional, económico e político, para além de uma expressiva incorporação de equipes multiprofissionais, esses experimentos resultam em abertura e fixação de um novo e promissor mercado de trabalho, para os for-

---

[119] No espaço deste livro, indicamos apenas alguns exemplos de experiências bem-sucedidas, no âmbito da pedagogia desportiva, e que operam como contraponto a ocorrências violentas. Lista bem maior, pode ser encontrada em Murad (2004), onde os experimentos estão inseridos na fundamentação teórico-metodológica do modelo de tese de doutoramento desenvolvido pelo autor, sob a orientação do Professor Catedrático Rui Garcia, do Gabinete de Sociologia do Desporto da FADE/UP e co-orientação da Professora Catedrática do INEF de La Coruña, Maria Jose Mosquera. Modelo inédito à altura, investigou as práticas de violência na história da humanidade e os seus possíveis contrapontos artísticos e desportivos. Além disso, fez um levantamento dos estudos da violência, produzidos pela Mitologia, Filosofia, Ciências e Artes, desde o Antigo Oriente até os dias de hoje, a fim de contextualizar a problemática da violência no universo do futebol.

mados em Educação Física, Serviço Social, Pedagogia, Nutrição, Psicologia, Sociologia, Enfermagem, Fisioterapia, Medicina, Direito, Administração.

Apesar desses projetos acontecerem mais em países pobres e aí, nessas realidades, é que seus efeitos se fazem sentir com maior evidência e impacto, é bom que se diga que o chamado "primeiro mundo", que também tem os seus problemas sociais, se preocupa, em escala crescente, com o desenvolvimento e a organização desses espaços comunitários de reeducação pelos esportes.

5. Algumas experiências recentes e bem sucedidas

A) *Programas de* Quartiersmanagement, *Berlim/Alemanha, 2005/6*

São planos e programas de acções afirmativas da comunidade local, nos bairros carentes de Berlim, habitados em grande parte por famílias de imigrantes, que trabalham em ocupações subalternas. São projetos de inclusão social e cidadania, que crescem na capital alemã e que inauguram um novo tipo de gestão de bairro.

Fundamentados na auto-gestão, desenvolvem actividades diversas, de natureza artística e desportiva, actividades de reeducação por intermédio da música, do desenho, do teatro, do futebol, visando a melhoria das condições sociais e ambientais. Contam com o financiamento do governo e do empresariado próximo, em geral pequenos e médios comerciantes.

Estimulam a organização dos moradores, o que resulta em benefício para todos e não somente para a população-alvo, aquela que é directamente atingida pelos trabalhos. Esta é uma estratégia política, baseada no conceito de "governamentalidade" (governança + mentalidade), originário das teses de Michel Foucault.

A "governaça via comunidade" é uma metodologia de trabalho social, que tem crescido muito em Berlim e influenciado acções similares em outras cidades, como Roma, Barcelona, Cidade do Cabo, Buenos Aires e Rio de Janeiro. Os resultados têm sido bastante significativos.

Futebol – para além do lado económico e profissional 261

A música e o esporte, principalmente o futebol, vem sendo a linguagem mais comum dessa rede de interacções e intercámbios educacionais, o que resgata identidades fundadoras da capital. Historicamente, Berlim é uma cidade desportiva e musical, se orgulha deste perfil, mantém e incentiva este *ethos* nas ruas, nos bares, nos estádios, nos teatros, nos concertos, nas escolas, nas universidades.

Em Kreuzberg, Friedrichshain e Neukölln, bairros de Berlim, as experiências estão avançadas e seus efeitos já vão longe, o que anima a abertura de novas frentes, contribuindo para melhorar a "geografia social" daquela elegante cidade. Esta é uma realidade nova, que de facto se percebe. E não só em Berlim, mas em outras cidades alemãs, européias, africanas e sul-americanas.

"Temos de alcançar as crianças, onde quer que elas estejam e através de sua motivação de criança. Daí a imensa importância do futebol.", afirmou Jürgen Klinsmann, o treinador da seleção alemã/ /2006, perante o Ministro do Interior do país, no discurso de inauguração da Copa do Mundo de *Streetfootballworld* (09/Maio/06), no bairro pobre de Kreuzberg.

Este foi um torneio de marcante simbologia, em função dos diversos contextos que conseguiu aproximar. O comparecimento foi grande e a visibilidade na mídia não foi desprezível. Começou exactamente um mês antes do início do Mundial de 2006, ambos na Alemanha, e reuniu dezenas de animadíssimas equipes de crianças e adolescentes, de perfil sócio-econômico precário.

Grandes ídolos do futebol alemão, como Ballack, Khan e Lehmann compareceram e prestigiaram o evento. Jogadores estrangeiros, que actuam na Alemanha, como o brasileiro Marcelinho Paraíba, líder dos adeptos do Herta-Berlim, também se fizeram representar. Autoridades do mundo político, cultural, pedagógico e desportivo, lá estiveram para dar o seu apoio.

B) *Desporto para deficientes*

A estratégia mundial de desportos para pessoas com deficiências físicas e mentais (categorias: amputados, paralisia cerebral, deficiência mental, visual, cadeira-de-rodas), cujo lema é "Vitória contra a Discriminação", em mais de 150 países, que participam directa ou

262   *Em defesa do desporto*

indirectamente das Para Olimpíadas, organizadas pelo COI a cada 4 anos.

Segundo o "Congresso Europeu sobre Deficiência", reunido em Madrid/2002, são mais de 50 milhões as pessoas com deficiência, somente na Europa. Nas Para Olimpíadas de 2000, em Sidney, foram 125 os países participantes com 4 mil atletas e Portugal confirmou, na Austrália, a tradição de ser sempre a maior delegação. Em Atenas, 2004, foi na ordem de 20%, o aumento do número de países e de atletas participantes.

Há entidades representativas, instaladas a nível nacional, em quase todos esses países, com projetos e resultados efectivos de inclusão social e trabalhista, voltados para os portadores de deficiência física ou mental, inclusivamente com o estabelecimento de postos de trabalho nas empresas, adaptados a eles, sob os princípios da Ergonometria.

Após 1996 e, sobretudo, a partir de 2000, nos encontros promovidos pelas entidades desportivas nas Para Olimpíadas de Atlanta, os movimentos de inclusão dos deficientes definiram um programa mínimo comum, que contempla duas acções novas, as quais têm tido eficácia ponderável: a pressão organizada, junto ao poder Legislativo, para a criação e/ou modificação de leis mais favoráveis e a eleição de parlamentares portadores de deficiência, a fim de que sejam seus legítimos representantes.

No Brasil, país onde os indivíduos com deficiências chegam a 15% da população (25 milhões de pessoas, em 2004, de acordo com o Censo do IBGE) e que em 2005 sagrou-se tetracampeão mundial de futebol de amputados de pernas (!), temos a ANDE, Associação Nacional de Desporto para Deficiente e o Comitê Para Olímpico Brasileiro.

Na Espanha, a conceituada ONCE é um destaque exemplar, no conjunto das instituições co-irmãs. Em Portugal, a Federação Portuguesa de Desportos para Deficientes desenvolve, há bastante tempo, um trabalho, cuja importância tem merecido o apreço internacional.

C) Complementos

1) Em 1998, a prestigiada Universidade de Nova Iorque, fez publicar os resultados de seu "Projeto Mozart", dentre os quais res-

Futebol – *para além do lado económico e profissional*

saltamos: a) 32% a mais no *quantum* dos resultados da inteligência, para aqueles que se dedicavam aos esportes, comparativamente aos estudiosos da informática, b) as formas de inteligência (de um modo geral) tidas como superiores, foram aquelas relacionadas aos profissionais da Física nuclear, da música erudita, da pilotagem de avião e do jogar futebol com genialidade e c) investigação com mulheres bem sucedidas, em ocupações dominadas por homens, concluiu que todas elas praticaram futebol – *soccer* – quando jovens.

2) Em Abril de 2005 (e Julho de 2006), a FIFA publica suas mais recentes estatísticas, demonstrando a ampliada dimensão do futebol no mundo: 208 são os seus países membros (contra 200 da ONU, 192 do COI e 168 da Igreja Católica Apostólica Romana), 40 bilhões de telespectadores, na Copa da França, em 1998, 44 em 2002, Coréia/Japão e 50 em 2006, no Mundial da Alemanha. Oficialmente são 240 milhões o número total de profissionais praticantes da modalidade, em diversas divisões, isto é, aqueles atletas directamente (directamente, reitero) envolvidos com a sua prática, com inscrição legalmente registrada em federações locais, regionais ou em confederações nacionais.

Muitas das características que ajudam a explicar a popularidade planetária e sempre crescente do futebol, também são de outros esportes colectivos. Entretanto, parece que só no futebol elas se encontram em conjunto. Por isso, o futebol, mais do que as outras modalidades, oferece tantas opções de trabalho educacional e comunitário, conforme estamos a inventariar.

3) Conta-se que em 1983, o Papa João Paulo II, declarando-se fã do futebol de Paulo Roberto Falcão, apelidado pelos italianos "O Rei de Roma", teria solicitado que o jogador brasileiro não se transferisse do Roma, time do qual o Sumo Pontífice era simpatizante, para a *Internazionale de Milano*. Falcão já estava prestes a assinar o contrato, mas desistiu e voltou atrás, após o pedido do Santo Padre, que fora feito a ele através de Giulio Andreotti, então Primeiro-Ministro italiano.

"João Paulo II (...). Ontem, se converteu no primeiro Papa da História moderna que esteve num campo para assistir a uma partida de futebol, no estádio Olímpico de Roma. Ali celebrou-se parte da cerimônia comemorativa do Jubileu dos Desportistas. O Papa assistiu a uma partida disputada por jogadores de todo o mundo, que transformaram o campo em uma *Torre de Babel* de religiões: além de católicos, corriam atrás da bola um anglicano, um protestante, dois evangélicos, dois da igreja pentecostal, quatro ortodoxos, um budista, quatro muçulmanos e até um que se declarou ateu. (...). Não é por acaso que João Paulo II é chamado *o atleta de Deus*, por sua declarada paixão pelos desportos e, em concreto, pelo futebol, que, segundo contam, praticava quando jovem, no Vaticano. Ademais, foi o primeiro Papa fotografado com uniforme desportivo" (jornal espanhol "*El Mundo*", 30 de Outubro de 2000, p. 34).

"(...) o Sumo Pontífice aproveitou para destacar a capacidade do desporto para 'romper barreiras de língua e de raça'. Também condenou a dopagem e pediu a desportistas e dirigentes um 'exame de consciência'" (jornal "*La Voz da Galícia*", 30 de Outubro de 2000, p. 50).

4) Junho de 1984, na Reunião de Fontainebleau, o Conselho Europeu decide criar um comitê *ad hoc* sobre "A Europa dos Cidadãos", consagrando as dimensões individual e humana da construção européia. Os Chefes de Estado e de Governo reconheceram que, para progredir, a Europa Comunitária não poderia limitar-se a questões de economia e de política, mas deveria, sim, procurar dotar-se de uma "alma".

Em 1985, a cimeira continental de Milão adotou, por unanimidade, o Relatório *Addonnino* que sublinhava, entre outras questões, que "o desporto representa um meio privilegiado para reforçar o sentimento de pertença dos cidadãos europeus a uma mesma Comunidade. Parte integrante do nosso património cultural, o desporto sempre foi um meio muito particular de estabelecer laços entre os povos, para além das barreiras linguísticas e dos estereótipos nacionais".

Desde então, a Comunidade Européia tem desenvolvido planos e programas conjuntos, profissionais e não profissionais, de educação e de comunicação, através da "Carta dos Desportos". A média européia de participação da juventude, por exemplo, em atividades associadas ao desporto, está em torno de 90%, se considerarmos a faixa etária entre 11 e 14 anos. Mais de 80% desse total são experiências relativas ao futebol e esta tendência não é exclusiva do continente europeu.

Futebol – para além do lado económico e profissional   265

5) A ICFDS, na Inglaterra, uma rede de escolinhas de futebol, majoritariamente actuantes em freguesias pobres e com índices altos de marginalidade, transgressão e delinquência. Habitado por populações negras, mestiças e de imigrantes, recebem esses projetos de integração social, através dos desportos, nomeadamente o futebol. Alguns praticantes amadores dessas "escolas desportivas", tornaram-se futebolistas profissionais, em particular a partir de 2005, quando o *Leeds United*, uma das mais tradicionais equipes inglesas, enviou para a localidade, os seus "olheiros", em busca de novos talentos. A referida rede já alcança um total de 500 mil alunos e alunas e destes 15% são bolseiros.

6) Desporto de inclusão da Secretaria de Esporte da Municipalidade de Roma/Itália. São planos e programas de educação desportiva, cujo foco é preferencialmente as crianças das zonas periféricas da "Cidade Eterna", áreas de risco social agudo. Intensificado, a partir de 2005, "os esportes nos bairros e subúrbios da cidade", procuram desenvolver, dentre outras coisas, "a linguagem do corpo", considerada um instrumento essencial para a interação entre pessoas e entre culturas diferentes. Já somam 143 instalações poliesportivas, coordenadas pela Secretaria de Esporte e pela Secretaria de Educação, reunindo alguns milhares de jovens, selecionados naqueles estratos sociais, que se encontram no limite do alcoolismo, da toxicodependência e da transgressão.

6. A modo de conclusão

Quase todas as investigações, de todos os recantos do mundo são unânimes em concluir que a participação de crianças e jovens, em práticas desportivas, funciona como uma espécie de pré-condição para o bom desenvolvimento dos estudos formalizados pela escola, para o processo das interações sociais e para a formação de valores éticos. Em síntese, contribuem de modo edificante na construção da cidadania.

Diversas são as modalidades de desporto empregadas nesses projetos, do atletismo ao basquete, do handebol ao judo, do voleibol ao xadrez. Todavia, o futebol indubitavelmente é o desporto-rei, uma espécie de "carro-chefe" das atividades, porque é o mais popular e mais difundido em todo o mundo.

A percepção que resulta desses estudos e de suas análises, é que o futebol é a modalidade que mais motivação exerce nos corações e nas mentes de crianças e jovens, em diferentes culturas e sociedades. Portanto, é fulcral investir no futebol, para além de sua dimensão de alto rendimento. Esta, quando puder ser uma das alternativas, muito bem, que o seja, pois isto igualmente deve ser considerado, já que o desporto profissional é parte integrante e instituição necessária da vida contemporánea.

Contudo, o lugar social do desporto, sua dimensão mais consistente e simbologia referencial, não se localizam somente aí. Para além da profissionalização, o desporto inscreve-se como representação, na cultura, na pedagogia e nas identidades do lugar.

Em todos os continentes, praticamente em todos os países, há iniciativas dessa natureza, que transformam a mais popular modalidade desportiva do planeta, em elemento de motivação para o convívio, de socialização e impulso para mudança. Somente a FIFA coordena directa ou indirectamente mais de 100 mil projetos, tendo o futebol como espinha-dorsal e como meta a inclusão, a ressocialização e a reeducação, para uma cidadania mais livre, igualitária e com maior perspectiva de justiça social.

O projeto dessas "escolinhas de futebol" pretende que as mesmas sejam, de uma forma integrada, verdadeiros centros comunitários de educação social e cidadania. Sua vitalidade e proliferação, já comprovadas, são alguns indicadores vibrantes, dentre outros, dessas possibilidades do esporte em geral e do futebol em particular, enquanto instituição educacional e pacificadora.

Que essas tendências se aprofundem e que seus resultados se intensifiquem. Que a investigação académica se envolva cada vez mais por esse filão de estudos e pesquisas, para além da emergência de nichos de mercado de trabalho para os nossos estudantes e para a consolidação da credibilidade de nossas áreas científicas.

É preciso não perder mais tempo, porque já estamos muito atrasados. De certeza, não há reserva de tempo em estoque. O trabalho é muito e os operários são poucos, como preconiza o preceito bíblico. O tempo não pára e está a exigir. A história observa, contabiliza e, se preciso for, julga, sem nenhum receio ou dúvida em condenar.

Bibliografia

ANDERSON, B. (1983) *Imagined Communities*. Londres, Verso.

ANDRADE, Carlos Drummond de (2002) *Quando é dia de futebol*. Rio de Janeiro, Record.

BENTO, Jorge Olímpio (1995) *O outro lado do desporto*. Porto, Campo das Letras Editores.

BOURDIEU, Pierre (1983) *Como é possível ser esportivo? In Questões de sociologia*. Rio de Janeiro, Editora Marco Zero.

_____ (1989) *O poder simbólico*. Lisboa, Difel.

DAMATTA, Roberto (1978) Carnavais, malandros e heróis: para uma sociologia do dilema brasileiro. Rio de Janeiro, Zahar Editores

DUNNING, Eric *et al.* (1990) *Football on trial – spectator violence and development. In the football world*. London, Routledge.

GEERTZ, Cliford (1989) *A interpretação das culturas*. Rio de Janeiro, Zahar Editores.

GUIDDENS, Anthony (1990) *The consequences of modernity. Cambridge, Polity Press*.

GUTTMANN, Allen (1978) *From ritual to record: the nature of modern sports*. Nova Iorque, Columbia *University Press*.

HABERMAS, J. (1993) *La pensée postmétaphysique*. Paris, *Armand Colin*.

HALL, Stuart (2000) *A identidade cultural na pós-modernidade*. Rio de Janeiro, DP&A Editora.

HUIZINGA, Johan (1971) *Homo Ludens: estudo sobre a função social do jogo*. São Paulo, Editora Perspectiva.

LEVER, Janet (1983) *A loucura do futebol*. Rio de Janeiro, Record.

LÉVI-Strauss, Claude (1970) *Introdução à obra de Marcel Mauss. In Estruturalismo: antologia de textos teóricos*. Rio de Janeiro, Martins Fontes.

_____ (1989) *O pensamento selvagem*. Campinas, Papirus.

LYRA Filho, João (1952) *Introdução ao Direito desportivo*. Rio de Janeiro, Irmãos Pongetti Editores.

MAURÍCIO, Ivan (seleção e organização) (2002) *90 minutos de sabedoria – a filosofia do futebol em frases inesquecíveis*. Rio de Janeiro, Garamond.

MAUSS, Marcel (1974) *Ensaio sobre a dádiva. In Sociologia e Antropologia*. São Paulo, EDUSP.

_____ (1979) Body techniques. In Sociology and psychology essays. London, Routledge & Kegan Paul.

MURAD, Mauricio (1996) *Dos pés à cabeça: elementos básicos de sociologia do futebol*. Rio de Janeiro, Irradiação Cultural.

_____ (2004) Das relações, fronteiras e questionamentos entre violência e futebol: fundamentos sociológicos, antropológicos e estudos-de-caso. Doutoramento. Porto/Portugal, FCDEF/UP.

_____ (2007, no prelo) *A violência e o futebol: dos estudos clássicos aos dias de hoje*. Rio de Janeiro, Editora da Fundação Getúlio Vargas.

RIBEIRO, Gustavo Lins (2000) *Macunaíma: ser ou não ser, eis a questão. In Cultura e política no mundo contemporâneo*. Brasília, UNB.

RICOEUR, Paul (1986) *Du texte à l'action*. Paris, E. *Du Seuil*.

SIMMEL, Georg (1983) *A natureza sociológica do conflito. In Simmel Coleção Grandes Cientistas Sociais*. São Paulo, Ática.

TUBINO, Manoel (1993) *O que é esporte*. São Paulo, Editora Brasiliense.

Desporto e Escola

QUE DIÁLOGO AINDA É POSSÍVEL?

Go Tani[*]

1. Considerações iniciais

Na intricada relação entre as duas flechas no tempo (Prigogine & Stengers, 1984), o ser humano cria um rico patrimônio nos diferentes domínios de atividades, o qual denominamos de cultura. Em outras palavras, ao lutar bravamente contra a segunda lei da termodinâmica, o ser humano faz, do irreversível, fonte de ordem para construir, ao menos temporariamente, formas e padrões nas diferentes atividades em que se envolve: arte, literatura, ciência, tecnologia e assim por diante. E ao transmitir esse legado a futuras gerações, não apenas garante a sua continuidade como também possibilita o seu desenvolvimento ulterior. Afinal, o ser humano é um sistema aberto em constante interação com o meio ambiente que, mediante importação de entropia negativa, busca estados cada vez mais elevados de organização (Bertalanffy, 1968).

O desporto é um patrimônio cultural da humanidade e como tal constitui um acervo a ser amplamente disseminado para que todos tenham acesso a ele, usufruam, transformem, transmitam e assim dêem seguimento ao seu contínuo processo de construção. Sem dis-

---

Doutorado pela Universidade de Hiroshima. Director da Escola de Educação Física e Esporte da Universidade de São Paulo.

seminação, o desporto torna-se refém de uma das flechas do tempo, qual seja, a do aumento de entropia.

De que mecanismos a sociedade dispõe para que esse processo de disseminação, vital para o desporto, seja feito de forma ampla e efetiva? Várias alternativas vêem imediatamente à mente: mídia – escrita, falada e televisada – clubes sociais, organizações desportivas, entre outras. Todas elas, de acordo com seus objetivos específicos, têm contribuído para que a população tenha acesso ao desporto.

O leitor pode até estranhar, pois parece beirar o óbvio à primeira vista, mas cabe nesse momento perguntar: seria a educação formal também uma forte candidata? Seria a escola uma instituição privilegiada para se promover a aculturação desportiva (disseminação de conhecimentos, atitudes, valores e habilidades) de crianças e jovens para que eles possam se tornar cidadãos conhecedores do seu valor intrínseco, seja biológico, psicológico, social ou cultural e capazes de fazer da sua prática regular um importante fator de promoção do bem estar ao longo de suas vidas?

Em caso afirmativo, seria a escola uma instituição preparada para promover a formação da cidadania mediante o desporto, educando as pessoas não apenas para os aspectos meritórios, mas também para os cuidados necessários para evitar-se uma adesão cega e acrítica à prática desportiva? Ou seria a escola apenas um espaço alternativo para se promover a prática do desporto, para compensar a crescente tendência de diminuição de espaços físicos específicos junto à comunidade, mas mesmo assim uma instituição eficaz na sua disseminação? Seria essa disseminação diferente quando desenvolvido nessas duas perspectivas, o tão discutido desporto da escola e o desporto na escola?

O objetivo deste ensaio é refletir sobre essas questões e contribuir para a discussão do tema central do livro que é "o desporto em mutação e valores em conflito".

2. Posicionamento

Posso ser chamado de louco ou de sonhador, mas continuo convencido de que a instituição mais apropriada para disseminar às pessoas conhecimentos, atitudes, valores e habilidades relacionados

Desporto e Escola – que diálogo ainda é possível? 271

com o desporto, para fomentar a sua prática ao longo da vida, visando ao bem estar, é a escola, mediante uma disciplina curricular denominada de Educação Física Escolar (EFE).

No entanto, estou também ciente de que a EFE tem fracassado solenemente nessa missão, o que remete à seguinte indagação: o que sustenta esse meu convencimento? Devo esclarecer que a linha de raciocínio que fundamenta a minha posição é o reconhecimento de que existem problemas de concepção em ambos os elementos dessa relação – desporto e escola – que, caso colocados numa perspectiva diferente podem resultar numa solução que estimule muitas realizações em vez de indagações, desconfianças e conflitos.

De qualquer forma, lidar com esse visível contraste, isto é, de um lado assumir a dura realidade do fracasso e de outro, manter o entendimento de que a escola continua a ter o potencial de se constituir a instituição mais adequada para a disseminação do desporto, sem cair no discurso vazio da repetição interminável de intenções e promessas sem resultados concretos, é o principal desafio do presente ensaio.

3. O desporto

Como frequentemente apontado, a relação entre educação física e desporto tem sido historicamente cercada de muita controvérsia. A meu ver, isso tem ocorrido fundamentalmente em razão da ambigüidade na concepção de ambos, gerando conflitos não apenas no campo teórico como também na preparação e atuação profissionais (Tani, 2000). No desporto ela decorre de uma visão estreita que o reduz a uma única perspectiva tanto de sentido quanto de forma e, na educação física, ela emerge no contexto de uma concepção populista e assistencialista de escola que superestima as suas possibilidades de realização.

Na realidade, quando um tema permanece em discussão por longo tempo numa determinada área, várias causas podem ser pensadas. Entre elas podemos destacar: *a*) que se trata de um problema realmente complexo de difícil solução; *b*) que é conveniente não solucionar o problema, pois manter a polêmica possibilitaria, eventualmente, assumir posições e tomar decisões de acordo com interesses e conveniências; *c*) que a área não está suficientemente madura do ponto de vista acadêmico-científico para elucidar o problema.

O desporto tem sido definido de várias formas por diferentes autores. A existência de várias definições de desporto seja talvez um indicador da dificuldade em conceituá-lo. De fato, o termo desporto abrange uma diversidade de atividades, cujo escopo se amplia cada vez mais com o surgimento de novas modalidades. Encontrar elementos em comum entre as diferentes modalidades, capazes de dar unidade ao desporto, não tem sido nada trivial. Que elementos poderiam unir, por exemplo, o xadrez e o halterofilismo, tão diferentes quanto à demanda motora? Ou o atletismo e o automobilismo, tão semelhantes na meta da ação e tão diferentes no meio utilizado? Ou ainda o paraquedismo e o tai-chi-chuan, tão diferentes quanto à demanda no domínio emocional? O desporto é definitivamente um termo coletivo que expressa uma variedade de atividades.

No entanto, todas essas atividades parecem estar associadas, de alguma forma e em diferentes graus, a fatores como: ação envolvendo todo o corpo, competição, emprego de habilidades, presença do lúdico e incerteza de resultados. Muitas modalidades desportivas são também regidas por regras, são ritualísticas e institucionalizadas (Arnold, 1979). Em razão dessa diversidade de fatores, é difícil identificar o elemento comum que confere unidade ao desporto, embora o espírito desportivo tenha sido apontado como um possível candidato.

A busca de um conceito unificado e consensual de desporto é um esforço acadêmico revestido de todos os méritos. Todavia, é preciso ter em mente um importante aspecto: as características que definem o desporto não podem ser entendidas como equivalentes às razões e motivações que levam as pessoas a dele participar, como bem enfatiza Peter Arnold no seu livro clássico *"Meaning in movement, sport and physical education"* (Arnold, 1979). Por exemplo, embora a tentativa de vencer seja um aspecto processual necessário para se engajar no desporto, isso não significa què vencer é a razão pela qual as pessoas nele se engajam. Vários são os motivos que levam as pessoas a se envolverem com o desporto. Muitas o fazem por razões funcionais ou utilitárias, como aptidão física e saúde, outras por razões eminentemente hedonistas ou estéticas.

Ainda de acordo com Arnold (1979), o fato de a pessoa tentar vencer quando participa de uma partida, de forma nenhuma sugere que vencer é o seu propósito, muito menos o seu principal propósito. Para muitos, a tentativa de vencer é apenas um aspecto processual da competição. O ponto é que embora a tentativa de vencer seja um aspecto processual necessário para se engajar no desporto, isso não significa que vencer é a razão pela qual as pessoas nele se engajam.

Em sua gênese, o desporto está relacionado a diversão e prazer, mas com o surgimento do profissionalismo e comercialismo tornou--se um negócio sério. Discute-se, por exemplo, que o interesse principal do desporto rendimento é a perpetuação do sistema, e isso só ocorre mediante recordes. Os motivos desse interesse poderiam ser culturais, políticos, ideológicos ou econômicos.

Em suma, o desporto assume cada vez mais um sentido plural (para uma compreensão mais abrangente e profunda, veja, por exemplo, Bento, 1997, 2006b e neste volume) que se traduz pela diversificação crescente de modalidades, de valores que servem de referência orientadora a seus praticantes, de motivos que levam à sua prática e de objetivos perseguidos pelos praticantes.

Entretanto, quando se fala no desporto, a primeira imagem que emerge é a do desporto rendimento – e é muitas vezes a única. Não há como negar a maior visibilidade do desporto rendimento e, conseqüentemente, a sua influência na formação do imaginário social. E isso não acontece de forma gratuita: existem vários mecanismos e instituições sociais que fortalecem essa imagem, movidos por diferentes interesses e motivos. Por exemplo, os meios de comunicação, a seu próprio interesse ou a serviço de outros, exploram sempre a figura do campeão, do atleta ídolo, do vencedor, para anunciar produtos e serviços.

Por outro lado, é muito comum atribuir-se a esse desporto rendimento as causas de todos os possíveis males causados pela prática desportiva como lesões físicas, estresse psicológico, violência interpessoal e social, alienação e assim por diante. De fato, a fadiga por *overuse*, o *dropout* pela iniciação precoce, a guerra das torcidas organizadas, as mais variadas formas de doping fazem parte do noticiário diário do desporto rendimento (Tani, 2002).

274 *Em defesa do desporto*

Diante desse quadro, tenho proposto uma visão de desporto de múltiplas perspectivas (Tani, 1996, 2000, 2002; Tani & Manoel, 2004), que volto a apresentar neste texto, ciente da possibilidade de ser redundante em demasiado. Para começar, é importante ressaltar e esclarecer que propor uma visão de múltiplas perspectivas não significa, como muitas vezes ocorre, propor uma simples classificação do desporto segundo critérios variados que o pulveriza em diferentes categorias, nem adulterá-lo ou desfigurá-lo mediante adaptações circunstanciais como simplificação de regras, modificação da sua estrutura técnica ou redução das suas exigências quanto a habilidades, procurando torná-lo mais flexível e abrangente.

A meu ver, o basquetebol deixa de ser basquetebol quando se substitui a tabela e o aro por um pneu pendurado na árvore ou quando se permite o sobrepasso ou o quicar a bola seguidamente com as duas mãos. Obviamente, isso não quer dizer que essas atividades não possam ser praticadas, mas apenas que, em se praticando, poderão caracterizar, por exemplo, um jogo de alta organização, mas não o basquetebol propriamente dito. Os jogos de baixa, média e alta organização são, do ponto de vista de desenvolvimento motor, conteúdos fundamentais no estágio que precede a aquisição de habilidades específicas desportivas, pois possibilitam uma variedade de formas de combinar habilidades básicas em padrões motores cada vez mais complexos (Tani, Manoel, Kokubun & Proença, 1988). Sob uma óptica pedagógica, esses jogos constituem conteúdos ou estratégias de ensino altamente motivadores e adaptáveis às condições dos alunos.

Uma visão de múltiplas perspectivas parte do princípio de que o desporto é um patrimônio cultural da humanidade, ou seja, algo criado, transmitido e transformado através dos tempos, o que lhe confere uma natureza eminentemente dinâmica. E que, em virtude da ênfase em determinados aspectos, ele pode assumir características diferenciadas como, por exemplo, o desporto rendimento e o desporto como conteúdo da educação física. Em outras palavras, o núcleo duro (*hard core*) do desporto é o mesmo, dando-lhe uma configuração única, com possibilidade de certa variação de acordo com o escalonamento nos "pesos" aplicados a alguns de seus aspectos. É, portanto, uma variação decorrente da ênfase, mantendo-se a mesma essência. Em suma, basquetebol é basquetebol, com suas

Desporto e Escola – que diálogo ainda é possível? 275

regras, sua estrutura de técnica e de tática. Se isso for violado, deixa de ser um patrimônio cultural como tal.

A figura 1 procura mostrar os aspectos que definem o desporto rendimento (ER) e o desporto como conteúdo a ser desenvolvido na educação física (EC) (Tani, 1996). O ER objetiva o máximo no que se refere a rendimento, ao passo que o EC objetiva o ótimo, respeitando as características físicas, psicológicas, sociais e culturais dos praticantes e as diferenças individuais quanto a expectativas, aspirações, preferências e valores. Objetivar o ótimo de rendimento é estabelecer metas de desempenho de forma a evitar tanto a superestimulação como a subestimulação.

O ER visa à competição, competição entendida como um processo de identificar o vencedor, o melhor, de verificar o alcance de normas e critérios, de classificar e premiar segundo os resultados alcançados. O EC, por sua vez, visa à aprendizagem, ou seja, um processo contínuo de auto-aperfeiçoamento em que o resultado é uma conseqüência desse processo e não o seu objetivo. Dentro dessa perspectiva, a competição é um processo que possibilita, fundamentalmente, a avaliação da capacidade, a afirmação de possibilidades, a superação de outros e de si próprio e a busca de aperfeiçoamento.

O ER ocupa-se com o talento e o seu sucesso depende, em grande parte, da eficácia na sua detecção, enquanto que o EC ocupa-se com a pessoa comum, os gordos, os magros, os baixos, os altos, os fortes, os fracos, os habilidosos e os desajeitados.

O ER preocupa-se essencialmente com o potencial das pessoas, de desenvolvê-lo ao máximo, adaptando as pessoas às exigências e especificidades do desporto. O EC, por sua vez, preocupa-se não apenas com o seu potencial, mas também com as suas limitações. No entanto, é oportuno ressaltar que no EC, de tanto se preocupar com as limitações, cria-se uma falsa idéia de que nele todos têm de ser nivelados "por baixo" e ser medíocres em relação a competência motora. É uma responsabilidade da escola promover o potencial individual dos alunos, independentemente do nível de habilidade em que se encontram.

O ER submete pessoas a treinamento, ou seja, repetição sistemática de movimentos pré-estabelecidos, enquanto o EC submete pessoas a prática, a qual é vista como um processo de solução de problemas motores em que a cada tentativa há um esforço consciente de elaboração, execução, avaliação e modificação de movimentos.

FIGURA 1
O conceito de desporto (Tani, 1996)

O ER orienta-se para a especificidade, ou seja, para uma modalidade específica. É impossível ser campeão em várias modalidades. O EC, por sua vez, orienta-se para a generalidade, dando oportunidades de acesso a diferentes modalidades, ou seja, de explorar o patrimônio cultural da forma mais ampla possível.

O ER enfatiza o produto em forma de rendimentos e recordes, muitas vezes em relação a índices externamente impostos, e dele depende, ao passo que no EC o processo é valorizado, ou seja, o progresso que cada pessoa experimenta em relação ao seu estado anterior.

O ER resulta em constante inovação técnica e tecnológica, e o EC resulta na difusão e disseminação do desporto como um patrimônio cultural. Por exemplo, as grandes inovações técnicas e tecnológicas na área do automobilismo acontecem na Fórmula 1 para depois serem introduzidas nos carros populares.

Como foi mencionado anteriormente, quando se fala no desporto, há uma tendência de vê-lo apenas na perspectiva do rendimento. Muitos fatores contribuíram e têm contribuído para formar e fortalecer essa visão, mas um deles merece a nossa atenção nesse momento da discussão: a própria educação física, tanto a escolar como a não-escolar, por esquecer que o desporto rendimento, como mostra as características acima descritas, tem um caráter seletivo, restritivo e excludente. Portanto, quando a educação física escolar trabalha com o desporto na perspectiva do desporto rendimento, os problemas são inevitáveis, da mesma forma que, quando o desporto rendimento é trabalhado na visão do desporto como conteúdo da educação física, dificilmente os seus objetivos são alcançados.

Por outro lado, fica absolutamente claro que se a escola cumprir bem o seu papel de disseminar o desporto de forma adequada, ampliam-se, como conseqüência, as possibilidades de aumentar o contingente de pessoas com potencial para participar do desporto rendimento. Portanto, acredito que muitos embates ocorridos no meio acadêmico sobre a educação física e o desporto têm origem num conceito de desporto unicamente direcionado ao desporto rendimento e, dessa forma, toda discussão ocorrida tem uma premissa comprometida, a não ser nos casos da alternativa (b) mencionada no segundo parágrafo do item "o desporto".

4. A escola

É amplamente conhecido que a EFE defronta-se com inúmeros problemas e dificuldades, e não é de agora. É histórico. Além disso, há indícios de que a situação parece ser semelhante em diferentes países. Em razão de tantos problemas, educadores e pesquisadores mais pessimistas têm prognosticado que a educação física tende a desaparecer do currículo escolar, não apenas de fato como também formalmente.

A pergunta que se faz perante esse difícil panorama é: existe saída para a EFE? Creio que sim. Diz o velho ditado que para solucionar qualquer problema, o primeiro passo e o mais importante é identificar qual é afinal o problema. Nesse sentido, pretendo identificar inicialmente um problema que julgo ser fulcral para EFE. Fulcral no sentido de que os outros problemas – e há tantos – são, na realidade, decorrências desse.

Qual seria afinal o problema central da EFE? O problema é que ela não tem ainda uma identidade claramente definida. E, em razão da ausência dessa identidade, encontra grandes dificuldades em definir o seu papel, a sua função no processo de escolarização. Discutir sobre identidade da EFE significa refletir sobre o conjunto de caracteres próprios e exclusivos que a define como uma disciplina curricular. Por exemplo, no que se constitui a EFE: uma disciplina curricular ou uma atividade curricular? O que pretende alcançar: que o aluno saiba jogar melhor o basquetebol ao sair do ensino fundamental? Que conteúdo pretende ensinar: atividade ou conhecimento acerca da atividade? Com quais conhecimentos adquiridos ao final do processo de escolarização podem afirmar que o aluno teve educação física no ensino formal? Que métodos, procedimentos e técnicas de ensino ela utiliza: jogar, jogar e jogar?

Identificado esse problema central, convido os leitores para uma espécie de caminhada. Uma caminhada que, ao seu final, nos permita ao menos visualizar uma possível saída para essa crise que a EFE enfrenta. Pretendo trazer argumentos, fatos e explanações para pavimentar o caminho em direção a essa possível saída. Essa caminhada será constituída de três trilhas. Poderão existir outras, mas essas são aquelas pelas quais necessariamente deve-se passar, pois são os seus balizadores. E cada trilha apresenta desafios específicos a espera.

O desafio colocado na primeira trilha é o de fazer uma clara distinção entre a educação no sentido lato e a educação escolarizada. Enquanto houver ambigüidade nesse domínio, a identidade da EFE não ficará claramente definida.

A educação no sentido lato deve estar presente e necessita acontecer em todos os espaços de convivência social: na família, no grupo de amigos, na rua, no clube, etc. É, portanto, de responsabilidade de toda a sociedade. Há diversas maneiras de se definir a educação no sentido lato: por exemplo, que é o desenvolvimento integral da personalidade do educando preparando-o para a vida, para a vida em sociedade ou para o exercício da cidadania.

Apesar da educação no sentido lato ser de responsabilidade de toda a sociedade, o que se observa atualmente é que, num certo sentido, a sociedade está cada vez mais "lavando as mãos" para essa educação e atribuindo toda a responsabilidade para a instituição escola. E quando isso acontece, a "bomba" tem explodido invariavelmente na mão do professor, pois os pais o procuram para lhe dizer: "por favor, cuide do meu filho que eu já não consigo fazer mais nada; ele não me obedece, não estuda, fica na rua o dia todo" etc. etc. Isso quando os pais procuram o professor, mesmo porque são muitos os que pensam assim, agem assim, mas nada dizem. Obviamente, a escola não tem condições de assumir essa responsabilidade e nem foi criada para essa finalidade. Certamente, ela não conseguirá atender às expectativas desses pais, o que poderá resultar em queda de credibilidade.

No cotidiano da escola pública brasileira, por exemplo, a instituição escola está hoje dedicando ou tendo de dedicar quase que toda a sua energia, disponibilidade, motivação e inteligência às questões do entorno (merenda, violência, problemas familiares do aluno etc.) e não para os quais foi originalmente criada, ou seja, o projeto pedagógico e o conteúdo de ensino. Não se está aqui ingenuamente propondo que a escola seja isolada desse entorno, mas sim afirmando que não é possível inverter as coisas e perder de vista a verdadeira missão da escola. Discutir o verdadeiro lugar da escola na sociedade moderna implica *back to the basics*!

Nessa linha de raciocínio, quero entender a educação escolarizada como parte da educação no sentido lato – aliás, uma parte muito importante, fundamental – que se desenvolve num espaço privilegiado denominado escola e tem como meta a disseminação do conhecimento sistematizado e acumulado historicamente – o chamado saber elaborado – mediante as diferentes disciplinas curriculares (para maiores detalhes, veja Tani & Manoel, 2004).

O acesso a esse saber elaborado é uma condição indispensável para qualquer cidadão exercer a cidadania, gozar de inserção social, desenvolver-se e obter uma visão menos mítica, folclórica e dogmática do ser humano, da sociedade e do mundo. Enfim, ser um cidadão autônomo, crítico e participativo. Essa disseminação do conhecimento necessita ser algo muito bem planejado, de longo prazo, com conteúdos devidamente especificados e colocados numa seqüência lógica do mais simples para o complexo. Em razão dessas características, é fácil concluir que ela só tem possibilidade de ser desenvolvida por uma instituição especificamente criada para esse fim: a escola. Para certificar-se da importância dessa criação basta refletir como seria desenvolver o processo de escolarização em outros espaços e instituições que não a escola... Simplesmente impossível!

A sociedade cria instituições para que as suas necessidades básicas possam ser atendidas. Ela criou sistema de transporte público, de saúde pública, de habitação e assim por diante. E também criou a escola para um fim específico. Não desejo com isso ser radical e intransigente e afirmar que a escola deve ser imutável, desconsiderando as transformações sociais, culturais, econômicas e políticas que ocorrem na sociedade ao longo dos tempos. O que não se pode é desvirtuar a sua função precípua, o propósito para o qual ela foi originalmente criada. Ademais, se ela é responsável por uma necessidade social tão importante, o cumprimento dessa meta é mais do que suficiente para justificar a sua existência e o investimento que a sociedade nela faz. Definitivamente, a escola não tem vocação nem competência para resolver todos os problemas da sociedade, apesar do discurso inflamado de muitos pedagogos nessa direção.

Nessa primeira trilha, o desafio foi diferenciar a educação no sentido lato e a educação escolarizada, para poder visualizar as suas relações. Quero avançar para a definição da EFE, mas isso ainda não é possível porque temos mais duas trilhas pela frente. No entanto, ao final dessa primeira trilha, já é possível fazer uma afirmação sobre a EFE: os objetivos específicos da EFE não podem ser confundidos com as finalidades da educação escolarizada, mas devem a elas estar atrelados. É a mesma relação existe entre a educação no sentido lato e a educação escolarizada: os objetivos da segunda não podem ser confundidos com as finalidades da primeira, mas devem a elas estar atrelados.

Muitas discussões acerca do valor educativo do desporto ou a tentativa de sua legitimação como um fenômeno sociocultural de grande relevância para a educação, não diferenciam claramente se está se referindo à educação no sentido lato ou à educação escolarizada. O mesmo acontece quando se discute a contribuição da atividade física sistemática na manutenção e promoção da saúde.

O desafio colocado na segunda trilha é fazer-se uma clara distinção entre atividade física e educação física. Vencer esse desafio não é importante apenas para a EFE, mas para toda a educação física. Aliás, ouso afirmar que se os profissionais da educação física, independentemente do campo de atuação, não forem capazes de fazer essa distinção, estarão "colocando a corda no nosso próprio pescoço e assinando o atestado de óbito profissional". Isso porque a educação física envolve atividade física, mas nem toda atividade física é educação física.

Sob o ponto de vista da existência e sobrevivência da profissão, o problema é o seguinte: a sociedade acha que nós somos profissionais da atividade física, o que é compreensível; no entanto, a sociedade também acha que a atividade física é simples, trivial, para não dizer banal. Isso porque a sociedade julga que a grande maioria das pessoas ditas normais consegue executar as atividades físicas do cotidiano sem grandes dificuldades: abrir porta, fechar porta, subir escada, escovar os dentes, vestir-se, banhar-se, alimentar-se, lavar o quintal, fazer compras, levar o cachorro para passear etc., etc. E ela se pergunta: precisa-se de um profissional formado em quatro anos de faculdade para cuidar de algo tão simples?

Na realidade, a sociedade está confundindo atividade física com educação física. Para a EFE esse fato merece uma profunda reflexão, pois uma parte significativa dessa sociedade que faz essa confusão foi à escola e teve aulas de educação física no ensino fundamental e médio. O que será que aconteceu? Será que as pessoas foram à escola para fazer atividade física ou para ter aulas de educação física?

A questão central nessa discussão é definir quando a atividade física pode ser considerada educação física, ou seja, quais os requisitos que devem ser preenchidos pela atividade física para que ela possa ser considerada educação física. Certamente existem vários, mas dois deles são suficientes para um melhor enquadramento dessa questão.

282   *Em defesa do desporto*

A primeira condição é que a atividade física esteja atrelada a cinco grandes categorias de movimento historicamente trabalhadas, pesquisadas e ensinadas pela educação física que são: o desporto, a ginástica, o exercício, o jogo e a dança. Alguns querem acrescentar a luta. Essas cinco grandes categorias de movimento constituem o que se pode denominar de cultura de movimento. Não são simplesmente atividades físicas, mas uma parte importante do acervo cultural da humanidade como é a música, a pintura, a religião entre outras. Algo que o ser humano criou, aperfeiçoou, transformou e vem transmitindo de geração para geração. A minha tataravó deve ter brincado de amarelinha e possivelmente a minha bisneta (apesar de ser muito cedo falar nisso) também brincará de amarelinha. Se a amarelinha fosse reduzida a simples atividade física, provavelmente não atravessaria tantas gerações.

Uma das importantes funções da escola e, portanto, da EFE, é inserir as pessoas nessa cultura de movimento, não apenas na perspectiva do praticante, mas também do apreciador, do entendedor, do telespectador e assim por diante.

A segunda condição para a atividade física ser educação física é que exista à sua retaguarda uma clara intencionalidade. Isto é, atividade física para alguma finalidade e não atividade física pela atividade física. Na EFE, essa intencionalidade deve se manifestar na forma de um projeto pedagógico. Qual ou quais seriam esses projetos? Seria proporcionar às pessoas o acesso às categorias de movimento acima descritas para delas participar, usufruir e ainda construir ao longo da vida, ou seja, um processo de aculturação e de promoção do bem estar? Seria estimular as pessoas a envolverem-se com atividades físicas para aumentar e enriquecer o seu repertório motor, capacitando-as para melhor interagir com o ambiente físico, social e cultural em que vivem? Ou seria ainda a manutenção e promoção da saúde proporcionando às pessoas oportunidades de adquirir conhecimentos, aptidões e atitudes relacionados com um estilo de vida ativo?

Considerando os desafios enfrentados nas duas primeiras trilhas, pode-se afirmar que o aluno não vai à escola para fazer atividade física, mas para adquirir conhecimentos acerca da atividade física com uma clara intencionalidade à sua retaguarda. Definitivamente, a escola não é uma instituição que propicia ao aluno apenas oportuni- dades de praticar atividade física. Caso isso seja verdade, como diferenciar escola e clube, escola e rua, escola e parque. Se o con- teúdo de uma aula de voleibol desenvolvida na escola é igual ao conteúdo que o aluno pratica com os seus amigos na rua após voltar da escola, pode-se afirmar que algum problema grave está aconte- cendo com a EFE.

Quando se afirma que o aluno vai à escola para adquirir conhe- cimento acerca da cultura de movimento e não simplesmente fazer atividade física, muitos apressadamente concluem que a prática será banida das aulas de educação física, que se tornará eminentemente teórica. Ledo engano. A prática é e será sempre importante na aula de educação física. Temos apenas de redefini-la. Prática em EFE tem o mesmo significado que aula de laboratório em física e química. O que acontece com essas disciplinas, quando as aulas só acontecem nas salas de aula? O conhecimento é ensinado como um produto acabado e de forma livresca. Os alunos podem reter o conhecimento até o dia da prova, mas logo o esquecem. Ao contrário, quando os conhecimentos são ensinados em salas de aula e em seguida testados no laboratório, de forma que sejam adquiridos pelo processo de verificação, de experimentação, de prática, não mais são esquecidos. A aprendizagem é efetiva.

O que está ocorrendo na EFE é que, apesar de ser uma disciplina curricular que tem o privilégio de possuir ao mesmo tempo a sala e o laboratório, apenas o "laboratório" tem funcionado – quando fun- ciona! – pois as aulas têm se baseado na prática da atividade física e não na aquisição do conhecimento acerca da atividade física, mediante a prática.

É importante ressaltar que é pelo fato de ter obtido acesso a esses conhecimentos na escola que as pessoas tomam decisões cons- cientes e refletidas acerca do seu envolvimento com a prática siste- mática de atividade física própria da cultura de movimento fora da escola, ao longo de toda a sua vida. Nesse sentido, a escola deve se preocupar muito mais com as dimensões macroscópicas do futuro do que com as dimensões microscópicas do presente dos seus alunos. Definir que conhecimentos são esses é o desafio da terceira e última trilha.

Nessa trilha o desafio é identificar uma clara relação entre a EFE e a sua área de conhecimento correspondente. Na verdade, é essa relação que define o conteúdo a ser ensinado na EFE, assim como ocorre com todas as outras disciplinas curriculares.E aqui reside a grande dificuldade da EFE, ou seja, identificar a sua função na educação escolarizada, visto que a própria educação física, como uma área de conhecimento, ainda encontra dificuldade de ordem epistemológica para definir a sua identidade. Se olharmos para o currículo escolar todo, observa-se que existe uma correspondência inequívoca entre as disciplinas curriculares e as respectivas áreas de conhecimento, por exemplo, entre o ensino da física e a física, entre o ensino da matemática e a matemática, e assim por diante. Isso quer dizer que se eventualmente o ensino da física ou da matemática deixassem de fazer parte da grade curricular escolar, nem por isso a física e a matemática deixariam de existir como áreas de conhecimento. Nesse sentido, cabe indagar: qual seria a área de conhecimento correspondente ao ensino da educação física? Que estatuto epistemológico ela possuiria? Qual seria o seu objeto de estudo e que tipo de conhecimentos produziria? Enfim, qual seria o corpo de conhecimentos da educação física do qual seriam selecionados os conhecimentos a serem disseminados pela educação física escolar? Conforme já abordamos a respeito dessa identidade acadêmica e o seu estatuto epistemológico em textos anteriores, convidamos os leitores para a apreciação dos originais (Tani, 1988, 1989, 1996, 1998).

Como foi ressaltado, o esporte, o jogo, a ginástica, o exercício e a dança são categorias de movimento que se caracterizam como fenômenos socioculturais e constituem uma parte importante do acervo cultural da humanidade. O conhecimento sistematizado acerca desses elementos da cultura de movimento é o que a educação física escolar procura disseminar por meio do ensino. Entenda-se como conhecimento sistematizado, o conjunto de conhecimentos acerca da estrutura, organização e significado dessas categorias de movimento.

Seguindo essa linha de raciocínio, a EFE pode ser definida como uma disciplina curricular cuja meta é a disseminação do conhecimento sistematizado e acumulado historicamente sobre o fenômeno movimento humano (cultura de movimento), mediante a promoção da aprendizagem do movimento, aprendizagem através

Desporto e Escola – que diálogo ainda é possível? 285

do movimento e aprendizagem sobre o movimento (para maiores detalhes, Tani & Manoel, 2004).

4. Desporto na escola

Nos tópicos anteriores, o desporto foi abordado como um importante acervo cultural a ser disseminado pela escola mediante uma disciplina curricular denominada de EFE. Argumentou-se que a escola tem a responsabilidade de inserir os seus alunos nessa cultura, mediante a transmissão de conhecimentos, habilidades, atitudes e valores a ela relacionados. O desporto, assim tratado, enquadra-se naquilo que é comumente chamado de desporto da escola.

No entanto, estudos têm mostrado que da maneira como a EFE está estruturada, por exemplo, em aulas de 50 minutos e de no máximo três vezes por semana, dificilmente os alunos conseguem desenvolver habilidades motoras ou obter melhorias nas suas condições orgânicas, apesar de ter adquirido conhecimentos acerca de como fazê-lo, quais as suas implicações para o seu bem estar e assim por diante.

Nesse contexto, indaga-se: poderia a escola ser também um espaço para se promover o desporto, mediante o oferecimento de oportunidades para prática com o objetivo específico de melhoria da competência motora e se constituir uma alternativa concreta para compensar a crescente tendência de diminuição de espaços físicos específicos junto à comunidade? Acredito que sim e mais que isso, penso ser um luxo inaceitável a escola permanecer fechada ou subutilizada, especialmente nos fins de semana e período de férias escolares, quando a comunidade tem tantas dificuldades para encontrar um espaço público para se dedicar à prática desportiva.

A escola poderia oferecer oportunidades para a prática do desporto como uma atividade extracurricular, da mesma forma que oferece ou deveria oferecer oportunidades para a prática de outras atividades como música, literatura, pintura, computação, língua estrangeira e tantas outras atividades extracurriculares. A prática do desporto poderia ser enormemente ampliada mediante a promoção de competições interclasses e interescolares, assim como de eventos recreativos e culturais. Seria uma interessante estratégia também para estreitar as relações entre a escola e a família. O desporto assim desenvolvido seria o chamado desporto na escola e poderia se constituir uma excelente chance para a aplicação dos conhecimentos aprendidos na EFE, até mesmo para testá-los. Em suma, o desporto da escola e o desporto na escola poderiam complementar-se e todos seriam beneficiados: o aluno, a escola, a comunidade, o desporto.

5. Considerações finais

O objetivo do presente ensaio foi discutir a relação entre desporto e escola. Partiu-se do pressuposto que para alcançá-lo, ambos teriam de ser colocados numa perspectiva diferente das concepções em que vêm sendo discutidos, visto que são restritivas e inadequadas: o desporto concebido na perspectiva única do rendimento e a escola contaminada por uma concepção que em muito extrapola as funções para as quais a sociedade originalmente a criou.

A concepção de desporto que se propõe é de múltiplas perspectivas (Tani, 1996, 2000), partindo da premissa de que ele é polissêmico e polimórfico (Bento, 1997, 2006a). Por sua vez, a concepção de escola – que possibilita à educação física escolar uma identidade mais clara – é de que a sua função precípua está relacionada com a disseminação do conhecimento sistematizado e acumulado historicamente, ou seja, o saber elaborado mediante as diferentes disciplinas curriculares, incluindo a educação física. Nas últimas décadas, a escola tem sido assolada por várias tendências pedagógicas ditas modernas (vários "ismos"), de forma que retomar o *basics*, como se propõe, pode parecer retrógrado, mas como bem enfatiza Bento (2006c), os relativismos que assolam a sociedade moderna obscurecem muitas vezes aquilo que à luz da reflexão crítica serena é absolutamente inequívoca.

O desporto é um patrimônio cultural e a escola é uma instituição criada especificamente para promover a disseminação cultural. Portanto, se a educação física escolar, que é a disciplina responsável pela disseminação desse patrimônio – o desporto – não assumir essa nobre tarefa, corre um sério risco de determinar por si aquilo que já foi insistentemente prognosticado e suficientemente conjeturado: o

Desporto e Escola – que diálogo ainda é possível?

seu desaparecimento do currículo escolar. Espero que as reflexões feitas e as proposições apresentadas contribuam para que isso não se concretize.

Referências bibliográficas

ARNOLD, P.J. (1979). Meaning in movement, sport and physical education. London: Heinemann.

BERTALANFFY, L.Von. (1968). General systems theory. New York: George Braziller.

BENTO, J.O. (1997). O outro lado do desporto. Porto: Campo das Letras.

BENTO, J.O. (2006a). Pedagogia do desporto: definições, conceitos e orientações. In: G. TANI, J.O. BENTO & R.D.S. PETERSEN (Eds.), Pedagogia do desporto. Rio de Janeiro: Guanabara Koogan.

BENTO, J.O. (2006b). Do desporto. In: G. TANI, J.O. BENTO & R.D.S. PETERSEN (Eds.), Pedagogia do desporto. Rio de Janeiro: Guanabara Koogan.

BENTO, J.O. (2006c). Desporto e princípio do rendimento. In: G. TANI, J.O. BENTO & R.D.S. PETERSEN (Eds.), Pedagogia do desporto. Rio de Janeiro: Guanabara Koogan.

BENTO, J.O. (presente volume). Em defesa do desporto.

PRIGOGINE, I. & STENGERS, I. (1984). Order out of chaos: man's new dialog with nature. New York: Bantam Books.

TANI, G. (1988). Pesquisa e pós-graduação em educação física. In: S.C.E. Passos (Org.), Educação física e esportes na universidade. Brasília: SEED-MEC/UnB.

TANI, G. (1989). Perspectivas da educação física como disciplina acadêmica. In: Anais do II Simpósio Paulista de Educação Física. Rio Claro: Universidade Estadual Paulista, 2-12.

TANI, G. (1996). Cinesiologia, educação física e esporte: ordem emanente do caos na estrutura acadêmica. Motus Corporis, 3, 9-49.

TANI, G. (1998). 20 anos de ciências do esporte: um transatlântico sem rumo? Revista Brasileira de Ciências do Esporte – Número Especial Comemorativo dos 20 Anos de Fundação, 19-31.

TANI, G. (2000). Esporte e processos pedagógicos. In: W.W. Moreira & R. Simões (Orgs.), Fenômeno esportivo no início de um novo milênio. Piracicaba: Editora UNIMEP.

TANI, G. (2002). Esporte, educação e qualidade de vida. In: W.W. Moreira & R. Simões (Orgs.), Esporte como fator de qualidade de vida. Piracicaba: Editora UNIMEP.

TANI, G. & MANOEL, E. de J. (2004). Esporte, educação física e educação física escolar. In: A. GAYA, A. MARQUES & G. TANI (Orgs.), Desporto para crianças e jovens: razões e finalidades. Porto Alegre: UFRGS Editora.

TANI, G., MANOEL, E.J., KOKUBUN, E. & PROENÇA, J.E. (1988). Educação física escolar: fundamentos de uma abordagem desenvolvimentista. São Paulo: EPU/EDUSP.

O desporto como *cluster* do turismo

Elsa Pereira [*]

Introdução

Numa sociedade em constante mutação, em que os valores, os estilos de vida, as necessidades e motivações são cada vez mais diversificados, outros espaços, outros ritmos, outras lógicas de organização do tempo caracterizam o dia-a-dia. O trabalho já não é o elemento fundamental, a qualidade de vida, o lazer e o bem-estar conjugam-se nos compassos do quotidiano.

Neste contexto de mudança, o desporto conquista um significado social e económico crescente, não só nas vertentes da competição e do espectáculo, movimentando cada vez mais pessoas e valores, mas também na sua vertente do lazer, do prazer pela prática desportiva, no contributo que estas práticas dão para o bem-estar dos indivíduos e das populações.

O turismo é considerado uma das maiores indústrias da actualidade, representando aproximadamente 6 por cento das exportações de bens e serviços a nível mundial. Com 842 milhões registos de chegadas e uma taxa de crescimento de 4,5% no último ano, conquistou um novo recorde de viagens e prevê-se que continue este crescimento sustentado (WTO, 2007).

---

[*] Mestre em Gestão do Desporto. Docente da Escola Superior de Educação da Universidade do Algarve

Na era da globalização, o fenómeno desportivo assume contornos de interface com os demais sectores da sociedade. Gratton e Taylor (2000) afirmam que o desporto relacionado com o turismo é uma parte crescente do mercado turístico (*in* Deane; Callanan, 2004).

É já uma realidade a ligação existente entre o desporto e o turismo; os pontos de contacto são cada vez mais emergentes entre estas duas práticas sociais. São vários os factores que explicam o crescimento do fenómeno Desporto e Turismo: o crescimento demográfico, aumento do *PIDD*[120], desejo de viajar, facilidades ao nível das viagens, férias especializadas, interesse pelo desporto, incremento do *marketing* relacionado com o desporto, com o turismo e com o desporto e turismo, o interesse e a popularidade das férias de curta duração, aumento da procura das férias activas, etc.

É sobre o binómio do desporto e turismo que pretendemos debruçar-nos ao longo deste capítulo. De forma a responder ao desafio que nos foi criado, consideramos pertinente, numa fase inicial do mesmo, explanar em termos conceptuais o significado deste fenómeno. Numa segunda fase procuramos analisar a evolução do fenómeno. Terminamos com a apresentação de tendências e linhas de actuação futura, numa lógica organizacional.

Perspectiva conceptual

Na nossa óptica, para analisar fenómenos sociais como o desporto e o turismo é fundamental ter como base as novas perspectivas e tendências do lazer, pois, este é o conceito mais vasto e aglutinador em que aquelas dinâmicas sociais assentam. Tanto o crescimento do turismo como do desporto encontra nesta tendência social – denominada como a *Cultura do Lazer* – as bases para a sua expressão e expansão.

Actualmente, a sociedade beneficia de uma crescente diminuição do número de horas de trabalho e consequente aumento do

---

[120] *Personal Discretionary Disposable Income*, ou seja, o aumento do dinheiro disponível após o pagamento das despesas principais.

O desporto como cluster *do turismo* 291

tempo livre. Sendo de 39 a média de horas semanais de trabalho na *União Europeia*, prevê-se que em 2015 essa média seja reduzida para 30. Esta transformação encontra-se aliada aos progressos tecnológicos e às expansões económicas, que têm proporcionado, não só mais tempo de lazer, como também um lazer de maior qualidade[121].

Para Elias (1992:73) um "dos principais traços fisionómicos das sociedades altamente diferenciadas e abastadas do nosso tempo é o facto de apresentarem uma variedade de actividades de lazer superior a qualquer outra sociedade que se possa imaginar. Muitas dessas ocupações de lazer entre as quais o desporto nas suas formas de prática ou de espectáculo, são então consideradas como meios de produzir um descontrolo de emoções agradável e controlado".

Segundo o seu ponto de vista, nas sociedades actuais existe um grande controlo das emoções. As actividades de lazer, e entre elas o desporto, podem assumir uma tónica baseada nas emoções ("excitação-prazer") que proporcionam, em contraste com a monotonia do dia-a-dia, satisfazendo a necessidade de sensações fortes dos indivíduos.

Segundo Giddens (1995), a auto-realização é uma das características da modernidade, fundamental para a auto-identidade. Sendo o lazer um espaço onde os indivíduos vão ao encontro das recentes necessidades sociais, da fuga à rotina, da diversidade, da diferenciação, do risco, o desporto como ocupação de lazer desempenha um papel cada vez mais relevante, na medida que permite o corte com a rotina, a satisfação das necessidades e motivações individuais.

Pensamos que tanto o desporto como o turismo são fenómenos que emergem numa sociedade dos lazeres, denominada por vários autores como a "Era dos Lazeres". Consideramos que estes dois fenómenos sociais estabelecem uma série de interfaces que nos permitem conceptualizá-los de uma forma integrada, constituindo uma identidade própria.

Verificamos que uma das preocupações centrais da investigação tem sido a classificação dos diferentes tipos de desporto e turis-

---

[121] A título de exemplo veja-se não só o aumento do tempo de férias como o facto de estas serem pagas.

mo. De uma maneira geral apontam para uma tipologia caracterizada por duas vertentes: uma activa que implica a participação em práticas desportivas e uma passiva que se circunscreve à assistência a espectáculos desportivos.

Quando procuramos definir desporto e turismo deparamo-nos com várias perspectivas, dependendo do ponto de vista adoptado. O desporto é por vezes considerado como uma atracção turística (Hinch; Higham, 2004). No entanto, existem autores que consideram que o desporto tanto pode ser a atracção turística primária como pode ser ocasional a adesão às práticas desportivas (Gammon; Robinson, 2003). A maior parte das definições inclui tanto os espectadores como os praticantes, os atletas de elite e o seu *staff*. Gibson (1998) salienta o facto de visitar atracções associadas às práticas desportivas, como por exemplo um museu desportivo ou a sala de troféus de um clube, ser também sinónimo de desporto e turismo.

Para Kurtzman *et al.* (1997) o binómio desporto e turismo é um veículo para a compreensão e para a paz entre os povos. O desporto, *per si*, já é um meio de promover as relações sociais. Quando o turismo se relaciona com o desporto, o contributo é ainda mais evidente, pois estão em causa duas comunidades distintas, a receptora e a visitante. Esta abordagem apresenta-nos uma perspectiva distinta, que não deixa de ser bastante *sui generis*.

Em certa medida, pensamos que a criação dos Jogos Olímpicos da Era Moderna teve influência na relação desporto e turismo, pois as pessoas para assistirem a estes espectáculos tinham que se deslocar dos seus locais de habitação. No entanto, parece-nos que esta ligação só explica uma das facetas do desporto e turismo, correspondente à de presenciar eventos desportivos. A dimensão relativa à participação cada vez mais activa em práticas desportivas durante as férias, só pode ser explicada pelas novas tendências sociais.

De uma maneira geral as definições de desporto e turismo assentam e são caracterizadas por três factores que funcionando em conjunto, marcam o âmbito do desporto e turismo (Pigeassou *et al.*, 2003):

- numa estadia que combina duas variáveis: uma viagem e uma duração;
- um elo de subordinação ao contexto social;
- um conjunto de fenómenos relacionados com o desporto.

O desporto como cluster *do turismo*

No nosso entender desporto e turismo é um conceito amplo, mais amplo do que prática de desporto durante as férias[122]; do que a prática de um desporto específico durante as férias[123]; do que os conceitos que abrangem exclusivamente os benefícios que o turismo pode usufruir com o desporto, pois o contrário também é evidente[124].

O conceito de desporto e turismo que defendemos aproxima-se fundamentalmente da perspectiva de De Knop (1990, 1992)[125], compreende "as dinâmicas que se estabelecem entre as práticas desportivas e o sistema turístico, tanto na vertente do lazer como da competição, onde invariavelmente se devem equacionar as práticas (Pratice), as pessoas (People) e os locais (Place)" (Pereira; Carvalho, 2004: 237):

> Sport Tourism = 3'P = Pratice/People/Place

As práticas são um ponto fulcral na medida em que o desporto, facilitador de experiências a diferentes níveis é o *focus* do desenvolvimento do desporto e turismo, permitindo às pessoas, que são o elemento activo e interactivo de todo o processo, a apropriação do local. O local é o espaço eleito pelo turista, deslocado do seu *habitat* e onde se desenrolam as práticas, deve dar resposta ao imaginário e estar envolto em significados distintos.

---

[122] Como se explica por exemplo a procura de práticas desportivas por parte dos segmentos de mercado do turismo de negócios e do turismo de congressos e incentivos? Este é um segmento de mercado que apesar de não estar de férias solicita a oferta de facilidades desportivas. De acordo com vários autores, qualquer hotel com vista para os negócios deve oferecer facilidades na área do fitness. Os responsáveis dos meios de alojamento já constataram esta realidade.

[123] Normalmente denominado de turismo desportivo, é definido como a procura de um determinado destino turístico com características ideais para a prática de um desporto específico.

[124] Por exemplo, quando uma equipa profissional realiza um estágio em determinando país usa como suporte todo o sistema turístico. No entanto, estamos a promover o desenvolvimento do desporto da performance desportiva, além de, também, se estar a contribuir para os fluxos e receitas turísticas desse país.

[125] Para uma abordagem mais aprofundada sobre os modelos conceptuais *vide* Pereira e Carvalho (2004).

294 *Em defesa do desporto*

De acordo com Pereira (1999 e 2001) e Pereira e Carvalho (2004), um modelo explicativo do fenómeno do Desporto e Turismo deve ser conceptualizado do ponto de vista dos participantes de modo a permitir a definição de diferentes segmentos de mercado para posterior concertação de produtos. De acordo com o factor que desencadeia a necessidade de viajar, o Desporto e Turismo pode assumir duas vertentes distintas que podem dar origem a diferentes segmentos de mercado[126]:

Vertente eminentemente turística, onde o sistema turístico é o motor deste binómio. A procura de práticas desportivas, por parte dos turistas, centra-se essencialmente na óptica do lazer. Em função das motivações e necessidades dos turistas, pois o que consideramos decisivo é aquilo que o turista pretende. Esta vertente pode integrar dois segmentos diferenciados:

* *Turismo passivo/desporto complementar* – neste tipo de turismo, a oferta desportiva não é equacionada aquando da selecção do destino ou da unidade de alojamento, ou seja, não determina a decisão do turista, no entanto, condiciona a imagem *à posteriori*, assim como possíveis viagens de retorno ao destino. O desporto pode até surgir como algo acidental ou ocasional, não sendo o objectivo da viagem. Corresponde ao denominado turismo de massas, ou turismo de sol e praia. O perfil destes participantes é na maioria dos casos, famílias, grupos de jovens e/ou grupos de seniores. Habitualmente designada de animação desportiva e fazendo parte integrante da oferta de animação do destino ou unidade de alojamento, esta, desempenha um papel fundamental como componente do pacote turístico, sendo que a existência de facilidades desportivas começa a ser cada vez mais importante. Neste caso, o ênfase é dado fundamentalmente nas pessoas e nos locais mas tendencialmente as práticas desportivas irão desempenhar um papel cada vez mais significativo mesmo que a participação seja ocasional pode ser um elemento importante na

---

[126] É de notar que o objectivo da tipologia que se segue é muito mais ilustrativo do que definitivo.

viagem de retorno e fidelização do turista, no imaginário do turista e na publicidade "boca a boca". A oferta desportiva pode apresentar várias características, como sejam, práticas não formais ou informais, vocacionadas para a terceira idade, para crianças, para famílias, para grupos, para o turismo de negócios, para o turismo de congressos e incentivos, para a melhoria da condição física, para o convívio, para a relaxação, para o contacto com a natureza, etc. Dependendo, fundamentalmente, do tipo de clientes actuais e/ou potenciais de determinado destino ou unidade de alojamento e respectivas motivações, assim deve ser a oferta proporcionada;

• *Turismo activo/desporto integrador* – em que os turistas procuram determinado destino ou unidade de alojamento, devido não só devido às características gerais que apresentam, mas também à oferta desportiva diversificada, proporcionando a prática de várias modalidades. Nesta categoria o desporto é importante mas também é importante toda a experiência relacionada com as férias ou com a viagem, ou seja o *aprés* desporto. Neste caso a prática é importante mas integrada nas experiências relacionadas com as pessoas e com os locais. No entanto, em termos globais a participação nas diferentes práticas desportivas não condiciona as motivações ao nível do conhecimento do destino, dos aspectos distintivos e únicos que possam ser interessantes visitar. Na literatura surge o termo de "sportlovers" para designar este segmento de mercado em crescimento, representado por indivíduos que são activos nos seus quotidianos e que preferem continuar activos durante as férias (Gibson; Yiannakis, 1992 *in* Hinch; Higham, 2004). Delpy (1998) definiu o perfil do desportista-turista activo como sendo indivíduos fisicamente activos, com níveis de formação elevados, de classes média-alta e alta e entre os 18 e os 44 anos de idade. É característico neste tipo de turistas a eleição de "pacotes integrados" (práticas desportivas com outros produtos associados). Um dos exemplos elucidativos deste tipo de pacotes são as fórmulas *clube*, entre as quais o *Club Med* é um dos mais conhecidos. Existem, também, determinados destinos que estabelecem estratégias concertadas entre entidades públicas e privadas no sentido de dotar a região em que estão inseridos de um aporte significativo ao nível das facilidades para a prática de desportos. A Espanha é um bom exemplo deste tipo de concertação estratégica no que diz respeito à organização das diferentes regiões turísticas.

Vertente eminentemente desportiva, pois é o sistema desportivo o motor deste binómio. De acordo com as necessidades do sistema desportivo, onde as pessoas se deslocam para determinado destino tendo como principal objectivo o desporto e não o turismo, que serve fundamentalmente de suporte às actividades, podemos diferenciar três segmentos:

- *Desporto turístico/desporto condicionador* – em que se procura determinado destino turístico ou unidade de alojamento, devido às condições óptimas ou ideais para a prática de determinada modalidade desportiva, fundamentalmente na óptica do lazer. As características deste segmento são bastante específicas, pois a natureza da maioria destes desportos faz com que os participantes não os possam realizar na sua área de residência, porque dependem geralmente de recursos naturais. Assim o viajar é uma parte necessária para a realização das práticas desportivas, sendo o local, e nomeadamente a qualidade de facilidades desportivas para a prática da modalidade, uma das componentes principais das suas experiências. Estudos demonstram que à medida que o nível de experiência desportiva é mais elevado é dada mais importância à qualidade dos recursos relacionados com a modalidade desportiva praticada, em contraste, quando os desportistas são menos experientes são mais influenciados por questões como o preço e o alojamento (Richards, 1996; Roehl *et al.*, 1993; Tabata, 1992 *in* Higham, 2005). Para muitos destes desportistas-turistas deslocarem-se para diferentes locais que proporcionem o tipo de práticas que desejam realizar é uma das características do seu comportamento. Devido ao facto deste segmento não poder participar nas actividades na sua área de residência faz com que realizem este tipo de férias desportivas entre uma

O *desporto como* cluster *do turismo* 297

vez por mês e 4 vezes por ano. Podemos dividir em subcategorias distintas de acordo com o tipo de desporto que os turistas procuram e temos como principais, o turismo do golfe, o turismo náutico, o turismo de aventura, o turismo de contacto com a natureza, o turismo do esqui, o turismo do *fitness/ Spa*, etc;

*   *Estágios desportivos* – em que os indivíduos ou equipas, amadores ou profissionais do desporto se deslocam a determinado destino devido às condições ideais que este proporciona para a prática de determinada modalidade desportiva, na óptica da competição, com o objectivo da manutenção e/ou melhoria da *performance*. Neste caso, é importante a existência de um conjunto de infra-estruturas desportivas de qualidade, que dê resposta às necessidades inerentes às modalidades desportivas e serviços de apoio altamente qualificados (ao nível clínico, nutricional, etc.). É também relevante, e de acordo com o tipo de modalidade desportiva, a possibilidade de haver elevado nível de treino/competição com outros atletas ou equipas. Os desportistas que realizam este tipo de estágios são normalmente turistas passivos, pois o tempo livre é reduzido e na maioria das vezes utilizado para recuperação/relaxação dos períodos de treino;
*   *Eventos desportivos* – nesta categoria integramos tanto os desportistas, treinadores e *staff* (quer ao nível das competições desportivas como dos espectáculos desportivos), como os espectadores que se deslocam devido ao evento, temos assim:
    *   ■ ***Desportistas profissionais, treinadores e staff*** – de uma maneira geral, o tempo de permanência em determinado destino é exclusivamente dedicado à prática desportiva ou apoio a esta, logo, a componente turística circunscreve-se, essencialmente, à utilização das unidades de alojamento e de restauração, dando origem a uma prática turística de características passivas. Estudos confirmam que os participantes em eventos de características competitivas tendem a apresentar menores probabilidades de adesão às actividades turísticas do destino (Chogahara; Yamaguchi, 1998 *in*

Higham, 2005) e vice-versa. A procura de facilidades e serviços desportivos e experiências turísticas deve ser considerada antes, durante e após os eventos;
- ■ *Espectadores desportivos* – aqueles que pretendem assistir aos eventos desportivos, são motivados pelo desporto-espectáculo a deslocarem-se a determinado destino. Este tipo de turistas dispõe de algum tempo livre (após ou entre os espectáculos desportivos) para conhecer o destino onde se encontra, no entanto, o tipo de turismo apresenta, ainda, características passivas, pois é condicionado pelos horários do espectáculo desportivo. Num estudo desenvolvido por Ritchie *et al.* (2000), foram identificados três tipos de fãs: os espectadores ávidos, estão motivados essencialmente para o evento desportivo e pouco interessados em actividades que não estejam associadas com o desporto; os espectadores frequentes e os espectadores casuais (*in* Higham, 2005).

Figura 1
Modelo explicativo do fenómeno Desporto e Turismo de Pereira e Carvalho (2004), adaptado de Pereira (1999, 2001).

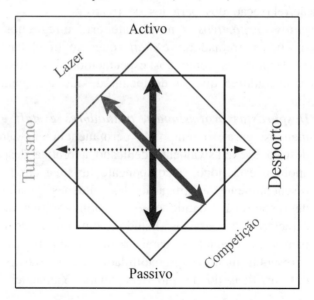

O desporto como cluster *do turismo*

Segundo o exposto, é visível a extensa amplitude e diversidade do âmbito do desporto e turismo. Pensamos ser necessário compreender como evoluiu para criar visões de futuro que potencializem o desenvolvimento deste fenómeno.

Do passado recente à realidade

Procuramos conhecer os diferentes agentes que têm influenciado o desenvolvimento do desporto e turismo. Iremos debruçar-nos tanto sobre o sector público como sobre o sector privado, não só no que diz respeito aos agentes específicos do ambiente desportivo como do ambiente turístico.

Se recuarmos um pouco no tempo, constatamos que tanto a nível nacional, como em outros países da *União Europeia*, as políticas na área do desporto e turismo não estavam definidas. Um estudo de 1981 sobre desporto e turismo em 6 países da Europa Ocidental concluiu que existe uma ligação entre o desporto e o turismo na mente dos participantes, empresas e autoridades locais, mas também uma falta de consciência sobre a interligação destes dois universos, ou até mesmo uma resistência a pensá-los em conjunto, por parte dos políticos, dos estrategos e dos serviços públicos (Glyptis, 1991). Esta questão estrutural tem-se constituído como uma desvantagem quando falamos na integração de dois sectores organicamente separados e sem tradição de serem perspectivados em conjunto.

Numa perspectiva histórica e cultural podemos afirmar que a ideologia inerente ao sistema desportivo e a ideologia inerente ao sistema turístico apresentam paradigmas distintos. Ao longo dos anos o desporto tem-se pautado essencialmente por uma lógica de voluntariado com uma dependência quase exclusiva do sector público, o que nos parece que não tem sido propiciadora do desenvolvimento do desporto em contexto turístico. Pelo contrário, o sistema turístico centra-se numa lógica comercial, o que poderá promover alguma tensão quando procuramos conjugar os interesses de desenvolvimento do Desporto e Turismo.

Outra razão condicionadora de desenvolvimento, de visões de conjunto a nível político e estratégico prende-se com a reduzida dimensão temporal da ligação do desporto e do turismo

300 *Em defesa do desporto*

Na realidade, e sem pretensiosismo de respostas definitivas, parece-nos que o sistema desportivo deve ter responsabilidades ao nível da expansão das práticas desportivas em ambiente turístico. O que acreditamos que tem acontecido é que o sistema turístico, nomeadamente o sector privado, tem sido o principal agente de desenvolvimento, numa perspectiva em que o desporto é uma mais valia em que vale a pena investir. Veja-se, por exemplo, o caso do golfe.

Verificamos, no entanto, que já na década de sessenta McIntosh (1963) estabelecia algumas relações entre o desporto e o turismo, apontando que a instauração das férias pagas e dos fins-de-semana deu aos indivíduos a possibilidade de usufruírem de determinadas práticas desportivas que não se conseguiam realizar num final de dia ou num feriado de meio-dia.

Encontramos nos anos 70 referência à relação entre desporto e turismo. Feio (1978), ao abordar as diferentes perspectivas em que podemos analisar o universo do desporto, refere o sector do turismo como um sector que abrange o âmbito do desporto e do lazer. Considera ainda que o desporto-lazer pode ser um importante impulsionador da expansão do fenómeno turístico e que o desporto, pelas suas características, permite a ligação com outras vertentes do lazer, como a cultural, a paisagística, de exploração na natureza, e turística (1983).

Segundo Constantino e Feio (s.d.:9) "a adopção de um entendimento de que o Ambiente, o Recreio, o Desporto e o Turismo (ARDT), afirma-se cada vez mais nas suas interdependências vitais e constituem na sua multidimensionalidade, um *continuum*, natural a preservar face ao *continuum* cultural de que o Desporto, o Recreio e o Turismo, fazem parte integrante e onde se afirmam, quando sabiamente geridos nas suas vertentes económicas e ecológicas como sectores prioritários numa política que visa a melhoria da qualidade de vida das populações".

Esta ligação entre o desporto e o turismo começa a ter mais destaque a nível da investigação científica, da procura e da oferta entre os anos 80 a 90. De uma maneira geral as referências que nos surgem, numa primeira fase sobre o tema na literatura turística debruçam-se sobre o impacto dos grandes eventos desportivos e sua relação com o turismo. Aliás, julgamos ser esta evidência a despoletar o interesse pelo tema do desporto e turismo.

Não existem dúvidas quanto ao enorme impacto económico que os grandes eventos desportivos provocam ao nível de todo o sistema turístico da região onde decorrem. Aqueles sempre foram indutores da relação com o turismo; vejam-se por exemplo os Jogos Olímpicos da Antiguidade que constituíam um pólo de atracção, fazendo com que os diferentes povos se deslocassem a Olimpo para poderem assistir.

Para além da perspectiva de análise relativa aos eventos, importa salientar que diferentes autores constataram a importância do desporto como prática de participação[127] e não apenas como mero espectáculo. Em termos de literatura turística, começou a ser dado ênfase ao mercado do turismo desportivo, como um segmento de mercado com características muito próprias, que são necessárias aprofundar. A crescente quota de mercado do turismo do golfe e do turismo do *ski*, foram exemplos a partir dos anos 90.

No início da década de 90 é criado o *Sports Tourism International Council (STIC)*, considerado um marco internacional para o desenvolvimento do desporto e turismo. Inclui associações relacionadas com o desporto e turismo, membros individuais de federações, associações e grupos desportivos, membros individuais relacionados com o turismo, assim como organizações e pessoas com carreiras profissionais relacionadas com o desporto e o turismo. Esta organização tem como objectivos principais fomentar e promover a investigação e inventariar a informação existente acerca do papel que o desporto desempenha em ambiente turístico, assim como definir carreiras orientadas para o desporto e turismo, e ainda promover a interligação entre os agentes públicos e privados relacionados directa ou indirectamente com o sector. Esta organização criou o primeiro jornal dedicado ao Desporto e Turismo intitulado *Journal of Sport Tourism*, que começou a ser publicado em Outubro de 1993[128].

Na promoção do desenvolvimento desportivo-turístico as políticas governamentais desempenham um papel decisivo. Numa primeira

---

[127] Esta pode constituir-se, também, como um pólo gerador de fluxos turísticos; veja-se por exemplo o caso do golfe.

[128] *Vide* www.tandf.co.uk/journals.

fase encontramos os organismos responsáveis pelo turismo a desenvolver a oferta desportiva em ambiente turístico; por vezes são iniciativas conjuntas de ambos os departamentos e com menos frequência surgem os organismos responsáveis pelo desporto a desenvolver a oferta em ambiente turístico.

Por exemplo, o governo de Barbados em 1987 apostou numa melhoria das infra-estruturas desportivas, não só com o objectivo de desenvolver o nível desportivo do país, mas também de aí contribuir para o reforço e o desenvolvimento do desporto e turismo. E isto porque o desporto pode constituir-se como um factor indutor da redução da sazonalidade no sector turístico. Para facilitar o desenvolvimento desta política, ambas as esferas de actividade, tanto a turística como a desportiva, confluíram no mesmo Ministério. Esta acção foi acompanhada por uma forte campanha de *marketing* realizada por *Barbados Tourism Authority* promovendo internacionalmente Barbados como um destino desportivo (Elcock, 1997).

Em Inglaterra o *Sports Council* (correspondente ao vértice estratégico e organizacional do desporto em Portugal), ao verificar que a participação no desporto continua a aumentar, mais marcadamente nas actividades relacionadas com estilos de vida saudáveis e em actividades relacionadas com a natureza, reconheceu a necessidade de providenciar infra-estruturas desportivas nas áreas turísticas. Estabelecer iniciativas articuladas com o *Tourist Board* (Departamento de Turismo) foi uma das estratégias adoptadas (Sports Council, 1988). Desporto, actividade física e saúde estão presentes de uma forma marcante na estratégia do *Departamento de Turismo Inglês* (English Tourist Board, 1987).

Na Tailândia a *Tourism Authority of Thailand*, iniciou uma cooperação com o *Thai Golf Course Association* em que o *slogan* de promoção turístico para o ano de 1993 era "Visit Thai Golf Year", com o objectivo de aumentar o número de turistas no país, nomeadamente no que diz respeito ao segmento de mercado do golfe (De Knop, 1992).

O *Curaçao Tourism Development Board*, devido às excepcionais condições da ilha para a prática do mergulho, realizou uma intensa investigação sobre os mercados do mergulho dos Estados Unidos e da Europa de modo a conquistar quota de mercado funda-

O *desporto como* cluster *do turismo*   303

mentalmente à zona do Caribe, que é um dos destinos turísticos preferidos para a prática desta modalidade desportiva (De Knop, 1992).

A nível nacional foi criada uma *Comissão Mista do Desporto e Turismo* na década de 80. Esta Comissão tinha como objectivos a dinamização de acções e projectos de interesse comum ao desporto e ao turismo[129] e teve o seu *terminus* em 1993.

Na legislação desportiva, nomeadamente na *Lei de Bases do Sistema Desportivo*[130] de 1990, encontramos referência à relação do desporto com o turismo. O artigo 38.º diz que os "departamentos públicos vocacionados para o desporto e o turismo articulam entre si as suas acções, com vista a garantir a realização de eventos desportivos com relevância turística, bem como a assegurar que a componente desportiva seja enquadrada nos esquemas gerais de oferta e procura turística". No artigo 10.º da referida lei, existe também uma referência à colaboração conjunta dos agentes públicos ministeriais responsáveis pelo desporto e pelo turismo, nomeadamente no que diz respeito ao fomento dos jogos tradicionais.

É visível pelo acima transcrito que a nível legislativo existiu preocupação acerca da expressão que o desporto pode desempenhar na oferta turística, o que justificou que em 1998[131], fosse celebrado um protocolo de cooperação entre a *Secretaria de Estado de Desporto* e a *Secretaria de Estado do Turismo* que previa a criação de um grupo de trabalho que acabou por se extinguir.

Pires em (1993:4) salienta que o turismo é um "sector fortemente ligado à economia do desporto, desde que sobre ele exista, de facto, uma ideia acerca da construção do futuro". Esta ideia de futuro deve ser construída com bases sólidas, para que se possa promover o desenvolvimento deste binómio. Pensamos que para tal é necessária

---

[129] Para mais informações *vide* Despachos Conjuntos (SED/SET) de 30.12.1983 (in DR, II, n.º 75, de 29.3.1984), de 10.9.1984 (in DR, II, n.º 221, de 22.9.1984), e de 23.1.1985 (in DR, II, n.º 45, de 23.2.1985) e ainda os Despachos Conjuntos n.º 36/MEC/ /86, de 10.3.1986 (in DR, II, n.º 66, de 20.3.1986) e MEC/SET, de 13.4.1987 (in DR, II, n.º 93, de 22.4.1987), que revogaram os anteriores.

[130] Lei n.º 1/90 de 13 de Janeiro.

[131] *In O Desporto*, n.º 6 de 1998.

304   *Em defesa do desporto*

a participação dos agentes desportivos, dos gestores desportivos, do sistema desportivo.

O aumento do significado social e económico do Desporto e Turismo tornou-se cada vez mais evidente e em 2001 a *Organização Mundial de Turismo (OMT)* e o *Comité Olímpico Internacional (COI)* organizaram conjuntamente a primeira *Conferência Mundial de Desporto e Turismo*, com o intuito de debater as várias vertentes deste fenómeno e de reflectir sobre estratégias de desenvolvimento. Este reconhecimento por parte das organizações internacionais do desporto e do turismo da importância do desporto e turismo constitui-se como um marco histórico (OMT; COI, 2001).

A nível governamental começam a surgir em alguns países comissões especializadas na área do desporto e turismo e as apostas estratégicas tornam-se cada vez mais evidentes.

Em Inglaterra verificamos que a *British Tourist Authority (BTA)* identificou quatro pilares para o desenvolvimento turístico daquele país: património, regiões rurais, cidades e o desporto. O desporto em toda a sua diversidade foi reconhecido pela *BTA* como uma das estratégias de *marketing* principais para atrair turistas estrangeiros. Desta forma foi criado pela *BTA* em 2000 o departamento de Desporto e Turismo para promover a Grã-Bretanha como o país do desporto, de forma a incentivar um aumento da procura turística não só no âmbito do espectáculo como também ao nível da prática e da experiência desportiva (Hinch, Higham, 2004).

As estimativas apontam que o mercado do desporto e turismo neste país apresente valores económicos acima dos 1.5 biliões de libras anualmente. Os dados também indicam que cerca de 25%--30% do turismo neste país tem uma relação directa com o desporto (BTA, 2000, *in* Hinch, Higham, 2004).

No Canadá também surgiu, em 2000, uma organização no âmbito do desporto e turismo *Canadian Sport Tourism Alliance (CSTA)* através de uma parceria com a Comissão de Turismo daquele país. A missão desta organização é aumentar a capacidade e a competitividade deste país para atrair e ser anfitrião de eventos desportivos (CSTA, 2002, *in* Hinch, Higham, 2004). Um dos principais objectivos é promover o desenvolvimento de parcerias entre os detentores dos direitos dos eventos e as cidades que se candidatam a anfitriãs e

O *desporto como* cluster *do turismo*

organizadoras dos mesmos. O valor económico do desporto e turismo é de 1.3 biliões de dólares Canadianos por ano.

Em Espanha, por exemplo, existe uma liderança ao nível das políticas de cooperação na área do Desporto e Turismo. Integrado na estrutura do *Ministério de Industria, Turismo e Comércio/Secretaria de Estado do Turismo*, foi criado um organismo para *Inovações e Iniciativas* cuja missão é estimular e apoiar a inovação, através de *Clubes de Produto*, onde foram integrados os produtos desportivos, como nomeadamente o turismo náutico que se encontra definido como um *Clube de Produto*, com o conceito de *Estação Náutica*. (Galindo, 2003).

No Plano de Objectivos de Promoção Exterior do *Instituto de Turismo de Espanha (TURESPAÑA)* figurou como linha de acção prioritária para o ano 2005 a colaboração com as Comunidades Autónomas para a promoção e fomento dos diferentes produtos que o turismo espanhol pode oferecer. Desta forma, o produto Estações Náuticas, representado pela *Associação Espanhola de Estações Náuticas (AEEN)*[132] assinou um convénio com a *TURESPAÑA* e com as Comunidades Autónomas de Andaluzia, do Principado das Astúrias, das Ihas Baleares, Catalunha, Galiza, Região de Múrcia e a Comunidade Valenciana, para desenvolver actuações conjuntas para a promoção e apoio à comercialização do produto *Estação Náutica*. O apoio no valor de 268.000 euros destinou-se em 2005 a um programa de fidelização, campanhas publicitárias e *marketing on-line*, de forma a promover o produto *Estação Náutica* nos mercados nacional e internacional.

Em França através dos *Comité Régional de Tourism (CRT)*, orgãos da administração pública regional responsáveis pela concepção de planos regionais de desenvolvimento do turismo e actividades de lazer, é potencializada a oferta desportivo-turística. A temática do desporto e turismo é preponderante em 27 das 92 brochuras editadas por estes orgãos para promoção da região. O que faz com que esta seja a temática mais frequente das brochuras das diferentes regiões. Na análise desenvolvida por Pigessou (2002), acerca das

---

[132] Associação que conta com 17 *Estações Náuticas* espalhadas por toda a Espanha.

mensagens promocionais das 22 *CRT* existentes em França emergem três configurações distintas:

- desporto e turismo como estratégia prioritária para o desenvolvimento do turismo – em que existe uma forte e diversificada oferta de produtos desportivos. Por exemplo as regiões da *Bretagne* e da *Cote d'Azur*;
- desporto e turismo como parte de uma estratégia diversificada para o desenvolvimento do turismo – em que existe menos ênfase na oferta de serviços desportivos, mas no entanto estes mantêem-se como uma componente importante (*Lorraine* e *Limousin*);
- desporto e turismo como estratégia difusa e pouco significativa para o desenvolvimento do turismo – nestes casos os serviços desportivo-turísticos não aparecem em brochuras especializadas, aparecem no entanto esporadicamente nas brochuras turísticas gerais (*Franche-Comté* e *Alsácia*).

Como se pode verificar o desporto e turismo constitui-se progressivamente como uma estratégia de desenvolvimento regional do turismo em França.

A Austrália apresenta-se como um caso de involução, pois apesar de aquando da organização dos Jogos Olímpicos em 2000, o desporto e turismo ter sido integrado num único departamento governamental, a *Commonwealth Department of Industry, Science and Resources*, esta estratégia foi temporária, desenvolvida com o objectivo de maximizar os benefícios de ser anfitriã de um grande evento e para criar uma plataforma de desenvolvimento de uma estratégia nacional de desporto e turismo. O resultado foi o documento "Sport tourism strategy in 2000". Os elementos chave desta estratégia eram: coordenação da indústria, educação e formação, regulamentação e legislação, infraestruturais, avaliação dos benefícios económicos e investigação. Esta visão estratégica não passou apenas de uma documento escrito, pois após os Jogos Olímpicos houve uma reestruturação governamental e o desporto e turismo foi novamente separado, passando a funcionar em dois diferentes departamentos governamentais (Jago, 2003). No entanto, estima-se que o desporto e turismo represente um valor de 3 biliões de dólares por ano.

A nível da *União Europeia*, em 2003, integrado no programa *INTERREG III B MEDOCC* foi criado o projecto *Turismo Sustentável e Actividade Desportiva ao Ar Livre: que oportunidades de desenvolvimento sustentado para os destinos turísticos da Bacia do Mediterrâneo* (*European Tourism Sport Management*), que visava o desenvolvimento sustentável, harmonioso e equilibrado e uma melhor integração territorial do espaço do Mediterrâneo Ocidental. Encorajar as modalidades alternativas colocadas à disposição turística no espaço mediterrâneo através da actividade desportiva ao ar livre, valorizando os recursos ambientais e turísticos da zona, e integrando assim o desenvolvimento sustentado e o turismo desportivo era um dos objectivos principais do projecto. Neste sentido os países participantes (Portugal – Algarve, Itália – Viareggio, Espanha – Múrcia, Ceuta eTunísia) definiram uma nova figura profissional: *Gestor do Turismo Desportivo Ambiental – ETSM* (*Eco Tourism Sports Manager*), partilharam e analisaram casos de boas práticas e redigiram uma *Carta de Qualidade de Turismo Desportivo Sustentável* (código de boa conduta).

Em Portugal esta tendência já se encontra expressa por exemplo no *Programa Nacional de Turismo de Natureza*[133], que no seu ponto 2 do artigo 2.º refere o desporto como uma das actividades fundamentais do turismo de natureza. O Decreto Regulamentar 18/99 de 27 de Agosto, visa normalizar a animação / desporto de natureza, considerando a possibilidade de criação de projectos desportivos para os quais urge formar técnicos especializados.

Recentemente, o *Plano Tecnológico* no documento de trabalho n.º 12 – *Turismo*, identifica a necessidade de férias activas/desportivas como uma das principais tendências turísticas (UCPT/CM, 2005).

De realçar que o actual *Plano Estratégico Nacional do Turismo* (2006-2015) define nos seus eixos estratégicos, nomeadamente no "Eixo I – Territórios, Destinos e Produtos", dez produtos estratégicos que podem apresentar uma relação directa ou indirecta com o desporto. Os produtos expressos no *PENT* que poderão potencializar a

---

[133] Decreto-lei n.º 47/99 de 16 de Fevereiro.

308   *Em defesa do desporto*

relação do desporto e turismo são no nosso entender: "saúde e bem-
-estar", "turismo de natureza", "turismo residencial", "golfe", "turismo náutico" e o "sol e mar" (SET, 2006).

É de salientar que a actual *Lei de Bases da Actividade Física e
Desportiva*[134], no artigo 31.º, faz a articulação com o contexto turístico ao referir a importância do desporto de natureza como contributo
para a promoção do turismo de natureza.

A procura crescente no âmbito do desporto e turismo por parte
dos diferentes mercados emissores de turistas a nível mundial não
pode deixar de ser referida. A tradicional visão de que os tempos de
férias são tempos de *"dolce farniente"* está ultrapassada. Actualmente é necessário haver oferta desportiva a vários níveis se queremos
atrair turistas.

Apesar das férias convencionais representarem 60% do mercado, estes valores não tenderão a aumentar, ao contrário das férias
com práticas desportivas que estão a crescer rapidamente, apresentando um crescimento anual acima dos 9.5% desde 1995 (Roland
Berger, 2004).

Os dados demonstram que 55% de todas as viagens feitas em
1998 no Reino Unido, pelo mercado interno, envolveram algum tipo
de desporto ou recreação, sendo que em 20% dessas viagens o
desporto foi o principal motivo de férias (Gratton e Taylor 2000 *in*
Deane; Callanan, 2004).

Relativamente a outros mercados e apenas a título de exemplo[135], dos 58 milhões de alemães que realizaram viagens para o
estrangeiro cerca de 55% realizaram viagens em que existe participação em práticas desportivas. Dos 13 milhões de viagens para o
estrangeiro realizadas pelos holandeses, 52% são viagens em que
existe participação em práticas desportivas (OMT; COI, 2001).

O interesse mundial por este fenómeno é também evidente pelo
aumento de produção bibliográfica nesta área. Em 1999 foi editado
o primeiro livro[136], *Sport Tourism* de Standeven e De Knop onde,

---

[134] Lei n.º 5/2007 de 16 Janeiro.

[135] Para aprofundar a perspectiva dos mercados *vide* (Pereira, 2006).

[136] Note-se que o primeiro livro de desporto e turismo foi editado em 1994, mas em
língua alemã.

O *desporto como* cluster *do turismo* 309

após a contextualização do desporto e turismo, os autores fazem uma profunda abordagem aos impactos, dando ênfase ao impacto económico. Desde esta data várias tem sido as publicações editadas, nomeadamente: *Sport Tourism* de Turco *et al.* (2002) em que o enfoque é fundamentalmente ao nível dos aspectos económicos e dos grandes eventos; *Sport Tourism: principles and practice* de Gammon e Kurtzman (2002) apresenta uma série de tópicos que ilustram a relação emergente do desporto e turismo (eventos, mercados, etc....); *Sport and Adventure Tourism* de Hudson (2003) em que o autor faz uma abordagem por produtos específicos, como por exemplo o produto neve, o produto marinas, o produto aventura, o produto *Spa* e o produto golfe; *Sports Tourism: participants, policy and providers* de Weed e Bull (2004) em que o focus é na análise do comportamento dos diferentes actores envolvidos no fenómeno mais especificamente nos participantes, decisores políticos e fornecedores; *Sport Tourism: interrelationships, impacts and issues* editado por Ritchie e Adair (2004) que procura dar uma panorâmica das diferentes perspectivas que têm sido aprofundadas ao nível da investigação; *Sport Tourism Development* de Hinch e Higham (2004) é um livro que analisa as manifestações no tempo e no espaço do desporto e turismo assim como os princípios que regulam a gestão e o desenvolvimento deste fenómeno; *Sport Tourism Destinations* editado por Higham (2005) aprofunda as questões relacionadas com o planeamento, desenvolvimento e gestão de destinos deportivo-turísticos; *Sport Tourism: concepts and theories* editado por Gibson (2006) constitui um compêndio de teorias usadas na área do desporto, do turismo e do lazer, que procuram explicar os vários aspectos do desporto e turismo.

A formação universitária na área do desporto e turismo tem proliferado nos últimos 10 anos. Vários cursos foram desenvolvidos nos EUA, no Canadá, na Austrália, na Nova Zelândia, no Reino Unido, Alemanha e em Portugal[137]. De acordo com a análise elaborada por Swart (2000) existe uma predominância de cursos em que o enfoque se situa na área da gestão e dos negócios.

---

[137] *Vide* Pereira (2004).

Tendências e desafios

A inexistência de relações estruturais, de uma visão partilhada e de liderança por parte dos departamentos ministeriais no que concerne ao desporto e ao turismo, dificultou, como constatámos, a existência de sinergias estratégicas a nível nacional e internacional.

Um dos maiores desafios para o desenvolvimento do desporto e turismo é fazer compreender aos políticos tanto do sistema desportivo como do turístico os benefícios que advêm das alianças estratégicas no âmbito do desporto e turismo. A importância de uma visão estratégica em conjunto num sistema híbrido, composto por dois sectores diferentes, e por actores públicos, privados e voluntários constitui-se como imprescindível.

As sinergias estratégicas são fundamentais quando se trata de projectos de inovação e simultaneamente são a base de uma cultura empreendedora na comunidade, pois contribuem para o desenvolvimento de uma visão partilhada do futuro. As sinergias estratégicas devem ser caracterizadas por uma orientação por objectivos e não por uma orientação em função da organização.

A aposta deverá ser centrada nas sinergias regionais, pois a este nível as possibilidades de cooperação são mais elevadas. Destacamos a colaboração das autarquias locais e associações de municípios, regiões de turismo, parques naturais, associações para o desenvolvimento regional, empresas privadas, universidades, e outras que se justifiquem de acordo com a especificidade dos projectos. Em nosso entender a criação de associações especializadas, facilitadoras de redes de cooperação, de plataformas de comunicação e de lobby[138] será o passo seguinte como estratégia de desenvolvimento.

De acordo com Weed e Bull (2004) existem seis áreas que poderiam ser potencializadas se perspectivadas na óptica do desporto e turismo: férias desportivas, facilidades desportivas/lazer, ambiente, zonas rurais e planos de água, recursos e fundos, políticas e planeamento e informação e promoção.

---

[138] Veja-se o caso de Espanha com a criação da primeira *Estação Náutica* em 1995 e com a criação da *Associação Espanhola das Estações Náuticas* em 2000.

O planeamento neste âmbito permite antecipar e regular o desenvolvimento de modo a assegurar benefícios económicos mas também sociais e ambientais. Deste modo, o planeamento deve não só ter a capacidade de dar respostas às necessidades das pessoas que estão de férias e pretendem estar activas, mas também levar à criação dessa necessidade de actividade nas pessoas, propondo programas atraentes e motivadores a vários níveis.

Considerando que a criação de serviços é uma tendência organizacional, urge compreender as tendências e os padrões do lazer como um todo, de forma a promover inovação no âmbito do desporto e turismo. Ou seja, perceber o que pretende o cliente daquela prática desportiva, daquele local, ou do evento; compreender quais os atributos que fazem parte do imaginário daquele para quem desenvolvemos os serviços para que a experiência seja memorável. As práticas desportivas podem constituir-se como um elo de integração que anima, seduz, cria emoção e *sense of place*, fundamental na experiência turística.

A autenticidade que o turista procura centra-se cada vez mais na autenticidade das experiências do que na dos objectos (Wang, 1999). O autor utiliza o termo de autenticidade existencial para caracterizar esta tendência. O desporto é um elemento fulcral nesta óptica, pois o envolvimento no desporto quer como praticante quer como espectador concorre claramente para a autênticidade da experiência (ele é um dos autores).

De acordo com a evolução das práticas de consumo assiste-se ao emergir de lógicas culturais de transformação que demonstram a permeabilidade das fronteiras institucionais entre o desporto, o turismo, a cultura, a arte, a natureza e o ambiente. Os estudos demonstram outras lógicas na tendência de consumo dos lazeres desportivos, as práticas desportivas afastam-se das modalidades tradicionais e cruzam-se claramente com outras motivações no âmbito do lazer.

Desta forma o desafio é no sentido de organizar, criar sinergias e inovar, recriando e integrando a oferta desportiva na composição dos produtos estratégicos, de acordo com as identidades regionais e as características dos diferentes mercados emissores prioritários.

Conclusão

Numa sociedade em que a qualidade de vida é determinante na conquista da *arte de viver*, as necessidades e motivações dos indivíduos são cada vez mais diversificadas e exigentes. As motivações são necessariamente diferentes quando o desporto é o principal motivo da viagem ou quando a participação na prática desportiva acontece ocasional ou esporadicamente. Nesta linha, é necessário compreender e caracterizar o que os diferentes clientes pretendem e na verdade pouca investigação existe sobre os padrões de consumo no âmbito do desporto e turismo.

Na nossa óptica, o desporto em ambiente turístico tem-se desenvolvido mais pela iniciativa e esforço das organizações turísticas, do sistema turístico, do que pelas dinâmicas criadas pelos diferentes elementos do sistema desportivo ou pelas sinergias entre ambos.

No entanto, desenvolvimento do desporto em ambiente turístico é uma forma de expansão do sistema desportivo, e deve ser encarado como tal. Deve ser entendido como uma nova área de conhecimento, uma fonte de empregos, um factor indutor da implementação e renovação de infra-estruturas desportivas, uma fonte de oportunidades e dinâmicas para as federações, associações, clubes e empresas.

O desporto contribui, sem dúvida, para o desenvolvimento do sistema turístico, pois pode ser um meio de atrair turistas, com o consequente aumento dos seus gastos médios diários, de melhorar a qualidade da oferta pela diversidade ou inovação de actividades que tem a capacidade de proporcionar. Pode ainda contribuir para o aumento do turismo de qualidade/diminuição do turismo de massas, a diversificação espacial e temporal da actividade turística, uma melhoria na notoriedade do destino, criação de postos de trabalho, maior satisfação dos clientes/aumento da fidelidade, criação de um desenvolvimento endógeno e integrado, a obtenção de mais rendibilidade a longo prazo, a promoção do destino turístico devido à oferta de férias activas/dinâmicas /desportivas, melhoria da animação, aumento da procura global do produto turístico/desportivo (quota de mercado e volume de vendas), melhoria da imagem do produto desportivo na oferta turística.

O desporto desempenha de facto um papel importante na promoção e atracção dos destinos turísticos para além de ser obviamente um gerador de receitas. Veja-se a popularidade que os eventos desportivos, como por exemplo Jogos Olímpicos, dão à cidade e ao país onde decorrem. O que julgamos que não está cimentado é o facto da oferta desportiva no âmbito do lazer e da animação, de determinado destino turístico ou unidade de alojamento, exercer essa mesma influência, ou seja, contribuir para o aumento dos fluxos turísticos e das receitas[139].

Pensamos que potencializando esta relação, como alguns países estão já a fazer, ambos os sistemas podem sair beneficiados. O desenvolvimento em desporto e turismo é um factor de inovação e sustentabilidade.

Bibliografia

CHALIP, L.; McGuirty, J. (2004) – Bundling sport events with the host destination. *Journal of sport tourism*, 9, 3, 267-82.

CONSTANTINO, J.; FEIO, J. (s.d.) – *O papel do município de Oeiras no desenvolvimento desportivo local*. Oeiras. C.M.O.

DEANE, J.; CALLANAN, M. (2004) – Sport tourism in the UK: policy and practice. *In* Ritchie, B.; Adair, D. (Eds.) *Sport tourism: interrelationships, impacts and issues* (253-280). England. Channel View Publications.

DEERY, M.; JAGO, L. (2006) – The management of sport tourism. *In* Gibson (Ed.) *Sport tourism: concepts and theories* (247-257). N.Y. Routledge.

DELPY, L. (1998) – Editorial. *Journal of Vacation Marketing*. 4 (1), 4-5.

DE KNOP, P. (1990) – Deporte para todos y turismo activo. *Boletín de Información y Documentación Unisport*, (13), 21-42.

(1992) – Nuevas tendencias en el turismo deportivo. *In* Unisport (Ed.), *Actas do congresso científico olímpico* (132-151). Málaga. Unisport.

ELCOCK, Y. (1997) – Sport tourism in the Barbados. *Journal of sports tourism, 4* (1). Website http://www.mcb.co.uk/journals/jst/archive/vol4no1/welcome.htm.

ELIAS, N. (1992) – Introdução. *In* Elias, N. (Ed.) *A busca da excitação* (39-100). Lisboa. Difel.

---

[139] Falamos em aumento dos fluxos turísticos e das receitas, pois o aumento de um não é sinónimo do aumento do outro. A quantidade de turistas não é sinónimo do aumento das receitas. Este parâmetro depende não só do número de turistas como também dos gastos médios diários por turista.

314 *Em defesa do desporto*

ENGLISH TOURIST BOARD (1987) – *Tourism strategy: a vision for England.* London. ETB.

FEIO, N. (1978) – *Desporto e Política.* Lisboa. Compendium.

(1983) – Proposta pedagógica para um programa-base de equipamentos lúdico-desportivos e sócio-culturais. *Ludens, 7* (2), 11-21.

GALINDO, J. (2003) – La station nautique: un exemple unique de tourisme sportif de plein air. *In* Álvaro, F.; Storz, A. (Eds.) Actes des conférences *eco-tourisme sportif en Méditerranée* (80-82). Italy. RAM Publishing.

GAMMON, S.; KURTZMAN, J. (2002) – *Sport tourism: principles and practice.* Eastbourne. Leisure Studies Association.

GAMMON, S.; ROBINSON, T. (2003) – Sport and tourism: a conceptual framework. *Journal of sport tourism*, 8 (1), 21-26.

GIBSON, H. (1998) – Sport tourism: a critical analysis of research. *Sport management review*, 1, 1, 41.

(2006) (Ed.) – *Sport tourism: concepts and theories.* N.Y. Routledge.

GIDDENS, A. (1995) – *As consequências da modernidade* (2ª ed.). Oeiras. Celta Editora.

GLYPTIS, S. (1991) – Sport and tourism. *In* Cooper, C. (Ed.), *Progress in tourism recreational and hospitality management* ((3), 165-183). London. Belhaven Press.

HIGHAM, J. (2005) (Ed.) – *Sport tourism destinations: issues, opportunities and analysis.* Oxford. Elsevier Butterworth Heinemann.

HINCH, T.; HIGHAM, J. (2004) – *Sport tourism development.* England. Channel View Publications.

HUDSON, S. (2003) – *Sport and adventure tourism.* N.Y. The Haworth Hospitality Press.

JAGO, L. (2003) – Sport tourism in Australia. *Journal of sport tourism* 8 (1), 7-8.

ORGANIZACION MUNDIAL DE TURISMO; COMITÉ OLÍMPICO INTERNATIONAL (2001) – *Conferencia mundial sobre deporte y turismo: informe introductorio.* Espanha. OMT.

KURTZMAN, J. *et al.* (1997) – Global understanding, appreciation and peace through sports tourism. *Journal of sports tourism, 3* (4). Website http://www.free-press.com/journals/jst/vol3no4/global.htm.

MCINTOSH, P. (1963) – *Sport in society.* London. C. A. Watts and Company.

PEREIRA, E. (1999) – *Desporto e turismo: análise estratégica dos meios de alojamento de categoria média e superior da região do Algarve.* Dissertação apresentada com vista à obtenção do grau de Mestre em Gestão do Desporto. Lisboa. Faculdade de Motricidade Humana / Universidade Técnica de Lisboa (por publicar).

(2001) – Desporto e turismo: dinâmicas de desenvolvimento. *In* Racal Clube (Ed.) *Actas do 11º congresso de turismo do Algarve* (717-720). Albufeira. Racal Clube de Silves.

(2004) – Formação na área do desporto e turismo na Universidade do Algarve. *In* Álvaro, F.; Storz, A. (Eds.) *Actas da conferência europeia turismo e desporto sustentáveis: formação profissional* (133-135). Itália. ETSM: missão Europeia.

(2006) – Serviços de desporto: desporto e turismo. *Revista portuguesa de gestão de desporto*, 3 (1), 33-56.

PEREIRA, E; CARVALHO, J. (2004) – Desporto e turismo: modelos e tendências. *Povos e Culturas*, n° 9 (Cultura e Desporto), 233-248 .

PIGEASSOU, C. (2002) – Sport tourism as a growth sector: the French perspective. *In* Gammon, S; Kurtzman, J. (Eds.) *Sport tourism: principles and practices* (129-140). Eastbourne. Leisure Studies Association.

PIGEASSOU, C *et al.* (2003) – Epistemological issues on sport tourism: challenge for a scientific field. *Journal of sport tourism*, 8 (1), 27-34.

PIRES, G. (1993) – A organização faz a organização da organização. *Ludens, 13* (3/4), 4.

RITCHIE, B.; ADAIR, D. (2004) (Eds.) – *Sport tourism: interrelationships, impacts and issues*. England. Channel View Publications.

ROLAND BERGER (2004) – Holidays 2004: shorter, more often, more expensive. *Roland Berger Press Release*. Viena. Roland Berger.

STANDEVEN, J.; DE KNOP, P. (1999) – *Sport tourism*. USA. Human Kinetics. SECRETARIA DE ESTADO DO TURISMO (2006) – *Plano estratégico nacional do turismo*. Lisboa. Ministério da Economia e Inovação.

SPORTS COUNCIL (1988) – *Sport in the community: into the 90's. A strategy for sport 1988-93*. London: Sports Council.

SWART, K. (2000) – An assessment of sport tourism curricular offerings at academic institutions. *Journal of sport tourism, 6* (1), 11-18.

TURCO, D. *et al.* (2002) – *Sport tourism*. USA. Fitness Information Technology.

UNIDADE DE COORDENAÇÃO DO PLANO TECNOLÓGICO (2005) – *PT: documento de trabalho n.º 12 – Turismo*. Lisboa. UCPT/CM

WANG, N. (1999) – Rethinking authenticity in tourism experience. *Annals of tourism research, 26* (2), (349-370).

WEED, M.; BULL, C. (2004) – *Sports tourism: participants, policy and providers*. U.K. Elsevier

WORLD TOURISM ORGANIZATION (2007) – World tourism barometer. Spain. WTO.

Desporto para todos:

CRISE DE IDENTIDADE E DESENVOLVIMENTO

Carla Ribeiro[*]

1. Introdução

O desporto, pelo seu contributo em diversas valências associadas ao bem-estar das populações, é um elemento indispensável da acção governativa do Estado. E por essa razão, tem vindo a ganhar uma dimensão cada vez maior na globalidade da agenda política. Uma frase de Tony Blair, na introdução da nova visão do governo para o desporto no Reino Unido em 2002, é ilustrativa: *"It's not just a sports policy. It's a health policy, an education policy, an anti-crime policy and an anti-drugs policy"*. [140]

O Desporto para Todos representa a universalidade do acesso ao desporto como condição imprescindível para o completo desenvolvimento humano. E sublinha a pluralidade do desporto, representando uma forma privilegiada de prática de actividade física, onde as valências sociais e educativas se adicionam às questões da saúde, conferindo-lhe um papel de relevo nas políticas públicas.

---

[*] Mestranda em Marketing pelo ISEG. Chefe da Divisão de Desporto para Todos do Instituto do Desporto de Portugal

[140] Game Plan, 2002 – A Strategy for delivering the Government's sport and physical activity objectives.

318   *Em defesa do desporto*

E por isso, foi em 1968 reconhecido oficialmente pelo Conselho da Europa como um direito fundamental dos cidadãos, e como uma meta a prosseguir pelos seus Estados membros.

Neste contexto, o Desporto para Todos tem vindo a atrair a atenção dos governos, tornando-se uma das linhas fundamentais das políticas desportivas nacionais, e posicionando-se, porque inclusivo e informal, em contraponto ao desporto de rendimento, abrangendo diferentes tipos de práticas de actividade física e realizado por pessoas de todas as idades independentemente das suas capacidades físicas, com especial enfoque nas minorias e populações carenciadas.

Mas a tarefa de garantir a todos o acesso ao desporto não tem sido linear. O que observamos hoje, com base nos dados disponíveis, é que grande parte dos países se debate com problemas de inactividade física e níveis relativamente baixos de adesão à prática desportiva regular. E Portugal tem, nesta matéria, surgido como referência pela negativa. É por isso importante realizar uma reflexão sobre as razões que podem estar na origem destes números e encontrar caminhos que permitam aproximar os cidadãos da prática desportiva.

2. Características do Desporto para Todos

O conteúdo

Se a definição conceptual do Desporto para Todos parece clara, o seu conteúdo tem sido menos evidente, nomeadamente no que diz respeito ao tipo e nível de actividade física, tendo em conta a própria evolução destes conceitos nos últimos anos. Esclarecer esta questão é fundamental para centrar a intervenção no âmbito das políticas de promoção do Desporto Para Todos.

O desafio, é compreender de que forma pode o sistema desportivo dar resposta às necessidades de todos os cidadãos, construir uma visão abrangente de prática desportiva e estabelecer as estratégias de actuação.

Desporto para todos – crise de identidade e desenvolvimento 319

Alguns conceitos são importantes para este processo. Actividade física é entendida como qualquer movimento realizado pelos músculos esqueléticos, que resulta em gasto energético acima dos níveis de repouso[141]. Nesta definição incluem-se todos os movimentos realizados naturalmente no trabalho, nas actividades domésticas, nos tempos livres e de lazer, etc. Exercício físico consiste numa prática planeada, estruturada e sistematizada de movimentos corporais, realizados para manter ou melhorar uma ou várias componentes da condição física[142]. Desporto, surge definido na Carta Europeia do Desporto, como *"todas as formas de actividades físicas que, através de uma participação organizada ou não, têm por objectivo a expressão ou o melhoramento da condição física e psíquica, o desenvolvimento das relações sociais ou a obtenção de resultados na competição a todos os níveis[143]."*

Neste contexto, como situar as práticas de Desporto Para Todos? Para encontrar a resposta, realizámos uma abordagem que parte da definição do que entendemos ser os extremos dos níveis de prática de actividade física.

De um lado o desporto de alto rendimento, vocacionado para a performance e a superação de resultados. Do outro, a actividade física como sinónimo de dispêndio energético e elemento de um estilo de vida activo direccionado para a saúde. Entre os dois, estão diferentes níveis de prática de actividade física com vista à obtenção de diferentes objectivos, e é aqui que situamos a esfera do Desporto para Todos. (Figura 1)

---

[141] CASPERSEN, Carl J., POWELL, Kenneth E., CHRISTERSON, Gregory M. Physical Activity, Exercise and Physical Fitness: Definitions and Distinctions for Health-Related Research. Public Health Reports. v.100, n. 2, p.126-131, 1985.

[142] CASPERSEN, Carl J., POWELL, Kenneth E., CHRISTERSON, Gregory M. Physical Activity, Exercise and Physical Fitness: Definitions and Distinctions for Health-Related Research. Public Health Reports. v.100, n. 2, p.126-131, 1985.

[143] Carta Europeia do Desporto, 1992 7.ª Conferência de Ministros responsáveis pelo Desporto Rhodes;

FIGURA 1

Desporto para Todos: diversidade de prática e objectivos

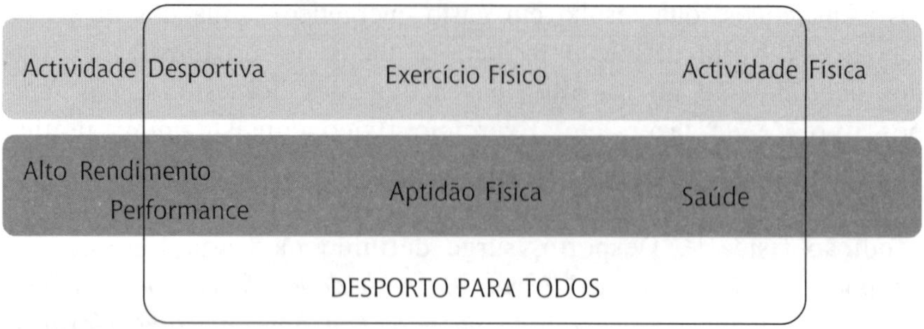

Nesta abordagem, o Desporto para Todos abrange um espectro de actividades que se adequam às diferentes capacidades e objectivos de diversos segmentos da população. Exclui o alto rendimento, porque a este nível só têm acesso os mais aptos, afastando-se assim da perspectiva inclusiva. Não inclui toda e qualquer actividade física que promova dispêndio energético, porque, embora esta seja importante na óptica da promoção da saúde, não é suficiente para integrar todas valências do desporto.

Esta concepção é por isso integradora de múltiplas práticas, sendo as suas fronteiras difíceis de definir com exactidão.

A actividade desportiva, formal e informal, insere-se na maioria dos níveis de prática em que é realizada, nos objectivos do Desporto para Todos. A realização de exercício físico em ginásios, piscinas ou aulas de grupo, correr ou andar de bicicleta de forma autónoma para a melhoria da condição física, é Desporto para Todos. Andar a pé com a intencionalidade de realizar actividade física ou o brincar activo em crianças também pode ser Desporto para Todos.

A abrangência desta abordagem confere ao desporto a adaptabilidade que precisa para se tornar verdadeiramente acessível a todos, porque só assim conseguirá dar resposta às necessidades de crianças, jovens, adultos, idosos, independentemente de qualquer condição.

E desta perspectiva, não é errada a utilização dos três conceitos atrás definidos: promover o Desporto para Todos é promover a actividade física, o exercício físico e a prática desportiva, adequando as actividades às populações a que se dirige e elegendo para cada uma

Desporto para todos – crise de identidade e desenvolvimento 321

estratégias específicas e diferenciadas. Será da soma de resultados de todas que se conseguirá atingir em pleno o objectivo da participação de todos os cidadãos.

3. Desporto e Saúde: objectivos partilhados e complementares

A enorme prevalência do sedentarismo a nível mundial e a dimensão das suas consequências, torna-o hoje como um dos maiores factores de risco para a saúde: provoca doença, retira capacidade, causa morte prematura e tem um elevado custo financeiro e social.

Em Portugal, deparamo-nos com problemas desde logo porque os portugueses não valorizam a prática de actividade física enquanto factor determinante para a saúde. Um estudo europeu realizado em 1999, revelou que no nosso país apenas 11% das pessoas percepcionavam a actividade física como uma influência importante para a saúde[144]. Não deve surpreender por isso, que no Eurobarómetro sobre "Actividade Física", publicado em Dezembro de 2003, Portugal apresente um índice de sedentarismo de 80%[145], o maior dos países da União Europeia. Perante este dado, é interessante observar que no estudo de 1999, 55% dos portugueses afirmaram concordar com o facto de não precisarem de mais actividade física do que a que já faziam na altura.

O envolvimento na prática desportiva reflecte, naturalmente, esta realidade. Em 2004 o Eurobarómetro sobre os "Cidadãos Europeus e o Desporto", revelou que 65% dos portugueses com mais de 15 anos afirmaram nunca fazer exercício ou praticar desporto e que 22% o faziam apenas uma vez por semana[146]. Os intervenientes no sistema desportivo não podem ficar indiferentes a estes dados, em

---

[144] IEFS, A Pan EU Survey on consumer attitudes to physical activity, body weight and health.

Published by the European Commission (1999). Directorate V/F.3

[145] Special Eurobarometer 183-6 / Wave 58.2 – European Opinion Research Group EEIG "Physical Activity" – December 2003

[146] Special Eurobarometer 213 "The citizens of Europe and Sport" – November 2004

322 *Em defesa do desporto*

particular à honestidade relevada pelo "nunca", que evidencia uma clara falta de valorização da prática desportiva.

Apesar de poder ser discutido se estes resultados sofrem a influência de uma visão demasiado estrita do que os portugueses consideram ser fazer exercício e desporto, a verdade é que temos fortes indícios de que população portuguesa não está a ser suficientemente activa para preservar a sua saúde, e que tem índices de participação desportiva muito baixos, não estando a ter acesso aos seus benefícios. E por isso o desporto, particularmente no âmbito do Desporto para Todos, tem de admitir que não está a conseguir materializar a sua missão.

Neste quadro, e pela importância que tem para o seu próprio desenvolvimento, é necessário reflectir sobre qual deverá ser o papel do sistema desportivo no contexto da promoção da prática de actividade física.

A ligação com a saúde: qual o limite de intervenção do desporto?

Desde sempre que a pertinência da promoção do Desporto para Todos surgiu justificada pela sua interacção com a saúde, sendo referenciada como "ferramenta de luta contra o corolário da industrialização, automação e urbanização" e reconhecida a necessidade de "uma certa quantidade de actividade física para o bem-estar físico e mental do Homem, numa sociedade cada vez mais dominada pelas máquinas[147]".

No entanto, tem existido alguma dificuldade em compreender a amplitude do seu papel no combate à inactividade física enquanto factor de risco para a saúde. A resposta poderá ser encontrada através de uma abordagem global ao problema do sedentarismo.

A relação da actividade física com a saúde não é de todo recente, mas nos últimos anos ganhou mais relevância porque os níveis de

---

[147] RECOMMENDATION 588 (1970) on the development of Sport for All and the creation of co-ordinating structures; RECOMMENDATION 682 (1972) on a European "Sport for All" Charter

Desporto para todos – crise de identidade e desenvolvimento   323

sedentarismo atingiram números de tal maneira elevados que se traduzem em graves problemas de saúde com consequentes custos sociais e económicos. E por estas razões se tornou matéria prioritária de investigação e intervenção pública.

As preocupações da saúde, centram-se no facto do sedentarismo ser actualmente o factor de risco comunitário mais prevalente nas sociedades industrializadas. Estas preocupações estão bem expressas na "Global Strategy for Physical Activity and Diet[148] da Organização Mundial de Saúde (OMS), o documento que definitivamente reconheceu a gravidade do problema a nível mundial e identificou a necessidade de uma acção global.

A OMS reconhece que, para além do impacto directo na prevenção de algumas doenças, ser fisicamente activo tem também benefícios sociais e psicológicos, aconselhando, para tal, que os indivíduos realizem os níveis adequados de actividade física ao longo da sua vida[149]. Diferentes tipos de actividade são necessários para a obtenção de diferentes resultados na saúde, mas o nível mínimo consiste em acumular pelo menos 30 minutos de actividade física moderada por dia na maioria dos dias da semana.[150] Abaixo deste valor, define-se o sedentarismo.

O objectivo primário da saúde é a redução deste factor. Por isso a sua intervenção está focalizada no aumento do dispêndio energético total, realizado independentemente do tipo de actividade, em quatro contextos diferentes:[151-152]

- Actividade física associada à mobilidade/transporte;
- Actividade física associada ao trabalho;
- Actividade física associada a actividades domésticas;
- Actividade física associada ao lazer.

---

[148] World Health Organization (2004) "Global Strategy on Diet, Physical Activity and Health.

[149] http://www.who.int/dietphysicalactivity/pa/en/

[150] http://www.who.int/dietphysicalactivity/pa/en/

[151] Guidelines for Data Processing and Analysis of the International Physical Activity Questionnaire (IPAQ) – November 2005 http://www.ipaq.ki.se/dloads/ IPAQ%20LS%20Scoring%20Protocols_Nov05.pdf

[152] O "Committee on Physical Activity, Health, Transportation and Land Us Task Force in Community Preventive Services"(Kahn, Ramsey et al. 2002)

324 *Em defesa do desporto*

Assim, a intervenção do Desporto para Todos, no âmbito da promoção da saúde, parece clara: contribuir para o aumento da actividade física de lazer através da generalização da prática desportiva. E em nosso entender, esta função deve ser entendida como parte integrante da sua política de intervenção.

Não só porque tem melhores condições para o fazer comparativamente com outros sectores, pela competência técnica e a disponibilidade de meios para agir, mas também porque tem nessa acção ganhos efectivos para o seu próprio desenvolvimento. Uma população menos sedentária, levará naturalmente ao aumento do número de praticantes e consumo desportivo, trazendo benefícios económicos, sociais e políticos ao desporto.

Por outro lado, a pressão da "doença" no sistema de saúde deixa pouca margem para a promoção dos estilos de vida saudáveis que, quando o faz, centra-se na vertente de risco e aparece geralmente associada a comportamentos negativos tais como maus hábitos alimentares e consumo tabágico. A abordagem da promoção da actividade física através do desporto é positiva, e apela a um conjunto de valores associados ao bem-estar. A actividade física desportiva tem incomparavelmente mais valor do que a actividade física encarada como "medicamento". O desporto é uma forma privilegiada de prática de actividade física, pelo facto de associar as valências sociais e educativas do desporto.

O desporto e a saúde têm, por isso, no plano da promoção da actividade física, um objectivo partilhado e complementar às suas próprias intervenções, devendo o desporto concentrar a sua acção na promoção do lazer activo.

4. Desporto para Todos: o desafio das novas práticas

Entendendo que a intervenção do Desporto para Todos está vocacionada para o tempo de lazer dos indivíduos, torna-se necessário compreender como se está actualmente a efectuar a ocupação desse tempo, do ponto de vista da procura desportiva.

Existem cada vez mais sinais de que, para além da prática desportiva formal, dentro ou fora do contexto federado, são as actividade-

Desporto para todos – crise de identidade e desenvolvimento 325

des informais que têm tido maior adesão, trazendo, como consequência, alterações à estrutura e funcionamento do modelo desportivo vigente.

A organização tradicional do sistema desportivo, assenta num modelo piramidal que parte de uma base alargada de praticantes que por sua vez sustenta os níveis superiores de prática. Nesta base, encontra-se o desporto praticado em clubes ou associações locais, movimentado maioritariamente por voluntários. No topo está o desporto de alta competição, liderado pelas Federações Desportivas Nacionais e Internacionais. Apesar de continuar em funcionamento, este modelo não é suficiente para enquadrar a totalidade da actual realidade desportiva.

Sem entrar numa análise exaustiva e referenciada, pelo facto de não ser esse o objectivo da presente reflexão, acreditamos que a prática desportiva autónoma e informal é aquela que hoje representa o maior número de praticantes.

Dados de um estudo sobre consumo desportivo em Portugal[153] revelam que os grupos de actividades mais praticados são a ginástica (aeróbica e manutenção), musculação, natação, caminhadas, futebol, atletismo e *"jogging"*. De facto, a indústria do *"fitness"*, que representa os três primeiras, tem tido um crescimento substancial nos últimos anos. Segundo dados da *International Health, Racquet & Sportsclub Association* (IHRSA) Portugal passou de 600 Ginásios em 2000, para 1100 em 2006, num universo estimado de 500.000 de membros, valor superior ao número de praticantes federados, que abrange cerca de 420 000 praticantes.

Por outro lado, torna-se interessante observar como esta realidade se encontra reflectida na oferta de bens de consumo associados aos equipamentos desportivos. Através de uma observação meramente exploratória às grandes lojas de desporto existentes em Portugal, é clara a existência de secções de dimensão significativa especializadas em fitness, natação ou corrida. Nestas lojas, é possível também observar a relevância atribuída aos equipamentos destinados às actividades designadas de *"outdoor"*, onde se destacam claramente as bici-

---

[153] J. VISEU; O. SANTOS ; H. FERNANDES ; C. RIBEIRO O consumo desportivo em Portugal – Relatório Final Universidade do Minho Dezembro 2002

cletas de todo o terreno (BTT). Não existem actualmente dados que permitam determinar o número real de praticantes de desporto na natureza. No entanto, e seguindo a mesma linha de dedução, se considerarmos o aumento da oferta do sector privado nesta área, em prestação de serviços, venda de equipamentos e até de seguros, podemos ter um bom indicador de que o mercado existe e está em crescimento.

Ainda no campo da actividade informal, a observação empírica permite-nos afirmar que é igualmente significativa a elevada utilização de espaços públicos, como as ruas e jardins, para a prática de actividade física informal.Quer isto dizer que hoje, as pessoas exercem o seu direito ao desporto da forma que lhes for mais conveniente, que melhor serve para a obtenção dos seus objectivos, e bastante para além da prática desportiva tradicional.

Por isso a estrutura da prática desportiva está hoje diferente. Mas vai continuar a mudar, porque as características da população portuguesa estão a alterar-se. Em menos de dez anos, vamos assistir à inversão da pirâmide etária, implicando que a maior percentagem da população portuguesa irá situar-se acima dos 50 anos[154].

Pirâmides etárias (segundo diferentes cenários), 2000, 2025 e 2050, Portugal

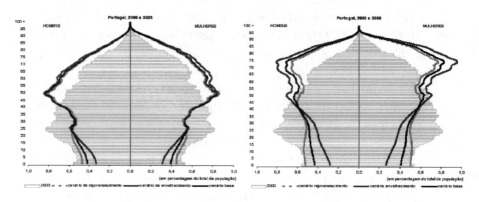

---

[154] Instituto Nacional de Estatística "*Destaque – informação à comunicação social – Projecções de população residente em Portugal 2000-2050*" – 12 Junho 2003

Perante o cenário de envelhecimento da população, conjugado com a cada vez maior adesão dos jovens a actividades desportivas diversificadas e informais, o sistema desportivo tem de reflectir sobre a sua organização tradicional, e encontrar novas metas, ou novas formas de as atingir. No futuro, o maior campo de recrutamento estará nas faixas etárias mais velhas, a base de jovens vai cada vez ser mais reduzida e, por isso, mais orientada para a selecção de talentos por forma a sustentar a prática de alta competição.

Tendo em conta o actual ponto de partida e reflectindo sobre as necessidades no futuro, o Desporto para Todos tem continuar a encontrar respostas para todos. É este o seu desafio e missão, independentemente das mudanças que tenha de operar no seu conteúdo.

5. O desenvolvimento futuro do Desporto para Todos

O objectivo das políticas de Desporto para Todos é intuitivo: tornar a prática desportiva acessível a toda a população independentemente de qualquer condição. A sua concretização plena é manifestamente utópica, mas faz parte da sua essência. Assim mantém constante motivação para a procura continua de melhores soluções.

Em Portugal, apesar do actual cenário relativamente à participação desportiva, não devemos perder demasiado tempo na procura de problemas e de complexos, mas sim progredir, procurar caminhos de mudança e ter confiança no futuro. E não devemos ser motivados pelo ensejo de abandonar os lugares menos apetecíveis das estatísticas europeias, mas sim por acreditar, convictamente, que esta missão é um contributo valioso que o Desporto presta para o bem-estar da população.

Com o futuro em mente, reflectimos sobre quais deverão ser os pilares de uma intervenção no âmbito do Desporto para Todos, procurando integrar o conhecimento académico e científico com a experiência proveniente da prática, elegemos três conceitos chave: diversidade, proximidade e acessibilidade.

Diversidade

Disponibilizar uma oferta desportiva que seja apelativa a toda a população, implica o reconhecimento da diversidade de necessidades e, consequentemente, de actividades. Só desta forma o desporto se torna apelativo e exequível. Por isso, descrevemos o conteúdo do Desporto para Todos como um espectro de actividades que se adequam às diferentes capacidades e objectivos de variados segmentos da população. Mas o conceito de adaptabilidade também se aplica aos espaços, aos locais, às instalações nas quais as actividades se desenvolvem.

As infraestruturas desportivas vocacionadas para a prática formal são, e serão sempre, um importante vector do desenvolvimento desportivo. O que pretendemos realçar, é a necessidade de serem, sempre que possível, encontradas valências adicionais e exploradas as possibilidades que possam permitir uma utilização mais abrangente, mantendo o princípio de diversidade de actividades para diversidade de objectivos. Este objectivo aplica-se tanto a novas como às actuais instalações desportivas.

As piscinas são um bom exemplo do que tentamos expressar. No mesmo espaço, com os ajustes necessários, é possível disponibilizar uma oferta adequada a públicos tão distintos como bebés a idosos. E em alguns casos, essa oferta extravasa o plano de água integrando, por exemplo, um ginásio ou uma sala para aulas de grupo. Este raciocínio deve ser cultivado e exercido quando olhamos para as instalações desportivas: o que impede a utilização de um campo de futebol para a prática de ginástica ou de um pavilhão para a prática de escalada?

Ainda no contexto da diversidade de locais, temos ainda de olhar para todas as oportunidades oferecidas por espaços que podem ser palco de actividades informais e autónomas. Falamos de jardins, passeios, parques naturais, zonas ribeirinhas e marítimas, praias, etc. Na maioria dos casos, com a realização de um investimento relativamente baixo, é possível criar ou adaptar locais de prática desportiva de livre acesso. E aqui o nosso país tem uma imensa janela de oportunidades. Um jardim deve ser encarado como um potencial local de corrida ou campo para jogar futebol, se possuir uma ampla zona relvada. Mas não necessita de definição de pistas nem da marcação das linhas de campo porque, para este nível de prática, não fazem falta.

Obviamente que as opções só podem ser analisadas em cada caso concreto. O princípio adjacente, é o da exploração das possibilidades para além das que já estão estabelecidas. O que não pode acontecer, é a não utilização das instalações desportivas na sua plenitude, e o não aproveitamento do potencial de locais públicos acesso livre.

Proximidade

O Desporto para Todos só atinge a sua missão se a prática for regular e integrada no estilo de vida. Significa isto que tem de ser incluída nas rotinas diárias, como a opção escolhida para ocupar uma parte do tempo livre.

Tomando como certo que o tempo é hoje um bem escasso, todo aquele que for consumido no acesso à prática desportiva, será um factor determinante para a tomada de decisão. Por isso é normalmente praticada na proximidade dos contextos da vida diária, como a residência ou o trabalho[155]. Na verdade parece evidente que dificilmente alguém se torna regularmente activo se isso implicar um tempo de deslocação demasiado elevado.

Neste sentido, a oferta de prática no âmbito do Desporto para Todos tem de ter a capacidade de estar perto, numa escala local, pulverizada e não concentrada, relacionando-se naturalmente com as questões da diversidade: proporcionar mais oferta em locais próximos, aumenta as opções individuais de prática no dia a dia. Neste contexto, especial chamada de atenção para o papel fundamental a desempenhar pelas autarquias, bem como pelos mais de 11.000 clubes e associações desportivas presentes em todo o território nacional.

A política de Desporto para Todos, apesar de ser pensada em grande dimensão, é fundamentalmente uma politica de pequena escala, direccionada para a intervenção local. O princípio, é de que a prática, para ser para ser regular, tem de ser feita perto.

---

[155] Brownson

Acessibilidade

A existência de uma oferta próxima e apelativa, pode não ter adesão se a acessibilidade for baixa, significando que o insucesso do investimento. Partindo do pressuposto que os outros dois factores já estão contemplados, utilizamos aqui o conceito acessibilidade como o grau de impedimento criado pelas barreiras relacionadas directamente com a prática, e que incluem não só o custo financeiro, associado à utilização do espaço, enquadramento técnico e equipamento, mas também os requisitos para a prática como a capacidade física, grau de complexidade, imposições normativas, etc. Quer isto dizer que, mesmo uma actividade oferecida, pode ter uma adesão reduzida se tiver exigências de prática desadequadas para os destinatários.

Em muitas modalidades desportivas já existem variantes simplificadas, sobretudo para as crianças, para que se eliminem barreiras e se potencie o prazer da prática. A aplicação deste raciocínio em outras idades ou como forma de ultrapassar outro tipo de condicionantes, levará seguramente à obtenção de mais praticantes.

Também aqui é importante considerar a relevância das estruturas públicas de livre acesso, tais como jardins e zonas pedonais, porque são provavelmente as mais que melhor representam o espírito do Desporto para Todos. A observação da utilização de locais como por exemplo, o Passeio Marítimo de Oeiras, é ilustrativa. Pessoas de todas as idades e de diferentes estatutos socio-económicos, independentemente da sua capacidade física, podem neste local exercer o seu direito à prática desportiva.

É preciso ainda reconhecer a importância da oferta privada com fins lucrativos, porque sem ela não é simplesmente possível dar resposta a toda a população. Deve ser apoiada e incentivada para que cresça e contribua para o desígnio de aumentar a prática desportiva dos portugueses.

Na acessibilidade às actividades, o princípio a aplicar no âmbito das políticas de Desporto para Todos deve ser o da adaptação e equilíbrio. Adaptação das actividades para que, mantendo a essência, possam ser realizadas por diferentes grupos de pessoas, e equilíbrio entre as que são pagas, co-financiadas ou gratuitas, para que a oferta corresponda a diferentes expectativas.

6. Valorização e autonomia: dois elementos fundamentais para o sucesso do Desporto para Todos

A opção pelos factores diversidade, proximidade e acessibilidade como chave do planeamento de uma politica de Desporto para Todos é, como qualquer critério, naturalmente discutível.

No entanto, e porque mantemos sempre na nossa linha de pensamento intervir de acordo com as necessidades reais, acreditamos que a sua utilização, poderá ajudar, no mínimo, a encontrar soluções objectivas para as duas principais razões apontadas para os europeus não praticarem desporto[156]: a falta de tempo (34%) e o facto de não gostarem de desporto (25%), sendo necessário ressalvar que na amostra portuguesa, o factor tempo atinge os 50%.

Pelo exposto para cada um, acreditamos que o alinhamento da acção com os três factores sugeridos, vai contribuir para tornar o desporto mais atractivo, mais conveniente e verdadeiramente alcançável a todos. Mas o seu sucesso, está ainda dependente de serem assumidos dois pressupostos de nível superior: a valorização da prática de actividade física; e o desenvolvimento da autonomia para a prática.

É primordial valorizar politicamente, economicamente, socialmente, o Desporto para Todos como algo importante para a sociedade, mas também para cada um de nós.

Se quisermos, de forma consequente, promover a generalização da prática desportiva, o empenho político tem de ser elevado e traduzir-se em disponibilização de recursos convincentes, humanos e financeiros, e em medidas públicas de forte impacto. Só assim se vai conseguir alterar as prioridades individuais na gestão do tempo e, consequentemente, a prática de actividade física como opção para o tempo de lazer.

Quando for sucedida, esta mobilização fará aumentar a procura pelas práticas de Desporto para Todos. E nesta altura é necessário ter consciência que não é possível nenhuma estrutura dar resposta a

---

[156] Special Eurobarometer 213 "The citizens of Europe and Sport" – November 2004

todas as necessidades, seja ela do estado ou do sector privado. É por isso fundamental educar para a autonomia no desporto e encontrar estratégias para que cada pessoa individualmente ganhe competência para o planeamento e controlo da sua própria actividade.

Com o valor da actividade física devidamente reconhecido, cidadãos capacitados para a gestão e controlo da sua actividade física, disponibilidade de locais e actividades adequadas a diferentes populações, maioritariamente num contexto de proximidade e de acesso fácil, os indicadores de prática irão aumentar e o Desporto para Todos estará seguramente mais alinhado com a sua missão.

A tarefa é grande e complexa. Para iniciá-la, desafio-o a que comece por mudar os seus próprios hábitos de prática, se ainda não é um praticante regular. Se já for, reflicta sobre as condições que necessita para o fazer e como as poderia tornar melhores. Em qualquer dos casos, terá nesta acção uma ajuda preciosa para compreender a essência Desporto para Todos e melhor ponderar as decisões que venha a tomar sobre esta matéria no âmbito da sua actividade profissional. O desafio está lançado.

Níveis de actividade física e prática desportiva na população portuguesa

UMA VISÃO CRÍTICA DOS FACTOS

André F. Seabra *

Ouvimos dizer com frequência que o estado genérico de saúde da população mundial tem sofrido diversas alterações ao longo dos últimos 100 anos. Por exemplo, diferentes organizações médico--cientificas – a Organização Mundial de Saúde (OMS), o Centro de Controlo de Doenças dos EUA (CCD) e o Colégio Americano de Medicina Desportiva (CAMD) – referem insistentemente que no último século se observou uma transição epidemiológica, isto é, um declínio da mortalidade associada a alguns tipos de doenças infecciosas, consequência directa das melhorias verificadas nos cuidados de saúde (acesso a um conjunto alargado de medidas preventivas), das condições higiénico-sanitárias, da alimentação, e da educação, entre outras.

Em oposição a esse decréscimo verificou-se, de modo extremamente saliente, um aumento da morbilidade e da mortalidade causado por doenças crónico-degenerativas. Exemplos claros são as doenças cardiovasculares, o cancro, a obesidade e a diabetes. O incremento destas novas epidemias civilizacionais parece estar directamente

---

* Mestre em Ciências do Desporto e em Saúde Pública. Assistente na Faculdade de Desporto da Universidade do Porto

334 *Em defesa do desporto*

relacionado com alterações que se verificaram nos estilos de vida, principalmente no aumento da prevalência do sedentarismo, do consumo de tabaco e de dietas pouco saudáveis. Um relatório da OMS (2003) refere que a taxa de mortalidade, morbilidade e incapacidade atribuída às doenças crónico-degenerativas é, actualmente, de aproximadamente 60%, sendo a inactividade física responsável por cerca de 1.9 milhões de mortes por ano. É também referido, nesse relatório, que a inactividade física tende a contribuir em 10-16% dos casos de diabetes e de cancro da mama, cólon e recto; e em 22% dos casos de doenças cardiovasculares.

Estes resultados sugerem que alterações significativas nas causas de morte da população são consequência da forte modificação nos estilos de vida ocorridos no último século.

A Epidemiologia é a área médica que mais se tem preocupado com a monitorização do estado de saúde da população e da forma como esta vai evoluindo ao longo do tempo. Esta área de investigação tem como principal propósito estudar a ocorrência, a distribuição dos acontecimentos, problemas e estados de saúde em populações específicas e os seus determinantes, bem como a aplicação desse conhecimento ao controlo dos problemas de saúde (Last, 1995). Para além disso, a Epidemiologia procura focalizar toda a sua atenção na população em geral ou em subgrupos representativos, nunca em nenhum individuo em particular.

Inicialmente, os intervenientes nesta área de estudo eram maioritariamente médicos cujo interesse se centrava no padrão de ocorrência de uma doença particular. Na actualidade, os epidemiologistas estão não só preocupados com a morte, doença e incapacidade mas, também, com aquisição de estilos de vida positivos que possam contribuir para a melhoria do estado de saúde das populações (Beaglehole et al., 1993). A Epidemiologia funciona essencialmente como uma medida de prevenção primária; procura prevenir o aparecimento e o desenvolvimento de uma doença na população que se encontra de boa saúde e que não apresenta, ainda, a doença em causa. É emergente o entendimento que muitas das doenças das civilizações actuais são da responsabilidade de novos estilos de vida. Decorre daqui uma forte convergência de interesses de diferentes áreas do conhecimento relacionadas com o bem-estar e saúde das populações; e não só a médica.

Níveis de actividade física e prática desportiva na população portuguesa 335

De facto, a saúde já não é um assunto exclusivamente médico. A inactividade física é hoje considerada um dos maiores problemas de Saúde Pública, sendo talvez o principal factor de risco do aparecimento de muitas doenças crónico-degenerativas. Este facto reveste-se, ainda, de uma maior importância por afectar indiscriminadamente crianças, jovens ou adultos. Um outro relatório da OMS (2002) salienta que no mundo inteiro 60 a 85% das pessoas, que vivem em países desenvolvidos ou em vias de desenvolvimento, apresentam um estilo de vida sedentário. É ainda estimado que, em todo o mundo, cerca de 60% dos adultos e dois terços das crianças não revelam os níveis de actividade física que se considerem benéficos para a sua saúde.

A investigação sobre a inactividade física tem sido fortemente intensificada nos últimos 50 anos, dando origem ao aparecimento de um novo campo de estudo que é a Epidemiologia da Actividade Física. Segundo Caspersen (1989) e Dishman (2004) esta área de investigação, com três décadas de existência, é um ramo da Epidemiologia cujos propósitos de pesquisa são, genericamente, os seguintes: (1) estudar a associação da actividade física, enquanto comportamento relacionado com a saúde, com a doença e outros problemas de saúde; (2) estudar a distribuição e os determinantes dos níveis e padrões de actividade física; (3) estudar a inter-relação da actividade física com outros comportamentos; e (4) aplicar o conhecimento na prevenção e controlo da doença bem como na promoção da saúde.

Nas últimas décadas, vimos assistindo a uma verdadeira "explosão" de estudos epidemiológicos sobre a problemática da inactividade física (Aaron et al., 1993; Caspersen et al., 1998; Dishman et al., 2004; Jakes & Wareham, 2003; Pate et al., 1994; Stephens et al., 1985). Nessas pesquisas, os epidemiologistas, como forma de melhor caracterizarem a distribuição da inactividade física na população, procuram responder às seguintes questões: quem é o sujeito que desenvolve hábitos de inactividade física (i.e., o hospedeiro)?; em que região ou local é que esses hábitos se manifestam (i.e. o lugar)?; como é que tem sido no tempo a evolução desses hábitos (i.e. o tempo)?.

Relativamente ao hospedeiro, existe um princípio básico em Epidemiologia que refere a impossibilidade de um qualquer problema de saúde ocorrer de uma forma aleatória. Isto significa que nem todos os hospedeiros pertencentes a uma população têm igual probabilidade de vir a desenvolver hábitos de inactividade física. Na população, em função das características evidenciadas pelo hospedeiro, existe uma enorme variação na ocorrência desses hábitos, o que pode reflectir diferenças na exposição a um factor causal, na susceptibilidade aos efeitos desse mesmo factor ou a ambos (Greenberg et al., 2001). Segundo Gordis (2000), as características do hospedeiro, que parecem ser mais influentes na aquisição e desenvolvimento de um determinado hábito, são: a idade, o sexo, a raça e aspectos ligados ao seu estilo de vida (nível educacional, rendimento familiar, ocupação profissional). Na bibliografia disponível é possível encontrar diferentes pesquisas que têm procurado descrever os níveis e os padrões de actividade física e desportiva considerando esses aspectos do hospedeiro (Aaron et al., 1993; Dishman et al., 2004; Jakes & Wareham, 2003; Pate et al., 1994; Stephens et al., 1985).

No respeitante ao lugar, é comumment aceite na literatura a existência de uma associação positiva e/ou negativa entre uma região e um determinado hábito. A realidade histórica, social, politica, cultural, económica e sanitária existente numa dada região poderá contribuir para o desenvolvimento e/ou manutenção de um dado comportamento. Os epidemiologistas da actividade física têm procurado descrever a distribuição geográfica do problema em causa, nomeadamente a possível variação que poderá existir intra e/ou entre países e em áreas rurais e/ou urbanas. Um exemplo muito elucidativo tem sido o estudo da possível associação entre o estatuto socioeconómico de uma determinada região e os níveis de actividade física evidenciados pelos seus habitantes (Caspersen et al., 1994).

A dimensão temporal é, igualmente, uma informação desejada pelos epidemiologistas. Há um interesse muito especial no conhecimento dos padrões sazonais de um determinado comportamento, assim como na possibilidade de comparar valores da prevalência actual com os registados em décadas anteriores (Stone et al., 1999). Diferentes investigações epidemiológicas têm sido realizadas com esse propósito. Brownson et al. (2005), num artigo de revisão, descreveram e compararam os padrões actuais de actividade física com os que se verificavam há 50 anos atrás. Nesse trabalho os autores

Níveis de actividade física e prática desportiva na população portuguesa 337

procuraram relacionar a actividade física da população infantil e adulta norte-americana, com alguns factores sociais, culturais e económicos (por exemplo: ocupação profissional, meios de transporte e outros comportamentos).

Apesar de se tratar de uma área de estudo relativamente recente, a Epidemiologia da Actividade Física tem procurado responder a muitas dessas questões. No entanto, a possibilidade de interpretar e sumariar os resultados provenientes das pesquisas tem sido uma tarefa extremamente difícil, uma vez que diversas dificuldades são colocadas ao saber consolidado pelos epidemiologistas, sobretudo quando se trata de estudos de meta-análise. Inicialmente e para melhor elucidarmos essas dificuldades recorreremos à apresentação de alguns estudos, realizados na Europa e consequentemente em Portugal, que procuraram descrever a prevalência de actividade física e desportiva da população europeia.

Em adultos, salientam-se três investigações – Comissão Europeia (2003); Rutten & Abu-Omar (2004); Sjostrom et al. (2006) – que utilizando a mesma informação e metodologia proveniente do Eurobarómetro 58.2, estimaram a prevalência de actividade física dos 15 países que faziam parte da Comunidade Europeia em 2002. Para essas investigações foram seleccionadas amostras representativas de cada país, constituídas por 1000 sujeitos com idade superior a 15 anos. A actividade física foi entendida como sendo toda a actividade realizada no trabalho, em casa, durante o tempo de lazer e nas deslocações. A sua avaliação foi efectuada através do questionário *"International Physical Activity Questionnaire"* (IPAQ). Esse instrumento foi desenvolvido com o propósito de obter informação detalhada sobre a actividade física de adultos que fosse passível de ser comparada entre populações. Incluía questões sobre a frequência (dias por semana), duração (minutos) e nível de intensidade (vigorosa, moderada, marcha ou sentar) da actividade física realizada na semana anterior. Esse questionário também permitia a obtenção, em equivalentes metabólicos (METs), do dispêndio energético resultante da actividade física realizada (actividade vigorosa: 8 METs; actividade moderada: 4 METs; marcha: 3.3 METs). Para esse efeito apenas era necessário calcular o produto dos minutos de actividade física desenvolvida pelo valor de energia despendida com essa actividade.

No relatório da Comissão Europeia (2003) foi genericamente evidenciado o seguinte: (1) a prevalência de participação em actividades de intensidade moderada e vigorosa diminuiu com o avanço da idade; (2) o sexo feminino mostrou-se menos envolvido em actividades de intensidade moderada e vigorosa; (3) Portugal foi o segundo país com maior prevalência de participação em actividades de intensidade moderada (50%); (4) Portugal foi o quinto pais com maior prevalência de não participação em actividades de intensidade vigorosa (60%); (5) Portugal foi o terceiro país em que os sujeitos mais andavam (no mínimo 10 minutos) durante os 7 dias da semana (60%); (6) Portugal foi o estado membro em que se verificou a maior prevalência de sujeitos que passam até 3 horas sentados (50%); e (7) Portugal, juntamente com mais 4 países, tem uma prevalência de participação em actividades físicas abaixo da média (valor não apresentado no relatório).

No estudo de Rutten & Abu-Omar (2004) foi salientado o seguinte: (1) com o avanço da idade, diminuía o número de dias por semana de participação em actividades moderadas e vigorosas; (2) os homens participavam em mais actividades vigorosas, enquanto que as mulheres mostravam um maior envolvimento em actividades moderadas; (3) Portugal foi o sexto país a mostrar a maior participação semanal em actividades moderadas (3.7 dias/semana, intervalo de confiança (IC)$_{95\%}$: 3.5-3.9); (4) Portugal foi o segundo país com maior envolvimento em actividades vigorosas (1.6 dias/semana, IC$_{95\%}$: 1.5-1.8); (5) Portugal foi o quarto país em que os sujeitos mais andavam semanalmente (4.6 dias/semana, IC$_{95\%}$: 4.5-4.8); (6) quando se analisaram os resultados em equivalentes metabólicos (METs/horas por semana), Portugal, apesar de estar abaixo do valor médio (34.3 METs/horas por semana, IC$_{95\%}$: 33.8-34.9), foi o oitavo pais com maiores valores (33.4 METs/horas por semana, IC$_{95\%}$: 31.0-35.7).

No trabalho de Sjostrom et al. (2006), foi estimada a prevalência de participação em actividades físicas através de diferentes categorias: actividade suficiente (3000 METs/minutos por semana acumulados durante 7 dias ou 1500 METs minutos de actividade de intensidade vigorosa acumulada durante 3 dias ou mais); baixa actividade (30 minutos a andar ou a participar em actividade de intensidade moderada em cinco ou mais dias, 20 minutos de actividade de

Níveis de actividade física e prática desportiva na população portuguesa 339

intensidade vigorosa em 3 ou mais dias, ou 600-2999 METs de actividade durante 7 dias); sedentarismo (aqueles que não atingem os limites da baixa actividade). Dos diversos resultados, há a salientar os seguintes pontos: (1) A prevalência de actividade física suficiente e de sedentarismo foi de 31%; (2) Dos 15 países analisados, Portugal foi o sexto mais activo (33%, $IC_{95\%}$: 30-36); (3) Em Portugal, a prevalência de actividade suficiente não foi significativamente diferente entre homens (37%, $IC_{95\%}$: 32-41) e mulheres (30%, $IC_{95\%}$: 26-34); (4) Portugal foi o sexto estado membro com menor prevalência de sedentarismo (30%, $IC_{95\%}$: 27-33); Portugal foi o terceiro país cujos habitantes menos andam (no mínimo 30 minutos) durante os 5 dias da semana (29%, $IC_{95\%}$: 26-32); (5) Portugal foi, na Comissão Europeia, o país que apresentou a menor prevalência de sujeitos que passa o seu dia sentado mais de 6 horas (24%, $IC_{95\%}$: 21-26).

Ainda em adultos, apresentamos um outro relatório elaborado pela Comissão Europeia (2004) onde foi caracterizada a participação desportiva dos estados membros, nomeadamente a sua frequência, o modo de organização e os obstáculos à sua participação. Metodologicamente foram adoptados os mesmos procedimentos dos estudos anteriores. O acesso à informação relativa à participação desportiva foi efectuado através de um questionário. Os resultados mais salientes mostraram que Portugal é, na Comissão Europeia, o país com menor prevalência de participação em actividades desportivas, visto que 73% dos portugueses nunca praticam desporto e apenas 22% referem participar nessas actividades 1 vez por semana.

Em crianças e jovens, destacamos a investigação (*Health Behaviour of School Children Survey*) desenvolvida pela OMS (2004). Nesse trabalho, entre outros aspectos, são descritos os padrões e os níveis de actividade física de estudantes com 11, 13 e 15 anos de idade de 35 países. Em cada grupo etário e por país, foi feita a amostragem aproximadamente de 1500 crianças. A avaliação da actividade física foi realizada através de um questionário construído para o efeito. A sua elaboração obrigou os investigadores a definirem actividade física como sendo aquela que aumentava a frequência cardíaca, alterava a respiração durante algum tempo e que podia ser feita no desporto, nas actividades escolares, nos jogos com os amigos ou andar no trajecto casa-escola. Foram assim criadas duas questões, que procuravam aceder ao número de dias da semana (última e padrão) em que as crianças tinham participado em actividades físicas pelo menos durante 60 minutos. Os resultados mostraram o seguinte: (1) apenas um terço dos sujeitos (34%) cumpria as recomendações actuais para a actividade física, isto é, uma hora ou mais de actividade, a uma intensidade no mínimo moderada, em 5 ou mais dias da semana; (2) Portugal era um dos países com menor prevalência de crianças a cumprir essas linhas de recomendação (11 anos – raparigas: 22%, rapazes: 38%; 13 anos – raparigas: 15%, rapazes: 38%; 15 anos – raparigas: 13%, rapazes: 25%); (3) Na grande maioria dos países e grupos etários, os rapazes (4.1 dias/ /semana) eram mais activos que as raparigas (3.5 dias/semana); (4) Foi evidente um declínio da actividade física em ambos os sexos com o avanço da idade.

Atendendo às organizações envolvidas, os resultados dessas pesquisas têm tido um enorme impacto na opinião pública nacional, uma vez que Portugal parece estar na "cauda" dos países membros da Comissão Europeia, com valores mais baixos de actividade física e de prática desportiva.

No entanto, julgamos necessário que se reflicta sobre o quadro de estatísticas apresentado. De facto, observamos estudos que utilizando igual informação e procedimentos metodológicos semelhantes produziram resultados distintos. Enquanto alguns estudos consideram os portugueses como sendo os menos activos e participativos em actividades vigorosas e dos que menos andam durante a semana; existem outros, em que os portugueses mostram exactamente o contrário. Para além disso, podemos ainda verificar num dos trabalhos que os Portugueses são dos que menos andam e dos que durante menos tempo estão sentados.

Em nossa opinião a análise díspar destes resultados causa estranheza. Parece-nos ser de facto fundamental e necessário que antes de se efectuar qualquer investigação, de âmbito epidemiológico, se reflicta sobre um conjunto variado de aspectos, que passamos a apresentar.

Um primeiro aspecto diz respeito à diversidade de conceitos e expressões que são utilizados. Quando se refere que os portugueses, independentemente da sua idade, são pouco activos, que não partici-

Níveis de actividade física e prática desportiva na população portuguesa 341

pam em actividades físicas de intensidade vigorosa, que não se envolvem na prática desportiva, que passam muitas horas sentados, estamos exactamente a falar do quê? Em muitos dos trabalhos epidemiológicos que se encontram dispersos, em várias publicações, conceitos como actividade física e prática desportiva são frequentemente utilizados como sendo sinónimos quando, na realidade, reflectem estruturas conceptuais e operativas distintas que importa esclarecer.

A actividade física, enquanto estrutura de natureza multidimensional, é consensualmente entendida como qualquer movimento corporal produzido pelos músculos esqueléticos e que resulte num aumento de dispêndio energético relativamente à taxa metabólica de repouso (Bouchard et al., 1994; Caspersen et al., 1985). Esta definição de actividade física salienta a importância do dispêndio energético, não importando o tipo (obrigatória, voluntária), a frequência (semanal, mensal, anual), a duração (horas por semana, mês, ano), a intensidade (baixa, moderada, vigorosa) ou o contexto da sua realização (a dormir, no lazer, no trabalho, na escola, no desporto, etc.). Partindo deste conceito, todo e qualquer movimento realizado em actividades de trabalho, lazer e desporto contribuem para o gasto energético diário total (Caspersen et al., 1985), pelo que podemos sugerir que a actividade física é muitas vezes entendida como sinónimo de dispêndio energético (LaPorte et al., 1985).

A prática desportiva, por seu lado, pode ser genericamente entendida, e para satisfazer um pensamento epidemiológico, como a actividade realizada no contexto desportivo de um modo sistemático, intencional e orientado para um determinado objectivo. Em contraposição, Bento (2004) refere inequivocamente que a prática desportiva é um baluarte na formação pedagógica, educativa e cultural. É nela que se revêem aspectos relevantes da formação da pessoa, da construção de relações interpessoais gratificantes, da afirmação pessoal e conhecimento social do desportista (A essência e os detalhes do posicionamento filosófico deste autor em torno do desporto pode ser consultado em Bento, 2006).

Um **segundo aspecto** é o delineamento de pesquisa utilizado para avaliar a actividade física e a prática desportiva e que conduz naturalmente a resultados e a interpretações muito distintas. Nos trabalhos realizados pela Comissão Europeia, o delineamento de pesquisa adoptado foi de âmbito transversal. Segundo Dishman et al. (2004), esse tipo de delineamento é o que mais se ajusta às pesquisas epidemiológicas pela maior facilidade em estudarem grandes amostras, pela rapidez de execução e pelo baixo custo. No entanto, este delineamento apenas permite conhecer o padrão de distribuição da actividade num dado ponto do tempo e sugerir hipóteses sobre possíveis associações entre a actividade física e a prática desportiva e determinados factores de risco de algumas doenças. Em nenhum outro momento este delineamento possibilita a obtenção de um conhecimento suficientemente esclarecedor acerca da história natural do desenvolvimento da actividade física e da prática desportiva no decurso do tempo. De facto, quando a Comissão Europeia refere que a prevalência de participação em actividade física diminuiu com o avanço da idade, estará eventualmente a querer dizer que a prevalência de actividade entre valores discretos de idade diminuiu. Para que se pudesse ter outra informação, ter-se-ia que utilizar um delineamento de pesquisa longitudinal. Todavia, apesar das suas vantagens, este tipo de delineamento também possui algumas limitações, nomeadamente: a dificuldade de utilização em grandes amostras, a complexidade operativa, a "morte" amostral que nem sempre é aleatória, a morosidade na obtenção de resultados e os custos necessários à sua realização (Van Mechelen & Mellenbergh, 1997). É por esse motivo que, no mundo inteiro, o número de estudos longitudinais que tem procurado descrever o comportamento da actividade física da infância até à idade adulta é extremamente escasso (Aaron et al., 2005). Em Portugal, como iremos verificar mais à frente no texto, só conseguimos localizar dois estudos longitudinais sobre os níveis de actividade física de crianças e jovens (Freitas et al., 2002; Maia & Lopes, 2003).

Um **terceiro aspecto** é a dimensão amostral utilizada e que condiciona todas as inferências que se possam realizar. Na literatura observam-se estudos cujo número de participantes não ultrapassa uma centena e outros em que é de alguns milhares de sujeitos. Esta dispersão no tamanho amostral leva-nos a reflectir sobre os grandes propósitos que devem orientar as pesquisas epidemiológicas. Tal como foi referido anteriormente, a Epidemiologia é uma área que está essencialmente interessada em conhecer e descrever o que se

Níveis de actividade física e prática desportiva na população portuguesa 343

passa na população e não num sujeito em particular. Por esse motivo, a Epidemiologia dever-se-á interessar por amostras de grande dimensão e representativas do universo em estudo, que tenham um elevado poder estatístico para que se possam efectuar, a partir dos resultados encontrados, inferências com maior precisão sobre determinados parâmetros da população (Caspersen et al., 1998).

Os relatórios da Comissão Europeia, anteriormente apresentados, referem ter utilizado dimensões amostrais representativas de cada estado membro, na ordem dos 1000 sujeitos com idade superior a 15 anos. A determinação do número de sujeitos em cada amostra foi resultado de um delineamento multi-estádio aleatório, isto é, em cada estado membro pelo menos 100 pontos foram amostrados com uma probabilidade proporcional ao seu tamanho (para a total cobertura do país) e densidade populacional. Parece-nos, no entanto, ser importante reflectir um pouco sobre a dimensão dessas amostras, atendendo à população da qual são provenientes e ao facto de terem sido estratificadas posteriormente a partir de alguns factores (por exemplo: idade e sexo). Quando se considera a dimensão dos diferentes universos, não é facilmente compreensível o motivo pelo qual o número de sujeitos amostrados em Portugal e em Itália é semelhante. No nosso país foram amostrados 1002 sujeitos para um universo de 8.217.000 (1002/8.217.000 = 0.0001, i.e., 0.01% da população) enquanto que em Itália foram amostrados 1027 indivíduos para uma população de 49.017.000 indivíduos (1027/49.017.000 = 0.00002, i.e. 0.002% da população). Por outro lado, quando pensamos que a amostra foi estratificada por idade e sexo, levantam-se outras questões. Apesar da ficha técnica dos referidos trabalhos não apresentar informação detalhada sobre as amostras em estudo, percebemos pela análise dos resultados que o valor máximo de idade dos sujeitos é igual ou superior a 65 anos. Assim sendo, os 1002 sujeitos que foram amostrados em Portugal dever-se-ão encontrar igualmente distribuídos numa amplitude de aproximadamente 50 anos de idade (1002/50 = 20.04 sujeitos por valor discreto de idade). No entanto, quando estratificamos por sexo, verificamos que foram analisados somente 10 sujeitos em cada sexo por valor discreto de idade (20.04/2 = 10).

344 *Em defesa do desporto*

Um **quarto aspecto**, prende-se com a diversidade de instrumentos utilizados para avaliar a actividade física e a prática desportiva (LaPorte et al., 1985; Montoye et al., 1996; Welk, 2002). Podemos' encontrar estudos que utilizaram instrumentos de natureza laboratorial (calorimetria e marcadores fisiológicos) e de terreno (sensores de movimento, observação de comportamento, registo diário da dieta, diários, questionário). Uma vez que cada um destes instrumentos mede diferentes facetas da actividade física e prática desportiva, conduzem naturalmente a resultados também diferenciados. No entanto, é importante salientar que em investigações epidemiológicas, como a que se propunha a Comissão Europeia, o instrumento a adoptar deveria ser aquele que simultaneamente fosse prático e facilmente utilizável em grandes amostras. Segundo Caspersen et al (1998), de entre os diversos instrumentos existentes, os questionários, pelo seu baixo custo, pouco tempo despendido na sua aplicação, quantidade e detalhe da informação que permite recolher, são o instrumento mais utilizado. Por outro lado, os valores estimados, que se obtêm através das respostas aos questionários, possuem uma validade aceitável e permitem a classificação de indivíduos em função do seu nível de actividade. Na literatura consultada encontram-se disponíveis diferentes questionários para avaliar a actividade física e prática desportiva de crianças, jovens e adultos. No entanto, gostaríamos de salientar um número especial da revista *Medicine and Science in Sports and Exercise*, editado em 1997, onde são apresentados diversos questionários para avaliar actividade física em pesquisas relacionadas com a saúde.

Um **quinto aspecto**, diz respeito à região geográfica onde a investigação é realizada. Tentar extrapolações de resultados provenientes de diferentes regiões é uma tarefa problemática, dado que, realidades históricas, sociais, culturais, políticas, económicas e climatéricas distintas actuam de forma muito diversa na actividade física e prática desportiva. Um exemplo muito claro pode ser observado nos níveis e padrões de actividade evidenciados por crianças, jovens e adultos que vivem em países com níveis de desenvolvimento diferenciados. Existe alguma unanimidade no facto das crianças, jovens e adultos, que vivem em países desenvolvidos, revelarem níveis inferiores de actividade física relativamente aos de países em desenvolvimento. Na opinião de Killoron et al. (1994), as sociedades

Níveis de actividade física e prática desportiva na população portuguesa   345

industrializadas, fruto do avanço tecnológico, tendem a reduzir as exigências de estilos de vida activos. Pelo contrário, nos países em desenvolvimento a escassez de meios tecnológicos obriga a que muitos dos indivíduos tenham que realizar no seu quotidiano actividades laborais de elevadas exigências físicas.

Um **sexto aspecto**, que nos parece merecedor de referência, é a existência em Portugal de outros estudos epidemiológicos realizados em crianças, jovens e adultos cujos resultados são algo divergentes dos apresentados pela Comissão Europeia. Como forma de melhor contrastarmos os resultados dos diferentes trabalhos houve necessidade de definir alguns critérios para a inclusão dos estudos a rever. Assim sendo, apenas foram consideradas investigações cujas amostras fossem superiores a 1000 sujeitos, que tivessem adoptado delineamentos de pesquisa transversal e/ou longitudinal e que tivessem utilizado questionários como instrumento de avaliação da actividade física e prática desportiva. No quadro 1, apresentamos uma panorâmica das principais investigações epidemiológicas realizadas em Portugal que cumpriam os critérios definidos.

QUADRO 1

Autores, ano de realização, dimensão da amostra, região geográfica, questionário utilizado, delineamento de pesquisa adoptado em pesquisas sobre actividade física e prática desportiva de crianças, jovens e adultos

Actividade Física					
Autores	Ano	Amostra	Região	Questionário	Del.
Freitas et al.	2002	740 ♀ e 758 ♂ 7 -18 anos	RAM	Baecke et al.	L
Maia e Lopes	2003	577 ♀ e 582 ♂ 6 -19 anos	RAA	Baecke et al.	L
Martins	2005	1458 ♀e 1412 ♂ 10 -17 anos	Esposende	Baecke et al.	T
Mil-Homens	2004	801 ♀e 710 ♂ 40-65 anos	Portugal	IPAQ	T
Santos e Mota	2005	6620 ♀ e 5367 ♂ 18- 65 anos	RAA	IPAQ	T
Sousa e Maia	2005	1007♀ e 1102 ♂ 6 -10 anos	Amarante	Godin e Shephard	T
Prática Desportiva					
Autores	Ano	Amostra	Região	Questionário	Del.
Adelino et al.	2005	10-16 anos	Portugal	QCPE	T
IDP	2005	10 - >35 anos	Portugal	QCPE	T
Marivoet	2001	15-74 anos	Portugal	QCPE	T
Seabra et al.	2007	6445 ♀ e 6123♂;10 - 18 anos	Vila Real/Viseu/Porto	Baecke et al.	T

Legenda: IDP - Instituto do Desporto de Portugal; Del. - Delineamento; T - transversal; L - longitudinal; RAA - Região Autónoma dos Açores; RAM - Região Autónoma da Madeira; ♀- sexo feminino; ♂- sexo masculino; QCPE - questionário construído para o efeito.

346 *Em defesa do desporto*

Pela análise do quadro 1, constata-se que o número de estudos epidemiológicos sobre a actividade física (6 trabalhos) e prática desportiva (4 trabalhos) é muito escasso. Como seria igualmente de esperar há uma preponderância de investigações que adoptaram delineamentos transversais (8 em 10) relativamente aos longitudinais (2 em 10). Salienta-se ainda que os dois únicos estudos longitudinais, de que temos conhecimento, foram realizados nas Regiões Autónomas da Madeira e dos Açores.

Actividade física em diferentes regiões geográficas portuguesas

Tanto quanto julgamos saber não existe nenhum sistema de vigilância ou organização que tenha monitorizado a prevalência dos níveis e padrões de actividade física de toda a população portuguesa. Os poucos estudos existentes referem-se a regiões geográficas particulares e são muitas vezes resultado de trabalhos de natureza académica. Por este motivo, a possibilidade de interpretarmos e generalizarmos os seus resultados à população portuguesa é uma tarefa difícil e algo complexa.

Em adultos só conseguimos localizar duas investigações: uma realizada no Continente (Mil-Homens, 2004) e outra na Região Autónoma dos Açores (Santos & Mota, 2005).

A primeira procurou caracterizar sócio-demograficamente a actividade física da população adulta residente no Continente. Utilizando um método de quotas, foram amostrados 1525 adultos com idades compreendidas entre os 40 e os 65 anos. Na avaliação dos factores em estudo foi utilizado um questionário nacional, especialmente concebido para o efeito, no qual estava inserido o IPAQ. Com esse instrumento foi determinado o dispêndio energético, em METs, efectuado com os diferentes tipos de actividade (actividade física total, vigorosa, moderada e marcha) e com o tempo de inactividade. Para a caracterização dos sujeitos no que diz respeito à actividade física, que realizavam semanalmente, foram definidas as seguintes três categorias: muito activo, suficientemente activo e não suficientemente activo. É importante salientar que nesse estudo os critérios definidores de cada uma das categorias foram os mesmos dos apresentados

Níveis de actividade física e prática desportiva na população portuguesa 347

no estudo de Sjostrom et al. (2006). Pelo contrário, a designação atribuída a essas categorias era diferente. De facto, um sujeito caracterizado como suficientemente activo nesse estudo era categorizado como tendo baixa actividade no trabalho de Sjostrom et al. Dos resultados verificou-se: (1) 55% da população era muito activa (sexo feminino: 57%; sexo masculino: 52%), 19% era suficientemente activa (sexo feminino: 18%; sexo masculino: 20%) e 26% não era suficientemente activa (sexo feminino: 25%; sexo masculino: 28%); (2) As mulheres apresentaram um maior dispêndio energético com actividade moderada, e os homens mostraram um superior dispêndio de energia com a marcha e um maior número de minutos por semana em inactividade; (3) 57% dos sujeitos que participam em actividades vigorosas são do sexo masculino; (4) não foi possível verificar nenhuma relação particular entre a idade e os padrões de actividade e inactividade física.

Na segunda pesquisa foi descrita a prevalência da actividade física em 11987 sujeitos com idades entre os 18 e os 65 anos e residentes na Região Autónoma dos Açores. Para estimar a actividade física semanal foi utilizado o IPAQ. Nesse trabalho, o tempo despendido em cada tipo de actividade física foi somado com o propósito de determinar a percentagem da amostra que atingia as recomendações internacionais da actividade física definidas pelo CCD e CAMD (150 minutos por semana de actividade física moderada e/ou vigorosa). Os sujeitos foram então classificados de acordo com o seu nível de actividade física em: inactivos (sujeitos que não reportavam qualquer actividade); insuficientemente activos (sujeitos que reportavam menos de 150 minutos por semana de actividade física moderada e/ou vigorosa) e activos (sujeitos que reportavam pelo menos de 150 minutos por semana de actividade física moderada e/ou vigorosa). Os resultados permitiram verificar que 51% da população adulta era activa (mulheres: 41%, homens: 64%); 37% era insuficientemente activa (mulheres: 45%, homens: 27%) e 12% era inactiva (mulheres: 14%, homens: 9%).

Em crianças e jovens (idades entre os 6 e os 18 anos) apenas foram identificados quatro estudos epidemiológicos: dois em Portugal continental (Martins, 2005; Sousa & Maia, 2005) e os outros dois na Região Autónoma da Madeira e dos Açores (Freitas et al., 2002; Maia & Lopes, 2003).

No concelho de Amarante foi realizado um estudo populacional com o objectivo de descrever os níveis de actividade física no tempo de lazer de crianças do 1.º ciclo do ensino básico (Sousa & Maia, 2005). Para esse efeito foram amostradas 2940 crianças que representavam 92% do universo escolar amarantino. A avaliação da actividade física foi realizada através do questionário de *Godin e Shephard*. Esse instrumento pretendia quantificar a actividade física realizada no tempo de lazer durante uma semana. Entre os 6 e os 10 anos de idade, observou-se um incremento nos níveis de actividade física. Os rapazes foram em todas as idades mais activos que as raparigas.

No concelho de Esposende, Martins (2005), procurou conhecer os níveis de actividade física da população infanto-juvenil entre os 10 e os 17 anos de idade. Foram seleccionados 2870 sujeitos, que representavam 87% da população escolar do concelho. Na avaliação dos níveis de actividade física foi utilizado o questionário de *Baecke*, que é um instrumento válido e fiável para avaliar diferentes facetas da actividade física (no tempo escolar/trabalho; no tempo dedicado ao desporto; no tempo de recreação e lazer). Pela análise dos resultados constatou-se não existir, em ambos os sexos, um declínio da actividade física ao longo da idade. Os rapazes evidenciaram valores superiores de actividade física.

Dos estudos que analisaram a actividade física em crianças e jovens destacam-se os realizados por Freitas et al. (2002) e Maia e Lopes (2003) por serem de natureza longitudinal. O primeiro por documentar o crescimento, maturação, aptidão física e actividade física e desportiva de crianças e jovens da Região Autónoma da Madeira entre os 7 e os 18 anos de idade. Nesse trabalho é de salientar a ausência de um declínio da actividade física com o avanço da idade. Para além disso é de realçar a ausência de diferenças entre sexos. O segundo por retratar de uma forma abrangente o crescimento, o desenvolvimento e a saúde de crianças e jovens açorianas entre os 6 e os 19 anos de idade. Neste momento, e apesar de não estar ainda terminado, os resultados mostram que, em todas as idades, os rapazes são mais activos que as raparigas (7% a 13%). Apesar de revelarem uma ligeira diminuição nos níveis de actividade física entre os 13 e os 15 anos de idade (aproximadamente 1%), os resultados mantiveram-se estáveis nos escalões etários seguintes (16-18 anos).

Prática desportiva em diferentes regiões geográficas portuguesas

Conforme anteriormente referido, o número de estudos epidemiológicos que caracterizam a participação desportiva da população portuguesa é reduzido. No entanto, e contrariamente ao verificado com a actividade física, existem estudos que procuraram abranger toda a extensão do território nacional (Portugal Continental e Regiões Autónomas da Madeira e dos Açores).

Marivoet (2001) procurou caracterizar a participação desportiva nacional em diferentes domínios durante o primeiro semestre da época desportiva de 1998/1999. Para esse efeito, foi elaborado um questionário sobre os hábitos desportivos da população e aplicado a uma amostra representativa de sujeitos com idades compreendidas entre os 15 e os 74 anos, residentes no continente e regiões autónomas (dimensão amostral e estratificação por idade e sexo não apresentada). Nesse trabalho o desporto é definido como toda a forma de actividade física que, através de uma participação organizada ou não, tem por objectivo a expressão ou o melhoramento da condição física e psíquica, o desenvolvimento das relações sociais ou a obtenção de resultados na competição a todos os níveis. Os resultados mais expressivos salientaram que a prática desportiva abrange 23% da população, sendo que apenas 13% o fazem de forma organizada. Quando se considerou o âmbito da prática desportiva, verificou-se que 19% a realizava no lazer e apenas 4% na competição federada.

O Instituto do Desporto de Portugal apresentou um relatório em 2005, bem mais extenso que o estudo anterior sobre a evolução, entre 1996 e 2003, de algumas estatísticas do associativismo desportivo. De entre as diversas informações recolhidas, salienta-se a evolução da prática desportiva federada em crianças (10 aos 16 anos de idade), jovens (17 aos 19 anos de idade), adultos (entre 20 e 35 anos de idade) e veteranos (idades superiores a 35 anos). O praticante desportivo foi entendido como sendo aquele indivíduo que, a título individual ou integrado numa equipa, desenvolvesse uma actividade desportiva. Entre 1996 e 2003, a prática desportiva federada passou de 266 mil praticantes para 377 mil praticantes, ou seja, registou-se um incremento de aproximadamente 42% no número total de praticantes. Esse aumento foi igualmente observado em todos os escalões etários analisados (crianças: 116.129 para 185.586 – ↑60%; jovens: 32.431 para 40.192 – ↑24%; adultos: 78.161 para 129.348 – ↑66%; veteranos: 1625 para 18.454 – ↑1136%). O sexo feminino mostrou um aumento mais acentuado (de 35.196 para 69.279 – ↑97%) que o masculino (de 199.208 para 304.301 – ↑53%).

Seguindo procedimentos metodológicos semelhantes, Adelino et al. (2005), descreveram, entre 1998 e 2004, a prática desportiva federada de crianças e jovens (idades compreendidas entre os 10 e os 16 anos). Do ponto de vista conceptual, estes autores, definiram o praticante desportivo como aquele jovem que realizava uma prática regular e sistemática de uma modalidade, desenvolvendo um número mínimo de treinos semanais e participando, com regularidade, em quadros competitivos. Os resultados evidenciaram, entre 1998 e 2004, um incremento de 24% no número de praticantes federados (de 116.759 para 145.148). Quando se considerou o sexo dos praticantes, observou-se um aumento de 20% no masculino (de 91.874 para 109.790) e de 42% no feminino (de 24.885 para 35.358).

Os resultados destas duas últimas investigações são claramente demonstrativos da enorme importância e interesse que se reveste a participação desportiva federada junto da população portuguesa. No entanto, a participação desportiva não se esgota na actividade federada. Nas escolas, a prática desportiva tem vindo igualmente a ser desenvolvida como um projecto de escola, organizado através do Desporto Escolar e estruturado em núcleos ou equipas, conforme as modalidades desportivas seleccionadas. Em 2004, o Ministério da Educação apresentou as tendências evolutivas que se verificaram no desporto escolar entre os anos de 1990 e 2000. Os resultados foram igualmente esclarecedores relativamente ao aumento significativo do número de escolas participantes (de 742 para 1220 – '!64%), do número de grupos/equipas participantes (de 3281 para 3381 – '!3%) e do número de alunos participantes (de 79.480 para 95.560 – '!20%).

Ainda em crianças e jovens, Seabra et al. (2007), procuraram caracterizar a prática desportiva de 12.568 estudantes do ensino básico e secundário da região norte de Portugal. Para esse efeito, utilizaram um dos itens constituintes do questionário de *Baecke et al.*, que permite aceder à prática formal de desporto na escola e/ou clubes desportivos. A prevalência de prática desportiva situou-se em 55%, mais elevada no sexo masculino (69%) que no feminino (41%). Quando analisaram o comportamento dessa participação desportiva com o avanço da idade constataram apenas uma ligeira diminuição no sexo feminino.

Tomando por base os resultados encontrados nas pesquisas realizadas em Portugal, é possível encontrar algumas divergências relativamente aos apresentados pela Comissão Europeia e OMS. No quadro 2, resumimos as principais diferenças que se registaram entre as investigações.

QUADRO 2

Principais diferenças na actividade física e na prática desportiva entre estudos realizados pela Comissão Europeia e Organização Mundial de Saúde e outros desenvolvidos em Portugal

ACTIVIDADE FÍSICA
Adultos
Estudos realizados pela Comissão Europeia – a prevalência de participação em actividade física dos portugueses situa-se abaixo da média europeia; – aproximadamente um terço dos portugueses é suficientemente activo (sexo feminino: 30% e sexo masculino: 37%); – aproximadamente um terço dos portugueses é sedentário (sexo feminino: 31% e sexo masculino: 28%).
Estudos realizados em Portugal – prevalência de participação em actividade física dos portugueses acima dos 50%; – mais de 50% dos portugueses são muito activos (sexo feminino: 57% e sexo masculino: 52%); – apenas 26% dos portugueses não é suficientemente activo (sexo feminino: 25% e sexo masculino: 28%).
Crianças e Jovens
Estudo realizado pela OMS – crianças portuguesas são das que menos cumprem as linhas de recomendação para actividade física; – em todos os grupos etários, os rapazes são mais activos que as raparigas; – em ambos os sexos, observa-se um declínio acentuado na actividade física com o avanço da idade.
Estudos realizados em Portugal – os rapazes são fisicamente mais activos que as raparigas;- não se verifica uma diminuição da actividade física com o avanço da idade.

PRÁTICA DESPORTIVA

Crianças, jovens e adultos

Estudos realizados pela Comissão Europeia
– 73% dos portugueses com mais de 15 anos de idade não pratica desporto.

Estudos realizados em Portugal
– entre 1996 e 2003, a prática desportiva federada em crianças, jovens e adultos aumentou 42%;
– entre 1990 e 2000, o número de estudantes participantes no desporto escolar aumentou 20%;
– em crianças e jovens, a prevalência de prática formal de desporto na escola/clube é de 55%.

Em síntese, será conveniente salientar o significado e o alcance daquilo que emerge desta reflexão. Não parece ser verdade a referência expressa nalguns meios de comunicação social, segundo a qual que os portugueses são pouco activos e participativos em actividades desportivas. No decorrer do texto tentamos mostrar o que valem os números disponíveis e o seu significado. É pois de referir, com convicção, que mais de 50% da população adulta portuguesa parece ser muito activa. Ao olharmos para as estatísticas apresentadas sobre a prática desportiva, federada ou não, verificamos um incremento muito significativo no número de participantes. Em crianças e jovens essa participação desportiva, em algumas regiões do nosso país, chegou inclusivamente a ser superior aos 50%. Este quadro de resultados é claramente demonstrativo da enorme importância e interesse que a participação em actividades físicas e práticas desportivas tem junto da população portuguesa. Esta é, de facto, uma evidência clara da forte defesa do desporto, do seu valor educativo e do modo como os portugueses nele reconhecem uma parte fundamental da sua formação pessoal e social.

Agradecimentos

Gostaria de expressar os meus agradecimentos ao Sr. Manuel Lourenço Oliveira pela leitura e análise cuidada deste documento. A pesquisa bibliográfica e a realização deste trabalho só foram possíveis com o apoio da Fundação para a Ciência e Tecnologia (SFRH/BD/20166/2004).

Prática desportiva em diferente regiões geográficas portuguesas   353

Referências bibliográficas

AARON, D. J., JEKAL, Y. S. & LAPORTE, R. E. (2005). Epidemiology of physical activity from adolescence to young adulthood. *World Rev Nutr Diet*, 94, 36-41.

AARON, D. J., KRISKA, A. M., DEARWATER, S. R., ANDERSON, R. L., OLSEN, T. L., CAULEY, J. A. & LAPORTE, R. E. (1993). The epidemiology of leisure physical activity in an adolescent population. *Med Sci Sports Exerc*, 25, 847-853.

ADELINO, J., VIEIRA, J. & COELHO, O. (2005). *Caracterização da prática desportiva juvenil e federada*. Lisboa: Instituto Desporto de Portugal.

BEAGLEHOLE, R., BONITA, R. & KJELLSTROM, T. (1993). *Basic epidemiology*. Geneva: World Health Organization.

BENTO, J. (2004). Desporto para crianças e jovens: das causas e dos fins. In *Desporto para crianças e jovens: das causas e dos fins* (edited by A. Gaya, A. T. Marques & G. Tani), pp. 21-56. Porto Alegre: UFRGS.

BENTO, J. (2006). Pedagogia do desporto: definições, conceitos e orientações. In Pedagogia do desporto (editado por G. Tani, J. Bento, R. Petersen), pp. 1-97. Rio Janeiro: Guanabara-Koogan.

BOUCHARD, C., SHEPHARD, R. & STEPHENS, T. (1994). *Physical activity, fitness and health: International Proceedings and Consensus Statement*. Champaign: Human Kinetics Publishers.

BROWNSON, R. C., BOEHMER, T. K. & LUKE, D. A. (2005). Declining rates of physical activity in the United States: what are the contributors? *Annu Rev Public Health*, 26, 421-443.

CASPERSEN, C. J. (1989). Physical activity epidemiology: concepts, methods, and applications to exercise science. *Exerc Sport Sci Rev*, 17, 423-473.

CASPERSEN, C. J., MERRITT, R. K. & STEPHENS, T. (1994). International physical activity patterns: a methodological perspective. In *International physical activity patterns: a methodological perspective* (edited by R. K. Dishman), pp. 73-110. Champaign: Human Kinetics.

CASPERSEN, C. J., NIXON, P. A. & DURANT, R. H. (1998). Physical activity epidemiology applied to children and adolescents. *Exerc Sport Sci Rev*, 26, 341-403.

Caspersen, C. J., Powell, K. E. & Christenson, G. M. (1985). Physical activity, exercise, and physical fitness: definitions and distinctions for health-related research. *Public Health Rep*, 100, 126-131.

COMISSÃO EUROPEIA (2004). *The citizens of the European Union and Sport*. Bruxelas: European Comission.

COMISSÃO EUROPEIA (2003). *Physical Activity*. Bruxelas: European Comission.

DISHMAN, R. K., WASHBURN, R. A. & HEATH, G. W. (2004). *Physical activity epidemiology*. Champaign: Human Kinetics.

FREITAS, D., MAIA, J. A., BEUNEN, G., LEFEVRE, J., CLAESSENS, A., MARQUES, A. T., RODRIGUES, A., SILVA, C. & CRESPO, M. (2002). *Crescimento somático, matura-*

354   *Em defesa do desporto*

ção biológica, aptidão física, actividade física e estatuto sócio-económico de crianças e adolescentes madeirenses – o estudo do crescimento da Madeira. Funchal: Universidade da Madeira.

GORDIS, L. (2000). *Epidemiology.* Philadelphia: W.B. Saunders Company.

GREENBERG, R., DANIELS, S. R., FLANDERS, W., ELEY, J. & BORING, J. (2001). *Medical Epidemiology.* New York: The McGraw-Hill Companies.

INSTITUTO DO DESPORTO DE PORTUGAL (2005). *Estatísticas do Associativismo Desportivo – 1996-2003.* Lisboa: Instituto Desporto de Portugal.

JAKES, W. & WAREHAM, N. (2003). Epidemiology of activity and physical health. In *Epidemiology of activity and physical health* (edited by J. McKenna & C. Riddoch), pp. New York: Palgrave Macmillan.

KILLORON, A., FENTEM, P. & CASPERSEN, C. J. (1994). *Moving On. International perspectives on promoting physical activity.* London: Health Education Authority.

LAPORTE, R. E., MONTOYE, H. J. & CASPERSEN, C. J. (1985). Assessment of physical activity in epidemiologic research: problems and prospects. *Public Health Rep*, 100, 131-146.

LAST, J. M. (1995). *Um dicionário de epidemiologia.* Lisboa: Ministério da Saúde de Portugal.

MAIA, J. A. & LOPES, V. (2003). *Estudo do crescimento somático, aptidão física, actividade física e capacidade de coordenação corporal de crianças do 1.º CEB da Região Autónoma dos Açores.* Porto.

MARIVOET, S. (2001). *Hábitos desportivos da população portuguesa – o desporto nas práticas de lazer.* Lisboa: Instituto Nacional de Formação e Estudos do Desporto.

MINISTÉRIO DA EDUCAÇÃO (2004). *Situação e Tendências 1990-2000.* Lisboa: Ministério da Educação – Gabinete de Formação e Avaliação do Sistema Educativo.

MONTOYE, H. J., KEMPER, H. C., SARIS, W. H. & WASHBURN, R. A. (1996). *Measuring physical activity and energy expenditure.* Champaign: Human Kinetics Publishers.

ORGANIZAÇÃO MUNDIAL SAÚDE (2002). *The world health report – reducing risks, promoting healthy life.* Geneva.

ORGANIZAÇÃO MUNDIAL SAÚDE (2003). *Global strategy on diet, physical activity and health.* Geneva.

ORGANIZAÇÃO MUNDIAL DE SAÚDE (2004). *Young people's health in context. Health behaviour in school-aged children (HBSC) study: international report from 2001/ 2002 survey.* Geneva.

PATE, R. R., LONG, B. J. & HEATH, G. W. (1994). Descriptive epidemiology of physical activity. *Pediatric Exercise Science*, 6, 434-447.

RUTTEN, A. & ABU-OMAR, K. (2004). Prevalence of physical activity in the European Union. *Soz Praventivmed*, 49, 281-289.

SANTOS, R. & MOTA, J. (2005). *Actividade física habitual na população adulta da Região Autónoma dos Açores. Análise em relação ao género e ao estatuto sócio-económico.* Faculdade de Ciências do Desporto e de Educação Física – Universidade

Prática desportiva em diferente regiões geográficas portuguesas   355

do Porto. Direcção Regional de Educação Física e Desporto – Região Autónoma dos Açores.

SEABRA, A., MENDONÇA, D., THOMIS, M., MALINA, R. & MAIA, J. A. (2007). Sports participation among Portuguese youth 10 to 18 years. *Journal of Physical Activity & Health*.

SJOSTROM, M., OJA, P., HAGSTROMER, M., SMITH, B. J. & BAUMAN, A. (2006). Health-enhancing physical activity across European Union countries: the Eurobarometer study. *J Public Health*, 14, 291-300.

SOUSA, M. & MAIA, J. A. (2005). *Crescimento somático, actividade física e aptidão física associada à saúde. Um estudo populacional nas crianças do 1.º ciclo do ensino básico do concelho de Amarante*. Amarante: Faculdade de Desporto – Universidade do Porto. Câmara Municipal de Amarante.

STEPHENS, T., JACOBS, D. R., JR. & WHITE, C. C. (1985). A descriptive epidemiology of leisure-time physical activity. *Public Health Rep*, 100, 147-158.

STONE, D., ARMSTRONG, R., MACRINA, D. & PANKAU, J. (1999). *Introdução à epidemiologia*. McGraw-Hill.

VAN MECHELEN, W. & MELLENBERGH, G. J. (1997). Problems and solutions in longitudinal research: from theory to practice. *Int J Sports Med*, 18 Suppl 3, S238-245.

WELK, G. J. (2002). *Physical activity assessments for health-related research*. Champaign: Human Kinetics.

O corpo, laboratório da performance desportiva

Paulo Cunha e Silva [*]

Há uma questão central a partir da qual se organiza todo o pensamento desportivo. Qual o lugar do corpo hoje? Do que falamos quando falamos de corpo? Só depois de conhecido o território faz sentido avaliar a experiência e a forma como ela se enxerta nesse mesmo território. Importa, neste contexto, estar atento à emergência de uma nova filosofia do corpo (Andrieu, 2004). O corpo contemporâneo é uma entidade fragmentária e pluriidentitária (Cunha e Silva, 2002) que imprime no território desportivo a sua natureza estilhaçada.

O novo corpo ultrapassou a cisura cartesiana (Descartes, 1976//1637). Entre corpo e espírito já não há mais essa fenda que Descartes construiu laboriosamente e que, apesar de tudo, foi central para o aparecimento da medicina moderna. Com efeito essa separação criou uma legitimidade de intervenção que até aí não existia. Com o espírito dissolvido no corpo era muito difícil actuar sobre o corpo sem prejudicar o espírito. Agora, com corpo e espírito entendidos separadamente, a possibilidade de intervir sobre o corpo clarificou-se (Le Breton, 1992). Nesse sentido Descartes proporciona ao corpo a sua capacidade de ser intervencionado laboratorialmente. Porque a experiência sobre o corpo deixou de ser uma prática demoníaca, ou um domínio reservado aos deuses, para passar a ser uma coisa de homens,

---

[*] Licenciado em Medicina e doutorado em Ciências do Desporto. Professor da Faculdade de Desporto da Universidade do Porto

358   *Em defesa do desporto*

como Vesálio demonstrou magistralmente através dos seus desenhos anatómicos (ed.1987).

A partir daqui a ideia de corpo foi balançando entre o "corpo-máquina" de La Mettrie (ed. 1983) e de Hobbes e o corpo do idealismo transcendental de Kant (Le Diraison e Zernick, 1993). Entre objecto quantificável e absolutamente mensurável e sujeito de transcendência absoluta, num percurso que não mais abandonou a história das ideias e que tem no "Super-homem" de "Assim Falava Zaratustra", de Nietzche, um dos pontos altos (ed. 1974).

Com o "corpo-sujeito" de Merleau-Ponty (1987/1945) e a sua fenomenologia da percepção, o conceito de "carne" (*chair*), ou melhor, de carne com identidade, atribui ao corpo uma nobreza física que a filosofia ainda não tinha resgatado. Depois, com todo o universo de "corporeidade e fisicalidade" que Paul Valéry (1978) desenvolve, cresce uma filosofia que impõe uma estética do corpo em movimento. Com efeito, Valéry concebe a existência de "quatro corpos": O "meu-corpo", um corpo indizível; o "segundo-corpo", um corpo reflexo; o "terceiro-corpo", um corpo de "carne e osso". E finalmente o "corpo imaginário", um "não-corpo", que podemos sinalizar como o corpo da arte, o corpo como representação sublime.

Que corpo o desporto reivindicaria nesta constelação de corpos? À primeira vista o terceiro corpo: é o corpo de carne e osso. Mas se nos pusermos à escuta vemos também ciciar os outros corpos. Há "meu corpo" no desporto. O corpo que o atleta intui como sendo seu. Mas há também "segundo corpo". O corpo que os outros vêm como sendo o corpo do atleta. E ainda o corpo imaginário, o corpo sublime, o corpo da transcendência e superação.

Embora a ele regressemos adiante não podemos deixar já de colocar a emergência do corpo político de Michel Foucault (1979) no território do desporto. Com efeito, o corpo desportivo é também um corpo vigiado e punido. É o corpo onde a retórica da disciplina se inscreve com muita nitidez.

Embora o movimento tenha uma natureza protocorporal, podemos de certa forma afirmar que a experiência corporal total só acontece no desporto. Só aí o movimento se organiza em torno de um conjunto de signos que transformam num texto inteligível frases desconexas. A fraseologia motora adquire densidade semântica no

O corpo, laboratório da performance desportiva 359

desporto. A técnica e o treino no desporto surgem como mecanismos de incorporação de uma linguagem.

O desporto aparece como uma escrita no corpo. Linguagem e performance são, de resto, situações complementares. Quando enunciamos uma acção, quando dizemos "vou fazer", estamos já a antecipar performativamente um acto. Através do verbo performativo a linguagem produz acção. Mesmo quando a linguagem nos parece só imaginação, nos parece só a concretização de um mundo imaginado, ela está já a fazer acontecer. A linguagem cria assim território para a emergência de um corpo corpóreo (o 3.º corpo de Valéry) mas também para a consolidação de um corpo metaforizado, imaginado (o seu 4.º corpo).

Podemos dizer que corpo e linguagem se encontram de uma forma subtil pelas mãos de dois grandes pensadores do corpo e da linguagem do século XX, Roland Barthes e Michel Foucault. Com eles "o prazer do texto", um dos títulos de Barhes (1978), encontra o corpo de prazer, um dos temas de Foucault (1969).

O desporto surge aqui como um "modo de fazer mundos" corporais para usarmos a expressão de Nelson Goodman (1995/1972). Ou seja, o desporto concretiza potencialidades do laboratório corporal. O corpo é um campo de possibilidades que o desporto pode organizar.

Na perspectiva de uma oposição entre o carácter denotativo da educação física e o carácter conotativo do desporto podemos falar na "autografia" da educação física, por oposição à "alografia" do desporto. Isto é, na educação física escreve-se no próprio corpo, enquanto que no desporto se escreve um texto prévio que depois se traduz sobre as páginas do corpo. Podemos falar de uma notação, ou seja, na criação de um sistema de signos facilitadores da comunicação entre linguagens complexas

O desporto é assim um texto. A linguagem desportiva tem semântica, sintaxe e pragmática. Tem também signos, significados e utilizadores. E ainda regra, aptidões e estratégias. Podemos invocar Paul Ricouer (1992/1934) e falar de uma "Hermenêutica da Acção".

Neste sentido o desporto é ainda uma alegoria do teatro do mundo. Coragem, punição e tragédia são vectores que a experiência desportiva não dispensa e constituem o núcleo da experiência teatral.

Mas o que é que do corpo chega à linguagem? porque no limite a experiência corporal é intraductível. Como, então, ouvir o corpo? Talvez que a melhor forma seja de o entender como "significante flutuante", segundo Marcel Mauss (1992/1934), isto é, como matéria semiótica que admite múltiplas inscrições e que vai mudando de identidade a partir desse jogo de significados.

O desporto ajuda o corpo a deslocar-se da condição mais etérea da corporalidade para a questão mais terrena daquilo a que temos chamado a corporrealidade (Cunha e Silva, 1999). De facto o corpo contemporâneo é, mais do que uma construção simbólica, uma evidência. Há corpo por todos os lados. Não há como evitá-lo, não há como fugir-lhe.

Uma das grandes polaridades que o corpo contemporâneo vive é a polaridade corpo doente/ corpo saudável (Turner, 1992). Se até agora a doença era um estigma a esconder, a partir de agora a doença passa a ser um problema a resolver. A doença deixou de ser escotomizada e passou a ser enfrentada. Ela deixou de ser só uma alteração no bem-estar físico para passar a reivindicar uma dimensão psicológica e social também. Com esta refundação do conceito de doença, a actividade física ganha novo protagonismo na medida em que passa a ser um mediador da saúde. A actividade física tem a capacidade de interferir nos três domínios da doença. Ela deixou de estar só no lado do corpo saudável para se transformar num precioso aliado do corpo doente.

A refundação do conceito de doença tem implicações, também, na forma como as novas doenças são encaradas. Com a identificação de uma nova entidade nosológica, a SIDA, nos anos 80, e com o desenvolvimento de campanhas de prevenção com grande presença mediática, houve uma espécie de banalização do trágico. Não que a doença perdesse a sua gravidade, só que a sua gravidade deixou de ser uma gravidade escondida e passou a ser uma gravidade partilhada. A associação da doença a determinados grupos de risco foi dando lugar a um medo mais difuso, o medo da contaminação por uma doença que estabelecia de uma forma tão nítida e perversa esse elo do sexo com a morte. Sexo e morte, ou amor e morte, sempre foram duas realidades que estabeleceram entre si relações ambíguas. Mas a ideia de que o amor mata ("love kills") nunca tinha sido levada tão longe na história natural das doenças.

O corpo, laboratório da performance desportiva 361

A actividade física coloca-se assim entre duas realidades muito diversas, por um lado como aliado para prevenir a doença e como meio complementar para ajudar um corpo frágil a superar-se, por outro lado como um dos principais motores da "sociedade do espectáculo". Com efeito, o culto da superfície que esta sociedade, assim baptizada por Guy Debord (1991), promove implica um grande investimento físico sobre o corpo. Aparece a "sociedade somatizada". E o corpo surge como um espectáculo. Na sociedade do espectáculo os corpos devem ser espectaculares. Um corpo banal será facilmente votado ao esquecimento. E as estratégias de comunicação e afirmação social passam agora pela facilidade com que se exibe e mostra um corpo.

Concorrendo para este estado de coisas desenvolve-se um conjunto de estratégias a que podemos chamar "indústrias da corporalidade". Essas indústrias correspondem a um sistema diversificado de intervenções sobre o corpo cujo objectivo é torná-lo mais eficaz nesse mercado simbólico em que ele agora concorre.

Neste contexto a cirurgia plástica ocupa um papel central. Ela é a última indústria que produz um corpo normalizado e padronizado. Pelo controle de qualidade desta linha de produção passam todas as excentricidades corporais. A esse propósito é curioso referir o caso limite de Orlan. Uma artista francesa que utiliza as múltiplas plásticas a que foi submetendo o seu corpo como material de criação artística. Orlan desenvolve aquilo a que se chama tecnomutação: a possibilidade de um corpo mudar através da remoção ou do implante tecnológico (Cunha e Silva, 1997a)

Este corpo incrementado e insuflado é um desejado objecto de consumo. Por isso ele irrompe na publicidade com grande eficácia. Podemos dizer que aparece como simulacro de si (Baudrillard, 1991/ /1981). Isto é, o corpo da publicidade ao surgir como corpo ideal transfigura-se também numa espécie de padrão utópico.

Para a prossecução deste padrão utópico concorre aquilo a que poderíamos chamar "a dieta milagrosa". A dieta cria um campo fecundo que o desporto rega e alimenta. A prestação desportiva estabelece com a dieta um mecanismo performativo que todo o corpo à procura da sua utopia deve prosseguir. No contexto desta relação emerge o mito do suplemento energético e com ele o de uma "sociedade vitaminada". Essa sociedade, a sociedade do suplemento, é também uma sociedade que se deseja altamente performativa. Uma sociedade que precisa de um pouco mais para se colocar nos picos de rendimento (Genzling, 1994).

Ainda neste contexto de higienização social que o desporto patrocina e inscreve sobre o corpo, podemos falar na sociedade desodorizada. Com efeito, a questão do sujo e do limpo é uma questão recente na história do corpo. A exposição do corpo que o desporto de massas provocou veio recentrar este aspecto.

O registo desportivo é um padrão dominante desta sociedade do espectáculo. A emergência do ginásio deu ao corpo um conjunto de novos templos em que o culto passou a ser físico. É claro que aqui podemos também identificar os sinais da emergência de uma nova religião, mas é seguramente de uma religião do corpo que falamos. A musculação e o culturismo transformam o corpo numa religião em que o deus é o próprio corpo e o espelho o altar à volta do qual se celebram todas as liturgias.

Estamos neste momento em condições de afirmar que o desporto balança entre a circunstância de se desejar uma ciência do corpo e de não querer evitar ser um escrita do corpo. A própria expressão "educação física" era todo um processo de intenções que recuperava a cisura cartesiana. De facto educação física pressupunha um conjunto de intervenções que se confinavam ao físico como se este conseguisse ser isolado do resto do corpo e ser educado à parte. Uma pedagogia do corpo é um processo global que o convoca como um todo e não só como sistema motor (Bento, 1995).

A educação física, mais do que educação do físico, deve ser vista como educação com o físico. Também por aqui andou "O Erro de Descartes" (Damásio, 1995), isto é, a circunstância de se ter acreditado que a *res cogitans* dispensava a participação da *res extensa* e vice-versa. Mesmo quando confinado àquilo que temos classificado como protomotricidade, mesmo quando ainda estamos só ao nível do protocorpo (Cunha e Silva, 1998a) é já possível identificar o aparato discursivo a que Marcel Mauss chamou "Técnicas do Corpo" (Mauss,1992/1934). Com efeito as técnicas do corpo são o primeiro sintoma de que o corpo é antes de mais um sistema de relação. Um sistema que funciona articulado com a Natureza, com o meio. Ele

O corpo, laboratório da performance desportiva

fala e ao fazê-lo surge como "operador discursivo". É um projecto plástico e semântico (Schilling, 1993),

Na tentativa de tentar perceber como o corpo se abre à performance desportiva chegamos à conclusão que há duas grandes tipologias de corpo, neste contexto. A uma chamamos "corpo centrípeto" e à outro "corpo centrífugo". O corpo centrípeto é um corpo de punição. O corpo centrífugo, um corpo de excitação (Cunha e Silva, 1998b).Mas clarifiquemos melhor o corpo centrípeto. Inspiramo-nos em Michel Foucault (1979) e no seu sistema de vigilância e punição, para melhor definirmos a sua arquitectura.

De facto a antropossociologia de Foucault entende o corpo como território de punição. Ele é o lugar para o qual convergem as forças do controle.

' Além disso, experimenta uma organização de acordo com uma lógica circular. A metafísica e metapoética do círculo remetem para essas estratégias de investimento e concentração. No campo desportivo este corpo corresponde a entidades particularmente treinadas, disciplinadas. E o treino surge aqui como regime concentracionário, ou seja, um regime de concentração, fechado. A própria expressão "ciclos de treino" remete para esta situação. Um ciclo é um processo em que se volta ao ponto de partida. É portanto um processo que se faz sobre o tempo, mas tentando anulá-lo.

À primeira vista este corpo seria um corpo homeostático. Quer dizer, um corpo que volta ao ponto de partida depois de retirado o estímulo. Mas todos sabemos que a homeostasia biológica não é uma absoluta homeostasia é antes uma quase-homeostasia. Volta-se a um ponto próximo do ponto de partida, mas não exactamente ao ponto de partida. É esse o princípio do treino. Provocar uma alteração, introduzir conhecimento na esfera biológica.

Este corpo centrípeto é um corpo que tem um "preço a pagar" pelos resultados. Pode sofrer lesão. Sofre fadiga. É, portanto, um corpo que tem relação com o desporto de rendimento e com a competição. É um corpo organizado a partir da importância da medida.

Do outro lado temos o corpo centrífugo. Agora a inspiração é "a busca da excitação" de Elias e Dunning (1992). O corpo surge como território de excitação. A organização que observa faz-se de acordo com uma lógica espiral. E a metafísica e metapoética da espiral remetem para um universo totalmente diferente do universo do círculo. Temos um princípio de abertura marcado por uma perca positiva. A generosidade e a cooperação são os grandes adjectivos desta atitude. Por isso este corpo tem relação com o desporto de recreação e tempos livres.

Todavia podemos afirmar que o corpo desportivo é um corpo paradoxal. É simultaneamente centrípeto e centrífugo, punitivo e excitatório. Encontramos em qualquer modalidade manifestações das duas tendências. Mas há tendências mais claras. Até porque o mesmo corpo é simultaneamente disciplinado e alienado.

A procura de um novo estatuto ecológico para o corpo obrigou a uma redefinição do par corpo-lugar. Se o corpo é o lugar podemos também afirmar que o lugar é o corpo (Cunha e Silva, 1999).

Como vimos, a ideia de homeostasia deve ser substituída pela de *quase-homeostasia*. Ela dá conta com mais eficácia da mediação da aprendizagem na relação corpo-lugar. Esta relação deve ser entendida como um processo de aprendizagem. Espera-se que o corpo absorva algo do lugar e que o lugar fique com algo do corpo.

O espaços desportivos seriam bons indicadores deste estado de coisas, ou pelo menos da alteração do estatuto desta relação. Com efeito eles sofreram uma reconfiguração e com eles também o espaço do desporto. O "natural", que sempre foi o lugar ritual da prática desportiva, adquiriu um contorno muito especial. Podemos mesmo falar de um "natural artificial", isto é, da simulação de condições da natureza em espaços fechados tal a capacidade de inscrição do mito natural no âmbito da performance desportiva. A passagem do lugar do rendimento ao lugar da recreação serviu para consolidar este estado de coisas.

A performance, nomeadamente a performance desportiva, surge como uma boa metáfora da relação corpo-lugar. A performance representa sempre a forma como dado corpo conquista determinado lugar e como o lugar devolve sinais dessa conquista. Uma boa performance traduz um domínio do corpo neste sistema relacional (Cunha e Silva, 1997b).

Ainda a propósito da relação entre corpo e lugar e do significado da performance podemos explorar mais duas polaridades: a questão competição/cooperação.

O corpo, laboratório da performance desportiva 365

Na procura, mais do que de um fundamento, de uma metáfora, e tirando partido da pregnância das metáforas biológicas, seria interessante opormos Margulis e a sua teoria endossimbiótica a Darwin e à competição evolucionista. De facto, com Margulis a lei do mais forte e o paradigma de que só o mais forte sobreviveria é colocado entre parêntsis. De acordo com a teoria endossimbiótica há agora um princípio de cooperação. E o mais "forte" deixa de ser necessariamente o mais forte, para ser só mais uma entidade cooperante numa estratégia de articulação que não desperdiça qualquer contributo. O mais "fraco" pode ser uma bactéria que entrou na célula eucarionte e se transformou numa mitocôndria para promover a respiração celular.

Neste contexto a evolução darwiniana pode, de certa forma, esperar. É um modelo agressivo que não responde à tomada de assalto do biológico pelo politicamente correcto. Esta polaridade competição/ cooperação tem ainda expressão na oposição entre a "sociedade digital" (competitiva) à "sociedade analógica" (da fruição). Viveríamos num mundo dividido entre estes dois paradigmas. O paradigma digital exigia a precisão da medida e do controle. Estaríamos em pleno domínio do homem do rendimento. Seria a sociedade do tempo é dinheiro. Não haveria tempo a perder. Espaço para fuga. A estratégia do rendimento seria o grande desígnio civilizacional. Mas corre paralelo a esse mundo o universo da sociedade analógica. Aqui o dinheiro é tempo. Ter poder é ter a capacidade de desperdiçar tempo, ou seja, de vivê-lo de acordo com uma lógica de fruição pessoal.

No âmbito desportivo encontraríamos também um paradigma digital, mais próximo da retórica do rendimento e um paradigma analógico, mais próximo da retórica da recreação.

Estes tempos permitem a revisão da proporcionalidade directa entre input e output. Isto é, a um determinado input deixou de ser necessário fazer corresponder um determinado output. Numa sociedade não regida exclusivamente por princípios de rendimento, a perca, a fluidez, a dissipação, passam a ser características do sistema. "A condição pós-moderna" de Jean-François Lyotard (1989) funciona como teoria legitimadora deste estado de coisas. O Desporto na perspectiva da reconfiguração pós-moderna é um desporto mais próximo das pequenas narrativas do que das grandes metanarrativas.

É mais o desporto nos seus jogos de linguagem do que o desporto como texto definitivo.

A passagem do rendimento à recreação corresponde também à passagem do mito do "super-homem", de que já falamos, ao mito do homem "super-excitado" de que fala Paul Virilio em "L'Art du Moteur" (1993). Estamos perante uma entidade exclusivamente voltada para si e para a sua fruição. A capacidade de intervenção sobre o mundo é deslocada e até mitigada.

Esta transferência corresponde, ainda, a uma passagem do "Homo Economicus" ao "Homo Ludens" (Huizinga, 1950), o homem do prazer.

Ao tentar cartografar o futuro da performance desportiva, no âmbito das novas actividades corporais chegamos a dois novos paradigmas que identificamos genericamente como o radical e o virtual. Em nosso entender será por aqui que o carácter laboratorial do corpo enquanto entidade configuradora do futuro do desporto, se consolidará. O radical e o virtual serão, assim, as polaridades desportivas futuras (Cunha e Silva, 1998b).

Detenhamo-nos no virtual. Ele corresponde à possibilidade de um corpo ligado a uma interface com múltiplas possibilidades sensoriais passar a viver essas novas possibilidades como uma nova realidade. O virtual impõe por isso um novo mundo. E funda uma nova ordem ecológica: a ciberecologia. Num ambiente virtual um corpo sofre um processo de imersão proprioceptiva. Quer dizer, ele está lá, nesse mundo artificial, mas sente-o como se fosse real. O virtual é um novo lugar amniótico. Com o desenvolvimento das interfaces virtuais irá acontecer uma situação de panssensorialidade. Isto é, todas as sensações podem ser fabricadas, porque a todos os nossos receptores sensoriais se podem ligar interfaces (eléctrodos) que criam artificialmente essas sensações. Assim é possível cheirar, degustar, ver, ouvir, sentir o novo espaço. Esta panssensorialidade pode levar a uma *hiper-realidade* porque estamos perante o estímulo limpo, puro, sem ruído. E este estímulo sem contaminações pode provocar uma sensação mais clara, uma realidade aumentada. É óbvio que num mundo assim os riscos de autossuficiência, de dispensa real do outro, são imediatos. Para quê conviver com outros se pudermos ser, sozinhos, tudo aquilo que quisermos? Daqui até á toxicidade

O corpo, laboratório da performance desportiva 367

imaginal e à desrealização é um passo. Em que mundo estou? pergunta-se o ciberhabitante (ibid.).

A estética do cyborg e a ideia de cyberperformance tem sido desenvolvida, na perspectiva de um corpo amplificado, por Stelarc e a sua série em torno da ideia de "Parasite". Stelarc é uma artista australiano que trabalha a dimensão obsoleta do corpo "euclidiano" e propõe um conceito de "carne fractal", como se o corpo estivesse agora disseminado na rede e pudesse utilizar a informação que por aí circula nas suas performances (Macri, 1997). Também no contexto desportivo podemos opor a noção de ciberdesporto à noção de "desporto euclidiano" (Loret, 1995). O desporto euclidiano seria um desporto linear, fundado numa concepção de espaço próxima da geometria platónica. O ciberdesporto seria um desporto fractal, escorado numa noção fragmentária de espaço e tempo e com necessários vínculos à rede (à net) e à sua estrutura rizomática.

Por oposição à desrealização do virtual surge o radical como regresso ao limite. A vivência do limite, o apelo do desafio, a procura do risco, o regresso à natureza, a individualidade partilhada, são agora os princípios organizadores desta atitude que tem no movimento "fun" a sua essência. As palavras-chave passam a ser "velocidade, fluidez, jogo, liberdade" (ibid.). Enfim, argumentos que os desportos radicais costumam reivindicar. Como caracterizaríamos então essa "fun logic"? Primeiro sublinharíamos o facto de ser uma lógica irracional, não-linear, pautada pela inconsequência do rendimento desportivo. A isso associada uma grande libertação estética da existência, em parte motivada pela perca da referência linear do tempo. A um tempo exterior sobrevém agora a dimensão íntima do tempo da acção.

Configuramos desta forma uma espécie de corpo insuficiente, de corpo que precisa de uma extensão, de um novo espaço, de um novo tempo, para se afirmar. Este corpo cria a oportunidade para a emergência do corpo protésico. O corpo protésico é um corpo que precisa de um mediador. A prótese é o mediador de uma nova relação com o mundo. O corpo desportivo é um corpo de mediação, nesse sentido é globalmente um corpo protésico. Numa primeira abordagem admitiríamos que a prótese era no âmbito desportivo uma preocupação exclusiva da actividade física adaptada, mas uma análise mais cuidada leva-nos a ponderar outra possibilidade. A de todo o corpo desportivo se organizar num sistema protésico. Isto é, numa lógica de relação com o mundo através de um mediador. E este mediador não é só o biodesign que reveste grande parte do equipamento desportivo, mas também o próprio treino. O treino cria um conjunto de facilidades, de novas correspondências com o meio. O corpo treinado é um corpo apetrechado, é um corpo com uma extensão fisiológica e uma nova aptidão motora que o torna mais compatível com o novo contexto.

Podemos, para finalizar, reiterar a natureza *meta-mórfica* do corpo (Gil, 1980) desportivo. De facto o desporto age sobre o corpo como se de um agente *meta-mórfico* se tratasse, o desporto impõe ao corpo uma velocidade, ou melhor uma aceleração, que o transforma em laboratório dos seus limites. Por isso, podemos, também, dizer que o corpo desportivo além de ser um corpo de relação e de mediação é sobretudo um corpo de *trans-formação*. É essa a sua natureza laboratorial.

Bibliografia

ANDRIEU, B. (2004) *A Nova Filosofia do Corpo*. Colecção Epistemologia e Sociedade, Edições Piaget. Lisboa.

BARTHES, R. (1978) *Fragmentos de um Discurso Amoroso*, Edições 70, Lisboa

BAUDRILLARD, J. (1991/1981) *Simulacros e Simulações*, Relógio D'Água, Lisboa.

BENTO J. (1995) *O Outro Lado do Desporto*, Campo das Letras, Porto.

CUNHA E SILVA, P. (1997a) El Cuerpo como Interfaz. *Experimenta – Diseno, Arquitectura, Comunicación, Revista para la Cultura del Proyecto*, 17 pp. 44-47.

CUNHA E SILVA, P. (1997b). The (Contemporary) Body in Ecological Crisis. In L. P. da Costa (ed.) e A. Marques (org.), *Environment and Sport – An International Overview*, pp. 104-113. Faculty of Sport Sciences and Physical Education, University of Porto. Porto. Portugal.

CUNHA E SILVA, P. (1998a). Corpo Motor ou Corpo Desportivo?.*Horizonte*. 81: 36-39.

CUNHA E SILVA, P. (1998b). O Futuro do Corpo Ludo-Desportivo: Uma Polaridade entre o Radical e o Virtual. *Horizonte,* 86:35-39

CUNHA E SILVA, P. (1999). *O Lugar do Corpo – Elementos para uma Cartografia Fractal*. Colecção Epistemologia e Sociedade, Edições Piaget. Lisboa

CUNHA E SILVA, P. (2003) Corpo e Identidades Fragmentárias. *Trabalhos de Antropologia e Etnografia*, 43: 9-15.

O corpo, laboratório da performance desportiva 369

DAMÁSIO, A. (1995) *O Erro de Descartes — Emoção, Razão e Cérebro Humano*, Europa-América, Lisboa.

DEBORD, G. (1991) *A Sociedade do Espectáculo*, Mobilis in Mobile, Lisboa.

DESCARTES (1976/1637) *Discurso do Método. As Paixões da Alma*.(trad. Newton de Macedo), Livraria Sá da Costa Editora, Lisboa.

ELIAS, N. & DUNNING, E. (1992) *A Busca da Excitação*, Difel, Lisboa.

FOUCAULT, M. (1969) *L'archeologie du Savoir*, Gallimard, Paris

FOUCAULT, M. (1979) *Discipline and Punish: the Birth of the Prision*, Vintage, New York..

GENZLING. C (1992) *Le Corps Surnaturé: Le Sport entre Science et Conscience,* Autrement, Paris.

GIL, J (1980) *Metamorfoses do Corpo*, A Regra do Jogo, Lisboa

GOODMAN, N. (1995/1972) *Modos de Fazer Mundos*, Edições Asa, Porto

HUIZINGA, JOHAN (1950) *Homo-Ludens: A Study of the Play Element in Culture*, Beacon Press, Boston.

LA METTRIE (ed. 1983) *O Homem-Máquina*, Estampa, Lisboa.

LE BRETON, D. (1992) Anthropologie du Corps et Modernité, PUF, Paris.

LE DIRAISON , S. & ZERNICK, E. (1993) *Le Corps des Phylosophes*, PUF, Paris.

LORET, A. (1995) *Génération Glisse – Dans l'Eau, l'Air, la Neige... La evolution du Sport des "Annés Fun"*; Autrement, Paris.

LYOTARD, J-F. (1989) *A Condição Pós-Moderna*, Gradiva, Lisboa.

MAUSS, M. (1992/1934) Techniques of The Body in *Incorporations* (Jonathan Crary and Sanford Kwinter, eds.), Urzone Inc., New York

MACRI, T. (1997) *Il Corpo Postorganico*, Costa & Nolan, Italia

MERLEAU-PONTY, M. (1987/1945) *Phénoménologie de la Perception*, Gallimard, Paris.

NIETZSCHE, F. (ed. 1974) *Assim Falava Zaratustra*, Círculo de Leitores, Lisboa.

RICOUER, P. (1992/1934) *Do Texto à Acção*, Rés, Lisboa.

SCHILLING, CHRIS (1993), *The Body and Social Theory*, Sage, London.

TURNER, V. W. (1992) *Regulating Bodies: Essays in Medical Sociology.* Routlege, London.

VALÉRY, P. (1978) *Variété* (1+2), Gallimard, Paris.

VESÁLIO, A. (ed. 1987) *La Fabrique du Corps Humain*, Actes Sud-inserm, Paris.

VIRILIO, P. (1993) *L'Art du Moteur*, Galilée, Paris.

Excelência Desportiva
UMA EXPRESSÃO HUMANA

Sidónio Serpa

A enorme evolução que o desporto teve no século XX transformou-o nos seus conceitos, práticas e modelos de organização. Os métodos de treino e os desempenhos desportivos alcançaram níveis de excelência antes inimagináveis, para o que têm contribuído a ciência e a tecnologia chamadas a participar num domínio tornado um espectáculo e uma actividade sócio-económica de relevância mundial. Em consequência registou-se um deslocamento do epicentro, originalmente colocado na pessoa que o desporto visava melhorar, para o efeito do rendimento produzido pelo praticante. De sujeito, o atleta tende a transformar-se em objecto.

Esta evolução de carácter semântico, que gerou novos significados para a prática desportiva, determinou outras formas do atleta de alto rendimento se relacionar com o desporto e de percepcionar o seu papel neste novo fenómeno social. Todavia, é e será sempre a pessoa a realizar as acções que integram e harmonizam as competências e capacidades necessárias à espectacularidade do alto rendimento. Se a busca da excelência concorre positiva ou negativamente para o desenvolvimento do praticante e para a sua adaptação à vida, é uma questão que decorre do caminho percorrido e merece discussão.

---

* Doutorado em Ciências do Desporto. Professor Associado da Faculdade de Motricidade Humana da Universidade Técnica de Lisboa

A psicologia do desporto tem uma função de fornecer instrumentos que potenciem o desempenho do atleta e de contribuir para o seu equilíbrio psicológico. Mas contém igualmente uma estrutura de conhecimento que permite compreender melhor a pessoa que vive no contexto do alto rendimento desportivo e, deste modo, contribuir para uma mais correcta abordagem dos sistemas em que são envolvidos os atletas. Os pontos seguintes, assumindo uma óptica psicológica, pretendem reflectir sobre a dimensão humana da prática desportiva com vista à excelência.

1. Processo desportivo: a pessoa em adaptação

O envolvimento num projecto desportivo é um processo complexo com componentes diversas que interagem e devem estar em harmonia. Os aspectos mais profundos da vivência do desportista, o modo como ele percepciona o envolvimento social e as estratégias favorecedoras da adaptação ao processo, constituem um sistema permanentemente dinâmico.

Desde muito cedo se verifica a tendência para se criar uma atmosfera em volta do jovem que o leva a sentir-se obrigado a corresponder aos objectivos e aspirações que são dos adultos importantes para si, bem antes de serem seus... Por isso, cada competição torna-se um exame de transcendente importância. Há que demonstrar aos outros, e a si próprio, que possui capacidades para percorrer o difícil caminho do sucesso que dará sentido à sua vida!

A figura 1 considera as diversas dimensões que interagem no processo de adaptação do praticante. As três esferas simbolizam conjuntos de elementos psicológicos em interacção, do que resulta a harmonia e adaptação do desportista no processo desportivo.

FIGURA 1
A Hipótese das Esferas Concêntricas (Sidónio Serpa, 2002a)

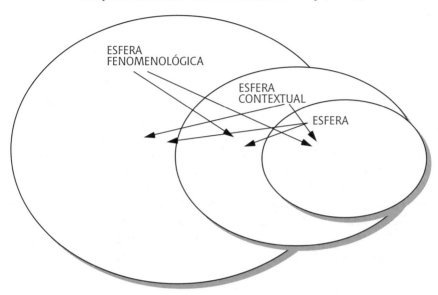

A esfera exterior ou fenomenológica é composta pelo modo como é elaborado e vivenciado o projecto desportivo e pela sua relação com o projecto de vida. Refere-se à dimensão interior e profunda do sujeito e ao significado que atribui aos aspectos relativos à participação desportiva.

A esfera intermédia ou contextual encerra o que se refere ao contexto desportivo significativo para o sujeito. Inclui as normas implícitas e explícitas do desporto, relacionadas com o que objectivamente consta dos regulamentos, programas e contratos. Inclui também os valores sociais, tal como as obrigações e estereótipos não escritos, atribuídos aos praticantes pela Sociedade em geral.

A esfera interior ou instrumental contém o conjunto de técnicas e estratégias psicológicas que constituem instrumentos facilitadores da adaptação do desportista às exigências e constrangimentos da competição.

O *Ser* mais profundo do sujeito, o *atleta interior*, encontra-se na esfera fenomenológica que se refere ao modo como o atleta constrói, vive e interpreta os fenómenos associados à participação desportiva.

374 *Em defesa do desporto*

Com efeito, um processo desportivo com vista ao elevado rendimento é antes de mais um projecto pessoal de vida. A forma como o desportista evolui no desporto simboliza para ele a expressão do conjunto de qualidades e competências necessárias a afirmar-se no quadro da sua existência.

O envolvimento social transmite-lhe a importância do seu rendimento desportivo. O atleta tende a ganhar a sua identidade através da actividade no desporto. Tal como o adulto tem irremediavelmente associado ao seu nome a profissão que exerce, o desportista tem colada em si, desde jovem, a pele do desporto que pratica. Há, no entanto, uma diferença entre os dois.O profissional adulto teve um longo processo de desenvolvimento da maturidade até exercer com domínio a sua profissão, o que lhe deu tempo de construir uma identidade própria e a capacidade de separar o que é como pessoa do que é como profissional. Já o desportista, é envolvido desde muito jovem numa actividade em que se confunde o divertimento com a obrigação, os tempos livres com o trabalho, o atleta com a pessoa.

O risco deste processo é que o projecto desportivo que deveria estar incluído no grande projecto de vida do praticante para o enriquecer e diversificar, se identifica com este. A *pessoa* passa a ser o *atleta*. Os sucessos do *atleta* levam a *pessoa* a sentir-se realizada e os insucessos geram uma tremenda frustração existencial.

É assim que cada competição se pode tornar um exame de vida, com a agravante de constituir uma avaliação pública com mais ou menos impacto mediático, mas sempre com enorme importância subjectiva. Ao contrário do que é normal na esmagadora maioria das profissões, a prestação e o resultado têm expressão e por vezes julgamento público. A identidade pessoal, desportiva e social confundem-se no desempenho desportivo.

Neste contexto, entende-se a intensidade das emoções vividas em todo o processo de participação no desporto. Para além da expressão objectiva da competição, existe um significado pessoal que o praticante lhe atribui. A sua vida pode ganhar ou perder sentido por aquilo que faz na prática desportiva. O stresse, a ansiedade, a angústia, os medos, têm aqui a sua causa mais profunda.

Ao longo do seu processo de desenvolvimento, por meio do que vai vivendo e do que lhe vai sendo socialmente transmitido, o desportista constrói a sua esfera fenomenológica. Isto é, vai formando uma perspectiva sobre a sua relação com o mundo, consigo mesmo e com o desporto. Cria as suas metas e objectivos para a vida, nas quais integra com maior ou menor dimensão as que se referem ao desporto. Forma valores e atitudes. Desenha um projecto de vida onde inclui outros projectos que, todavia, correm o risco de se diluirem no desportivo.

O modo como é influenciado pelos treinadores e pela família pode levá-lo a marginalizar projectos afectivos, profissionais, académicos, sociais, etc, em favor do envolvimento na prática e objectivos do desporto. Mas pode também integrar todos esses aspectos, enriquecendo a vida e não ficando dependente do sucesso desportivo. Grandes desportistas revelam como as actividades e projectos para além do relativo ao desporto, retiram deste o peso esmagador que gera ansiedade. Obtêm, deste modo, não apenas uma mais completa realização na vida, como uma abordagem menos dramática do desporto, o que tem um impacto positivo no rendimento.

Na verdade, existe um paradoxo entre uma exclusividade psicológica e existencial dedicada ao desporto e o rendimento neste alcançado. Com efeito, quanto mais exclusivo fôr o projecto desportivo, maior tende a ser a carga emocional que sofre o praticante e mais elevada a probabilidade de falhar por razões psicológicas e emocionais. Podemos aprender com muitos praticantes de excelência mundial que ganhar não é *a única coisa*, não obstante a importância que a vitória possa ter no contexto do desporto de rendimento. É que, independentemente do resultado, a competição permite a superação de outros desafios de ordem técnica, física ou psicológica, com importantes consequências no desenvolvimento pessoal do praticante. Por outro lado, o envolvimento noutras actividades para além do desporto, designadamente as de carácter académico, cultural, ou social, contribui para o enriquecimento do projecto de vida e harmonia na relação com o mundo, incluindo o desporto.

Os valores sociais que condicionam a reacção da Sociedade aos fenómenos relacionados com o desporto, com os seus actores e os estereótipos que lhes estão associados, integram a esfera contextual. Condicionam a forma como o atleta interage com a realidade onde tem lugar o seu desempenho e onde é feita a avaliação objectiva da sua prestação.

Por exemplo, a busca da vitória é uma norma do desporto. É nessa ideia que se baseia toda a competição desportiva que, por sua vez, justifica o investimento de recursos humanos, técnicos e materiais, nos sistemas e condições de treino. Se, por um lado, a classificação desportiva faz parte das regras do desporto, por outro, as instituições e o público esperam que atletas e restantes agentes valorizem a procura da vitória. A avaliação pública dos comportamentos e prestações dos desportistas não incide apenas no grau em eles corresponderam aos objectivos de classificações que foram explícita ou implicitamente estabelecidos, mas também sobre o modo como comunicam publicamente a importância que atribuem aos resultados desportivos. Por sua vez, a reacção da opinião pública terá influência psicológica sobre os desportistas.

Os praticantes devem ser preparados no sentido de entender as normas e cultura onde desenvolvem a sua actividade desportiva. A ignorância destes aspectos dificultará a sua completa adaptação ao processo.

A desejável orientação para a tarefa, que favorece a concentração dos desportistas nos aspectos relevantes da prestação e facilita uma resposta emocional favorável, não é incompatível com a valorização racional do resultado desportivo. Com efeito, a ideia de resultado encerra em si um potencial de energia com relevante valor motivacional, se for mantido como uma espécie de *pano de fundo* que no momento da prestação competitiva deve passar para segundo plano. Assim, o atleta estará mentalmente disponível para se focalizar na resolução dos problemas que se vão colocando durante a competição. A ideia de resultado não deve ficar excluída do processo de preparação individual para a competição, apesar da importância da orientação para a tarefa que facilita a concentração nos aspectos relevantes do desempenho e diminui o impacto da ansiedade provocada pela incerteza quanto às consequências do resultado na prova.

A classificação desportiva deve ser devidamente valorizada por atletas e treinadores de forma realista e sem a dramatizar. Ao integrá-la nos aspectos mais globais da preparação psicológica, o atleta coloca-se em consonância com o contexto social em que actua e com as normas explícitas da competição desportiva, integrando-se, ainda, nos objectivos da organização onde desenvolve a actividade.

*Excelência Desportiva – **uma expressão humana*** 377

Por outras palavras, a finalidade da competição desportiva é a obtenção de determinada classificação, mas os objectivos da participação numa prova devem estar subjacentes aos factores de desempenho e de superação pessoal.

A preparação dos praticantes deve integrar a capacidade de lidar com as mensagens que a Sociedade lhes transmite relativamente às suas prestações. A existência de adeptos que seguem as participações desportivas, de público que assiste e se manifesta em directo durante as competições, e de meios de comunicação que dão expressão à opinião pública, fazem parte do processo desportivo em que os desportistas se integram. Ignorá-los corresponde a tentar excluir uma parte inalienável do processo. Não os considerar na preparação para a competição é descuidar um elemento que interfere no comportamento do atleta.

Muitos praticantes do mais alto rendimento mundial preparam a sua adaptação àqueles constrangimentos. Antecipam a sua ocorrência e, em vez de as considerarem fontes de stresse, encontram aí um poderoso potencial de energia que os estimulam. Entrevistas e testemunhos de grandes atletas dão-nos a conhecer como, nos recintos de competição, procuram estabelecer harmonia com o público, de cuja presença e manifestações recolhem energia para o esforço necessário e motivação para mergulharem na tarefa. Mas esta capacidade de adaptação exige uma preparação ao longo do tempo, de acordo com estratégias e técnicas que devem fazer parte de um processo integrado de treino.

Entre atletas de alto nível é também comum o estabelecimento de objectivos pessoais que são mantidos secretos e apenas partilhados com os respectivos treinadores. Desta forma defendem-se de reacções de incompreensão por parte da opinião pública, caso os objectivos não se enquadrem nas perspectivas e expectativas dos leigos. Por outro lado, evitam pressões exageradas e não controladas por si, nas circunstâncias em que tais objectivos correspondem a desafios elevados de difícil realização. Se os alcançarem haverá reconhecimento social, mas se o não conseguirem ficará com eles e com os treinadores a análise e interpretação do processo. Ao contrário, o conhecimento público prévio determinará expectativas que transformarão o acontecimento em derrota dramática, o que trará consequências eventualmente negativas para a adaptação psicológica do atleta, imagem pública e impacto junto de patrocinadores e organizações desportivas.

O processo de adaptação e treino psicológico do atleta necessita de técnicas e estratégias específicas que se enquadram na esfera instrumental. Respondem às necessidades colocadas pelas exigências e constrangimentos da própria competição e também do percurso que lhe está associado, como pressões da imprensa, expectativas públicas, solicitações sociais, etc. Constituem um conjunto de instrumentos que permitem as adequadas respostas do atleta a áreas específicas da actividade desportiva. Devem basear-se nos princípios científicos da psicologia do desporto para produzirem uma eficaz organização dos comportamentos, afectos e cognições.

Ao assumir o domínio dos métodos adequados de regulação psicológica, o praticante diminui a probabilidade da prestação ser controlada por factores exteriores. As questões mais profundas da sua relação com o desporto e relativas à esfera fenomenológia, como são as atitudes, as orientações motivacionais, ou as finalidades inseridas no projecto de vida pessoal, necessitam de que, em paralelo, haja formas operacionais de lidar com as circunstâncias concretas que se vão colocando ao atleta no seu processo desportivo. Ao contrário, não é suficiente reduzir todo o trabalho de preparação psicológica do desportista à aprendizagem e treino de técnicas que agem sobre os sintomas ou sobre as causas imediatas de possíveis problemas de adaptação.

Muitos praticantes incluiram no seu repertório pessoal um conjunto de competências ou habilidades psicológicas, adquiridas ao longo da sua experiência por meio de uma auto-aprendizagem por tentativa e erro. Assim adquiriram a capacidade de lidar com as exigências e adversidades das situações desportivas. Alguns tiveram a sorte de *acertar* nas qualidades psicológicas adequadas e nas formas de as desenvolver. Muitos nunca o conseguiram. Tudo será mais fácil e correcto se este processo estiver incluído no planeamento do treino nas diversas etapas da evolução dos desportistas, visando designadamente o auto-conhecimento, a capacidade de regulação emocional e cognitiva, a gestão da motivação, o fortalecimento da auto-estima e da auto-confiança .

2. Atleta e Treinador: a relação essencial

A profunda interdependência existente entre atleta e treinador é uma característica do processo desportivo protagonizado por estes dois agentes. Particularmente nos desportos individuais, o impacto afectivo mútuo pode assumir grande intensidade. Também em praticantes mais jovens e quando a relação treinador-atleta se desenvolve ao longo de muitos anos, se tende a verificar um maior impacto. É desejável que atleta e respectivo técnico estejam em sintonia, o que acontece maioritariamente. Todavia, as perspectivas, objectivos e finalidades, podem não se ajustar e ser dissonantes.

Tal como os atletas, os treinadores vivem de forma intensa o processo desportivo para os quais este também tem um profundo significado pessoal e profissional. Incorrem, por vezes, no risco de lhe atribuírem um significado superior ao que tem para eles o facto de serem um suporte fundamental dos seus atletas, quer do ponto de vista emocional, quer na perspectiva técnica. É essencial para a correcção da sua actividade que desenvolvam a maturidade que lhes permita colocar em segundo plano os seus próprios objectivos de afirmação pessoal, tomando consciência de que o seu papel apenas encontra justificação no desenvolvimento dos atletas com quem trabalham.

A actividade do treinador caracteriza-se por enorme complexidade. O modo como influencia e modela o praticante deve obedecer a critérios racionais, pedagógicos e científicos. A componente psicológica deve ser considerada na perspectiva de um modelo de treino integrado com as componentes física e técnica. Para isso deve levar em conta as necessidades de formação do praticante no que se refere às esferas instrumental, contextual e fenomenológica.

Atleta e treinador constituem dois sistemas psicológicos em interacção. O equilíbrio de cada um deles e da sua relação depende em grande parte do conhecimento que possuem de si próprio e do outro. Eles são, na realidade, pessoas diferentes com distintos níveis de experiência e maturidade. A eventual existência de incompatibilidades quanto a atitudes, valores e significados que atribuem ao desporto, pode conduzir a conflitos perturbadores da relação entre eles.

380 *Em defesa do desporto*

A expressão mais objectiva e manifesta da relação treinador-atleta tem lugar ao nível da esfera instrumental, já que cabe ao treinador transmitir o conjunto de técnicas e estratégias que vão equipar o praticante no sentido de potenciar o seu rendimento. No entanto, porque são pessoas em relação profunda, também haverá trocas e comunicação ao nível das suas esferas fenomenológicas. Estas trocas nem sempre são conscientes. Resultam das atitudes e filosofias que concretizam nas suas acções do dia a dia e estão de acordo com os significados que cada um atribui às experiências que vive de forma mutuamente dependente.

Para que se reduzam ao mínimo incompreensões e conflitos e para que as suas perspectivas possam estar em constante interadaptação, é necessário ter permanentemente abertos canais de comunicação. O treinador deve respeitar os seus atletas como pessoas independentes que possuem finalidades próprias e visões pessoais no desporto.

3. A Carreira e as transformações do atleta

A carreira do desportista corresponde a um ciclo de vida, desde as fases iniciais em que se adquirem as bases fundamentais, até ao nível mais elevado de rendimento que antecede uma mudança de projecto, o qual pode, ou não, manter-se ligado ao desporto. Ao longo desse período verifica-se uma sucessão de circunstâncias que exigem diferentes adaptações.

Comparativamente com outras actividades, a carreira do praticante desportivo e as fases que a compõem têm um tempo mais reduzido, mas tendem a caracterizar-se por uma maior densidade e intensidade de emoções. Estas decorrem do significado que o desporto assume para o sujeito, marcadas por aspectos pessoais e extrínsecos. Por exemplo, do ponto de vista pessoal está o prazer que sente na relação com o desporto e na sua prática, bem como o investimento que realiza neste projecto. Quanto aos aspectos extrínsecos, salientam-se as diversas oportunidades oferecidas pelo envolvimento decorrentes da participação desportiva, bem como as expectativas sociais sobre as suas prestações.

*Excelência Desportiva – **uma expressão humana***

Os praticantes que se envolvem seriamente e durante anos numa carreira desportiva atribuem-lhe uma prioridade importante que, muitas vezes, não encontra complemento ou alternativa noutros projectos pessoais. Por esta razão, os diversos momentos da carreira são vividos com grande intensidade e a sua fase terminal pode gerar angústias e estar associada um difícil processo de readaptação de vida.

Ao longo das diversas fases que compõem a carreira do desportista, podemos encontrar um conjunto de características essenciais que são normalmente comuns àqueles que vêm a atingir elevados níveis de rendimento na sua fase de especialização correspondente ao pico de carreira.

Na fase de iniciação as crianças e jovens são alegres, dão um enorme valor ao divertimento na prática, entusiasmam-se facilmente com as tarefas propostas pelos treinadores e revelam já algumas qualidades especiais que os distinguem da média dos praticantes.

Na fase de desenvolvimento poderíamos definir os jovens como *viciados na actividade*, já que tendem a aproveitar todas as oportunidades para treinar, aprender novos elementos e aperfeiçoar competências. São empenhados nas tarefas que lhes são propostas, colocando uma atitude séria no treino que encaram como uma via de evolução pessoal, de acordo com as indicações do treinador. As superiores qualidades desportivas que possuem são já claramente diferenciadoras.

A fase de especialização dos praticantes de alto rendimento é caracterizada pelo profundo envolvimento nas questões que estão ligadas à sua actividade. Para além da vivência física inerente à prática, também o pensamento dos atletas é intensamente ocupado com os aspectos relacionados com a vida desportiva, chegando a influenciar o conteúdo dos seus sonhos. Os objectivos estão profundamente interiorizados e relacionam-se com a busca permanente da excelência. Para tal, têm uma constante atitude de procura de conhecimento e compreensão de tudo o que respeita à modalidade e à sua adaptação ao processo desportivo.

A fase de retirada tende a ser vivida com sofrimento psicológico, sobretudo quando não é preparada, já que corresponde a um corte com rotinas de vida e círculos de relações sociais desenvolvidos ao longo de anos. Associa-se muitas vezes a uma perca de estatuto social, bem como a um significativo volume de dúvidas do atleta quanto às suas competências para se adaptar a novas realidades e actividades. A sua preparação deve ser atempada, ainda que por vezes aconteça repentinamente devido a uma lesão. Neste caso, a preparação é mais difícil e deve decorrer de uma atitude geral de disponibilidade para reagir ao imprevisto que tanto caracteriza o desporto.

A carreira do desportista é marcada por pontos de transição onde têm lugar alterações dos seus comportamentos e relações. Estão normalmente associados à vivência de uma desorganização psicossocial que separa estados bem estruturados da relação do atleta consigo próprio e com o contexto desportivo. Normalmente acontecem na sucessão das fases de iniciação, desenvolvimento, especialização e retirada.

Os momentos de transição, tal como a perca do estatuto desportivo em que se deixa de ser primeira figura ou efectivo indiscutível numa equipa ou selecção, as lesões e o abandono da prática desportiva, constituem *acontecimentos críticos de vida*. Relacionam-se com alterações importantes de que podem resultar a diminuição das realizações do indivíduo, ou, inversamente, oportunidades de crescimento pessoal e consequente qualidade das suas realizações. Tudo depende dos recursos psicológicos que caracterizavam o praticante antes do acontecimento, do seu nível de preparação para o enfrentar e da historia pessoal quanto à relação com esse tipo de circunstâncias.

O atleta terá maior dificuldade em ultrapassar determinado acontecimento crítico se não tiver competências psicológicas específicas para lidar com o stresse, se possuir deficiente conhecimento sobre os aspectos relativos ao acontecimento, se lhe faltar coragem e disponibilidade para enfrentar a situação correndo os riscos necessários, e se não for alvo de um adequado sistema de suporte social, designadamente da família, amigos, treinador, ou psicólogo.

Os acontecimentos críticos na vida dos desportistas devem ser considerados como oportunidades de desenvolvimento. Em vez de constituírem ameaças, devem ser desafios à realização pessoal. O seu potencial positivo depende do modo como o sujeito está preparado e implica três momentos. Numa primeira fase deve fazer-se

*Excelência Desportiva – **uma expressão humana***

a preparação do acontecimento crítico de um modo antecipado, visando equipar o atleta com instrumentos pessoais que facilitem a superação das dificuldades. Depois, durante o confronto com o acontecimento, emerge a importância das estratégias de procura de suporte pessoal junto das pessoas significativas para o praticante. Finalmente, o atleta deve ser auxiliado a lidar com as consequências do acontecimento recorrendo ao aconselhamento psicológico especializado que é normalmente o método mais eficaz nesta fase.

Aos praticantes de alto rendimento, que na generalidade representaram o país com assinalável impacto público e aproveitamento político, será importante oferecer um aconselhamento de carreira que auxilie a sua reintegração sócio-profissional e que deve iniciar--se quando o atleta está ainda em plena actividade desportiva. Nessa perspectiva haverá toda a utilidade em estimular o desejo e prazer na exploração de novas actividades e papéis relativos ao projecto de vida, para além da situação de atleta. O trabalho a realizar deve promover a auto-confiança decorrente da consciência de que o praticante desenvolveu um conjunto de capacidades utilizáveis em qualquer contexto de vida e de que pode continuar a adquirir competências para lidar com as novas situações, fazendo apelo à relevante treinabilidade que é uma qualidade fundamental dos que atingiram o alto nível desportivo. O *treino* pode agora ser voltado para a procura dos recursos pessoais necessários para as novas actividades, bem como para uma efectiva e permanente aprendizagem com as novas experiência pós-careira desportiva e para a capacidade de reajustar estratégias e comportamentos.

Tal como noutros contextos, a *reforma* coloca problemas psicológicos importantes aos sujeitos. No desporto, ela ocorre numa idade ainda jovem que se corresponde, por um lado, ao final de um período em que o indivíduo se dedicou fortemente à actividade desportiva, descurando por vezes outras aprendizagens, também é verdade que tem ainda enormes capacidades para iniciar novos projectos.

Um outro aspecto que pode constituir um acontecimento crítico na vida do praticante e que em determinado momento pode desorganizar a sua capacidade de adaptação psicológica é o sucesso. Ao surgir por vezes repentinamente, leva a uma alteração inesperada e impreparada do estatuto e determina uma alteração na relação com o envolvimento social.

384 *Em defesa do desporto*

De um momento para o outro o atleta fica alvo das atenções públicas que sobre ele constróiem expectativas, vulgarmente irrealistas, mas às quais se sente na obrigação de dar resposta. É comum que este sentimento colida com a sua própria avaliação dos recursos que julga necessários para alcançar tais objectivos demasiado elevados. Deste modo o seu estado emocional torna-se desfavorável à prestação. Há mesmo casos de medo do sucesso que bloqueiam o desempenho, como defesa contra as consequências para que o praticante não se sente devidamente preparado. O italiano Ferruccio Antonelli, pioneiro da psicologia do desporto mundial, já falecido, denominou esse estado de *nicofobia*.

Um dos efeitos do sucesso é uma súbita solicitação para entrevistas, festas, publicidade, homenagens, etc, que colocam o atleta num patamar longínquo do estilo de vida que levara até então, bem como dos centros de interesse e de atenção indispensáveis para manter a prestação desportiva ao nível de excelência. Surgem, por outro lado, um conjunto de oportunidades de carácter financeiro que, para além de projectarem o praticante para uma situação diferente, exigem recursos temporais e de gestão para o qual nem sempre está preparado.

O mundo que de repente se abre perante ele é novo e atraente, envolvendo um risco considerável para o processo de rendimento se não for mantido um cuidadoso processo de organização de vida. A estrutura profissional e dirigente que rodeia o atleta deve assumir aqui um papel de alerta e apoio suplementar, promovendo a preparação deste acontecimento crítico de vida de acordo com o referido anteriormente.

Contudo, não é apenas na fase da carreira correspondente ao mais elevado rendimento que o sucesso deve ser cuidadosamente gerido pelos praticantes e seus técnicos. As fases anteriores exigem que o sucesso seja gerido tendo em conta as consequências para a formação da estrutura psicológica do jovem atleta. Mesmo que os desempenhos e resultados atinjam níveis particularmente elevados, é fundamental que o planeamento do processo de treino e de competição considere a maturidade psicológica do praticante e que as etapas de formação sejam geridas em função do futuro. Colocar os jovens que estão em fase de desenvolvimento sob exigências e pressões

Excelência Desportiva – *uma expressão humana*

para as quais não estão preparados, pode bloquear irremediavelmente a sua normal adaptação, impedindo que se realize o seu potencial desportivo e perturbando o processo de maturação psicossocial.

Os estudos revelam que os atletas que vão passando pelas diversas fases evolutivas e se implicam intensamente no processo de treino, passando sucessivamente para níveis superiores de rendimento, beneficiam geralmente do apoio efectivo dos pais que revelam uma atitude positiva sobre o desporto. Necessitam igualmente de um treinador competente do ponto de vista técnico, mas também quanto ao apoio sócio-afectivo que presta. Ao contrário, os jovens em que se verifica um abandono prematuro têm uma imagem negativa de si e do apoio prestado pelos pais e treinadores. Aqueles que sofreram maiores pressões para a obtenção de resultados, quer da parte dos técnicos, quer da família, são os que associam à actividade desportiva maiores custos pessoais e menores benefícios, revelando também menor satisfação com a prática.

4. Lesões: os sentimentos no corpo

Um das maiores preocupações de atletas e treinadores é a ocorrência de lesões que interrompem a evolução no processo desportivo, podendo fazer regredir dramaticamente o estado do atleta e impedir a realização de importantes objectivos de vida nos quais foram investidas longas horas de trabalho que implicaram abdicar de muitos aspectos da vida pessoal.

As lesões desportivas encontram normalmente explicação em factores biológicos como a fadiga muscular, biomecânicos como a sobrecarga articular, ou contextuais como pisos em mau estado. Contudo, para além de poderem ter profundas repercussões psicológicas nos atletas, podem também estar associadas a importantes desajustamentos na vida do dia-a-dia. Por exemplo, o stresse e a avaliação que o praticante faz da sua capacidade para ultrapassar os problemas desportivos e pessoais que vive num dado momento interferem na ansiedade e na concentração, daí podendo resultar um desempenho desadaptado e a consequente lesão física. Igualmente, o atleta pode ficar mais vulnerável por via do stresse que, por um

386 *Em defesa do desporto*

lado, pode aumentar a tensão muscular afectando a flexibilidade e dificultando a coordenação e controlo motor, e, por outro, pode debilitar o sistema imunitário.

Em muitas circunstâncias a lesão é devida a determinantes psicológicas decorrentes das particularidades de cada indivíduo, tornando-se sintoma de uma certa instabilidade pessoal. O corpo dá assim expressão a problemáticas psicológicas responsáveis pela ocorrência de lesões e pela qualidade da respectiva recuperação. Nesta linha, a investigação tem revelado que certos traços de personalidade, como o perfeccionismo ou a agressividade, estão associados ao aumento das ocorrências, o mesmo sucedendo com a história pessoal de contacto com acontecimentos stressantes, em que se incluem acontecimentos significativos de vida, incidentes do quotidiano, ou lesões anteriores. Por outro lado, a capacidade do praticante desenvolver estratégias para lidar com situações adversas constitui um elementos protector. Assim, os praticantes sujeitos a um maior número e intensidade de situações de stresse na sua vida e possuindo menos recursos pessoais para lidar com tais circunstâncias têm uma maior probabilidade de se lesionar. A falta de um bom enquadramento e apoio de amigos e família aumenta ainda mais a situação de risco.

A experiência revela que os incitamentos do treinador para que o atleta desenvolva um esforço superior às suas capacidades máximas estimulam-no a uma resposta qua aumenta a probabilidade de contrair uma lesão. Por outro lado, os desportistas são muitas vezes levados a competir na situação de lesionados, quer porque se lhes transmite a ideia de que o resultado desportivo merece o sacrifício, quer porque temem ser menosprezados ou marginalizados, daqui resultando lesões crónicas ou de gravidade superior.

Embora os acontecimentos de vida negativos sejam aqueles que mais se relacionam com as lesões, os eventos positivos também as podem potenciar, devido às exigências de reorganização da vida pessoal que são altamente consumidores de energia psicológica.

A jusante da ocorrência da lesão, verifica-se a possibilidade do prolongamento da vivência emocional negativa. Com efeito, têm lugar fontes adicionais de stresse cuja origem se situa no domínio psicológico. Por exemplo, uma baixa capacidade de resistir à dôr e

Excelência Desportiva – *uma expressão humana* 387

algum grau de incapacidade de realizar as actividades do dia-a-dia pode somar-se à percepção pessoal sobre as dificuldades da recuperação e às dúvidas, justificadas ou não, relativas à adequação do tratamento médico. A inactividade, por outro lado, associa-se a sentimentos de frustração devidos ao facto do atleta pensar que vai regredir na sua forma desportiva e que perderá oportunidades, quer no campo do desporto quer no âmbito sócio-profissional, daí podendo também resultar dificuldades financeiras.

Numa outra perspectiva, a lesão pode ser utilizada como mecanismo de fuga por parte de atletas que estejam passando por situações de conflito psicológico, inerente a estados de ansiedade e angústia associados à participação desportiva. A simulação de uma lesão pode ser considerada uma estratégia adaptativa a circunstâncias adversas, como, por exemplo, a percepção de situações competitivas demasiado exigentes para as capacidades de momento, cujo eventual resultado negativo é assim evitado, defendendo a auto-estima, a auto--imagem e a imagem social do atleta.

Existem também casos em que a simulação de lesão está associada à necessidade de atrair a atenção de terceiros, decorrente de instabilidade psicológica e inerente necessidade de ajuda, muitas vezes não entendida, a qual pode sobrepôr-se à motivação para treinar. Em consequência, o desempenho sai prejudicado e intensifica-se o processo de desajustamento psicológico, num perigoso ciclo que poderá originar conflitos interpessoais, problemas no contexto sócio-desportivo e eventual abandono da prática.

5. Atleta: pessoa ou recurso humano?

O momento final do desempenho desportivo é um gesto objectivo que se quantifica. E é sobre ele que recai a avaliação desportiva e social do praticante. Muitas vezes é uma medida ínfima que separa a glorificação da condenação e do esquecimento. O mundo ocidental moderno absorve o desporto numa Sociedade de coisas em que o *ter* supera o *ser* e a quantidade vale mais que a qualidade. Aqui, a imagem do atleta surge mediatizada e financeiramente valorizada, mas a sua condição de pessoa fica tão esquecida que quase nos esquecemos que pensa e sente como o adepto que o aplaude ou apupa, ao sabor do resultado ou do seu próprio humor.

O atleta cujo superior nivel de desempenho o diferenciou da maioria dos praticantes e se tornou profissional, transferiu-se igualmente da classe de *gente* para a de *activo* da organização onde exerce a sua actividade. Um desportista de alto rendimento pode ser considerado um *recurso humano*, mas perde-se a noção de que é um *ser humano com recursos* que lhe permitem exprimir-se no domínio da excelência do desempenho desportivo.

O atleta de alta competição é um produtor de *performances*. À volta dele circulam especialistas no treino, dirigentes, empresários, políticos, jornalistas que sofregamente olham os cronómetros, os *rankings*, as tabelas de resultados. E suscitam ou constróiem *estórias* que, verdadeiras ou falsas, valem cifrões.

Contudo, o que o atleta objectivamente produz manifesta a expressão do que ele é em toda a sua subjectividade de ser humano e tem nele um efeito de retorno invisível mas que o marca como pessoa.

O desporto possui um superior potencial para promover o desenvolvimento humano. Coloca o praticante em limites que fomentam o auto-conhecimento, a capacidade de agarrar os desafios como oportunidades de transcendência. Por meio da intensidade emocional dos momentos que o constituem e da vivência colectiva que gera, oferece condensados de vida transformadores da pessoa que o pratica, com relevante impacto social.

O período da vida que o desportista dedica ao processo de treino com vista ao alto rendimento difere com as modalidades desportivas, ainda que o tempo que leva a chegar à excelência ronde, para todos, a dezena de anos. Assim, o ginasta ou o nadador que se inicia em idade precoce tende a retirar-se mais jovem que o atleta ou futebolista cujo envolvimento no sistema de rendimento teve lugar mais tarde. Por isso mesmo, o impacto no desenvolvimento pessoal é tendencialmente distinto. Todavia, em todos vão repercutir profundamente as experiências que o desporto lhes proporcionar.

O impacto fenomenológico da prática de alto rendimento fica bem evidente quando ouvimos o testemunho dos atletas. Greg Louganis, o lendário saltador para a água cuja notoriedade foi ampliada pelo acidente nos Jogos Olímpicos de Seul onde uma pequena falha num salto o levou a bater perigosamente com a cabeça na prancha, manchando de sangue a água da piscina, escreveu na sua autobiografia como transportou, desde os 16 anos, o doloroso sentimento de frustração transmitida pelo seu treinador, por *só* ter ganho uma medalha de prata em Montreal, nos primeiros Jogos em que participou. Mas refere também a importância que tiveram na sua vida o primeiro treinador que o iniciou no desporto e o último que, ao longo de 12 anos, o apoiou em todos os aspectos da sua vida. Acrescenta que foi o desporto que lhe deu um sentimento de competência que não sentia noutras áreas da sua vida, permitindo-lhe encontrar um refúgio de harmonia essencial ao seu equilíbrio humano e a percepção de uma efectiva integração participativa na Sociedade.

São conhecidos casos de atletas idolatrados em determinada altura que, por não conseguirem atingir resultados que a si mesmos impuseram, por ventura devido à pressão social a que estavam sujeitos, viveram profundas depressões que passados anos ainda se manifestam, ou outros que encontraram no suicídio a saída para as situações de fracasso que constituiram dramas inultrapassados. Mas, por outro lado, exemplos como o de Lance Amstrong mostram que, mesmo em situações extremas como a de cancro com mau prognóstico, o desporto foi uma luz que ilumimou o caminho do combate contra a doença e lhe permitiu vencê-la, utilizando a experiência desportiva de obstinação na luta por um objectivo que é, também, um projecto de vida.

As lesões podem estar entre o que de mais negativo é receado por qualquer atleta e constituem momentos de enorme angústia e sofrimento físico. No entanto, uma vez ultrapassada a situação, alguns referem ter sido uma experiência com impacto altamente positivo no que se refere ao seu desenvolvimento pessoal, uma vez que aprenderam muito sobre os seus limites e capacidades, acabando por se sentir mais preparados para os obstáculos que a vida lhes coloque.

Há, ainda, exemplos de desportistas que durante um período, mais ou menos longo, atingiram a excelência, mas que acabam por se arrastar, prolongando dramaticamente a sua participação no desporto de rendimento por não descortinarem vida para além da sua condição de atleta, enquanto outros reencaminham para novos objectivos e domínios as competências que adquiriram ao longo da sua carreira desportiva.

O desporto oferece oportunidades, cria desafios, apresenta problemas, tal como outros âmbitos da vida. O modo como tem impacto positivo ou negativo nos praticantes depende das características individuais de cada um, mas também das condições oferecidas pelo contexto e do modo como o atleta aprendeu a interagir com as situações que o desporto lhe proporciona. O desenvolvimento humano decorre, de resto, da história da interacção entre o indivíduo e o meio.

Como noutras actividades sociais, a ética e o conhecimento científico determinam o modo como as organizações se estruturam e como as relações interpessoais se estabelecem. Daqui decorre o respeito de que os atletas serão alvo, o papel que lhes é atribuído nas organizações e na Sociedade e o carácter das interrelações ao nível institucional.

Será na medida em que o sistema desportivo de alto rendimento integre o atleta como uma pessoa, estruturando-se em função dele e não na lógica de o considerar um mero *recurso produtivo* ou *activo comercial* a explorar, que se criarão as condições para manter o desporto como um transcendente meio de desenvolvimento humano. Acresce que, devido ao impacto social que tem na actualidade, se transmitirá desta forma uma forte mensagem de respeito e valorização do Homem generalizável a outras áreas.

A relação que o atleta estabelece com o desporto e o impacto fenomenológico que se verifica é significativamente determinada pela forma de organização do processo desportivo. As instituições que enquadram o desporto, das primeiras étapas ao alto rendimento, são marcadas por crenças e valores que geram o clima que influencia as percepções dos praticantes. As mensagens explícitas e implícitas que o treinador transmite na sua relação com o atleta fornecem a este uma medida de hetero e auto-valorização, bem como incluenciam o seu grau de competência para transformar as situações desportivas em oportunidades de crescimento. A família transfere para as atitudes e valores que transmite aos praticantes o que recebe do envolvimento social, em resultado de uma capacidade crítica cujo grau depende da própria cultura e conhecimentos. É neste caldo de cultura que o atleta estabelece os seus contactos mais precoces com

*Excelência Desportiva – **uma expressão humana***

o desporto, nele evolui e organiza padrões de interacção, interpreta o seu papel na Sociedade em geral e no sistema desportivo em particular, constrói as suas crenças relativas ao que vale como pessoa, vive a prática desportiva como um processo de permanente superação humana ou como uma obrigação angustiante de produzir marcas.

Vemos, portanto, que a organização da esfera fenomenológica do atleta condiciona o modo como ele elabora o projecto e experiências desportivas no âmbito da sua vida e relação com o mundo, onde o desporto é um elemento predominante. Contudo, estes aspectos são profundamente influenciados pela esfera contextual na qual os treinadores, pais, dirigentes, entre outros, são protagonistas determinantes, em virtude das crenças e valores que transmitem aos praticantes ao longo da carreira. Assim sendo, os mais sofisticados métodos de treino que, incluídos na esfera instrumental, se centram na resposta motora, sendo indispensáveis, não são suficientes se forem trabalhados no alheamento das dimensões fenomenológica e contextual.

A excelência desportiva é uma expressão da harmonia integradora das capacidades e qualidades humanas, em que um rumo e metas bem definidas orientam a existência do sujeito cujas opções têm uma hierarquia clara com custos assumidos em função de uma superior ordem de valores. E, não obstante, num plano distinto da excelência, podem ser alcançados resultados da mais elevada valia, proporcionadores de títulos desportivos internacionais, mas numa vivência de sofrimento existencial, de amputação dolorosa de projectos de vida e de permanente ausência de harmonia na relação com o mundo. O *primado do ser humano* ou o *primado do rendimento* separa aquelas duas versões. A leitura da organização das Sociedades permitir-nos-á entender o papel atribuído aos cidadãos nos diferentes domínios que a compõem. O desporto é apenas um desses domínios.

Bibliografia

ARMSTRONG, L. & JENKINS, S. (2000). *It's not about the bike: my journey back to life.* New York: Allen & Unwin.

BAUBION-BROYE, A. (Ed.) (1998). *Evénements de vie, transitions et construction de la personne.* Saint-Agne: Érès.

FRANKL, V. (1984). *Man's search for meaning.* New York: Touchstone Book (1.ª ed.: 1959).

HARDY, L., JONES, G. & GOULD, D. (1998) (Eds.). *Understanding psychological preparation for sport: theory and practice of elite performers.* Chichester: John Wiley & Sons.

KELLMAN, M. (2002). (Ed.). *Enhancing recovery. Preventing underperformance in athletes.* Champaign: Human Kinetics.

LEWS, C. (1990). *Inside track. My professional life in amateur track & field.* New York: Simon and Schuster.

LOUGANIS, G. & MARCHUS, E. (1996). *Breaking the surface.* Miami: Plume/Penguin.

LAVALLEE, D. & WYLLEMAN, P. (Eds.). *Career transitions in sport: international perspectives.* Morgantown: FIT.

LEVÈQUE, M. (2005). *Psychologie du metier de l'entraineur.* Paris: Vuibert:

MORRIS, T. & SUMMERS, J. (Eds.). (1995). *Sport Psychology. Theory, applications and issues.* New Baskerville: Jacaranda Wiley, Lda.

MASLOW, A. H. (1972). *Vers une psychologie de l'être.* Paris: Fayard.

MURPHY, S.M. (1995). *Sport psychology interventions.* Champaign: Human Kinetics.

SERPA, S. (2002a). Treinador e atleta: a relação sagrada. In: B. Becker, *Psicologia aplicada ao treinador esportivo.* Novo Hamburgo: FEEVALE. (pp. 17-66).

SERPA, S. (2002b). Psicologia do treino desportivo: a lição de Greg Louanis. In: S. Serpa & D. Araújo, *Psicologia do desporto e do exercício: compreensão e aplicações.* Lisboa: FMH-UTL; SPPD.

SERPA, S. & RODRIGUES, J. (2001). High-performance sports and the experience of human development. In: G. Tenembaum, *The practice of sport psychology.* Morgantown: FIT (pp. 101-128).

SINGER, R.N., HAUSENBLAS, H.A. & JANELLE, C.M. (Eds.) (2001). *Handbook of sport psychology.* New York: Wiley.

Índice

Prefácio
José Vicente Moura 5

Em defesa do desporto
Jorge Olímpio Bento 9

Os valores educativos do desporto – Representações e Realidades
José Manuel Constantino 57

Espectáculo desportivo na sociedade globalizada
António Marques 81

O dinheiro é meu!
Fernando Tenreiro 91

O emprego e as profissões do desporto
Cristina Almeida 123

Genética e Desporto – Um olhar breve em torno de um assunto desafiador
José Maia 147

Um desporto crescentemente mediatizado
Vítor Serpa 181

O Direito do Desporto perante os outros direitos – Uma constelação normativa
José Manuel Meirim 197

O desporto como questão científica – Dialética e transdisciplinaridade
Adroaldo Gaya 203

Em defesa do Desporto de Alto Rendimento – O Mito de Sísifo e Eu
Teresa Marinho 231

394 Em defesa do desporto

Futebol – para além do lado económico e profissional
Mauricio Murad 245

Desporto e Escola – que diálogo ainda é possível?
Go Tani 269

O desporto como cluster do turismo
Elsa Pereira 289

Desporto para todos – crise de identidade e desenvolvimento
Carla Ribeiro 317

Níveis de actividade física e prática desportiva na população portuguesa
– Uma visão crítica dos factos
André F. Seabra 333

O corpo, laboratório da performance desportiva
Paulo Cunha e Silva 357

Excelência Desportiva – uma expressão humana
Sidónio Serpa 371